Inhalt

Einleitung

I

Bereits der erste Versuch des damals gerade zweiunddreißigjähri-
gen Privatdozenten der Philosophie Georg Simmel, sich Frauen-
und Geschlechterfragen wissenschaftlich zu nähern, läßt zwei
bemerkenswerte Einsichten erkennen: man dürfe nicht vom empirischen Verhalten von Frauen und ihrer gegenwärtigen Rolle in der
Gesellschaft auf ihre vermeintlichen Wesenseigentümlichkeiten
schließen – womit er sich nicht nur von den seichten Versuchen ab-
setzt, die ›Bestimmung der Frau‹ in ihrer Mutter- und Hausfrauenrolle zu bestätigen, sondern zugleich andeutet, daß er eben diese
Stellung mindestens für veränderbar, wenn nicht für verände-
rungsbedürftig hält. Damit hängt zweitens zusammen, daß Simmel, obgleich auch er die Frau in das zeittypische Raster der Di-
chotomien von Intellektualität und Emotionalität, Aktivität und
Passivität, Produktivität und Rezeptivität einfügt, die Frau dennoch keineswegs als schlechthin defizitär in bezug auf Intellekt,
Durchsetzungsvermögen und Kreativität beurteilt, sondern vielmehr eine gewisse Überlegenheit gerade in ihrer gefühlsbestimm-
ten Einheitlichkeit der Persönlichkeit zu erkennen glaubt. Ihr
komme Wertvolles zu, das dem Manne abgehe, während andererseits, was der Mann als seine Domäne betrachte: die wissenschaft-
lich-technische Intelligenz, intellektuelle wie künstlerische Bega-
bungen – ebenso bei Frauen zu finden seien. Am Leitfaden solcher
Vorurteile verläuft Simmels Argumentation, und seine Kritik be-
ruft sich vor allem auf Gegenbeispiele oft persönlicher, ganz anderer Erfahrungen.

   Hinzu kommt dann aber sein eigenes theoretisches Konzept der
Differenzierung, das in Anwendung auf Mann und Frau als Polarität von Differenziertheit und Undifferenziertheit seinen begrifflichen Rahmen absteckt: es entsteht die These – und Legende – einer
psychisch und intellektuell vergleichsweisen Undifferenziertheit
der Frau – was im übrigen nicht negativ gemeint ist, sondern Simmel vielmehr die heute gängigen feministischen Thesen antizipie-
ren läßt, nach denen die größeren Fähigkeiten zur Spontaneität,
Friedfertigkeit, Solidarität und Gemütstiefe auf seiten der Frauen
liegen: ausgehend von seiner Theorie sozialer Differenzierung ge-

winnt Simmel als Seitenstück und Konsequenz der Vielheit der Rollenanforderungen an den modernen Menschen dann doch eine Wesensbestimmung des Weiblichen, die letztlich nur positiv deutet, daß die Frau nicht im gleichen Maße an der differenzierten modernen Gesellschaft partizipiert wie der Mann: sie erscheint darum in ihrem »Wesen« als ›einheitlicher‹ und ›in sich geschlossener‹.

Von seinen frühesten bis zu seinen letzten Äußerungen zum Verhältnis der Geschlechter wird Simmel dieses Denkmuster beibehalten und dabei lediglich begrifflich modifizierend die hiervon abgeleiteten Polaritäten Vielfalt und Einheit, Äußerlich- und Innerlichkeit, Rationalität und Spontaneität umkreisen. So sehr seine geistige Entwicklung[1] in Widersprüchen verlief: vom kantianisierenden Positivisten und Evolutionstheoretiker über den Sozialdemokraten[2], formalen Soziologen und George-Freund[3] zum Kultur- und Lebensphilosophen – sowenig wird seine schon früh gewonnene Auffassung des wesentlich Weiblichen sich wandeln. Selbst dort, wo Simmel aller männlicher Weltbetrachtung und -beurteilung die Objektivität bestreitet und dieser eine weibliche Kultur konfrontiert[4], sollte die Aktualität solcher Thesen nicht darüber hinwegtäuschen, daß er doch immer bei jener Grundansicht bleibt. Es spricht einiges dafür, daß jenseits aller philosophisch-weltanschaulichen, politischen und geschlechtsbedingten Parteinahmen und Differenzen für das Denken so etwas wie eine prinzipielle Nötigung besteht, zu der immer gleichen Antithetik einer Überhöhung des Weiblichen einerseits und der gleichzeitigen Nichtanerkennung der Frau als Frau zu gelangen: Aber das Wesen der Frau, wenn es denn ein Wesen gibt, offenbart sich nicht in Antithesen.

Der Wert und die Stärke der hier versammelten Aufsätze Simmels liegen denn auch nicht so sehr in der letzten theoretischen Formulierung einer Soziologie der Geschlechter (wie sie vor allem die späteren erkennen lassen) als vielmehr im Phänomenologischen: der (oft erstmaligen) Analyse sozialer Mikroprozesse[5] in den Erscheinungen z. B. der Koketterie, Liebe und Prostitution im Zusammenhang sozialer Institutionen und Rahmenbedingungen wie etwa derjenigen der Universität, der Verwandtenehe und des Militarismus. Simmels vor allem in den früheren Aufsätzen zum Ausdruck kommende Scheu, generelle Äußerungen über »die Frauen im Plural« zu treffen[6], verdankt sich kurioserweise letztlich demselben Konzept wie jene oben erwähnte Legendenbildung: dem der Differenzierung. Dieses nämlich besagt nicht bloß, daß die Menschheitsentwicklung als Fortschritt in Richtung immer größerer Spezialisierung von Gruppen, Institutionen und schließlich Individuen aufzufassen sei, sondern fordert auch forschungs- und argumentationsstrategisch dazu auf, eher analytisch und induktiv, detailfreudig und phänomenorientiert als im damals üblichen Sinne »philosophisch« – will sagen: idealistisch-deduktiv und kaum je den engen Kreis der Klassikerexegese verlassend – zu arbeiten und folglich zu schreiben. Akademisch erwies sich Simmel gerade in dieser Beziehung als völliger Außenseiter, und seine hieraus resultierenden Schwierigkeiten für seine Laufbahn lassen sich durchaus als Kehrseite der Tatsache begreifen, daß er schließlich zum Klassiker der Soziologie wurde.

II

1858 in Berlin geboren[7], studierte Simmel in seiner Heimatstadt zuerst Geschichte, dann Philosophie und in den Nebenfächern Kunstgeschichte und Altitalienisch, um schließlich mit einer ambitionierten, sich mit Darwin auseinandersetzenden musikethnologischen Arbeit zu promovieren. Was mißlang, denn sein interdisziplinärer Übergriff in die Psychologie und Ethnologie wurde dem Schüler des Völkerpsychologen Lazarus ebenso verübelt wie die ganze Thematik, die man einer wissenschaftlichen Lösung noch nicht reif fand. Statt dessen promovierte man ihn mit einer älteren (gekrönten) Preisschrift über Kant (1881), und eine gleich anschließend verfaßte Preisschrift: *Über Kants Lehre von der Idealität von Raum und Zeit*[8], 1882 eingereicht, wurde zwar nicht gekrönt, aber 1883 als schriftliche Habilitationsleistung anerkannt.[9] Diesmal fiel er beim Vortrag, und zwar wegen ungehörigen Benehmens, durch, als er in der Diskussion Zeller vehement bestritt, den Sitz der Seele zu kennen. Erst mit dem Sommersemester 1885 konnte er – nach einer ›Denkpause‹, wie man sich älteren Kollegen gegenüber zu benehmen hätte – seine Lehrtätigkeit mit Vorlesungen über Ethik im Anschluß an Kant oder Lotze, die Zeitthemen Pessimismus und Darwinismus, aufnehmen, wozu jedoch schon seit dem Sommersemester 1887 ein immer größerer Anteil soziologischer Interessen trat. Als Simmel zwei Jahre später (1889) bereits glaubte, für eine Professur in Kiel in Frage zu kommen[10] – Deussen erhielt sie –, da hatte der Einunddreißigjährige noch kein Buch veröffentlicht und war lediglich durch seine Dissertation und einige Aufsätze und Rezensionen vor die Öffentlichkeit getreten. Was sich schnell änderte: 1890 erschien sein soziologischer Erstling *Über soziale Differenzierung*, 1892 der erste Band der *Einleitung in die Moralwissenschaft* – gleichzeitig mit der Schrift »Die Probleme der Geschichtsphilosophie« – und schon im Jahr darauf ein zweiter Band dieser vermeintlichen *Einleitung*, die nur im Untertitel: »Eine Kritik der ethischen Grundbegriffe« erkennen ließ, daß es sich in Wahrheit um eine prinzipielle Kritik aller idealistischen und normativen Ethik und den Versuch von deren Ersetzung durch eine sozialwissenschaftlich arbeitende ›Moralwissenschaft‹ (= Soziologie) handelte. Jedoch nützte der Etikettenschwindel nichts, diese 900-Seiten-Schrift, von der Simmel sich später sogar distanziert haben soll, trug ihm das Image ein, »mehr zersetzend und negierend als grundlegend und aufbauend« zu wirken, wie es noch 1908 in einem abwertenden Gutachten des antisemitischen und konservativen Historikers Dietrich Schäfer[11] hieß, als es um eine Berufung Simmels nach Heidelberg ging, die u. a. von Max Weber stark befürwortet worden war. Es ist nicht bekannt, wie oft Simmel, der 1901 nach 17jähriger erfolgreicher Privatdozentur immerhin zum Extraordinarius befördert worden war, sich vergeblich nach auswärts beworben hat. Aber daß weder seine philosophische Grundrichtung noch seine soziologischen Bestrebungen – weder seine linksliberale politische Orientierung[12] noch seine jüdische Herkunft ihn zum deutschen Philosophieprofessor prädestinierten, ließ man ihn deutlich spüren. Erst 1913 wurde dem inzwischen Fünfundfünfzigjährigen ein philosophisches Ordinariat angeboten: in Straßburg, wo er dann die vier Kriegsjahre bis zu seinem Tode (26. 9. 1918) neben Philosophie und Soziologie auch Kunstphilosophie und Pädagogik las.

Die drei Jahrzehnte Privatdozentur und außerordentlicher Professur finanziell zu überstehen, war freilich nicht aufgrund von Hörergeldern und der Honorare für Vorträge, Zeitungsartikel und Bücher möglich, wenngleich diese eine nicht unbeträchtliche Aufbesserung seiner finanziellen Verhältnisse, speziell durch seine Bestseller *Kant. 16 Vorlesungen* (1904), *Goethe* (1913) und *Rembrandt* (1916) bedeutet haben. Auch wäre seine Familie nicht in der Lage gewesen, ihm diesen Weg zu finanzieren, denn nach dem frühen Tod seines Vaters (1874) war der Erlös aus dem

Verkauf des Anteils an der Firma ›Felix und Sarotti‹ bald aufgezehrt – vier Schwestern waren zu versorgen, ein älterer Bruder, Redakteur bei Bismarcks *Norddeutscher Allgemeiner Zeitung*, war ohne Vermögen –, und so hätte Simmel fast das Schicksal unzähliger Jungakademiker und Privatdozenten zu teilen gehabt, die damals – zur Zeit der ›Privatdozentenschwemme‹ – die Folgelasten des Berufungsbooms der Gründerzeit[13] und der daraus erwachsenen höchst ungünstigen Alterszusammensetzung des Lehrkörpers zu tragen hatten. Simmel jedoch, der Freund der Alpen, Italienreisende, Sammler japanischer Keramik, chinesischen Porzellans und nachmalige Verfasser der *Philosophie des Geldes,* wurde von dem ledigen Bruder seines Schwagers Julius Friedländer, der mit seiner Erfindung der Notenschnellpresse (Edition Peters) ein Vermögen gemacht, in Häusern und Grundstücken mit wechselndem Erfolg spekuliert hatte, zuerst adoptiert und schließlich zum Erben eingesetzt. Seit dessen Tod (1889) – 1886 wäre Simmel beinahe einem Attentat zum Opfer gefallen, als er Mietrückstände für den Onkel einzutreiben suchte[14] – war Simmel ökonomisch unabhängig. Er löste sich von seiner Familie – seine Mutter hatte ihm nicht einmal den damals obligatorischen Studienortwechsel gestattet – und bezog eine eigene Wohnung. Auch heiratete er unmittelbar darauffolgend Gertrud Kinel, die Tochter eines Eisenbahningenieurs und ›Wirklichen Geheimen Oberregierungs- und Baurats‹, der allerdings überzeugt war, seine drei Töchter müßten wirtschaftlich unabhängig sein und sie deshalb zu Lehrerinnen ausbilden ließ. Es wird ungefähr zur gleichen Zeit geschehen sein, daß Simmel den ersten der hier abgedruckten Aufsätze *Zur Psychologie der Frauen* verfaßte – und die Zeichenstudentin Gertrud Kinel kennenlernte, die freilich vor ihrer Verlobung (1890) noch für ein Jahr vom Selbstverdienten (Auftragsarbeiten) mit einer Freundin[15] in Paris Zeichenstudien trieb. Als Simmel den Kampf der Frau ums Dasein als Kampf um den Mann deutete und »die oberflächliche Bildung (der Frauen) in Wissenschaften und Künsten« allein diesem Zweck untergeordnet sah, die dann »sofort beiseite geschoben« würden, konnte dies schwerlich auf seine ›Zukünftige‹ gemünzt gewesen sein. Obwohl sich doch davon soviel bewahrheitete, daß auch die nunmehrige Ehefrau und Mutter (1891) Gertrud Simmel bloß noch als Hobby zeichnete, um es alsbald ganz zu lassen. Es widerspricht dem übrigens durchaus nicht, daß sie Jahre später unter dem Pseudonym Marie Luise Enckendorff mehrere Bücher veröffentlichte[16], denn diese bieten kaum mehr als einen verbrämenden zweiten Aufguß manches Gedanken ihres Gatten. Obgleich Gertrud Bäumer lobte: »Die Kraft des Buches (*Realität und Gesetzlichkeit im Geschlechtsleben*, Leipzig 1910) und sein eigentlicher Inhalt ist Analyse, Deutung, Auslegung des Erlebnisses und Zergliederung der Ideen, mit denen wir versucht haben das Geschlechtsleben in die Sphäre des Gedankens zu erheben ...«[17] – lassen gerade solche Intentionen doch kaum mehr als die verletzte Ehefrau erahnen, deren von Studentinnen umschwärmter Gatte zugleich als Idol und als Peiniger den Horizont und die Grenze dieser Gedanken absteckt: Bejahung – aber Vergeistigung – des Ehe- und Geschlechtslebens erscheinen ex post fast als Beschwörungsversuch der Verfasserin, die erst nach dem Tode ihres Mannes von dessen Kind (mit Gertrud Kantorowicz, die bei ihm studierte) erfahren wird.[18] Dabei stellt es durchaus keine biographisch zu lösenden Probleme dar, warum bei einem Mann wie Simmel die Psyche der Frau, die Koketterie, die Prostitution zum Thema werden, warum in seiner »Soziologie« ein Exkurs über »Treue und Dankbarkeit«, ein anderer »über den Fremden« handelt – warum die Sexualität des Mannes partout als so äußerlich und die der Frau als so sehr »die ganze Person betreffend« gedeutet werden. Denn daß Gesellschaft, Sitte und Kultus allenthalben als begrenzende und fast übermächtige Instanzen in Erscheinung treten, beweist sich nicht allein an diesen Themen, sondern wohl noch mehr an den Widerständen gegen eine »Weibliche Kultur«, das Selbstbestimmungsrecht der Frau und selbst sogar gegen die erst allmählich fußfassende Frauenforschung. Und genau hierin liegt denn auch die Aktualität der Simmelschen Schriften zur Philosophie und Soziologie der Geschlechter begründet: im fortwährenden Ungenügen der Wirklichkeit.

III

Simmels philosophischer und soziologischer Grundbegriff ist »Wechselwirkung«. Nichts scheint näherzuliegen, als Wechselwirkung an dem elementarsten Vergesellschaftungsprozeß[19], dem zwischen Mann und Frau, zu untersuchen. In der Tat hat er diesen Problemkreis schon sehr früh – und dann kontinuierlich – behandelt, teils auch in anonymen Beiträgen, wie etwa dem hier erstmals unter seinem Namen abgedruckten Aufsatz »Einiges über die Prostitution in Gegenwart und Zukunft«, der 1892 in Kautskys *Neuer Zeit* erschienen ist.[20] Dennoch sind seine umfänglichen Schriften zu einer Philosophie und Soziologie der Geschlechter nicht zuerst wegen solcher Schwierigkeiten fast völlig in Vergessenheit geraten; es bedurfte vielmehr einer Erneuerung der Frauenbewegung, um auch die arrivierte Wissenschaft wieder verstärkt auf Frauen- und Geschlechterfragen aufmerksam werden zu lassen und die entsprechenden Schriften Simmels wiederzuentdecken. Bis vor kurzem noch jedenfalls hat auch die Simmelforschung ihnen kaum eine größere Aufmerksamkeit gewidmet.

Anfänglich waren es Repräsentantinnen der Frauenbewegung, die Bruchstücke aus Simmels *Frauenschriften* aufgriffen. Vor allem seine Frage nach der Möglichkeit einer weiblichen Kultur, die die Gleichstellung und Gleichberechtigung der Frau unter Anerkennung einer spezifischen Weiblichkeit intendierte, ist schon früher von Vertreterinnen der gemäßigten Richtung der bürgerlichen Frauenbewegung, wie etwa Helene Lange, die Mütterlichkeit als Zentralaspekt des Frau-Seins begriff, rezipiert worden.[21] Der radikale, feministische Flügel der Frauenbewegung freilich lehnt Simmels These eines »charakterologischen Unterschiedes der Geschlechter« und seine anthropologisierende Tendenz, Frauen als das »undifferenziertere, geschlechtslosere Wesen«, das kein Entwicklungsprinzip hätte, zu betrachten[22], ab. Seine Deutung der gegenwärtigen Kultur und Gesellschaft als überwiegend ›männlich‹ – will sagen: von Männern geschaffen und von männlichen Normen gesteuert – sowie sein Vergleich der gesellschaftlichen Stellung der Frau mit der eines Sklaven weisen zwar starke Parallelen mit der ›feministischen Gesellschaftstheorie‹ auf, doch scheint seine als konservativ empfundene Psychologie der Frau einer adäquaten Rezeption noch immer im Wege zu stehen.

Innerhalb der fachwissenschaftlichen Diskussion hat man Simmels Schriften zur Geschlechtsrollendifferenzierung und Frauenfrage, trotz Naegeles[23] 1958 gegebenen Hinweises, in Simmels Werk fände man eine ausgearbeitete Soziologie der Frau, lange nicht zur Kenntnis genommen.[24] Erst in den letzten Jahren haben in den USA, als sich eine ›Frauenforschung‹ zu etablieren begann, erste Auseinandersetzungen mit seiner Geschlechtersoziologie stattgefunden. Simmels These, die Ungleichheit zwischen den Geschlechtern sei eine Folge der strukturellen Differenzierung zwischen häuslichen und öffentlichen Funktionen, woraus sich die unterschiedliche Wertschätzung weiblicher und männlicher Tätigkeitsbereiche entwickelt habe, so daß ›Frau-Sein‹ als ein zugeschriebener Status aufzufassen sei, ist in den USA inzwischen zum Topos soziologischer Frauenforschung[25] avanciert.

Ebenfalls durch die Frauenforschung aufmerksam geworden, hat es Lewis A. Coser kürzlich unternommen, Simmels Geschlechtersoziologie einer kritischen Würdigung zu unterziehen.[26] Allerdings beschränkt auf die wenigen bekannteren und rezipierten Arbeiten zur ›Weiblichen Kultur‹; denn trotz eines an sich immensen Interesses an Simmel in den USA wurde erst im letzten Jahr durch die Übersetzung eines Teils der *Frauenschriften* von Guy Oakes die Grundlage für die Auseinandersetzung mit Simmels Analyse der Frauenbewegung, des Feminismus, seiner Sozialpsychologie der Frauen und seiner Geschlechtersoziologie im englischsprachigen Ausland geschaffen.[27]

Bei uns ist die Simmel-Rezeption im Rahmen eines in den letzten Jahren verstärkten Interesses an den Klassikern der modernen Soziologie wieder in Gang gekommen[28], und der vorliegende Band bezeugt nicht nur, daß Simmel mehr als andere Klassiker der Soziologie diesem Thema seine Aufmerksamkeit geschenkt[29] hat, sondern auch, daß bis heute die Soziologie der Frau von männlichen Soziologen, vergleicht man ihre Arbeiten mit denen Simmels, eher vernachlässigt worden ist.

So interessant diese Aufsätze an sich bereits sind, repräsentieren sie zusätzlich noch implizit die ganze Spannbreite Simmels vielschichtiger psychologischer, soziologischer und philosophischer Interessen und seinen intellektuellen Entwicklungsgang von der Völkerpsychologie über die Soziologie, die Kulturphilosophie hin zu einer späten Metaphysik des Lebens. An keinem anderen empirischen Beispiel läßt sich Simmels Entwicklung während dreier Jahrzehnte so komprimiert dokumentieren wie an Hand seiner *Frauenschriften*, die man deshalb auch als ›miniature‹ seines Gesamtwerkes lesen kann.

IV

Ausgangspunkt und Kern des Simmelschen Werkes ist die Erfahrung der Modernität und des transitorischen Charakters der Gegenwart.[30] Gesellschaftliche Entwicklungsgesetze, die die Richtung der sozialen Entwicklung determinieren, sind jedoch nach Simmel – im Gegensatz zu älteren Klassikern der Soziologie – nicht feststellbar. Sein Interesse an der sozialen Realität ist dennoch nicht auf Dokumentation und historische Bestandsaufnahme gerichtet, sondern es geht ihm um eine Deutung der Gegenwart auf dem Hintergrund der Frage, wie Individualität in einer immer komplexer werdenden Gesellschaft möglich ist.[31] Das Thema der Individualität beherrscht seine Schriften und gewinnt auch in den Aufsätzen des vorliegenden Bandes zeitlich fortschreitend immer schärfere Konturen.

Der junge Simmel findet seinen Weg von der Völkerpsychologie zur Soziologie durch seine Herbert Spencer-Lektüre, die in all seinen soziologischen Schriften nachweisbar ist. Von Spencer übernimmt er vor allem das Differenzierungskonzept, mit dessen Hilfe er psychische und soziale Strukturen und Prozesse zu deuten versucht. Durch den mit Beginn der Neuzeit verstärkt einsetzenden und primär durch das Geldmedium gesteuerten gesellschaftlichen Differenzierungsprozeß werden die Individuen in immer mehr Handlungsbereiche hineingezogen, und über die sich neu eröffnende Vielzahl von Handlungsmöglichkeiten und Handlungssystemen entsteht der moderne, neuzeitliche Individualismus, den Simmel auch den quantitativen oder soziologischen Individualismus nennt. Die quantitativ-soziologische Individualität ist eine rein formale, d. h. im Schnittpunkt sozialer Kreise entstanden und durch die Summe der sozialen Beziehungen und sozialen Rollen definiert.

Um die Jahrhundertwende, als Simmel an seiner *Philosophie des Geldes* arbeitet, entsteht die Einsicht, daß in komplexen Gesellschaften die Handlungsketten immer länger werden und Zwecke sich nur noch vermittels einer Vielzahl von zwischengeschalteten Handlungsketten verwirklichen lassen, wobei erreichte Zwecke häufig nur wieder als Mittel fungieren oder, wie das Beispiel des Geldes zeigt, als reinste Form eines zum Selbstzweck gewordenen Mittels erscheinen. Für die Individuen wird die Welt damit zunehmend unüberschaubarer, und dadurch stellt sich die Frage nach dem Sinn des Lebens. Schon in seiner *Philosophie des Geldes* (1900) formuliert Simmel den Kern seiner späteren Kultur- und Lebensphilosophie: das folgenreiche und als Tragödie empfundene Auseinandertreten von subjektiver und objektiver Kultur. Kultur ist von Menschen geschaffen und deshalb Vergegenständlichung des Geistes. Das Gebilde der objektiven Kultur ist kein Selbstzweck, vielmehr soll es den Menschen kultivieren, d. h., objektive Kultur soll in subjektive Kultur überführt werden. Dieser wechselseitige Prozeß funktioniert jedoch nur noch bedingt. Eine ›Tragödie der Kultur‹ wird diagnostiziert, weil der einzelne sich die Fülle der objektiven Kulturinhalte nicht mehr aneignen kann, die subjektive Kultur deshalb immer ärmer als die objektive Kultur der Gesellschaft ist. Das grenzenlos erscheinende Wachstum der kulturellen Güter und Leistungen tritt den Individuen als subjektiv nicht mehr zu bewältigende, verselbständigte und entfremdete Kultur entgegen.

Objektive Kultur ist für Simmel die Summe der zu Form geronnenen Entäußerung des Menschen. Solche Objektivationen finden sich auch im sozialen Leben. So ist die soziale Wechselwirkung häufig an Formen gebunden und in Formen, wie Konkurrenz, Herrschaft, Über- und Unterordnung, gepreßt, oder im mikrosozialen Bereich an Formen wie Ehe und Familie, die für die Ordnung und Steuerung von Handlungsabläufen funktional sein können, aus der Sicht des einzelnen aber häufig ein ungeheures Hemmnis für die Entfaltung seiner Individualität darstellen. Die sozialen Formen des Zusammenlebens, die Vergesellschaftungsformen, bergen auch die Gefahr, bei zunehmender Höherentwicklung und Verselbständigung zum Selbstzweck zu werden und nicht mehr Mittel zur Vergesellschaftung zu sein. Die ›soziale Tragödie‹, die Ohnmacht des einzelnen vor der Gesellschaft, ist in Simmels formaler Soziologie, seiner Lehre von den Formen der Vergesellschaftung, mit enthalten.

In seinen lebensmetaphysischen Spätschriften wird das soziologisch und kulturphilosophisch formulierte Problem des Verhältnisses von Individuum und Gesellschaft bzw. Kultur metaphysisch reformuliert, aber gleichzeitig auch nach Auswegen aus der gesellschaftlichen und kulturellen Tragödie gesucht. Simmels Lösung ist in seinem Konzept des qualitativen Individualismus vorgeprägt: Der qualitative Individualismus ist im Gegensatz zum quantitativ-soziologischen nicht gesellschaftlich bedingt. Qualitative Individuen verfügen über die Kraft, sich selbst zu normieren, nach einem eigenen Ideal, einem nur ihnen eigenen Gesetz zu leben. Das Paradigma qualitativer Individualität ist die künstlerische Persönlichkeit eines Rembrandt, Goethe und Stefan George, deren individuelles Gesetz Simmel in Aufsätzen und Monographien nachzuzeichnen versucht. Das individuelle Gesetz wird zum Kernstück seiner metaphysischen Spätschriften. Der Versuch, qualitative Individualität zu erfassen und nachzuzeichnen, steht aber vor einer schwierigen Aufgabe, denn es gibt keine Logik des Individuellen, und auch die Sprache, der sich jede Erfahrung und Analyse bedienen muß, versagt bei der Bewältigung dieses Problems, da sie strukturell nur zur Erfassung des Allgemeinen und Generellen, weniger des Einmaligen, geeignet ist. Trotz dieses Dilemmas, oder gerade deswegen, thematisiert Simmel in seiner Lebensmetaphysik das Unerfaßbare und Unsagbare, die qualitative Individualität, bei aller Unzulänglichkeit der zur Verfügung stehenden Analysemittel. Daß es qualitative Individualität gibt, hat er in seinem zweiten soziologischen Apriori formuliert: Der einzelne geht im Vergesellschaftungsprozeß nie ganz auf, ein Rest Einmaligkeit verbleibt immer außerhalb der Gesellschaft.

V

Simmel, der Soziologe und Philosoph der Moderne, hat die Bedeutung der sich im 19. Jahrhundert formierenden Frauenbewegung früh wahrgenommen und als eine zentrale soziale und kulturelle Tendenz des Wilhelminischen Reiches gewürdigt. Wie die Arbeiterbewegung und ihre politische Organisationsform, die Sozialdemokratie, ist auch die Frauenbewegung Resultat der in Deutschland seit Mitte des Jahrhunderts einsetzenden Modernisierung und der mit der Reichsgründung sich stark verändernden ökonomischen und sozialen Verhältnisse. Die bürgerliche Frauenbewegung sieht er als Folge des mit der Industrialisierung und des immens gesteigerten Produktangebots zusammenhängenden Funktionsverlustes der traditionellen Hausfrauenrolle. Die im ausgehenden 19. Jahrhundert sich abzeichnende Tendenz der Substitution eines Großteils der Haushaltsarbeit durch Maschinen und käufliche Produkte hat bei den Frauen der Mittelschicht den Wunsch nach Betätigung und Beschäftigung außerhalb des Haushaltes aufkommen lassen, was ihnen allerdings gesetzlich sowie durch herrschende Konventionen verwehrt ist. Die bürgerlich-liberale Frauenbewegung kämpft deshalb in erster Linie für die rechtliche und soziale Gleichstellung der Frau. Die proletarische Frauenbewegung sieht Simmel von ganz anderen Interessen beherrscht. Die materielle Lage der Arbeiterschaft erzwingt die außerhäusliche Mitarbeit der Frau als Fabrikarbeiterin oder als Haushaltsangestellte der höheren Schichten und führt so zu deren Doppelbelastung durch Haushalt und Arbeit. Die Pflichten im Haushalt, besonders die der Kindererziehung und -betreuung, können nur noch ungenügend wahrgenommen werden. Der relativ frühe Eintritt ins ›Berufsleben‹, die langen Arbeitszeiten sowie die Doppelbelastung sind extrem gesundheitsschädlich und legen ein Eintreten der proletarischen Frauen für Schutzvorkehrungen sowie Maßnahmen zur Verringerung der Doppelbelastung nahe. Bürgerliche und proletarische Frauenbewegungen verfolgen nach Simmel ganz verschiedene Ziele aufgrund ihrer unterschiedlichen sozialen Interessen, beide verbindet aber ihre Ursache, »dieselbe ökonomisch-soziale Ordnung«.[32]

Zur Frauenbewegung und ihren Forderungen hat sich Simmel verschiedentlich geäußert; aktuelle Anlässe, wie der Frauenkongreß in Berlin von 1896, die öffentliche Diskussion über die Zulassung weiblicher Hörer an Universitäten, die immer wieder aufkommenden Forderungen zur Eindämmung der Prostitution oder auch die 100-Jahres-Feiern zum Erscheinen von Hippels Buch *Über die bürgerliche Verbesserung der Weiber* gaben ihm Gelegenheit, zur Frauenfrage und Frauenemanzipation Stellung zu nehmen und sie im Lichte genereller Überlegungen zu deuten.

Als Simmel zu Beginn der neunziger Jahre mit der Ausarbeitung seines Programms der formalen Soziologie beginnt, bilden Studien zur gesellschaftlichen Stellung der Frau und zu den Geschlechterbeziehungen den Mittelpunkt seines Interesses. Die Familie und die Geschlechterbeziehungen sind ihm geradezu Paradigma zur Erprobung seines formalen Ansatzes. Der Einfluß Herbert Spencers, der im zweiten Band seiner *Soziologie* (§ 324 ff.) auch über die sich wandelnde gesellschaftliche Stellung der Frau schreibt und darüber hinaus eine detaillierte soziologische Analyse der verschiedenen Ehe- und Familienformen durchführt, ist unübersehbar. Das von Spencer zusammengetragene Material und sein entwicklungsgeschichtliches Vorgehen sind für Simmels Behandlung der Frauen- und Geschlechterfrage konstitutiv. Spencers These von der untergeordneten Stellung der Frau als Resultat vorherrschender kriegerischer Tendenzen und Polygynie in frühen Gesellschaftsformen, die sich erst mit dem Übergang zu friedlicheren

Verhältnissen, der Herausbildung von Monogamie und der geschlechtlichen Arbeitsteilung in der sich entwickelnden Hauswirtschaft verbessert, wird von Simmel adaptiert und zum Bestandteil seiner Soziologie.[33] Spencers allgemeiner Fortschrittsoptimismus, der auch seiner Behandlung der gesellschaftlichen Stellung der Frau zugrunde liegt, wird von Simmel allerdings nicht geteilt, wie u. a. seine Analyse und Deutung der modernen Frauenbewegung, ihrer Ursachen und ihrer Ziele zeigen. Einen kontinuierlichen Fortschritt gibt es für Simmel nicht. Zwar hat sich mit der Herausbildung der Haushaltsführung als Domäne weiblicher Betätigung die Stellung der Frau im Vergleich zu archaischen Gesellschaften, in denen Raub- und Kaufehe vorherrschten, verbessert, die kapitalistische Entwicklung und die damit einhergehenden Funktionsveränderungen in der Hausarbeit haben aber den von Spencer behaupteten Fortschritt wieder auf den Kopf gestellt.[34] Im Zuge der kapitalistischen Industrialisierung haben sich die Stellung der Frau und ihre soziale Anerkennung zum Negativen entwickelt. Simmel ist viel stärker als der evolutionär eingestellte Spencer Beobachter der Moderne und deshalb in seiner Soziologie sensibler für aktuelle Entwicklungstrends, die häufig Anlaß und Grundlage seiner soziologischen Analyse sind.

Im Zusammenhang mit der sich wandelnden sozialen Stellung der Frau erhebt sich für Simmel auch die Frage, ob die emotionalen Beziehungen zwischen den Geschlechtern ebenfalls wandelbar sind, d. h. vor allem, ob Liebe als Basis der Geschlechterbeziehungen evolutionär entstanden ist oder eine anthropologische Invariante darstellt. Im Anschluß an seine evolutions- und differenzierungstheoretischen Arbeiten gelangt er zu der Auffassung, daß die Liebe psychologisch wohl erst mit dem Übergang zur Kaufehe entstanden sein könne, also eine evolutionär späte Erscheinung sei. Simmel argumentiert wertpsychologisch – was dann in seiner *Philosophie des Geldes* zur vollen Entfaltung kommt –, daß jeder Kauf mit Opfern verbunden ist. Der Besitz setzt die Zahlung eines Preises voraus, aber das, was bezahlt werden muß, etwas, für das Opfer erbracht werden müssen, erscheint um so wertvoller, je höher das zu erbringende Opfer ist. Obwohl der Frauenkauf die Frau deklassiert, scheint für Simmel hier die evolutionäre Ursache der Wertschätzung, nicht der Frau an sich, sondern der je besonderen Frau, zu liegen. Im Zuge der sozialen Entwicklung wird Liebe dann auch immer individualistischer, d. h., Liebe entzündet sich am Besonderen.[35] In späteren Arbeiten zur Geschlechterliebe verblaßt die ursprüngliche evolutionäre Perspektive. Handeln aus Liebe gerät Simmel zu einer quasi anthropologischen, zeitlosen Potenz, die im Menschen angelegt ist und nur geweckt, entzündet werden muß. Lediglich die Erwähnung der »geschlechtlichen Attraktion« als einer Vorform der Liebe[36] erinnert noch an seine frühe differenzierungstheoretische Behandlung desselben Themas. In seiner Spätphilosophie wird die Geschlechterliebe schließlich als ein nicht durch andere Fakten erklärbares Gefühl gedeutet, als ein »nicht zu zerlegender, durch keine Kooperation anderer Elemente verständlich zu machender seelischer Akt«.[37] Liebe ist weder egoistisch noch altruistisch motiviert, sondern etwas ›Drittes‹.[38]

Die *Philosophie des Geldes* (1900) wird häufig als Wendepunkt zu einer verstärkten Beschäftigung mit kulturphilosophischen Fragen angesehen. Einer seiner ersten kulturphilosophischen Aufsätze ist denn auch der kulturellen Stellung der Frau gewidmet. Simmel fragt nach dem ›überpersönlichen und übersozialen Kulturwert‹ der Frauenbewegung. Diese zielte bisher nur auf die Emanzipation der Frau und war bestrebt, die Stellung der Frauen als Gruppe zu verbessern. Kulturphilosophisch drängt sich die Frage auf, ob nicht von der Gleichstellung und Emanzipation der Frau die Gesellschaft als Ganzes profitieren könnte, also auch die Männer. In der bisherigen Geschichte der gesellschaftlichen Entwicklung sind alle Kulturleistungen – bis auf wenige Ausnahmen – männlichen Ursprungs. Männer haben Kultur und Gesellschaft geprägt. Industrie, Handel, Wissenschaft, Religion u. v. m. sind männliche Schöpfungen und »verlangen auch zu ihrer immer wiederholten Ausführung spezifisch männliche Kräfte«.[39] Die von den Männern geschaffene soziale und kulturelle Welt ist ein hochgradig differenziertes System, das auf Spezialisierung angelegt ist. Der Mann ist im Gegensatz zur Frau für Simmel »das im äußeren und inneren Sinne zur Arbeitsteilung und durch Arbeitsteilung bestimmte Wesen«.[40] Die moderne gesellschaftliche System- und Rollendifferenzierung korreliert mit psychischen Eigenschaften der Männer. Die männliche Psyche ist disponiert, sich in individuellen, »ganz einseitigen Leistungen zuzuspitzen, die von der Gesamt-Persönlichkeit differenziert ist, so daß das sachlich-spezialistische Tun und die subjektive Persönlichkeit, jedes gleichsam ein Leben für sich leben«.[41] Eine arbeitsteilige Welt birgt nicht nur das Problem des Rollenkonflikts, sondern auch dasjenige, daß Leistungen individuell nicht mehr zurechenbar sind. Arbeitsteilige Systeme sind eigendynamische Gebilde, die dem einzelnen als objektive Macht mit eigenen Regeln und Normen entgegentreten, in denen er nur noch als Rollenträger fungiert. Ohne eine Differenzierung des psychischen Mechanismus zwischen beruflichen Rollenanforderungen und Privatleben wäre eine solche, von den Männern geschaffene arbeitsteilige Welt nicht zu ertragen. Simmel ist – wie viele seiner Zeitgenossen – davon überzeugt, daß Frauen psychisch anders disponiert seien als Männer und daß die männliche Arbeitswelt ihnen nur erfolgreich offenstehe, wenn sie lernten, sich wie Männer zu verhalten. Simmel geht von einer qualitativen Differenz zwischen den Geschlechtern aus, was er in den verschiedenen Stücken seiner *Psychologie der Frauen* zum Ausdruck bringt. Die liberale Forderung der Frauenbewegung nach Öffnung der vorhandenen Berufe für Frauen bedeute nichts Geringeres als eine Anpassung der Frauen an die männlichen Normen. Er ist zwar der Auffassung, daß die Partizipation der Frauen an Ausbildung und Beruf eine notwendige Bedingung für die Gleichstellung und Gleichbehandlung der Frau sei, hält dies aber nur für ein Durchgangsstadium, denn um ihre Fähigkeiten voll entfalten zu können und um die objektive Kultur zu steigern, müßten Frauen eigene Wege gehen und sich eigene Berufspositionen schaffen. Nur so könnten sie einen Beitrag zur Steigerung der objektiven Kultur erbringen. Ziel der Frauenbewegung müsse es deshalb sein, dem »weiblichen Prinzip« zur Anerkennung und zur Durchsetzung zu verhelfen. Der weibliche »Mangel an Differenzierung« (1890) ist kein »Manko« (1909), sondern eine positive weibliche Eigenschaft, die die Frauen als die »einheitlicheren und ganzeren Wesen« (1904) zu ganz spezifischen Kulturleistungen, die nicht von Männern zu leisten seien, qualifizieren.

Simmels Ansicht, Frauen seien das psychisch einheitlichere, in sich abgerundetere Geschlecht, ist mehr metaphysische Ahnung als Resultat wissenschaftlicher Analyse und erscheint vorwiegend über die biologische Funktion der Frau als Mutter vermittelt. Einer adäquaten Erfassung und Beschreibung der weiblichen Psyche stehen s. E. vor allem sprachliche Probleme entgegen. Sprache, wie alle anderen »Formungs- und Ausdrucksweisen«, sei männlichen Ursprungs und den Bedürfnissen der Männer angepaßt, so daß zur Analyse des »differenziell Frauenhaften unzählige Male gar kein befriedigender und verständlicher Ausdruck vorhanden« sei (1909).

Bei der Behandlung des Wesenunterschiedes zwischen Mann und Frau hat sich Simmel im Anschluß an seine Überlegungen zum Nutzen und Vorteil spezifisch weiblicher Kulturleistungen in spekulative Regionen vorgewagt. Er ist sich klar darüber, daß sich solche Fragen letztendlich wissenschaftlich nicht beantworten lassen. Da sich solche Fragestellungen dem Denken aber aufdrängen und im Denkprozeß häufig selbst erzeugt werden, ist ihre intellektuelle Bearbeitung nicht als sinnlos abzutun. Das Medium der Philosophie ist für die Bearbeitung solcher Probleme und Fragestellungen geeignet. Eindeutige und definitive Lösungen sind aber von der Philosophie nicht zu erwarten, allenfalls Deutungen.

Die hier abgedruckten Texte* sind zu den unterschiedlichsten Zeiten entstanden und wollen deshalb auch als historische Dokumente verstanden sein. Simmels Analyse und Deutung der Frauen- und Geschlechterfrage kann in manchen Punkten nachgewiesen werden, daß sie heute ungültig sind, aber das schmälert nicht den Wert derjenigen Befunde, Vorschläge zur Lösung der Frauenfrage und zur Hebung ihrer gesellschaftlich-kulturellen Stellung, die bis heute uneingelöst geblieben sind. Lewis A. Cosers Urteil über Simmels »Weibliche Kultur« läßt sich weitgehend auf seine ganze Philosophie und Soziologie der Geschlechter übertragen, verdeutlicht es doch, daß Simmels Klassizität mehr auf seinen Problemformulierungen als auf seinen -lösungen beruht: »Die weibliche Kultur der Zukunft, so stellt sich bei näherer Betrachtung heraus, weist eine sehr starke Ähnlichkeit mit der Welt der gebildeten Frauen im Berlin seiner Zeit auf. Simmels Diagnose war äußerst modern, seine Behandlung aber wilhelminisch. Als es um die Abhilfemaßnahmen für die Dilemmata ging, die er mit solcher Schärfe herausgearbeitet hatte, versagte Simmels soziologischer Ideenreichtum. Aber weder diese noch seine anderen Schwächen sollten den großen Beitrag beeinträchtigen, den er für das Verständnis der Ursachen unseres gegenwärtigen Unbehagens an der Dualität der Geschlechter in der modernen Zivilisation geleistet hat.«[42]

Heinz-Jürgen Dahme   *Klaus Christian Köhnke*

---

* Auf den Abdruck der zweiten Fassung der »Weiblichen Kultur« (1911) ist verzichtet worden, da dieser in Simmels Essaysammlung *Philosophische Kultur*, Berlin 1983, leicht greifbar ist.

Anmerkungen

1 Vgl. Heinz-Jürgen Dahme, *Soziologie als exakte Wissenschaft. Georg Simmels Ansatz und seine Bedeutung in der gegenwärtigen Soziologie*, 2 Bde., Stuttgart 1981, und David Frisby, *Georg Simmel*, Chichester/London/New York 1984.

2 Vgl. Klaus Christian Köhnke, *Von der Völkerpsychologie zur Soziologie. Unbekannte Texte des jungen Georg Simmel*, in: *Georg Simmel und die Moderne. Neue Interpretationen und Materialien*, hg. von H.-J. Dahme und O. Rammstedt, Frankfurt/M. 1984, S. 415 ff.; D. Frisby, 1984, S. 73–76; vgl. auch den hier erstmals unter Simmels Namen abgedruckten Text: »Einiges über die Prostitution in Gegenwart und Zukunft«.

3 Vgl. Michael Landmann, *Georg Simmel und Stefan George*, in: *Georg Simmel und die Moderne* . . ., S. 147–182, 430–437.

4 In diesem Band: »Weibliche Kultur«.

5 Vgl. Birgitta Nedelmann, *Georg Simmel als Klassiker soziologischer Prozeßanalysen*, in: *Georg Simmel und die Moderne* . . ., S. 91–115.

6 Vgl. »Zur Psychologie der Frauen«.

7 Zum folgenden insgesamt vgl.: *Buch des Dankes an Georg Simmel. Briefe, Erinnerungen, Bibliographie. Zu seinem 100. Geburtstag am 1. März 1958*, hg. von K. Gassen und M. Landmann, Berlin 1958; Hans Simmel, (Auszüge aus den) *Lebenserinnerungen*, in: *Ästhetik und Soziologie um die Jahrhundertwende: Georg Simmel*, hg. von H. Böhringer und K. Gründer, Frankfurt/M. 1976, S. 247 bis 268.

8 Vgl. die »Preisausschreibung« in: *Philosophische Monatshefte* 17/1881, S. 320.

9 Gutachten in: *Buch des Dankes* . . ., S. 19f. Gekrönt wurde eine von Kurd Laßwitz eingereichte Schrift (vgl. zum Vorgang in Kurd Laßwitz, *Auf zwei Planeten*. Roman in zwei Bänden. Mit Anmerkungen, Nachwort, Werkgeschichte und Bibliographie von Rudi Schweikert, Frankfurt/M. 1979, S. 1077, 1014 ff.).

10 Vgl. den Brief Heymann Steinthals an Gustav Glogau vom 28.(?) Februar 1889, in: *Moritz Lazarus und Heymann Steinthal. Die Begründer der Völkerpsychologie in ihren Briefen*, Band II. 1. Mit einer Einleitung hg. von I. Belke, Tübingen 1983, S. 273 ff.

11 Abgedruckt in: *Buch des Dankes* . . ., S. 26f.

12 Vgl. *Ästhetik und Soziologie* . . ., S. 260.

13 Vgl. Klaus Christian Köhnke, *Entstehung und Aufstieg des Neukantianismus – Die deutsche Universitätsphilosophie zwischen Idealismus und Positivismus*, Diss. FU Berlin 1985, Kap. VI. 1; vgl. auch Christian von Ferber, *Die Entwicklung des Lehrkörpers der deutschen Universitäten und Hochschulen 1864–1954*, Göttingen 1956.

14 Vgl. Klaus Christian Köhnke, *Murderous Attack upon Georg Simmel*, in: *European Journal of Sociology*, Vol. 24, 1983, S. 349.

15 Sabine Graef, später Lepsius, vgl. in: *Buch des Dankes* ..., S. 198 ff., auch zum folgenden.

16 »Vom Sein und Haben der Seele. Aus einem Tagebuch von ...«, Leipzig 1906, [2]1922; »Realität und Gesetzlichkeit im Geschlechtsleben«, Leipzig 1910; »Über das Religiöse«, München 1919; »Kindschaft zur Welt«, Jena 1927.

17 In: *Frankfurter Zeitung*, Nr. 295 vom 25. 10. 1910.

18 Vgl. *Buch des Dankes* ..., S. 12, 282 – Über Gertrud Kantorowicz vgl. auch: dies., *Vom Wesen der Griechischen Kunst*, hg. und mit einem Nachwort versehen von M. Landmann, Heidelberg/Darmstadt 1961, S. 93–106.

19 Zum Wechselwirkungsbegriff und zum Konzept der Vergesellschaftung vgl. Heinz-Jürgen Dahme, *Soziologie als exakte* ..., S. 253 ff., 368 ff.; Birgitta Nedelmann, *Georg Simmel als Klassiker* ..., S. 93–96.

20 Identifizierbar als Simmelianum aufgrund inhaltlicher und stilistischer Eigenheiten; besonders aber wegen der in: »Die Rolle des Geldes in den Beziehungen der Geschlechter« wiederkehrenden Polemik gegen die ›gute Gesellschaft‹ anhand derselben Beispiele und Ausdrücke: die Schauspielerin, blutsaugerischer, Salons. Vgl. hierzu auch den angekündigten, replizierenden Artikel von A. Blaschko, *Die moderne Prostitution* (in: *Die Neue Zeit*, 10/1892, S. 10–18, 164–172), wo es zu Simmels These, auch in einer zukünftigen Gesellschaft werde die Prostitution fortbestehen, heißt: » ... es ist bei den Proletariern selten, daß ein Mädchen den ersten Mann heirathet, zu dem sie in geschlechtliche Beziehungen tritt, meist nimmt sie (denn sie wird nicht blos genommen) den zweiten oder dritten ... Man sieht: gerade der Fall, den der mit den Verhältnissen der arbeitenden Klassen offenbar nicht vertraute Verfasser für die Zukunft ausschließen zu müssen glaubt, besteht schon in der Gegenwart und läßt die überaus einfache Lösung des Geschlechtsproblems in der zukünftigen Gesellschaft ahnen ...« (14).

21 Vgl. Helene Lange, *Die Frauenbewegung*, Leipzig [3]1924, S. 146–148.

22 Vgl. Marielouise Janssen-Jurreit, *Sexismus. Über die Abtreibung der Frauenfrage*, Frankfurt/M. 1979, S. 70–72, die sich auf den Text: »Das Relative und das Absolute im Geschlechterproblem« (1911) bezieht.

23 Vgl. Kaspar D. Naegele, *Attachment and Alienation. Complementary Aspects of the Work of Durkheim and Simmel*, in: *American Journal of Sociology* 63/1958, S. 580–589.

24 Eine erste Ausnahme ist die Psychoanalytikerin Karen Horney, *The Flight from Womanhood. The Masculinity Complex in Women and Men*, in: *International Journal of Psychoanalysis* 7/1926, S. 324–339. Sie hat zu einem gewissen Bekanntheitsgrad dieser Simmelschen These

in den USA beigetragen. Vgl. zur amerikanischen Rezeption dieser These Lewis A. Coser, *Georg Simmel's Neglected Contributions to the Sociology of Women*, in: *Signs. Journal of Women in Culture and Society* 2/1977, S. 869–876. Deutsche Übersetzung in: *Georg Simmel und die Moderne* . . . , S. 80–90.

25 Vgl. z. B. Michelle Zimbalist Rosaldo, *Women, Culture, and Society: A Theoretical Overview*, in: dies. und Louise Lamphere (Hg.), *Women, Culture, and Society*. Stanford, Cal. 1974, S. 17–42.

26 Vgl. Lewis A. Coser, *Georg Simmels vernachlässigter Beitrag zur Soziologie der Frau*, in: *Georg Simmel und die Moderne* . . . , S. 80–90.

27 Vgl. Georg Simmel, *On Women, Sexuality, and Love*. Translated and with an Introduction by Guy Oakes, New Haven/London 1984. Oakes bietet auch in seiner Einleitung eine sehr ausführliche Darstellung des Inhalts der übersetzten Schriften sowie einen Vergleich des Simmelschen Feminismus mit der Theorie der Frauenbewegung in Deutschland um die Jahrhundertwende.

28 Von jüngeren Arbeiten im Rahmen der Simmel-Forschung, die partiell – weil an sich mit anderen Fragestellungen befaßt – auch Probleme der Geschlechterbeziehungen behandelt, seien erwähnt: David Frisby, *Georg Simmel and Social Psychology*, in: *Journal of the History of the Behavioral Sciences* 20/1984, S. 107–127; Birgitta Nedelmann, *Georg Simmel – Emotion und Wechselwirkung in intimen Gruppen*, in: *Gruppensoziologie. Perspektionen und Materialien*, hg. von Friedhelm Neidhardt, Opladen 1983, S. 174–209 (Sonderheft 25/1983 der *Kölner Zeitschrift für Soziologie und Sozialpsychologie*).

29 An Ansätzen zu einer theoriegeleiteten Frauensoziologie – wenn auch z. T. aus konservativer Sicht – fehlt es nicht in der Geschichte der Soziologie vor Simmel. Zu nennen sind vor allem Wilhelm Heinrich Riehl, *Die Frauen. Eine social-politische Studie*, in: *Deutsche Vierteljahresschrift* 15/1852, 3. Heft, S. 236–296; ders., *Die Familie*, 3. Bd.: *Die Naturgeschichte des Volkes als Grundlage einer deutschen Sozialpolitik*, Stuttgart 1855 (in mehreren Auflagen erschienen); Lorenz von Stein, *Die Frau auf dem Gebiete der Nationalökonomie*. Nach einem Vortrage in der Lesehalle der deutschen Studenten in Wien, Stuttgart 1875 (spätere Auflagen in erweiterter Fassung); ders., *Die Frau auf dem socialen Gebiete*, Stuttgart 1880; Herbert Spencer, *Die Prinzipien der Sociologie*. II. Bd., Stuttgart 1887 (vgl. hier vor allem §§ 324–329: »Die Stellung der Frau«).

30 Vgl. dazu vor allem David Frisby, *Georg Simmels Theorie der Moderne*, in: *Georg Simmel und die Moderne* . . . , S. 9–79.

31 Einen Überblick über Simmels Gesamtschaffen findet man bei Heinz-Jürgen Dahme und Otthein Rammstedt, Einleitung, in: *Georg Simmel. Schriften zur Soziologie. Eine Auswahl*. Frankfurt/M. 1983, S. 7–34; dies., *Die zeitlose Modernität der soziologischen Klassiker. Überlegun-*

gen zur Theoriekonstruktion von Emile Durkheim, Ferdinand Tönnies, Max Weber und besonders Georg Simmel, in: Georg Simmel und die Moderne . . . , S. 449–478.

32 Vgl. »Der Frauenkongreß und die Sozialdemokratie«, S. 133. Zur Frauenbewegung äußert sich Simmel vor allem auch in: Tendencies in German Life and Thought since 1870, in: International Monthly 5/1902, S. 93–111, 166–184 (besonders S. 166–172); ders., Soziologie. Untersuchungen über die Formen der Vergesellschaftung, Berlin 1908, ⁵1968, S. 335–338.

33 Vgl. »Der Militarismus und die Stellung der Frauen«.

34 Von den hier abgedruckten Texten gehören diesem Themenkreis an die Arbeiten 4, 5, 6 und 8.

35 Vgl. dazu vor allem »Zur Psychologie der Frauen«, S. 27.

36 Vgl. »Fragment über die Liebe«.

37 Vgl. »Fragment . . .«, S. 224.

38 Zu Simmels Suche nach dem ›Dritten‹ in seiner Spätphilosophie vgl. Margarete Susmann, Die geistige Gestalt Georg Simmels, Tübingen 1959.

39 Vgl. »Weibliche Kultur«, S. 159.

40 Vgl. »Das Relative und Absolute . . .«, S. 200.

41 Vgl. »Weibliche Kultur«, S. 159.

42 Vgl. Lewis Coser, Georg Simmels vernachlässigter . . . , S. 89–90.

Zur Psychologie der Frauen

(1890)

Das Problem einer Psychologie der Frauen setzt voraus, daß die Frauen als solche eine Anzahl ihnen gemeinsamer und von dem männlichen Wesen abweichender psychischer Eigenschaften besäßen. Daß eine solche Einheitlichkeit einerseits, eine solche Abscheidung andrerseits im *strengen Sinne* existiere, wird niemand behaupten. Deshalb wird, wer über die Frauen »im Plural« spricht, sich bescheiden müssen, im besten Falle eine bloße Majorität als Totalität zu behandeln; auf eine ähnliche Gefahr hin wird er sich seinen Weg zwischen der populären und darum oft oberflächlichen und der individuellen und darum oft einseitigen Erfahrung zu suchen haben; er wird deshalb seinen Analysen nicht den Satz zugrunde legen: diese Erscheinung, die ich erklären will, ist schlechthin in den Frauenseelen, sondern nur: *wenn* respektive *so oft* sie ist, erkläre ich sie so und so.

Wenigstens auf ein relatives Recht indes, die Frauen als unter sich einheitlichere Wesen anzusehen, weist der Umstand hin, daß sie selbst ein stärkeres Gefühl von gegenseitiger Solidarität haben als die Männer, wo bei diesen nicht besondere Gründe des Zusammenschlusses vorliegen. Eine Frau wehrt gern irgendeinen Angriff oder eine Verdächtigung von einer andern ab, nicht durch sachliche Überzeugung, sondern nur durch das Gefühl einer gewissen Gemeinsamkeit der Interessen bewogen. Sie fühlt den Drang, die Ehre ihres Geschlechtes zu verteidigen, ist durch Niedrigkeit und Unsittlichkeit einer andern in ihrer eigenen Frauenwürde gekränkt und beschämt und deshalb leicht geneigt, solange wie möglich die Handlungsweise anderer Frauen optimistisch zu deuten. Die Zusammengehörigkeit der Frauen tritt uns in niederen Kulturen namentlich darin entgegen, daß wir oft von gemeinsamen Unternehmungen aller Frauen gegen die Männer hören. Die hierin liegende Gleichheit der Interessen ist zwar noch nicht unmittelbar Gleichheit des Wesens, aber doch sowohl Folge als Ursache derselben. Wenn es wahr ist, daß der glühendste Haß, den es gibt, der von Frauen untereinander ist – übrigens eine Behauptung, die mir die Grenze zulässiger Ungewißheit zu überschreiten scheint – so bestätigt diese Ausnahme die Regel, insofern Gleichheit und Zusammengehörigkeit in fundamentalen Punkten eine ausbrechende Feindschaft auf den höchsten Grad der Erbitterung zu bringen geeignet ist; so ist bekanntlich der Antagonismus zwischen den Konfessionen der gleichen Religion oft viel heftiger als zwischen dieser und einem ganz fremden Glauben. Jedenfalls, wie oft auch anderweitige Interessen und namentlich Konkurrenzen jenes Gefühl übertönen mögen, wird man sagen können, daß die Frau sich der Frau als solcher näher fühlt, als es entsprechend unter Männern der Fall ist.

Eine objektive Berechtigung, über die Frauen als Ganzes zu urteilen, würde sich unmittelbar dann ergeben, wenn das weibliche Geschlecht unter sich geringer differenziert, weniger individuell entwickelt wäre, und so das einzelne Exemplar enger im Typus eingeschlossen bliebe. In einer undifferenzierten Art repräsentiert immer das eine Individuum relativ vollkommen das Ganze und ein über dies Ganze gefälltes Urteil trifft zugleich mit größerer Sicherheit jedes beliebige Einzelwesen.

Auf dem Gebiet des Körperlichen zunächst dürfte die Behauptung eines Differenzierungsmangels der Frauen Geltung haben. Durch die ganze Natur hindurch ist das weibliche Geschlecht weniger modifiziert als das männliche; das Weibchen ist überall den Jungen der eigenen Spezies ähnlicher als das Männchen; bei den verschiedensten Menschenrassen haben Messungen ergeben, daß die Männer weit mehr voneinander verschieden sind als die Frauen. Und dieses Verhältnis wiederholt sich am Individuum. Die Oberfläche des männlichen Körpers ist mehr differenziert als die des weiblichen. Das Knochengerüst tritt energischer hervor, macht sich durch Hebungen und Senkungen bemerkbar, während bei dem Weibe die gleichmäßigeren Fettpolster den Körper als eine mehr ebene, nur in großen Zügen gehobene und gesenkte Fläche erscheinen lassen.

Ich werde nun auch schwerlich mit der Behauptung weit irren, daß die Mehrzahl der weiblichen Eigenheiten, die man dem psychischen Wesen der Männer gegenüber hervorzuheben pflegt, auf die größere Undifferenziertheit der Frau zurückgeführt werden können, auf die Tatsache, daß ihre Anlagen, Neigungen, Betätigungen enger um einen Einheitspunkt herum gesammelt und aus ihrem ursprünglichen keimhaften Ineinander noch nicht zu selbständigerer Existenz spezialisiert sind – wobei es für unsere Betrachtung völlig außer Frage bleibt, ob dieser Verfassung eine innere Notwendigkeit und Unabänderlichkeit oder eine mögliche Fortentwicklung durch abgeänderte Lebensbedingungen zuzusprechen ist. Die Vorstellungen stehen bei ihr noch in jener innigeren gegenseitigen Verbindung, die den Teil sofort das Ganze reproduzieren läßt und bei der weniger logische Zusammengehörigkeit, die immer das Resultat einer Auslese unter den Vorstellungen ist, als reales Zusammensein über die gegenseitige Stellung der Vorstellungen im Bewußtsein und über das Maß entscheiden, in dem sie ihre Kraft in Anziehung und Abstoßung zeigen. Diese Eigenart des Assoziationslebens, in der der Mangel an Differenzierung leichter die einzelne Vorstellung mit der Gesamtheit der benachbarten oder überhaupt vorhandenen verknüpft, während in einem weniger einheitlichen Geiste jede Vorstellung mehr für sich steht und über die Köpfe der Nachbarn hinweg sich nur mit den sachlich dazugehörenden verknüpft – diese Eigenart hängt zunächst mit dem Überwiegen des Gefühlslebens bei den Frauen zusammen, über das alle Beobachter einig sind. Denn so viel Annäherung an die Wahrheit, wird man jener alten Theorie, die das Gefühl mit der Summe unendlich kleiner Vorstellungen identifizierte, wenigstens zugeben müssen, daß das Gefühl um so mehr angeregt wird, je massenhafter sich die Vorstellungen kreuzen, je lebhafter also die Bewegungen sein müssen, die sich über und unter der Schwelle des Bewußtseins vollziehen. Je mehr Vorstellungen sich wegen mangelhafter Disziplin, die nur das Zusammengehörige zusammen bestehen ließe, in das Bewußtsein drängen, desto weniger Platz kann die einzelne darin erhalten, desto eher wird jener mehr verschwimmende Zustand eintreten, der in das klare Bewußtsein mehr das Ganze als seine Teile, mehr das Resultat als seine Faktoren, mehr den Entschluß als seine Gründe treten läßt, und der eben für das Gefühlsleben gegenüber dem deutlichen und aussondernden Denken bezeichnend ist. Daher die Schnelligkeit und Sicherheit des weiblichen Urteils in verwickelten Verhältnissen, wo die Fülle der einzelnen Momente uns, die wir jedes derselben aussondernd verfolgen und für sich überlegen, nicht recht zu Ende kommen läßt; weil das größere Ineinander der Vorstellungen ihnen die Gleichzeitigkeit einer größeren Anzahl ermöglicht, kann sich das Gewicht der einzelnen oft unmittelbarer an dem der anderen messen und die durchgehende Tendenz des Ganzen sich ihrem Auge ungetrübter darstellen. Da dies freilich nur auf Kosten der Klarheit und des Durchdenkens des einzelnen möglich ist, so kann der Irrtum dabei ein ebenso vollkommener sein, wie es oft das Treffen ist.

Hier ist der Ort, der vielkritisierten Logik der Frauen zu gedenken. Zunächst ist die Meinung, die ihnen dieselbe ganz oder fast ganz absprechen will, einfach abzuweisen; das ist eine von den trivialen Paradoxien, der gegenüber man sicher behaupten kann, daß jeder, der nur irgend eingehender mit Frauen zu tun hatte, oft genug von der Schärfe und Unbarmherzigkeit ihrer Folgerungen überrascht worden ist. Gerade die größere und differenziertere Fülle der materiellen Gesichtspunkte im männlichen Geiste verhindert manchmal die klare Einsicht in eine einfache logische Konsequenz, die ein weiblicher Verstand mit völliger Selbstverständlichkeit ausspricht – eine Fähigkeit, die wenigstens symbolisch mit der Begabung der Frauen für das »Suchen« zusammenhängt, infolge deren sie uns oft Gegenstände, nach denen wir überall herumgesucht haben, auf den ersten Blick als direkt vor uns liegend zeigen, und die ferner einen für den Psychologen leicht durchschaubaren Zusammenhang mit ihrem Talent zum Rätselraten besitzt. Wo es den Eindruck macht, als fehlte ihnen die Fähigkeit logischen Schließens, da sind es, wie ich bei näherer Zergliederung stets gefunden habe, *materiale* Irrtümer, die sich in die Prämissen einschleichen – meistens insofern das Vorherrschen des Gefühlslebens ihre Auffassung der Tatsachen beirrt – und die das Resultat fälschen. Aus den einmal gesetzten Prämissen heraus, zu denen man freilich die halb oder ganz unbewußten rechnen muß, urteilen sie, wie ich glaube, nicht unlogischer als die Mehrzahl der Männer; gerade in dieser Beziehung ist es doch bedeutsam, daß allein in der logischsten aller Wissenschaften, in der Mathematik, die Frauen große und originelle Leistungen aufzuweisen haben. Jener Aberglaube von der Unlogik der Frauen entstammt nur dem allgemeinen häufigen Irrtum, durch den materiale Inhalte, Ergebnisse und Täuschungen des Denkens für formal logische gehalten werden. »Rein logisch« nennt es z. B. der populäre Ausdruck, daß man einem armen Menschen kein ungezähltes Geld anvertrauen soll; »rein logisch« ist es ihm, wenn bei dem Vorhandensein eines bestimmten Nahrungsquantums, nach dem zwei Individuen Begehr tragen, ein Kampf unter diesen ausbricht: und doch zeigt eine leichte Überlegung, daß aus der vorausgesetzten Situation die fragliche Folge keineswegs rein logisch hervorgeht, sondern noch einer dazwischentretenden durchaus materialen Prämisse bedarf und also keineswegs analytisch, sondern durchaus synthetisch ist. Auf dieser typischen Täuschung dürfte wohl auch das Material beruhen, auf das hin man induktiver Weise das Manko an weiblicher Logik behauptet hat. Auch wenn sich dem die weitere Behauptung anschloß, daß der Begriff der Wahrheit für die Frauen überhaupt ein andrer wäre als für die Männer, so ist dies mehr auf eine Abweichung in den materialen Annahmen als auf einen Mangel in den logisch formalen Verbindungen unter diesen zu setzen. Richtiger glaube ich behaupten zu können, daß allerdings der *Wert* der Wahrheit als eines für sich bestehenden und von seinen praktischen Folgen losgelösten Ideals ihnen schwer einleuchtet; auf die allgemeinen psychologischen Gründe hiervon komme ich weiter unten zu sprechen und erwähne hier in dieser Hinsicht nur, daß die Frauen durch ihre physiologischen Verhältnisse und die Rücksichten, welche sie auf diese nehmen müssen, vielfach geradezu gezwungen sind, irgendwelche Lügen zu sagen. Ihre Schätzung der Aufrichtigkeit als solcher muß natürlich darunter leiden, daß sie ihr so oft gerade aus der sittlichen Rücksicht des Anstands Abbruch tun müssen. Zudem geht die gesamte weibliche Erziehung unserer höheren Kreise, insoweit sie auf den Verkehr mit Männern vorbereiten will, im guten Fall dahin, daß die Mädchen sich zu beherrschen lernen, im schlechten, daß sie sich zu verstellen lernen. Der verschärfte Kampf ums Dasein, der für sie als Kampf um den Mann auftritt, zwingt ihnen oft die Heuchelei, sowohl als simulatio wie als dissimulatio, geradezu auf, wozu noch die oberflächliche Bildung in Wissenschaft und Künsten gehört, die in der Mehrzahl der Fälle sofort beiseite geschoben werden, sobald der Zweck dieser Ausstattung der Persönlichkeit, die Gewinnung eines Mannes, erreicht ist. Alle diese Momente, in denen sowohl die Heuchelei wie die Beschäftigung mit dem Erkennen nur als Mittel zu höherliegenden Zwecken geübt werden, müssen dazu beitragen, den Wert der Wahrheit als eines selbständigen Ideals, eines für sich befriedigenden Endzwecks in ihren Augen herabzudrücken. – Ich hebe hier nur noch als dem Wahrheitsinteresse feindlich die allgemein anerkannte Neigung der Frauen zum Übertreiben hervor, die nicht ganz leicht zu erklären ist. Nach dem, was wir von der Ausdrucksweise der Naturvölker hören, scheint das Übertreiben der primitiveren Geistesverfassung überhaupt eigen zu sein; in der Tat ist das unverfälschte Aufnehmen und Reproduzieren von Eindrücken, das einfache, der Sache angemessene Urteilen keineswegs die erste, sondern erst die letzte Stufe intellektueller Ausbildung. Der menschliche Geist scheint eine natürliche Neigung zu haben, einen Anstoß in der einmal erhaltenen Richtung, aber über das Maß seiner ursprünglichen Intensität hinaus in sich fortzupflanzen und weiterzubilden, bis eine Erschöpfung der Energie oder eine sich entgegensetzende Vorstellung dem Einhalt tut. Dies ist noch von dem einfachen Beharrungsstreben der Vorstellungen zu unterscheiden; denn während diesem gemäß der spätere Moment gerade den Vorstellungsinhalt des früheren bewahrt und so gewissermaßen nur dem Trägheitsgesetz folgt, findet hier eine Veränderung statt, die mehr an die wachsende Bewegungsintensität des Körpers auf der schiefen Ebene erinnert: so nimmt die Intensität, des qualitativen Inhaltes einer Vorstellung zu, wenn sie sich selbst überlassen ist. Ich erinnere an die Übertreibungen des Traumes; der Strohhalm, der zufällig die Zehen eines Schlafenden berührt, bringt die Traumvorstellung eines durch den Fuß getriebenen Pfahles mit sich, ein schmerzender Pickel wird als eine von glühendem Blei gebrannte Wunde empfunden, eine Beklemmung als totales Ersticken, usw. Hat das Vorstellen einmal eine bestimmte Richtung erhalten, so breitet sich diese offenbar in dem Maße im Geiste aus, in dem sie wegen Mangels entgegengesetzter Kräfte Raum in ihm findet. Bei der Abhängigkeit auch unserer scheinbar ganz objektiven Erkenntnisse von Apperzeptionen und Formgebungen aus unserem Innern heraus, bei der Mehrdeutigkeit alles sprachlichen Ausdrucks, bei der Subjektivität aller Werturteile, ist es verständlich, daß dasjenige, was wir die Sachlichkeit und objektive Angemessenheit von Urteilen jeder Art nennen, nicht durch eine unmittelbare Adaptierung derselben an das Objekt erreicht wird, sondern durch psychische Ausgleichungen und gegenseitige Hemmungen, die jeder Vorstellung erst das Maß ihres Anspruchs und die rechte Intensität der ihr zuzusprechenden Eigenschaften bestimmen: das Objekt selbst schränkt nicht oder wenigstens oft nicht seine Empfindungswirkung auf uns und unser Urteil darüber auf ein festes Maß ein, sondern diese Begrenzung kommt von anderen, gleichfalls das Bewußtsein für sich beanspruchenden Vorstellungen. Ich glaube deshalb, daß Exzentrizität des Empfindens und Übertriebenheit des Ausdrucks natürliche und schwer vermeidliche Eigenschaften eines Geistes sind, der noch nicht hinreichend differenziert ist, um dem Ausbreitungsstreben einer einströmenden Vorstellung sofort anderweitige modifizierende Vorstellungen entgegenzusetzen. Je ungeschiedener in sich die geistige Masse ist, desto eher wird ein auftretender Impuls das Ganze mit sich fortreißen – ganz wie eine ungebildete und homogene Menschenmenge leicht durch einen einzigen Anstoß zu den unverhältnismäßigsten Empfindungen und Handlungen hingerissen wird: bei der Übertreibung, bei der der ursprüngliche Eindruck sofort seine Nachbarn erregt und durch ihre Energie seine eigene steigert (wie es z. B. bei moralischen Urteilen ungebildeter Menschen bemerkbar ist, für die der irgendwie Verdächtige auch gleich nicht schwarz genug, der Verdienstliche nicht licht genug gemalt werden kann) verhalten sich die Vorstellungen wie Menschen, die einen Auflauf bilden: der Vorübergehende, in der Nähe befindliche tritt hinzu, bloß weil die anderen dort stehen, oft ohne zu wissen, um was es sich handelt und ohne daß die Veranlassung es rechtfertigte. Für diesen sozialpsychologisch wichtigen Vorgang ist jener individualpsychologische vielleicht nicht nur Analogie, sondern direkte Veranlassung. Die Vorstellung wird in einem undisziplinierten Geiste widerstandslos ihrem Expansionsbestreben folgen können und so die Übertriebenheit zustande kommen, die doch nur ungenau als Eigenschaft des bloßen Ausdrucks bezeichnet wird, tatsächlich aber ein Verhältnis respektive Mißverhältnis der zum Ausdruck kommenden Vorstellung ist. Wie der impulsive Charakter des weiblichen Gefühlslebens hiermit zusammenhängt, ist klar. Wie die Objektivität des Urteils, so gründet sich auch die Ruhe und das Maß im praktischen, auf die Fülle verschiedenartiger und mit selbständiger Kraft auftretender Impulse, unter denen jeder einseitige Anstoß sofort sein Gegengewicht findet; das Verständnis für entgegengesetzte Auffassungsweisen, die Fähigkeit gleichsam mit gesonderten Organen die verschiedenen Anlässe zum Empfinden aufzunehmen und dadurch in sich zur Ausgleichung zu bringen – dies verhindert die Übertriebenheit im Denken wie im Gefühlsleben, und der Mangel daran vermöge der Undifferenziertheit im Geistesleben der Frauen ist die Ursache ihrer relativ widerstandslosen Hingabe an die Vorstellung und an das Gefühl. Dahin muß also der übliche Ausdruck modifiziert werden, daß das lebhaftere Gefühl der Frauen ihre Neigung zum Übertreiben veranlasse.

Es geht hierbei der gleiche Irrtum vor, wie bei der Behauptung, es sei das feinere »Gefühl« der Frauen, das sie so oft die sichere und richtigere Entscheidung treffen läßt; auch hier setzt man, wie es häufig geschieht, zwei Erscheinungen, die von einer gemeinsamen tiefergelegenen Wurzel ausgehen, in ein gegenseitiges Kausalverhältnis. Die Undifferenziertheit des Vorstellungslebens ist die Ursache von beidem; sie erregt einerseits durch die Massenhaftigkeit und Halbbewußtheit andrängender Vorstellungen das Gefühl in lebhafter Weise und gewährt andererseits ein schnelleres Durchlaufen der Momente und ein entschiedeneres Hervortreten des Überwiegenden. Wenn deshalb dieser letztere Prozeß von Gefühlserregungen *begleitet* wird, so ist es mindestens ein irreführender Ausdruck, daß den Frauen das Gefühl zu ihren manchmal hellseherisch erscheinenden Urteilen verhülfe. Ich brauche an dieser Stelle nur anzudeuten, daß im Praktischen die Impulsivität ihrer Entschlüsse und der feine Takt ihres Benehmens aus der gleichen Quelle ableitbar sind; die psychologischen Verbindungen liegen auf der Hand. Erwähnen will ich nur, daß das auffallende Ahnungsvermögen der Frauen, wie es auf den schnelleren, weil unkritischeren Funktionen des Assoziationsmechanismus beruht, so doch zugleich auf die niedrigere Stufe des Spürsinns hinweist, durch den sich Tiere und niedere Völker auszeichnen.

Daß das Gefühl aber auch nach der Seite hin, wo es nicht Antizipation der Erkenntnis ist, einen außerordentlich großen Raum in dem weiblichen Seelenleben einnimmt, ist ebenso sicher. Eine Dame, welche ein großes Vertrauen bei anderen Frauen genießt, erzählte mir, daß ihrer Erfahrung nach, Mädchen nicht öfter als einmal unglücklich liebten; sie litten nämlich beim ersten Male soviel, daß sie sich aufs ängstlichste vor dem zweiten Male in acht nehmen und ihren Gefühlen Halt gebieten. Wenn einmal die Erwerbs- und sonstige Tätigkeit der unverheirateten Frauen eine dem jetzigen Zustande gegenüber erweiterte sein wird, so wird eine Veränderung ihres Gefühlslebens von ganz unberechenbaren Folgen daraus hervorgehen. Denn der Umstand, daß sie jetzt soviel Zeit haben, ihren Gefühlen nachzuhängen, trägt gewiß Wesentliches zu deren Macht und Tiefe bei – hat man doch die statistische Tatsache, daß die Selbstmorde der Frauen auffallend selten auf den Sonnabend fallen, so zu deuten gesucht, daß der Sonnabend als der Scheuertag ihnen nicht soviel Zeit zur Unzufriedenheit mit dem Leben ließe. Das äußerliche Moment des Zeithabens, für die Unverheirateten sogar auch in den mittleren Ständen, bewirkt gewiß viele der Unterschiede des weiblichen vom männlichen Gefühlsleben.

Das Vorherrschen desselben zeigt seine Identität mit dem Charakter der Einheitlichkeit, den das Wesen der Frauen trägt, auch darin, daß eine Alterierung seiner eine vollkommene Revolution ihrer ganzen Persönlichkeit zur Folge zu haben pflegt. Hierdurch werden oft große Täuschungen über die Beschaffenheit weiblicher Seelen hervorgerufen, wenn man vergißt, daß Änderungen des Gefühlsniveaus nicht auf ihrer Höhe stehenzubleiben pflegen, so sehr das Herz selbst auch immer geneigt ist, seine Zustände für definitive zu halten; und daß anderweitige, durch jene hervorgerufene Abänderungen dieses Schicksal teilen müssen. Eine solche Täuschung ist es oft, wenn man junge Mädchen nach ihrer Verlobung ganz verändert – und zwar zu ihrem Vorteil – findet; die Erregung, Anspannung und Konzentration des Gefühlslebens, auch durch die einer Braut zuteil werdende allgemeine Aufmerksamkeit gesteigert, die Erhöhung des Lebensgefühles und Hoffnung alles Zukunftsglückes bringt natürlich eine Steigerung der Persönlichkeit mit sich, alle Fähigkeiten sind in höchster Funktion, usw. Aber es liegt auf der Hand, daß das nur Galvanisierung ist und in wieder ausgeglichenen Verhältnissen wieder dem früheren Wesen Platz macht. Es ist nichts anderes, als im Physischen die Verschönerung durch die Freude – eine zweifellose Tatsache, die aber mit der Freude wieder verschwindet.

Insofern diese Macht des Gefühlslebens von der Einheitlichkeit der Frauen bestimmt wird, kann ihr Ergriffensein durch Romane einen Beleg dafür bilden; sie erleben diese völlig mit, identifizieren sich ganz und gar mit den Personen und Affekten, weil sie sozusagen innerlich nicht differenziert genug sind, um außer der Vorstellung, die ihre Phantasie erfüllt, noch eine andere, daneben- und darüberstehende Vorstellungsmasse aufzuweisen. Deshalb sind sie auch schlechte Kritiker, wo es sich um Beurteilung nach objektiven Kunstnormen handelt, weil sie zu sehr und ganz in der Sache darinstecken – auch hier die niedrigere Entwicklungsstufe zeigend; denn dieses Stadium muß auch der gute Kritiker dem einzelnen Kunstwerk gegenüber durchmachen, d. h. er muß es *durch* machen, sich darüber hinausarbeiten. Deshalb sind sie auch überhaupt der Analyse, dem zergliedernden Aussondern der einzelnen Momente eines Geschehens, eines Fühlens, einer Persönlichkeit, abgeneigt; sie empfinden es als einen unbehaglichen Zwang, wenn sie die Vorstellungen, die den Gegenstand für sie repräsentieren, differenzieren und auseinanderlegen sollen. Aber eben darum fehlt ihnen auch das, was man Sachlichkeit nennt – wovon der Zusammenhang einfach der ist, daß Differenzierung Verselbständigung bedeutet und alle Sachlichkeit und Objektivität des Vorstellens nichts anderes ist, als die verselbständigende Loslösung der einzelnen Vorstellung und des Interesses an ihr aus den Verschmelzungen und Verkettungen, die das Ineinander des ursprünglichen psychischen Zustandes ihr auferlegt. Da das Ich in der Gesamtsumme und dem Wechselspiel der Vorstellungen besteht, so ist der Standpunkt der Subjektivität gerade der, daß die einzelne Vorstellung noch in lebhaftester Verbindung mit der ungesonderten Masse der übrigen steht und von dieser getragen wird. Wo die einzelne Vorstellung noch nicht selbständig genug ist, um in reinlicher Absonderung von den anderen nur in ihren logischen Beziehungen betrachtet zu werden, wo sie vielmehr leicht den gesamten Bewußtseinsinhalt in Erregung versetzt und in ihr Schicksal hineinzieht, da liegt eben das vor, was wir Subjektivität und Mangel an Sachlichkeit nennen. Und hierüber sind alle Beobachter einig: über die Leichtigkeit, mit der die Frau die Gesamtheit ihres Seelenlebens von *einem* Punkte aus aufregen läßt, mit der sie für ein einzelnes Interesse ihr ganzes Denken und Fühlen einsetzt – und, als Korrelat dazu, über ihre geringe Fähigkeit, das einzelne in seinem reinen Fürsichsein vorzustellen und zu beurteilen, mit einem Wort, über ihren Mangel an Objektivität. Wir sehen, wie dieser auch nur eine Folge des Mangels an Differenzierung im weiblichen Seelenleben ist, insofern angesichts dieses die einzelne Vorstellung in zu enger Solidarität mit den übrigen, also mit der gesamten Subjektivität auftritt. – Ich will an dieser Stelle nochmals hervorheben, daß, wenn man den Frauen gewisse Eigenschaften zu- oder abspricht, dies nur ein durchschnittliches Mehr oder Minder gegenüber dem Durchschnittsmaße derselben bei den Männern bedeutet – eine Differenz, deren Größe sich in den allerweitesten Grenzen bewegt. Daraus, daß diese Reserve entweder nicht gemacht oder nicht im Bewußtsein behalten wird, erklärt sich der Schein von Ungerechtigkeit, Übertriebenheit und vorurteilsvollem Schematisieren, der auf den Urteilen über die Frauen im Plural zu haften pflegt. –

Das geringe Interesse der Frauen an dem staatlichen Leben, ihre Gleichgültigkeit auch gegen die sittlichen Beziehungen desselben da, wo nicht ihr Gefühlsleben unmittelbar durch ein konkretes, anschauliches Schicksal des öffentlichen Wesens angeregt wird, erklärt sich wenigstens teilweise aus dem obigen Grundzug, insofern dies nur eine Seite ihrer allgemeinen Unfähigkeit ist, sich im Denken und Empfinden höheren Abstraktionen anzupassen. Denn alle Abstraktion, die aus vielem einzelnen ein höheres Allgemeines zusammenfaßt, ist zwar schließlich Integration, aber nur aufgrund voraufgegangener Differenzierung. Wenn nicht aus den Vorstellungskomplexen, die zunächst mit dem bunten Ineinander und Durcheinander ihrer Bestandteile das Bewußtsein erfüllen, jeder einzelne derselben zu besonderem Bewußtsein herausdifferenziert wird, so wird es zu derjenigen gegenseitigen Apperzeption der Teile von Erscheinungskomplexen nicht kommen, die den Begriff dieses Teiles eben als einen höheren, jene letzteren als Einzelbeispiele unter sich begreifenden, zustande bringt. Wo das Vorstellen also nicht die Bestrebung hat, seine Bestandteile zu sondern und zu verselbständigen, da wird zugleich die Fähigkeit, abstrakte, über die anschauliche Einzelheit der Dinge sich hinaushebende Begriffe zu bilden, unentwickelt bleiben und entsprechend auch das Interesse an Vorstellungen, die eine derartige Erhebung zur Voraussetzung haben. Wir bemerken deshalb, daß Frauen und größere Massen – insoweit sie auf niedrigerem geistigen Niveau stehen – sich für eine Idee immer nur durch eine einzelne Person oder ein greifbares Ereignis oder Symbol hindurch begeistern können; die Idee des Patriotismus kristallisiert ihnen häufig genug zu der Person des Herrschers, knüpft sich für ihr Bewußtsein mit Vorliebe an die Vorstellung einzelner historischer Geschehnisse oder Verkörperungen, ihr Sozialinteresse äußert sich in der Mildtätigkeit von Person zu Person, während sie den Gedanken, daß man aus höheren sozialen Gesichtspunkten dem Bettler die Gabe verweigere, weder recht verstehen noch recht billigen können. Deshalb sind auch diejenigen idealen Bestrebungen, die sich um persönliche Wesen gruppieren, den Frauen die zugänglichsten, also vor allem die religiösen, und die oftmalige Kraßheit ihres Aberglaubens, im Vergleich mit Männern des gleichen Bildungskreises, ist ein Zeichen ihrer Entwicklungsstufe, insbesondere durch das Mittelglied hindurch, daß das Kleben am Konkreten, die Sucht, das Höchste an ein Sichtbares zu knüpfen, ein Zurückbleiben in der geistigen Differenzierung anzeigt. Nächstdem werden sie sich deshalb den künstlerischen Interessen zuwenden, weil in diesen das abstrakte Ideal einen greifbaren Körper gewonnen hat; und vielleicht hat die bekannte Tatsache, daß sie es in der Kunst des Aufnehmens und in der des Reproduzierens zur höchsten Meisterschaft gebracht haben, während ihnen eigene Produktion nicht gelingt, ihren Grund darin, daß der produktive Künstler von der Idee aus ihren sinnlichen Körper gewinnt, von jener ausgehend und sie sozusagen mehr und mehr verengend an ihrer sichtbaren Darstellung an einem einzelnen erst mündet – während der Genießende und der Reproduzierende die Konkretheit des Kunstwerkes vorfindet und von ihr ausgehend zu seiner Idee aufsteigt. Wie für die Frauen der einzelne Mensch, der ihnen die religiöse oder eine sonstige Idee darstellt, sozusagen das Sprungbrett ist, das allein ihnen in die Höhe dieser hinaufhilft, so bedürfen sie vermöge ihres Mangels an Abstraktionsvermögen – der so weit geht, daß sie manchmal den Besitz von Papiergeld fast als etwas Wertloses gegenüber dem von barem Gelde ansehen – auch für die künstlerische Idee eines einzelnen Anhaltspunktes, den sie in dem fertigen Kunstwerk finden; der Schaffende geht den umgekehrten Weg und daher erklärt sich ihre Unfähigkeit zur Produktion und ihre Fähigkeit für Reproduktion, sei es im genießenden Empfangen, sei es in der Schauspielkunst, dem musikalischen Virtuosentum, oft auch in der Kopierkunst bis zu der in den Handarbeiten geübten.

An einem Punkt freilich haftet das weibliche Interesse aufs festeste an einem ganz Unpersönlichen und Allgemeinen: an der Sitte. Gegenüber dem Rechte einerseits, der freien Sittlichkeit andererseits, stellt die Sitte einen Keimzustand dar, in dem jenes beides noch ungeschieden schlummert. Die Sitte umschränkt die Persönlichkeit, ohne ihr den Zwang des Rechts anzutun, aber auch ohne ihr die Freiheit zu lassen, mit der wir den Fragen der höheren Sittlichkeit gegenüberstehen. Soweit auch ihr Gebiet überhaupt sich erstreckt – weit über das des Rechts hinaus – so ist sie doch in gewissem Sinne diesem gegenüber immer Sache des kleineren Kreises: auf Verletzungen der guten Sitte reagiert der engere Kreis derer, die irgendwie dadurch betroffen oder Zeugen davon waren, während die Verletzung der Rechtsordnung eine Reaktion der Gesamtheit aufruft; die Sitte ist in einer größeren Gesamtheit für die Unterabteilungen derselben höchst verschieden, während das Recht Gleichheit aller voraussetzt; sie genügt deshalb, um einem kleineren Komplex von Menschen hinreichend feste Lebensnorm zu geben, muß aber bei weiterer Ausdehnung desselben sich einerseits zum Gesetz verdichten, andererseits zur persönlich sittlichen Autonomie lockern, und wird, wie erwähnt, aus einem Zusammenhalt des großen Ganzen zu einem für die kleineren Abteilungen desselben. Dieser Charakter des Unentwickelten, das sich sowohl zu der höchsten und abstrakten Allgemeinheit wie zu der ganz auf sich selbst stehenden Individualität erst differenzieren soll, stiftet einen psychologischen Zusammenhang der Sitte mit der Verfassung der Frauen, deren Seeleninhalte in gleicher Weise der höchsten Abstraktion wie der schärfsten Individualisierung fernstehen, und so zu jenen Keimzuständen, aus denen beides erst sich zu entwickeln hat, von vornherein disponiert sind.

Ich habe an einem anderen Orte [»Bemerkung zu sozialethischen Problemen«, in: Vierteljahrsschrift für wissenschaftliche Philosophie 12/1888, S. 32–49. Anm. d. Hg.] nachgewiesen, daß die Ausbildung der Individualität Schritt hält mit der Erweiterung des sozialen Kreises, in dem sie stattfindet; der engere Kreis dagegen hemmt die freie Entfaltung der Persönlichkeit, gewährt ihr aber dafür einen Anhalt und eine Stütze, die der auf sich allein gestellte Mensch, der nur Glied einer sehr weiten Allgemeinheit ist, entbehren muß; die kleinere soziale Gruppe hat ein viel größeres Interesse daran, ihr einzelnes Mitglied zu schützen und zu stützen, als die weitere, in der der Kampf ums Dasein heftiger entbrennt und den einzelnen zur Ausbildung der Spezialität und zur Selbständigkeit zwingt. Deshalb wird sich der Schwache immer nur in einem relativ kleinen Kreise wohl und sicher fühlen. Ist nun die Sitte die Lebensform des kleineren Kreises, so liegt auf der Hand, welches Interesse gerade der Schwache, der Anlehnung Bedürftige, an ihr nehmen muß, der untergehen würde, sobald der nur von der freien Kraft des Individuums entschiedene Kampf ums Dasein losbräche; die Sitte bewirkt mittelbar und unmittelbar eine gewisse Gleichheit zwischen dem Starken und dem Schwachen, die sogar in ihrer Hemmung des bloß natürlichen Verhältnisses beider so weit geht, daß sie geradezu den Schwachen bevorzugt: die Ritterlichkeit den Frauen gegenüber gibt ein treffendes Beispiel dafür. Die Schwäche der Frauen also ist es, die sie die Anlehnung an die Sitte zu suchen zwingt; denn selbst die Macht, die sie vermöge des geschlechtlichen Reizes ausüben, ist nur in einer gesitteten Gesellschaft möglich, wo die Befriedigung der Liebeswünsche von Werbung und Gewährung abhängig ist und das Versagen respektiert wird, aber nicht in einer ungesitteten, wo die individuelle Gewalt sich einfach dessen bemächtigt, was ihr gefällt, wenn es durch keine überlegene Kraft verteidigt wird. Wenn die Frauen also ganz besonders zu Hütern der Sitte berufen sind, wenn, wie *Goethe* es erschöpfend ausdrückt, der Mann nach Freiheit, das Weib nach Sitte strebt, so ist der reale Grund davon der Schutz, den die Sitte gewährt, einerseits in Ergänzung des gesetzlichen Rechtes, das seiner Allgemeinheit wegen für unzählige einzelne Fälle nicht zureicht, in Ergänzung andererseits der Kraft der Individualität. Dies ist indes sozusagen nur eine praktische Anwendung jenes tieferen psychologischen Zusammenhanges, demzufolge die Sitte die undifferenzierte Lebensnorm gegenüber jenen beiden entschiedeneren bedeutet und dadurch der psychischen Entwicklungsstufe der Frauen entspricht.

Es liegt auf der Hand, daß auch jenes praktische Motiv des Strebens nach Sitte den Frauen in der Mehrzahl der Fälle nicht bewußt sein wird, sondern nur als Resultat der Gattungserfahrung, also in der Form des Instinkts, seine Macht übt; das Anlehnungsbedürfnis der Frauen tritt weit eher in ihr Bewußtsein, als sein Motiv, die persönliche Schwäche. Diese Macht der Gattungsvorstellung ist mir immer auch in dem Falle der Anlehnung der Frauen an eine bestimmte Person, also in der Ehe, von auffallender Stärke erschienen. Ein Mädchen mag heute noch schwankend sein, ob sie einen Mann, der ihre Hand erbeten, erhören soll oder nicht; tut sie es nicht, so existiert fürderhin keine Spur einer Beziehung zwischen ihnen; irgendein relativ unbedeutendes Moment mag den Ausschlag geben, es doch zu tun; und nun ist sie – wenigstens in sehr vielen Fällen – innerlich auch gleich unbedingt an ihn gebunden, ihm oft blind gehorsam, würde alles denkbare Schwere für ihn ertragen; keine Steigerung realer Momente führt in begründbarer Weise allmählich zu diesem Resultat; sondern sprunghaft, durch die bloße Macht des Gedankens, daß er nun einmal ihr Mann ist und damit dieses unbedingte Sichhingeben dasein muß und da ist, wird es erreicht. Diese Macht ist offenbar das plötzlich in Wirkung tretende, bis dahin latent gebliebene Resultat von durch unzählige Generationen vererbten Vorstellungen und Gewohnheiten, das nun allerdings dem Individuum so überwältigend und überraschend entgegentritt, so wenig aus seiner eigenen Geschichte erklärbar scheint, daß es nicht zu verwundern ist, wenn man das Hineinspielen eines überirdischen Prinzips dabei vermutete, wenn man Ehen im Himmel geschlossen sein läßt und ihre Unauflösbarkeit damit begründet, daß Gott sie zusammengefügt hat. Die einzelne tritt hiermit die Erbschaft der Gattung an, deren Wirkung eben jene Plötzlichkeit, jenes Geben von vielem mit einem Schlage aufweist, wodurch sich das Erben vom Erwerben unterscheidet.

Sind die Frauen so an die Sitte gebunden, so ist nicht zu leugnen, daß wie die Ursache davon eine gewisse Beschränkung ist, eine ebensolche auch die Folge davon wird; so reizvoll auch Schüchternheit, Zurückhaltung, Sittsamkeit bei einer Frau ist, so wird dennoch hierdurch die Erscheinung gewisser Seiten ihres Wesens unmöglich, die vielfach vielleicht abstoßend, mannigfach aber auch anziehend sein würden. Hierauf beruhen die scheinbar rätselhaften Erfolge, die Frauen, welche die Schranken der Sitte und Sittlichkeit überschritten haben, erringen, und die oft in gar keinem Verhältnis zu ihren naturgegebenen Reizen stehen. Indem sie die Zurückhaltung abstreifen, die *alle* Wesensäußerungen einer sittsamen Frau dämpft und viele unterdrückt, können sie in der Degagiertheit der Bewegungen, der Vorurteilslosigkeit ihrer Meinungen, der Freiheit in deren Aussprache viele Reize zeigen, deren Entfaltung sich die in den Schranken der Sitte bleibende Frau selbst untersagt. Es ist dies einer der Vorteile, die die Kultur dem Unsittlicheren dadurch bietet, daß zwischen dem, was keiner darf, was mit Unlustfolgen für den Täter verbunden ist und dem, was jeder darf, ein Gebiet liegt, das zwar nicht gesetzlich verboten ist, dessen Beschreitung aber der ehrenhafte Mensch sich selbst verbietet; der Gewissenlose hat unzählige Mittel zur Erreichung seiner Zwecke zur Verfügung, die dem Gewissenhaften durch nichts Äußerliches, sondern nur innerlich versagt sind und die jenem deshalb einen erheblichen Vorsprung im Kampf ums Dasein geben.

Es kann auch nicht geleugnet werden, daß die unbedingte Bindung an die Sitte mancherlei Beschränkungen und Vorurteile zur Folge hat, die für die höhere Sittlichkeit gleichgültig oder ihr gar entgegengerichtet sind – ein Übelstand, wie er von der Anlehnung an eine Autorität schwer zu trennen ist und um so schwerer in diesem Falle, weil die Undifferenziertheit des weiblichen Vorstellens, wie sie Sitte und Sittlichkeit zusammenfallen läßt, überhaupt dazu neigt, ein einmal Gegebenes in Bausch und Bogen hinzunehmen und auch wegen des größeren Sicherheitsgefühles, das die Schwäche aus der *Unbedingtheit* einer Anlehnung gewinnt, es vermeidet, die einzelnen Momente einer Norm herauszulösen und gesondert auf ihr Recht zu prüfen. Aus all diesen Momenten zusammengenommen stammt die Härte, mit der die Frauen den Bruch der äußeren Sitte, namentlich durch Frauen, verurteilen, während wir hierdurch zugleich die Tatsache tiefer begreifen, daß sie im einzelnen Falle diesen Bruch solange es angeht nicht zugeben, sondern im Gefühl, daß es die Ehre ihres Geschlechts gelte, die Handlungsweise anderer Frauen im guten Sinne auslegen. Ein objektives Lebenselement, aus dem man Anlehnung und Kraft gewinnt, erhält man in seiner Reinheit und Wirksamkeit am besten durch entschiedenen Einschluß oder entschiedenen Ausschluß des Individuums. Und so erlebt man denn, daß Frauen das ganz gleiche moralische Verdammungsurteil über Gretchen wie über Marguérite Gauthier, über Stella wie über Messalina fällen; die bloße Tatsache der nicht legitimierten Hingabe genügt dazu, der bloße Bruch mit der Sitte, deren Kraft gefährdet wäre, sobald durch Auseinanderlegung der Motive jenes Bruches ein Kompromiß mit ihr möglich wäre. Ich möchte behaupten, daß in dieser Hinsicht die Sitte sich zur Sittlichkeit ungefähr verhält wie die Technik zur Kunst, daß die erstere nur insofern Wert hat, als die zweite durch sie hindurchscheint und ihren Endzweck bildet; und daß das Talent der Frauen zum Technischen, dem aber der höhere Kunstzweck, an den es sich lehnt, von anderer Seite gegeben sein muß, gewissermaßen ihrem Talent zur Bestimmung dessen, was sich ziemt, entspricht. Denn auch die Sitte erhält ihre Bedeutung doch nur daher, daß der Kulturprozeß ethische Zwecke schafft, an die sie sich vorbereitend und abgeleitet anlehnt.

Wo es dagegen ohne selbständige höhere Abstraktion nicht möglich ist, für ein Ideal Verständnis und Interesse zu gewinnen, da scheitert den Frauen auch beides: an der Wissenschaft, an den höheren politischen Idealen, an derjenigen Sittlichkeit, die das Nähere und Kleinere vernachlässigt, um dem weitesten Kreise zu dienen. Darum kann ich das oft gehörte Lob der Frauen, daß sie Priesterinnen und Bewahrerinnen des Idealismus wären, nur da für gerechtfertigt halten, wo ganz besondere Umstände dazukommen, z. B. eine hervorragend starke Richtung der Männer auf materiellen Erwerb; da die Frauen von der direkten Beteiligung an der Jagd nach diesem Glück ziemlich ausgeschlossen sind, ist es natürlich, daß sie den Männern gegenüber, die ganz in derselben aufgehen, den Eindruck des Immateriellen und Idealistischen machen. Wo ferner unter den Männern eine scharf durchgeführte Arbeitsteilung herrscht, da werden die Frauen, die wegen ihrer gleichartigeren Interessen gewissermaßen den Indifferenzzustand dieser um sie herum vorgehenden Bewegungen bilden, über den Gegensätzen zu stehen scheinen und den damit verbundenen Anschein von Verklärung und Idealität gewinnen.

Allein hierbei geht eine psychologisch wohl begreifliche Verwechslung vor sich. Von dem, was jenseits der Gegensätze steht, glaubt man leicht, daß es über ihnen stehe; von dem, was noch gar nicht in sie eingetaucht ist, daß es sie überwunden habe und sie versöhnt in sich trüge. Wie die Reinheit und Unschuld eines Kindes uns oft eine beschämende Mahnung auszusprechen scheint, während diese Eigenschaften doch nur für den Erwachsenen verdienstvoll sind, der sie nach allen Stürmen und Versuchungen bewahrt oder wiedergewonnen hat und so bei formaler Ähnlichkeit des Resultats dem Kinde gerade das fehlt, wodurch dieses Resultat sittlichen Wert besitzt: so erscheint uns die Einheitlichkeit des Wesens der Frauen, die subjektive Sicherheit ihrer Instinkte, die Unberührtheit, mit der sie in unzähligen Wirrnissen des Lebens darin stehen, als Ideal, in dessen Erreichung sie uns weit überlegen seien. Allein, wir bedenken dabei nicht, daß hier einer der häufigen Fälle vorliegt, wo das Endglied des Prozesses die gleiche Form wie sein Anfangsglied zeigt. *Nachdem* vollständige Spezialisierung und Differenzierung der Teile des Wesens errungen ist, *nachdem* jede Fähigkeit die Selbständigkeit vollkommener Ausbildung gewonnen hat, ist es freilich höhere Lebensaufgabe, dieses Mannigfaltige wieder zu vereinheitlichen, die Buntheit der Triebe, der Gedanken, der Betätigungen wieder durch enge gegenseitige Beziehungen zur Versöhnung zu bringen. Aber wenn jener Prozeß nicht vorausgegangen ist, wenn sich die Vereinheitlichung nicht an dem bereicherten Materiale vollzieht, so liegt auf der Hand, daß die Voraussetzung für jenen den Frauen eingeräumten Vorzug bei ihnen relativ unerfüllt bleibt und ihnen von den Männern wahrscheinlich nur deshalb subintelligiert wird, weil sie bei diesen relativ erfüllt ist. Auch im Erkenntnisleben stellt sich nach langandauernder Übung im bewußten Denken und Forschen schließlich eine gewisse Unbewußtheit dadurch ein, daß lange Schlußreihen, vermöge der gewachsenen Denkübung mit außerordentlicher Schnelligkeit und in entsprechender Verdichtung vollzogen werden, so daß das Resultat wie durch einen glücklichen Takt, einen sicheren Instinkt für das Richtige eingegeben scheint. Allein der Wert dieser Unbewußtheit ist doch von den psychischen Ereignissen abhängig, die, ihr in bewußter Form vorangegangen, jetzt ihren Inhalt und ihre Richtung bestimmen; indem wir diese Genesis der unbewußt ahnenden Form des Denkens, die dann allerdings gewissermaßen seine höchste Vollendung bezeichnet, voraussetzen, gewinnt das Erkenntnisleben der Frauen in der nachtwandlerischen Sicherheit ihrer Instinkte und ihres Taktes, für unsere Beurteilung einen Vorsprung, den aber ein näheres Zusehen, sowohl a priori wie a posteriori, ebenso oft als einen Sprung nach der falschen wie nach der richtigen Seite zeigt. Die Schätzung der Frauen steigt hier durch einen psychologischen Vorgang, der für die Wertlehre überhaupt von Wichtigkeit ist: Menschen, die sehr verschieden von uns sind, und so, daß sie uns zum vollkommenen Menschen ergänzen, halten wir leicht für an sich vollkommen; nicht nur weil wir das höher schätzen, was uns fehlt, sondern weil wir dasjenige, was wir selbst sind, als gewissermaßen selbstverständlich dazu ergänzen; unwillkürlich und unbewußt halten wir uns mit ihnen zusammen und der Eindruck des Vollkommenen, der dabei herauskommt, wird auf sie projiziert.

Die Einheitlichkeit und Ganzheit im Wesen der Frauen ermöglicht ihnen auch Anpassungen, die dem Manne schwer oder gar nicht gelingen. Wie sie es verstehen, in der häuslichen Einrichtung aus jedem gegebenen Material ein gemütliches und harmonisches Ganzes herzustellen, das trotz der Zufälligkeit und Heterogeneität der Bestandteile den Eindruck gewährt, als dürfte es gar nicht anders sein: so wird es ihnen auch vermöge der engen Zusammengehörigkeit ihrer Seeleninhalte leicht, wenn einmal ein bestimmter Zustand mit bestimmten Anforderungen gegeben ist, sich auf diesen abzustimmen und die Gesamtheit ihres Seins und Tuns zu einer neuen Einheit, die den neuen Charakter trägt, zu gestalten; wie sie sich besser in herabgekommene Verhältnisse finden, so werden ihnen auch Erhöhungen der Lebenshaltung schneller gewöhnt als den Männern, die viel länger die Rudimente der früheren Zustände in ihrer größerer Teilung fähigen Natur bewahren und so häufiger einen entweder tragischen oder komischen Kontrast jener mit den neuen Umständen darbieten. Daß der Übergang zu so geänderten Verhältnissen bei den Frauen oft von stärkeren Wehen, Schwankungen und eruptiven Erschütterungen begleitet ist, ist kein Gegenbeweis; denn gerade darin zeigt es sich, daß wirklich eine Umwandlung des ganzen Wesens vor sich geht, während die neuen Vorstellungen bei dem Manne sozusagen mehr lokalisiert bleiben und deshalb einen mehr chronischen Kontrast bilden, den der Einheitstrieb des Geistes nicht so leicht wie dort überwindet. Deshalb gelingt es den Frauen auch eher, sich mit halben, unentschiedenen Verhältnissen abzufinden, wahrscheinlich in tieferem Zusammenhange mit der Eigenschaft ihrer theoretischen Vernunft, sich gern ohne scharfe, klar gesonderte Begriffe zu behelfen. Ein so unentschiedener, nur im Übergang bestehender Zustand, wie die Brautzeit ihn bietet, den der Mann bekanntlich selbst im besten Fall unbefriedigend und unbehaglich findet und möglichst abzukürzen strebt, ist für das Mädchen in der Regel von wunschlosem Glück erfüllt, sie kann sich mit der Totalität ihrer Seeleninhalte an die Halbheit desselben anpassen. Wieviel mehr der Brautstand der weiblichen als der männlichen Natur adäquat ist, zeigt sich auch symbolisch daran, daß das Wort »Braut« uns so wundervoll poetisch und ansprechend klingt, während »Bräutigam« häßlich und in feineren Kreisen fast perhorresziert ist. Über der Vorstellung Bräutigam schwebt ein leiser Hauch von Humor, wie über allen Verhältnissen von Männern, die einen Übergang, eine Halbheit, ein erst Werdendes bedeuten: Kandidat, Privatdozent, Aspirant usw.

Es kommt in bezug auf jenes günstige den Frauen entgegengebrachte Vorurteil noch eines hinzu. Häufig ist ausgesprochen worden, daß die weiblichen Reize im Halbdunkeln oder durch eine, mit diesem verwandte, Halbverhülltheit ganz außerordentlich an Anziehungskraft gewinnen; offenbar aufgrund eines gewissen Optimismus, der das, was er nicht sieht, sich sofort so vorstellt, wie er es gern sieht. Nun zeigt aber auch das Seelenleben der Frauen vermöge seiner Undifferenziertheit ein Halbdunkel, eine Halbverhülltheit auf, der gegenüber der gleiche Optimismus und Idealisierungstrieb Raum zur Entfaltung gewinnt und alle diejenigen Reize und Vollkommenheiten in jenes hineinlegt, deren Gegenteil ebensowenig wie ihre Wirklichkeit aus der dunkleren und mehr keimhaften Beschaffenheit des psychischen Inhalts objektiv zu erkennen ist. Weil endlich die Undifferenziertheit mit der Potentialität im Gegensatz zur Aktualität zusammenfällt, erklärt sich aus ersterer auch, daß man auffallend häufig einer Frau gegenüber, sobald man sie näher kennenlernt, zu der Vorstellung kommt, daß die Natur eine Menge von Keimen in sie gelegt hat, die nicht zur Reife gekommen sind, daß viel mehr aus ihr hätte werden können, als tatsächlich geworden ist. Es mag hierbei insofern eine Täuschung vorliegen, als jener unvollkommenere Zustand aus der Entwicklung der Gattung hervorgeht und deshalb vielleicht nur durch diese und in dem ihr eignenen Tempo zu überwinden ist, aber nicht durch unmittelbare Einwirkung auf das Einzelwesen. Die falsche individualistische Auffassung, in der wir noch fast durchgehends befangen sind, verführt den Beurteiler leicht zu der Meinung, daß die von ihm selbst eingenommene Stufe auch dem auf niedrigerer Stehengebliebenen erreichbar wäre, wenn auf diesen nur in der richtigen Weise eingewirkt würde. Beide Stufen aber sind nicht anders erreichbar als durch Ausstattung seitens der vorangegangenen Generationen und die Potentialität der tieferen im Verhältnis zur höheren ist, wenn es ganze Klassen betrifft, nur durch soziale, aber nicht durch individuelle Entwicklung in die Aktualität der höheren überzuführen.

Ist der Mangel an Differenzierung nun der tiefste Grund dessen, was die Frauen von den Männern unterscheidet und ihnen die tiefere Stufe anweist, so würde der Versuch der Gleichstellung vor allem mit einer gewachsenen Funktionsteilung unter ihnen zusammenfallen. Vorläufig pflegt sich die Tätigkeit der Frauen noch so auf das Haus zu konzentrieren, daß man, vereinzelte Extreme ausgenommen, wohl sagen kann, die Tätigkeit der höchsten und der niedrigsten Frau unterscheide sich lange nicht so sehr, wie sich die des höchsten und des niedrigsten Mannes unterscheidet. Wächst nun die Differenzierung unter ihnen, so tritt notwendig folgendes ein: Da die rein physiologische Konstitution des weiblichen Geschlechts immer gewisse Funktionen auf ihnen ruhen lassen muß, wie das Gebären und die Pflege des ersten Kindesalters, und sie von anderen, große Körperkraft und Abhärtung verlangenden, ausschließt, wodurch sie wiederum auf die geschützteren Funktionen im Hause zurückgewiesen werden – so folgt aus einer gesteigerten Arbeitsteilung unter ihnen, daß einige zwar weit über das jetzige Niveau in Hinsicht ihrer Ausbildung und Tätigkeit erhöht, die anderen dagegen um so ausschließlicher zu Kindergebärerinnen und Köchinnen herabgedrückt werden. Die Verteidiger der Emanzipation, die die Frauen von der Fesselung an Strickstrumpf und Kochtopf erlösen möchten, pflegen dies nicht zu bedenken, daß, da die hiermit bezeichneten Funktionen weder entbehrt, noch, aus sehr guten Gründen, den Frauen abgenommen werden können, eine steigende Differenzierung unter ihnen zwar eine Reihe von Frauen davon befreien kann, um sie höheren und geistigeren Berufen zuzuwenden, aber nur um den Preis, daß die übrigen viel enger und in viel spezialisierterer Weise an jene Funktionen gefesselt werden.

Wie sehr für das weibliche Wesen die mangelnde Differenzierung bezeichnend und entscheidend ist, zeigt sich an den Beziehungen derselben zu dem zentralen Gebiete jenes, zu dem geschlechtlichen Leben. Wo *Burckhardt* (Kultur der Renaissance II., 213) von der Häufigkeit des Ehebruchs in der Renaissancezeit spricht, hebt er hervor, wie die volle individuelle Entwicklung der Frau, die sie auf gleiche Stufe mit dem Manne stellte, damals ein wichtiges Moment dafür gebildet habe. Er werde sogar gleichsam als berechtigt empfunden, wenn Untreue des Mannes hinzukäme; die individuell entwickelte, ihrer Persönlichkeit sich bewußte Frau empfinde diese nicht nur als Schmerz, sondern als Hohn und Demütigung und nun übe sie, oft mit ziemlich kaltem Blute, die Rache, die der Gemahl verdient hat und die nichts als eine Vergeltung von Gleichem durch Gleiches ist. So richtig dies letztere auch von einem rationalistischen Standpunkt, so ungerecht die Verschiedenheit der Schuld scheint, mit der die öffentliche Meinung den Ehebruch der Frau gegenüber dem des Mannes belastet, so gewinnen wir doch aus der Undifferenziertheit der weiblichen Natur eine Rechtfertigung für diese Ungleichmäßigkeit. Dieselbe liegt darin, daß beim Manne vermöge der stärkeren Individualisierung der Teile seines Wesens, die Sinnlichkeit in relativer Sonderung von dem übrigen und hauptsächlichen Seeleninhalt bestehen und eine Befriedigung suchen kann, während die ungeschiedenere Einheitlichkeit der weiblichen Seele dies weniger gestattet. Deshalb nimmt man mit Recht an, daß eine Frau sich nur ganz oder gar nicht hingeben kann, daß sie auch die innerlichste seelische Treue dem Manne gebrochen hat, dem sie die sexuelle Treue bricht und daß der Ehebruch bei ihr deshalb sozusagen ein totalerer und schuldvollerer ist, als beim Manne, dem häufiger »zwei Seelen in der Brust« wohnen und der deshalb unter Umständen eher die innere seelische Treue seiner Frau bewahren kann, der er die äußere gebrochen. Wo also die Frau, wie in den von *Burckhardt* charakterisierten Fällen, vielseitigerer Entwicklung genießt und sich damit dem männlichen Typus mehr nähert, erscheint der Ehebruch nicht so schuldvoll, weil er nicht die ganze Persönlichkeit betrifft. Eines der stärksten Beispiele für diese Zerteilung der Persönlichkeit, bei der »die Linke nicht weiß, was die Rechte tut« und das ethische Schicksal des Ganzen völlig von dem des Teiles gesondert erscheint, finde ich bei *Boccaccio* (Decam. giorn. VI, nov. VII): eine Frau, von ihrem Gatten wegen Ehebruchs gerichtlich angeklagt, fragt denselben in der Verhandlung, ob sie sich ihm je entzogen und ihr Verhältnis mit ihrem Liebhaber je ihre eheliche Pflichterfüllung vermindert oder verkümmert hätte; und wie er dies verneinen muß, fährt sie fort: Adunque domando io, messer podestà, se egli ha sempre di me preso quello che gli è bisognato e piaciuto, io che doveva fare o debbo di quel che gli avanza? debbolo io gittare ai cani? non è egli molto meglio servirne un gentile uomo che più che sè m' ama, che lasciarlo perdere o guastare? – worauf sie vom versammelten Volke freigesprochen wird. Hier ist der Mangel jener Einheitlichkeit des Wesens, die mit der sexuellen Hingabe an einen ihm auch die ganze und volle Persönlichkeit gibt, und die daraus folgende ethische Entlastung scharf ausgesprochen.

Die Voraussetzung jener Einheitlichkeit aber rechtfertigt noch eine andere scheinbare Ungerechtigkeit, die gegen die Frauen begangen wird. Von einem gefallenen Mädchen sagt man, sie habe ihre »Ehre« verloren und die Gesellshcaft behandelt sie dementsprechend. Man wird dabei nicht leugnen können, daß eine solche Person in all und jeder anderen Beziehung die denkbar ehrenhafteste sein kann; der Doppelsinn von Ehre, einmal im engeren Sinn der Sexualehre, und dann in jenem weiteren, der den Wert der ganzen Persönlichkeit einschließt, scheint an den Verlust der ersteren unbilligerweise den der zweiten zu heften. Allein die relative Einheitlichkeit des weiblichen Wesens rechtfertigt dies wieder; man wird im allgemeinen annehmen können, daß die geschlechtliche Hingabe eines Mädchens keine partielle ist, sondern auch die totale von Geist und Körper, Sein und Haben, Willen und Gefühl anzeigt. Was nun hieran die persönliche Ehre im weitesten Sinne herabzusetzen geeignet ist, ist der Umstand, daß ihr Verführer in der Regel sehr weit davon entfernt ist, ihr entsprechend das Ganze *seiner* Persönlichkeit hinzugeben, wie es in den Worten Gretchens angedeutet wird: »Denkt ihr an mich ein Augenblickchen nur, Ich werde Zeit genug an euch zu denken haben.« Wer sein Ganzes hingibt, um von dem anderen nur ein Teilchen zu erhalten, setzt damit tatsächlich seine Ehre herab, die den Wert einer Person dem der anderen gleichstellt; so daß die Ethik im allgemeinen annimmt, daß die sexuelle Hingabe nur in der Ehe d. h. bei wirklicher Gegenseitigkeit, die persönliche Ehre voll bestehen läßt. Ob nicht einerseits auch in der Ehe eine vollkommene Gegenseitigkeit ausgeschlossen ist, insofern die Mannigfaltigkeit der männlichen Betätigungen nicht das absolute Aufgehen in die Interessen der Ehe gestattet, das den Frauen eigen ist; ob nicht andererseits die demutvolle, gar keine adäquate Erwiderung verlangende Hingabe, die Selbstlosigkeit der Liebe, die so manchem Verlust der weiblichen Ehre zugrunde liegt, das Urteil über die Deteriorierung der ganzen Persönlichkeit mildern müßte – das sind wohl aufzuwerfende, hier indes ferner liegende Fragen. In bezug auf die letztere will ich nur noch an die hervorgehobene Eigenschaft der Frauen erinnern, sich für abstraktere und objektive Ideale nur durch eine Persönlichkeit hindurch, in der sie Körper gewinnen, begeistern zu können. Deshalb stellt sich in der Tat für eine Frau in dem geliebten Manne das dar, was uns zu den höchsten idealen Bestrebungen treibt, und die Leidenschaft der Hingabe, durch die der Mann seine ganze Persönlichkeit, sein Leben, ja selbst seine Ehre für das aufs Spiel setzt, was er nun einmal als objektives Ideal erkannt hat, steht in Hinsicht auf subjektive Sittlichkeit oft kaum höher als die bedingungslose Hingabe eines Weibes an einen Mann.

Was nun die Entwicklung des weiblichen Wesens durch den Affekt der Liebe betrifft, so treten dabei scheinbar entgegengesetzte Erscheinungen auf. Ein bekannter russischer Nihilist, *Stepnjak*, bemerkt in seinen Memoiren, wo er über die Stellung der Frauen zu der nihilistischen Bewegung spricht: »Die Unterjochung der Frau ist nur durch die Liebe möglich. Deshalb wird sie überall, wo sie sich erhebt um ihre Rechte geltend zu machen, mit der Forderung der freien Liebe beginnen. So geschah es im Altertum, so im Frankreich des 18. Jahrhunderts, wie in dem der *George Sand*, so jetzt in Rußland.« *Stepnjak* versteht hier zunächst unter Liebe schlechthin die monogame Liebe und kann deshalb Liebe und freie Liebe als unmittelbare Gegensätze fassen. Auch ist allerdings kein Zweifel, daß die Freiheit der Liebe der erste Schritt zur Freiheit von der Liebe ist; die Wiedertäufer von Zolicone rechtfertigten ihre sinnlichen Ausschweifungen damit, daß gerade der häufige Wechsel der Weiber zu dem vom Apostel angeratenen Zustand führe: sie zu besitzen als besäße man sie nicht. Dem lag offenbar das richtige Gefühl zugrunde, daß bei vielfachem Wechsel der Individualitäten, die man genießt, sich gewissermaßen die individuellen Qualitäten für das Bewußtsein gegenseitig paralysieren, nur das allen Gemeinsame in scharfer Beleuchtung hervortritt und so das Interesse für das einzelne Weib erlischt. Je weniger sich Mann und Weib in der Liebe als bestimmte Individualitäten gegenüberstehen, desto mehr kann es ihnen nur auf das ankommen, was ihnen als Mann überhaupt oder als Weib überhaupt eignet, d. h. im Wesentlichen auf den sinnlichen Geschlechtscharakter. Aus diesem Grunde

49

ist die freie Liebe hauptsächlich sinnlicher Natur, was ihrem Begriffe nach eigentlich nicht nötig wäre. Allerdings würden die Frauen in dem Augenblick, wo die Bindung ihrer Gefühle und Pflichten an einen einzelnen Mann aufhörte, eine erhebliche Steigerung ihrer Freiheit erfahren und zwar nicht nur unmittelbar, sondern auch mittelbar deshalb, weil die dann aufhörenden inneren Beziehungen zu einem bestimmten Mann so oft das Vehikel einer äußeren Unterjochung sind. Dem Kulturvorteil, den sie dadurch erlangen würden, stände indes die kulturelle Erniedrigung gegenüber, die der Beschränkung der Liebe auf ihre wesentlich sinnliche Seite entspricht. Und ferner scheint es, als ob die Frau gerade durch das Verhältnis zu einem bestimmten Manne eine Individualisierung, eine Differenzierung aus der homogeneren Masse der Geschlechtsgenossinnen erführe, die nur als Höherbildung im Sinne der Kultur gelten kann. Damit steht es im Zusammenhange, daß Frauen, welche alle Zurückhaltung und Scham abgestreift haben, diese in gewissem Maße wiedererhalten, wenn sie einmal wirklich lieben, und zwar eben dem Manne gegenüber, den sie lieben. Auch öffentliche Personen, welche sich ohne weiteres jedem beliebigen Manne prostituieren, scheuen davor zurück, wenn es sich um einen Mann handelt, zu dem sie irgendwelche persönlichen Beziehungen haben. Sobald sie als bestimmte Person einer bestimmten Persönlichkeit gegenüberstehen, und also beiderseitig aus der Allgemeinheit der bloßen Geschlechtseigenschaften herausgetreten wird, treten auch sofort die höheren Eigenschaften in Funktion. Die Veredlung durch die Liebe, die man bei gesunkenen Frauen beobachtet, besteht jedenfalls zum Teil in der höherbildenden Differenzierung durch ein Verhältnis von ausgesprochener Individualität, während ihre früheren Verhältnisse nur auf den rein generellen Beziehungen zwischen Mann und Weib beruhten.

Immerhin aber trägt jede Hingabe eines Weibes an einen Mann noch hinreichend persönlichen Charakter, um der Prostitution dadurch etwas so besonders Abstoßendes zu geben, daß sie gegen ein so völlig unpersönliches Äquivalent, wie das Geld ist, erfolgt; ihr kann, als etwas rein Individuelles, nur die Hingabe der Individualität des anderen entsprechen, aber nicht derjenige Wert, der von allen der unindividuellste, von dem spezifischen Inhalt aller Persönlichkeit entfernteste ist. Daraus erklärt es sich auch, daß in unkultivierteren Zuständen die Prostitution eine mildere Beurteilung findet und verdient: denn in solchen ist einerseits die Persönlichkeit noch nicht mit solcher Entschiedenheit aus dem allgemeinen Gattungstypus heraus differenziert, andererseits hat das Geld noch nicht den farblosen Charakter angenommen, wie in hohen Kulturen, wo die Tatsache seiner unendlich viel größeren Verbreitung und Verwertung es als das absolut Unpersönliche über alle individuellen Werte gestellt hat. Aus dem Zusammenhange, den das individuellere als solches mit dem edleren und geistig Vornehmen hat, ist es zu verstehen, daß niedrige Frauen so oft durch die Liebe, wenn sie auch sinnlich begonnen hat, darüber hinaus zum Idealeren und Geistigen hinaufsteigen, während höhere Naturen, bei denen die Liebe von vornherein geistiger Natur war, erst von diesem Anknüpfungspunkt aus zum Sinnlichen geführt werden. – Und wie die Liebe die Persönlichkeit stärker und individueller entwickkelt, so ist umgekehrt eine Beziehung, die stark individualistischen Charakter trägt, oft der günstigste Boden für das Entstehen der Liebe; es ist oft bemerkt worden, daß man sich in der Regel in die erste Person des anderen Geschlechts, die man in einem gewissen Alter genauer kennenlernt, auch verliebt, und ein offenes Erschließen des innersten und persönlichsten Seelenlebens, wenn auch zunächst ganz objektiverweise, pflegt außerordentlich häufig denselben Effekt zu haben.

Die Bedeutung der Differenzierung für die Beziehungen der Geschlechter ist noch von der folgenden Seite her soziologisch wichtig. Als in einem Tendenzdrama vor mehreren Jahren die Behauptung ausgesprochen wurde, jede Heirat, die nicht rein aus gegenseitiger Liebe geschähe, wäre unsittlich und könne nie zum Heil der Gattung führen, wurde in der darüber entstandenen Kontroverse eingewendet, in früheren Zeiten und in niederen Ständen kämen Liebesheiraten so gut wie gar nicht vor und dennoch hätte die Gattung keinen Schaden genommen. Allein die Berechtigung jener Forderung liegt darin, daß die Menschen immer individueller werden; unter einer relativ homogenen Masse von Menschen ist es ebenso relativ gleichgültig, welches Paar sich zusammentut; je unterschiedener die Individuen sind, desto enger ist für den einzelnen die Wahl, die eine möglichst vollkommene Nachkommenschaft garantiere. Und wir haben nun einmal kein Kriterium, das diese Wahl überhaupt im richtigen Sinne entscheide, als das freilich oft genug unzulängliche und bloß instinktive der gegenseitigen Anziehung; die sonstigen Kriterien sind nur negativer Art, z. B. einerseits vererbte Krankheiten, andererseits auskömmliche äußere

Lage. Wenn es auch scheint, daß man zueinander paßt, weil man sich liebt, so wird dem, wenigstens für die hauptsächlichen Beziehungen, wohl zugrunde liegen, daß man sich liebt, weil man zueinander paßt. Darum ist in den unteren Ständen, wo die Differenzierung noch nicht so weit vorgeschritten ist als in den oberen, sehr leidenschaftliche und sehr individuelle Liebe verhältnismäßig selten. Häufig ist freilich der Fall, daß Mädchen niederen Standes eine unbedingte Leidenschaft für einen höherstehenden Mann fassen, wie Gretchen für Faust und Clärchen für Egmont, den sie dann ganz ohne Kritik, ohne Abschwächung dadurch, daß sie ähnliche kennten, lieben. Allein dies sind jedenfalls nur die besseren Naturen, in denen schon die dunkle Ahnung einer höheren und individuelleren Existenzweise, als ihr Stand sie bietet, aufgetaucht ist, für welche Ahnung ihnen nun der gebildete Mann die Erfüllung darbietet. Gerade das also, was im allgemeinen die leidenschaftlichere Liebe in den niederen Ständen verhindert, der Mangel an individueller Differenzierung, läßt sie begreiflicherweise um so stärker da entstehen, wo dieser Mangel bewußt wird und seine Ausgleichung vermöge der Unterschiedsempfindlichkeit eine um so stärkere Gefühlswirkung haben muß. – Ich möchte auch glauben, daß die abnehmende Heiratsfrequenz, die sich überall bei wachsender Kultur findet, nicht nur aus den wirtschaftlichen Verhältnissen und der Gelegenheit zu außerehelichen Befriedigungen hervorgeht, sondern auch aus jener mit der Kultur steigenden Individualisierung der Persönlichkeit, die es immer schwieriger und unwahrscheinlicher macht, die Rechte zu finden, diejenige, die die differenzierten Eigenschaften des anderen gerade durch ihre differenzierten Eigenschaften möglichst ergänzt. Dieses Moment potenziert auch die Schwierigkeit des Heiratens, die aus dem Herausrücken der Altersgrenze, in der wirtschaftliche Gründe es gestatten, hervorgeht; denn je älter der Mensch wird, desto entschiedener bildet sich seine Individualität aus. Und wenn ferner höchste Kulturen zur Kinderlosigkeit der Ehen neigen, so kann unter anderem vielleicht auch hier die Differenzierung der Individuen insofern dazu mitwirken, als, wie die Biologie festgestellt hat, die Verschiedenheit der Eltern nur einen gewissen Grad haben darf, um Fruchtbarkeit zu begünstigen, oberhalb desselben aber, ebenso wie bei zu großer Gleichartigkeit (Inzucht), die Fortpflanzung behindert.

Die Steigerung der Kultur zeigt ihre Wirkung, die Einheitlichkeit des weiblichen Wesens zu vermindern, unter anderem auch in der

Erscheinung der Koketterie, die nach verschiedenen Seiten hin ein schwieriges psychologisches Problem bildet. Die Tierwelt bietet uns vielfache und zweifellose Beispiele von Gefallsucht dem anderen Geschlecht gegenüber, wenngleich es immer nur das Männchen ist, das sich mit seinen herausgeputzten Reizen die Gunst des Weibchens erwerben will. Allein hiervon abgesehen, ist der Unterschied der, daß das Hervorrufen des Gefallens in der Tierwelt den Geschlechtsgenuß zum unmittelbaren Zweck hat. Mag dies in roheren Zuständen der Menschenwelt sich ebenso verhalten, so ist doch bei der Koketterie der gesitteten Gesellschaft hiervon nicht die Rede. Denn wenn wir auch zugeben wollten, daß bei einem Mädchen, das sich durch Koketterie einen Mann gewinnen will, jener Prozeß nur die zivilisierte Form angenommen habe, so liegt doch in den weitaus meisten Fällen auch den kokettesten Frauen der Gedanke einer sexuellen Gemeinschaft mit dem Mann, dem gegenüber sie kokettieren, völlig fern und sie würden eine auf ihr derartiges Benehmen sich stützende Zumutung mit Entrüstung und dem Bewußtsein zurückweisen, daß ihre Koketterie durchaus kein Entgegenkommen nach dieser Richtung hin enthalten sollte. Wenn Koketterie auch bedeutet: ich will dir gefallen – so heißt dies höchstens: ich will, daß du mich begehrst; damit ist aber noch lange nicht gesagt, daß ich dir dann gewähren will, was du begehrst. Mit sehr starker Koketterie kann die vollkommenste, auch innerliche Sittsamkeit verbunden sein, während umgekehrt die sexuell ausschweifendsten Frauen keineswegs immer die kokettesten sind, da die Leidenschaft oft die berechnende Kühle ausschließt, deren es zur Koketterie bedarf. Hier liegt das gleiche psychologische Verhalten vor, aufgrund dessen oft gerade die reinsten und innerlich ungebrochensten weiblichen Naturen der Verführung unterliegen. Wenn die konsequente Praxis des Teufels, die ganze Hand zu gewinnen, wenn man ihm nur den kleinen Finger gibt, von niemandem so erfolgreich geübt wird wie von dem professionierten Don Juan, so gilt dies doch wesentlich denjenigen Frauen gegenüber, die sich noch die innere Einheitlichkeit, die undifferenzierte Solidarität der seelischen Inhalte bewahrt haben. Bei diesen ist die Alternative des Verhaltens zu einem Mann viel häufiger: alles oder nichts; viel mehr kann bei ihnen wegen des engen und einheitlichen Zusammenhanges innerhalb der Seele diese von *einem* gewonnenen Punkte aus ganz erobert werden als bei raffinierteren Naturen, deren Seeleninhalte größere gegenseitige Unabhängigkeit gewonnen haben, in deren teilweiser Hingabe deshalb viel weniger das Ganze implicite enthalten ist und die aus diesem Grunde, wie wir sehen werden, in viel höherem Maße die Fähigkeit zur Koketterie besitzen. – Aber man kann andererseits auch nicht sagen, daß der bloße Wunsch einer Frau, Männern zu gefallen und die Anwendung dazugehöriger Mittel schon unter *allen* Umständen Koketterie ist. Selbst eine Frau, die alle Künste gebraucht, um so schön und liebenswürdig wie möglich zu erscheinen, wird darauf allein hin noch nicht kokett genannt werden, wenn nicht noch ein weiteres, von jedem feineren Empfinden leicht herausgefühltes, aber schwer zu beschreibendes Moment hinzuträte.

Das Wesen der Koketterie scheint mir, was ihre Wirkung auf den Mann betrifft, in einer Mischung von (symbolischer) Gewährung und Nichtgewährung zu liegen; das ganz Spezifische ihres Reizes besteht weniger darin, daß sie das Versprechen eines *Genusses*, als daß sie das *Versprechen* eines Genusses ist. Es ist eine für das praktische Leben außerordentlich wichtige Tatsache, daß die Freude an einem bestimmten Besitz oder Vorgang nicht erst in dem Augenblick seiner definitiven Verwirklichung eintritt, sondern daß schon der Weg zu dieser, die Hoffnung und Erwartung derselben, uns mit einem antizipierten Teil jener Freude erfüllt; die Hoffnung der Lust enthält immer schon die Lust der Hoffnung. Je vielgliedriger die teleologischen Prozesse, je feiner die Empfindlichkeit wird, desto häufiger tritt diese Eskomptierung der Lust auf, desto entschiedener heftet sich dieselbe schon an die Vorstufen der eigentlichen Befriedigung, und zwar schließlich in dem Maße, daß es des Eintretens dieser letzteren gar nicht mehr bedarf, sondern auch bei vollkommener Gewißheit, daß sie nicht eintritt, dennoch ihre andeutende Vorstufe lustbringend ist und aufgesucht wird. Hierdurch erkläre ich mir den Reiz, den die Koketterie ausübt; wie rein physisch die bloße sexuelle Aufregung, also das Vorbereitungsstadium der Lust, doch schon selbst ein Lustgefühl gewährt, so ist jener leise Anreiz, jene allerfernste und vergeistigte Lockung in das sexuelle Gebiet, wie sie das Wesen der Koketterie bildet, schon hinreichend, um im Verkehr mit einer koketten Frau Vergnügen zu empfinden. Und dieser Reiz hat eben hinreichende psychologische Selbständigkeit angenommen, um des sexuellen Endzwecks, dem er ursprünglich entlehnt ist, völlig entraten zu können, und dieser tritt weder in das Bewußtsein dessen, auf den die Koketterie wirkt, noch deren, die sie ausübt, ungefähr wie der Reiz des Geldes für den Kulturmenschen unabhängig geworden ist von dem Gedanken an die Gegenstände, zu deren Erwerbung es das bloße Mittel bildet, und von denen es doch rationalerweise seinen Wert entlehnen müßte. Es ist deshalb mindestens zweideutig, wenn man sagt, die Kokette fessele uns, weil sie Lust verspricht. Denn nach dem gewöhnlichen Sinne dieses Ausdrucks müßte der Reiz fortfallen, sobald die Einlösung dieses Versprechens sicher unmöglich ist. Er fällt aber tatsächlich nicht fort, weil gemäß der psychologischen Funktion, die die Dignität des Zweckes immer mehr an die bloßen Mittel und Vorstufen heftet, das Versprechen der Lust selbst schon eine positive und unmittelbare, nicht erst in der Zukunft liegende Lust bedeutet. Wie die Liebe nach dem tiefen Worte Platos ein mittlerer Zustand zwischen Haben und Nichthaben ist, und gerade darin die Eigentümlichkeit ihres Reizes liegt, so ist die Koketterie gleichsam ein mittlerer Zustand zwischen Liebe und Nichtliebe.

Daraus erklären sich nun noch ihre weiteren Reize, die zu jener Antizipation einer nur in den Tiefen des Unbewußtseins mitschwebenden Erfüllung hinzukommen. Denn auch gerade die entgegengesetzte, in gleicher oder etwas bewußterer Weise anklingende Vorstellung, nämlich die des Versagtseins, wirkt als Reiz mit. Daß wir wissen, es ist der Kokette nicht Ernst, gibt uns ihr gegenüber eine gewisse Sicherheit, infolge deren wir uns ihrem Reiz weitergehend überlassen, als wo wir wüßten, daß der einmal begonnene Weg nun auch zum Endpunkt führt; andererseits ist gerade der Anreiz, über die innere Kühle der Kokette zu triumphieren, die Hindernisse zu nehmen, an die sie uns nur heranführt, um sie dann um so höher vor uns aufsteigen zu lassen, das halbe Entgegenkommen durch den Eindruck der eigenen Persönlichkeit in ein ganzes zu verwandeln – eine ihrer mächtigsten Waffen und namentlich für eitle Naturen eine furchtbare Gefahr.

Und endlich ist die Lust hervorzuheben, die dem Geist aus dem Oszillieren zwischen den beiden genannten Momenten, der Andeutung des Gewährens und dem gleichzeitigen Versagen, quillt. Sie ist jenem Reize des Spieles vergleichbar, der in dem Schwanken zwischen Gewinn und Verlust besteht. Die Kokette läßt den Mann, dem gegenüber sie Macht besitzt, in keiner von beiden Vorstellungen zur Ruhe kommen, sie zieht ihn an, um ihn im nächsten Augenblick zurückzustoßen, stößt ihn zurück, um ihn anzuziehen. Solange die Schwingung zwischen diesen beiden Polen eine gewisse Weite nicht überschreitet – und in der Berechnung dieser liegt

die eigentliche Kunst der Koketten – wirkt sie in hohem Maße lust-
erregend, indem sie eine fortwährende Anregung enthält, einen in
der psychologischen Wirkung dem Humor verwandten Kontrast,
dessen Seiten sich gegenseitig heben und beleben.

Während einerseits die Einheitlichkeit und relative Einfachheit
des Wesens der Frauen, die Ganzheit ihrer reflexionslosen Hingabe
und der entsprechende Charakter unseres Verhältnisses zu ihnen
uns anzieht, fesselt uns andererseits die Vielheit und Komplikation
der psychischen Elemente, die in der Koketterie beiderseits ins
Spiel kommen, und fesselt uns vielleicht doppelt wegen des Gegensatzes zu dem sonstigen Verhalten. Aus dem gleichen Grunde ist
der Verkehr mit pikanten, sturmerprobten oder auch gescheiterten
Frauen für viele Männer soviel anziehender als der mit unberühr-
ten Mädchen. Denn hinter jenen liegt die Fülle ihrer Vergangenheit, die gegensatzvollen Schicksale, die sie gewissermaßen in jedem Augenblick repräsentieren; woher denn auch unser Verhältnis
zu ihnen so oft einen – auch im nicht frivolen Sinne des Wortes –
zweideutigen, problematischen Charakter annimmt, während
umgekehrt eine ganz reine weibliche Natur die Wirkung ausübt,
daß auch der durch alle Stürme hindurchgegangene Mann sich in
ihrer Nähe gewissermaßen jungfräulich fühlt, und während die
einfache und geradlinige Vergangenheit junger Mädchen nicht nur
den Eindrücken, die sie auf uns machen, sondern auch unserem
Verkehr mit ihnen einen einheitlicheren Charakter, welcher Färbung auch immer, verleiht.

Es liegt nun schon in dieser Erscheinung angedeutet, daß der
hochgradigen Differenzierung im männlichen Geiste, die nach den
obigen Ausführungen die Empfänglichkeit für Koketterie bedingt,
eine solche im weiblichen Gemüte bei Ausübung derselben entsprechen muß. Das psychologische Doppelspiel der Kokette steht
im Gegensatz zu der sonstigen Einheitlichkeit des weiblichen Wesens; die Vorstellungsmassen müssen sich wenigstens teilweise und
im Unbewußten scharf in ihr sondern, damit dem einen Impuls,
den sie sich selbst – wenn auch nur der Erscheinung nach – und
damit dem betreffenden Manne gibt, zur rechten Zeit der entgegengesetzte entgegengestellt werden kann, damit Anziehung und
Abstoßung, Kühle und Wärme, sowohl im Zugleich wie im Nacheinander auftreten und die richtigen Verhältnisse zeigen können.
Wegen dieser psychologischen Mannigfaltigkeit und Spaltung,
welche die Koketterie von vornherein in sich birgt, kann sie sich

auch jedes Mittels bedienen und es gibt nichts, was ihr nicht zum Mittel werden könnte – Schönheit und Häßlichkeit, Religiosität und Freigeisterei, Sittsamkeit und Zügellosigkeit; es gibt Frauen, die sogar mit ihrer Koketterie kokettieren, wie es solche gibt, die es mit ihrer Nicht-Koketterie tun. Ich möchte behaupten, daß jede Eigenschaft, die ein konkretes Gegenteil besitzt, der Koketterie dienstbar werden kann, da jeder Gegensatz zu einem ganz andersartigen Verhalten, das irgendwie angedeutet und dessen Vorstellung irgendwie provoziert wird, jenen eigentümlichen seelischen Spannungszustand, jenes dem Spiel und dem Humor verwandte Oszillieren begünstigt, in dem das Spezifische der Koketterie liegt.

Es wäre hiernach prinzipiell wohl möglich, daß auch umgekehrt Männer den Frauen gegenüber kokettieren und es kommt tatsächlich vor; allein das Unnatürliche daran ist dies, daß die Koketterie, als ein zwischen Versagen und Gewähren schwebendes Verhalten, nur demjenigen zukommt, in dessen Hand Versagen und Gewähren liegt, d. h. in unserer jetzigen sozialen Verfassung den Frauen. Der Koketterie eines Mannes muß entweder das Entgegenkommen der Frauen oder wenigstens der Glaube an seine Unwiderstehlichkeit zugrunde liegen, so daß sein Benehmen von der – mehr oder weniger bewußten – Vorstellung bestimmt wird, Gewähren und Versagen hinge gegenüber dem ihn begehrenden Geschlecht von ihm ab. Deshalb ist ein koketter Mann fast stets eingebildet und dünkelhaft, was man von koketten Frauen keineswegs durchgehend sagen kann. In beiden Fällen aber muß man Koketterie entschieden von der Sucht zu gefallen und andere an sich zu fesseln, unterscheiden; sie ist eines der Mittel, deren diese sich bedient, aber keineswegs sie selbst; freilich will eine Frau, die kokettiert, immer gefallen, aber keineswegs kokettiert jede Frau, die gefallen will. Darum ist die gewöhnliche Verdeutschung von Koketterie mit: Gefallsucht ganz falsch, sie verwechselt entweder das Mittel mit dem Zweck oder wenigstens den engeren Begriff mit dem höheren.

Wenn uns nun ein koketter Mann ganz besonders widerwärtig erscheint, so liegt das an jener Umkehrung des allein uns gewöhnten Verhältnisses der Geschlechter; es ist eine psychologisch interessante Tatsache, daß das Abnorme, bloß weil es ein solches ist, uns leicht die Empfindung des Ekels erregt; eine Mißgeburt, ein Mensch mit sechs Fingern wird den meisten Menschen ekelhaft sein, sie würden um keinen Preis das Fleisch gewisser Tiere essen, die an sich durchaus nichts Ekelhaftes bieten, die wir aber nicht zu essen gewöhnt sind, usw. Und dieser Widerwille gegen die Abkehr von dem Gewöhnten steigert sich natürlich in dem Maße, in dem sich dieses durch seine Beziehung zum Wohl der Gattung befestigt hat, wie in dem vorliegenden Fall. Ich glaube deshalb auch, daß das spezifische Ekelgefühl gegenüber der Prostitution nicht ausschließlich aus ihrer ästhetischen Seite hervorgeht, sondern auch daraus, daß sie das allein gewöhnte und bis jetzt allein zum Wohl der Gattung führende Verhältnis: daß nämlich der Mann der Suchende und Werbende und die Frau diejenige ist, die sich suchen läßt – daß sie dieses direkt umkehrt, indem in jedem Verhältnis derjenige, der die Ware gibt, der Suchende, der, der das Geld gibt, der Gesuchte ist. Sosehr also Prostitution dem spezifisch weiblichen Wesen und seiner sozialen Rolle widerstreitet, sosehr ist Koketterie auf einer gewissen Entwicklungsstufe ihm gemäß, und zwar in dem Maß, daß Frauen, die von jeder Spur von Koketterie frei sind, oft etwas Sprödes, Unliebenswürdiges, einen Mangel an Anmut aufweisen.

Fehlt also diesen von den beiden Elementen, die sich in der Koketterie begegnen, das gewährende, so werden auch andererseits solche Frauen reizlos werden, denen das andere, das versagende, fehlt. Damit eine Frau den Reiz bewahre, darf eine gewisse Reserve sie nicht verlassen, und zwar nicht nur die Reserve vor der Hingabe, sondern sogar in der Hingabe. Es ist eine alltägliche Erfahrung, daß die völlig rückhaltlose Hingebung einer Frau oft Gleichgültigkeit gegen sie erzeugt, daß sie ihre Anziehungskraft verliert, sobald sie die Vorstellung erweckt, daß sie weder äußerlich noch innerlich mehr etwas zu geben hätte. Sosehr es dem Gesichtspunkt der Ganzheit und Einheitlichkeit des weiblichen Wesens entspricht, daß eine Frau sich nur ganz oder gar nicht hingibt, so ist nicht zu leugnen, daß das *Weber*sche Gesetz sich hier insofern geltend macht, als die Andauer des Reizes nur durch eine Steigerung der reizerregenden Momente möglich ist, d. h. nur dadurch, daß nicht das Ganze mit einem Male gegeben wird. Wenn der Reiz der Frauen also einerseits in jener Einheitlichkeit und Ungebrochenheit ihrer Naturen besteht, so gehört andererseits doch auch dazu, daß sie eine gewisse Unerschöpflichkeit zeigen, daß sie nie das Allerletzte geben, sondern selbst ihre vollkommenste Hingabe noch immer die Ahnung tieferer und geheimnisvollerer Schätze hinterläßt. Dies wird erstens in demselben Maße gelingen, in dem das

Verhältnis der Frau zu dem Manne sich aus der Sphäre der Sinnlichkeit und des bloßen Gemütes in die der Geistigkeit hinaufhebt, weil das geistige Leben in einer fortwährenden Entwicklung und Folge der Gedanken besteht, während das Gebiet der Sinne und das des Herzens, wenn es nicht durch Geistiges bereichert wird, viel eher mit einem Male hingegeben werden kann; vom Geiste kann man sozusagen immer nur die Zinsen verbrauchen und geben, von jenen Seiten unseres Wesens aber das Kapital. Daher kommt es auch, daß Männer, die sich auf sinnliche Verhältnisse zu Frauen beschränken, so leicht der einzelnen Frau und schließlich der Frauen überhaupt überdrüssig werden. Ist hier also eine gesteigerte Differenzierung Voraussetzung des Reizes, der in der Reserve besteht, so wirkt nun zweitens jene keimhafte, der Differenzierung ermangelnde Beschaffenheit der weiblichen Seele im gleichen Sinne. Denn weil wir von ihr so oft die Vorstellung haben, sie sei noch nicht vollkommen entwickelt, empfinden wir eben, daß außer dem, was von ihr in die Erscheinung tritt, noch anderes da ist, das noch keine Gestaltung gewonnen hat, daß hinter dem, was sie zu geben weiß, noch ein Tieferes liegt, das sich gewissermaßen aus dem dunkeln Schoße der unbewußten Natur noch nicht herausgerungen hat, mit dem die Frauen noch inniger als wir zusammenhängen scheinen.

Einiges über die Prostitution in Gegenwart und Zukunft[1]

(1892)

Die sittliche Empörung, die die »gute Gesellschaft« der Prostitution gegenüber zeigt, gibt in mehr als einer Hinsicht Veranlassung zum Kopfschütteln. Als ob die Prostitution nicht die unvermeidliche Folge von Zuständen wäre, die gerade die »gute« Gesellschaft dem Volksganzen aufzwingt! Als ob es völlig freier Wille der Mädchen, als ob es ein Vergnügen wäre, sich zu prostituieren! Gewiß, zwischen dem ersten Male, wo die Not, oder die hilflose Einsamkeit, oder der Mangel an irgendeiner sittlichenden Erziehung, oder das böse Beispiel rings umher ein Mädchen bewegen, sich für Geld preiszugeben, und dem unbeschreiblichen Elend, in dem ihre Laufbahn zu enden pflegt, – zwischen diesen Grenzen liegt meistens eine Zeit des Vergnügens, der Sorglosigkeit. Aber wie teuer bezahlt, und wie kurz! Es gibt kein falscheres Wort, als wenn man diese elenden Geschöpfe »Freudenmädchen« nennt und damit meint, daß sie der Freude lebten; vielleicht der Freude anderer, aber sicher nicht ihrer eigenen. Oder meint man, es sei ein Genuß, Abend für Abend, ob Hitze, ob Regen, ob Kälte herrscht, auf der Straße umherzujagen, um als Beute irgendeinem beliebigen Mann, vielleicht einem widerwärtigen, als Ejakulationsmechanismus zu dienen? Glaubt man wirklich, dieses Leben, das auf der einen Seite von den widrigsten Krankheiten, auf der anderen von Not und Hunger, auf der dritten von der Polizei bedroht ist – das werde mit jener Willensfreiheit gewählt, die allein die sittliche Entrüstung rechtfertigen würde? Die höhere, unkontrollierte Prostitution hat es allerdings eine längere Zeit besser; ist das Mädchen hübsch und versteht es die Kunst der Weigerung, ist sie gar am Theater, so hat sie die Auswahl unter den Bewerbern, vielleicht auch unter den Brillantarmbändern. Nicht nur indes, daß dann der Sturz um so tiefer zu sein pflegt, wenn die Reize, für die sie das Leben in dulci jubilo erkaufte, ihr nicht mehr zu Gebote stehen – sondern dieser feineren Prostitution gegenüber, die es allerdings im ganzen besser haben mag, als die Straßen- oder Bordellprostitution, ist die Gesellschaft merkwürdigerweise viel nachsichtiger, als gegen die ganz niedrige, die doch, wenn hier Sünde vorliegt, wahrhaftig durch das

Elend ihrer Existenz schon viel mehr gestraft wird, als jene. Die Schauspielerin, die um kein Haar moralischer ist, als die Straßendirne, ja vielleicht noch viel berechnender und blutsaugerischer, wird in den Salons aufgenommen, aus denen man die Straßenprostituierte mit Hunden heraushetzen würde. Der Glückliche hat eben Recht, und das grausame Gesetz: wer hat, dem wird gegeben, wer nichts hat, dem wird genommen, findet keinen strengeren Vollstrecker als die »gute« Gesellschaft. Wie sie allenthalben nur die kleinen Diebe hängt, so schüttet sie das ganze Maß ihrer tugendhaften Entrüstung über die jammervollen Dirnen der Straße aus, in demselben Grade damit zurückhaltend, in dem die Prostituierten besser situiert sind. Die Gesellschaft sieht eben in dem Unglücklichen ihren Feind – und durchaus nicht mit Unrecht. Denn der Unglückliche, der mit oder ohne eigene Schuld zu kurz Gekommene, an dem das gerechte oder ungerechte Urteil der Ausstoßung vollzogen wird, wird die Gesamtheit dafür verantwortlich machen, daß ihm kein besserer Platz in ihr zuteil geworden. Er wird sie hassen und sie wird ihn wieder hassen und ihn immer tiefer herabstoßen. Wie der Besitzende und Glückliche noch außer den unmittelbaren Glücksfolgen seiner Lage eine Glücksprämie erhält, indem die Gesellschaft ihn ehrt und hochstellt und ihm allenthalben den Vortritt einräumt, so wird der Unglückliche für sein Unglück noch bestraft, weil die Gesellschaft ihn als ihren geborenen Feind behandelt. Man kann es jeden Tag beobachten, daß der Wohlhabende den Bettler im *Zorne* davonjagt – als sei es ein moralisches Unrecht, arm zu sein und berechtige zu moralischer Entrüstung. Das schlechte Gewissen, das der Reiche dem Armen gegenüber hat, verkriecht sich hier wie so oft hinter der Maske einer moralischen Berechtigung, und so durchgehends und mit so schlagenden Scheingründen, daß der Betreffende schließlich selbst daran glaubt. Der Unterschied in Beurteilung und Behandlung, den die Gesellschaft zwischen der eleganten und der armseligen Prostitution macht, ist eines der glänzendsten oder vielmehr dunkelsten Beispiele für die Gerechtigkeit der Gesellschaft, die den Unglücklichen immer unglücklicher macht, indem sie ihn eben wegen seines Unglücks wie wegen einer gegen sie begangenen Sünde verfolgt – vielleicht sogar aus einer dunklen Antizipation heraus, als läge es ihm wenigstens sehr nahe, eine Sünde gegen sie zu begehen.

Dieses Verhältnis begründet es, daß man die Prostitution, die so alt ist, wie die Kulturgeschichte, dennoch in ihrem heutigen Wesen als ein Produkt gerade unserer gesellschaftlichen Bedingungen bezeichnen kann. Niedrigere Kulturen finden in der Prostitution nichts Anstößiges – sehr begreiflicherweise, weil sie für solche nicht die soziale Schädlichkeit besitzt, die sie bei entwickelteren Zuständen aufweist. Herodot erzählt von den alten Lydern, daß die Mädchen sich für Geld preisgaben, um eine Mitgift zu gewinnen; in manchen Teilen Afrikas gilt noch heute dieselbe Sitte und sie vermindert weder die Achtung vor den Mädchen – zu denen oft auch die königlichen Prinzessinnen gehören – noch verhindert sie es, daß dieselben sich verheiraten und durchaus ehrbare Frauen werden. Als einen Rest alter, ungeordneter Sexualzustände finden wir die Vorstellung ausgeprägt, daß jede Frau eigentlich dem Stamme als Ganzen gehöre und durch ihre Ehe mit *einem* Manne sich gewissermaßen einer sozialen Pflicht entzöge; bis zu ihrer Verheiratung wenigstens aber habe sie dieselbe durch ihre Preisgebung an jeden zu erfüllen. Und soweit reicht diese in den Bezirk des Sittlichen hinauf, daß mehrfach sogar eine Kultprostitution auftritt – eine Preisgebung, deren Ertrag dem Tempelschatz zufließt, wie es Strabo von den babylonischen Mädchen berichtet.

Dies alles ist nur da möglich, wo noch keine durchgehende Geldwirtschaft existiert. Denn wo das Geld der Wertmesser für alles und jedes geworden ist, wo eine Unendlichkeit allverschiedenster Gegenstände dafür zu haben ist, da gewinnt es eine Farb- und Qualitätslosigkeit, die alles, wofür es das Äquivalent ist, in gewissem Sinne entwertet. Das Geld ist das Unpersönlichste, was es im praktischen Leben gibt[2], und deshalb völlig ungeeignet, für einen so persönlichen Wert, wie die Hingabe eines Weibes, als Tauschmittel zu dienen. Geschieht dies dennoch, so zieht das Geld dieses Individuelle und eigenartig Wertvolle auf sein Niveau herunter, und die Betreffende beweist damit, daß sie ihr Eigenstes und Persönlichstes nicht höher stellt, als dieses von tausend ganz minderwertigen Dingen ganz ebenso aufgewogene Tauschmittel. Wo das Geld noch nicht in diesem Maße der Maßstab für fast alle Werte des Lebens geworden ist, wie bei uns, wo es noch etwas selteneres und weniger abgeschliffenes ist, da ist auch die Hingabe des Persönlichen dafür noch nicht so entwürdigend. Wozu noch dies kommt, daß, je niedriger die Stellung der Frau ist, je mehr sie im Gattungstypus befangen ist, um so weniger jene Unverhältnismäßigkeit von Ware und Preis hervortritt. In primitiveren Kulturen, in denen insbesondere die Frauen noch wenig individualisiert sind, leidet die Menschenwürde nicht in so hohem Grade dadurch, daß sie ihre Hingabe durch einen so unindividuellen Wert, wie das Geld, aufwiegen lassen. In unseren entwickelteren Verhältnissen indes, in denen das Geld, da man immer mehr Dinge dafür kaufen kann, immer unpersönlicher, die Menschen aber immer persönlicher werden, da wird das Erkaufen dieses Allerpersönlichsten für Geld immer unwürdiger und bildet eine der wesentlichen Ursachen für den Übermut der Kapitalisten, für die Schroffheit des Abgrundes zwischen dem Besitz und dem Angebot. Jenes Eigenste und Heiligste einer Person sollte nur dadurch erworben werden können, daß der Begehrende seinerseits die eigene Person und ihre innerlichsten Werte dafür in Tausch gibt – wie es in der rechten Ehe der Fall ist. Wo man aber weiß, daß man nur Geld zu geben braucht, um eben dies genießen zu können, da muß sich sehr begreiflich den Nichtbesitzenden gegenüber, die ihr alles so billig fortgeben, jene Verachtung, jene Ignorierung des Persönlichkeitswertes einstellen, deren Naivität uns so oft bei unseren höheren Ständen überrascht oder vielmehr nicht überrascht. Wie die Kluft zwischen Hoch und Niedrig nur allzuoft nicht bloß den Niedrigen immer tiefer herabdrückt, sondern auch den Höheren moralisch herunterzieht, wie die Sklaverei nicht nur den Sklaven entwürdigt, sondern auch den Sklavenhalter, so bedeutet jene Unverhältnismäßigkeit zwischen Ware und Preis, die heutzutage in der Prostitution liegt, nicht nur die Demoralisation derer, die sich preisgeben, sondern auch derer, die davon Nutzen ziehen. Mit jedem Male, wo ein Mann sich für Geld eine Frau kauft, geht ein Stück von dem Respekt vor dem Menschentum verloren, und in den wohlhabenden Ständen, in denen dies alltägliche Übung ist, ist es zweifellos ein starker Hebel jener Überhebung, die der Besitz von Geld mit sich bringt, jener tödlichen Selbsttäuschung, als verliehe dieser Besitz der Persönlichkeit als solcher irgendeinen Wert oder eine innerliche Bedeutung. Diese völlige Verrückung der Werte, die die Kluft zwischen dem Besitzenden und dem, der sich von ihm muß erkaufen lassen, immer unüberbrückbarer vertieft – das ist die moralische Syphilis, die der Prostitution folgt, und die, gleich der physischen, schließlich auch solche infiziert, die von ihrer direkten Verursachung nicht berührt wurden.

Diese Überlegungen weisen auf den einzigen Gesichtspunkt hin, von dem aus die Prostitution für die Gegenwart und für die Zukunft richtig beurteilt werden kann – nämlich im Zusammenhang der allgemeinen sozialen und Kulturverhältnisse. Sobald man sie isoliert betrachtet, solange man sie nicht bis an ihre Wurzeln verfolgt, die sich unter dem ganzen Boden, auf dem die Gesellschaft steht, hin erstrecken – gerät man in die Gefahr, sie vom Maßstab einer »absoluten Moral« zu messen und sie so unverstanden, entweder flach oder ungerecht abzuurteilen. Die Notwendigkeit der Prostitution in höheren Kulturen gründet sich auf der Zeitdifferenz zwischen der eintretenden Geschlechtsreife und der geistigen, ökonomischen und Charakterreife des Mannes. Denn diese letztere wird mit Recht gefordert, ehe die Gesellschaft ihm die Gründung eines eigenen Hauses gestattet. Aber immer weiter schiebt der gesteigerte Kampf ums Dasein die wirtschaftliche Selbständigkeit hinaus; immer später gewähren die komplizierten Ansprüche der Berufstechnik und der Lebenskunst die volle Ausbildung des Geistes; durch immer wachsende Schwierigkeiten der Lagen, der Versuchungen, der Erfahrungen muß der Charakter sich durcharbeiten, damit man ihm die Verantwortung für andere Existenzen, für die Erziehung der Kinder anvertrauen kann. So rückt der Zeitpunkt, zu dem ein Mann ein Weib legitim besitzen kann, immer höher, und da die körperliche Konstitution sich an dieses Verhältnis noch nicht angepaßt hat, vielmehr den Geschlechtstrieb in ziemlich unveränderter Frühe erweckt, so muß mit wachsender Kultur ein gewachsener Bedarf an Prostitution eintreten. Wir können die Frage, ob eine gewachsene Sittlichkeit die vorehelichen Triebe nicht zu unterdrücken vermöchte, hier ganz unerörtert lassen, da wir wissen, daß es vorläufig eben nicht geschieht und wir hier nur mit Tatsachen rechnen wollen. Die Sittlichkeitsvereine behaupten zwar, eine solche Unterdrückung sei nicht nur möglich, sondern sogar im Interesse der Gesundheit erwünscht. Allein die Natur dürfte schwerlich gutmütig genug sein, um die Vernachlässigung eines derartig starken Triebes ungestraft zu lassen, bloß weil die zufälligen Kulturverhältnisse ihm keine legitime Befriedigung erlauben. Kurz, das Bedürfnis nach Personen, die ihn befriedigen, ist in der Gesellschaft vorhanden. Andererseits ist diese Gesellschaft sich doch darüber klar, wieviel sie durch so verlorene Existenzen verliert und daß diese Mädchen schlechthin als Opfer der Triebe anderer hingeschlachtet werden. Schön, daß die »gute« Gesellschaft so empfindet; aber wie wunderlich, daß sie gerade an diesem Punkte so fein besaitet ist und ein so zartes Gewissen für die

Opfer hat, die ihre Erhaltung kostet! Sie schickt doch ohne weiteres Tausende von Arbeitern in die Bergwerke, zu einem Leben, das kaum von der Sonne weiß und Tag für Tag, Jahr für Jahr eine Opferung für die Gesellschaft ist – scheinbar allerdings eine bloße Opferung bestimmter Leistungen, in Wirklichkeit eine des ganzen Lebens; denn die Leistung bestimmt hier, ganz ähnlich, wenn auch inhaltlich absolut abweichend, wie bei der Prostituierten, das Niveau der gesamten sonstigen Existenz und zieht von sich aus den Reizen und Freiheiten derselben die engste Grenze. Wie die technische oder wissenschaftliche Leistung, in bezug auf den Arbeiter angesehen, nicht nur als das gelten darf, was sie ihn an augenblicklicher Bemühung gekostet hat, sondern seine Vorbildung, seine ganze Vergangenheit implicite darin enthalten ist: so stecken in der Leistung unzähliger Arbeiter und in der der Prostituierten alle ihre Folgen und Beziehungen, die gesamte Lebenshaltung, die gesamte Zukunft des Leistenden, die in ebenso notwendiger Verbindung mit ihr steht, wie es dort die Vergangenheit tat. Derselbe falsche Individualismus, der den einzelnen von den sozialen Verkettungen löst, um ihn rein »an sich« zu betrachten, ebenderselbe isoliert auch seine Leistung von ihrer Verkettung mit seinem übrigen Leben, und verkennt, daß die Gesellschaft, indem sie scheinbar bloß das Opfer einzelner Leistungen fordert, tatsächlich von dem Kohlenarbeiter und ungezählten anderen das Opfer des gesamten Lebens beansprucht. Der Arbeiter in der Arsenikgrube, in der Spiegelbelegfabrik, in all den unmittelbar gefährlichen oder langsam vergiftenden Betrieben, sind das nicht lauter Opfer, die die Gesellschaft um ihres Bestandes willen anderen oder meinetwegen sich selbst auferlegt? Und sie fordert und bringt sie, ohne sich weiter darüber zu echauffieren. Warum mag sie nicht ein paar tausend Mädchen opfern, um den unverheirateten Männern ein normales Geschlechtsleben zu ermöglichen und die Keuschheit der anderen Frauen und Mädchen zu schützen? Ist denn die Notwendigkeit oder der Trieb, Spiegel zu besitzen, dringender und wichtiger als das sexuelle Bedürfnis? Ich halte es für schön und sittlich, wenn man es nicht kalten Blutes mitansieht, daß so viele Mädchen in die Verlorenheit, in den äußerlichen und innerlichen Ruin hinabgestoßen werden, nur sei man dann folgerichtig genug, sich auch über jene anderen Opfer zu empören, die so oft noch viel grausamer sind. Mit wunderlich ungleichem Maß wird hier gemessen, wenngleich auch die Gründe davon nicht schwer aufzufinden sind: sie liegen einerseits darin, daß man die Notwendigkeit der Prostitution in der gegenwärtigen Verfassung der Dinge nicht gern offen eingestehen mag, andererseits die Existenz jener Arbeiter ebensowenig gern als eine Opferung innerhalb der Gesellschaft und für sie ansehen will. Durch beide Tendenzen und durch die Schwierigkeit, die Gleichheit der Form durch die ungeheure inhaltliche und ethische Verschiedenheit der Fälle hindurch zu erkennen, wird die Gleichheit des sozialen Verhaltens zu beiden Kategorien ins Unsichtbare gerückt.

Über eines gebe man sich keinen Illusionen hin: solange die Ehe existiert, solange wird es Prostitution geben. Nur bei völlig freier Liebe, wenn der Gegensatz zwischen Legitimität und Illegitimität überhaupt hinfällig geworden ist, wird man nicht mehr besonderer, der sexuellen Befriedigung des männlichen Geschlechts geweihter Personen bedürfen. Die monogamische Ehe mit der Verpflichtung – wenigstens Selbstverpflichtung – zur Treue wird, um nicht leichtsinnig und zum Verderben beider Teile eingegangen zu werden, immer erst in einem Alter geschlossen werden dürfen, in dem der Geschlechtstrieb schon jahrelang besteht. Zwar wird die Grenze der Eheschließung in einer sozialistischen Gesellschaft dadurch herabgerückt werden, daß der einzelne von der individuellen ökonomischen Sorge für Weib und Kind entlastet wird; um so mehr aber müßte auf eine gewisse anderweitige Reife gehalten werden, damit diese äußerliche Erleichterung nicht zu voreilig und frivol eingegangenen Bündnissen führe; und wenn auch verbesserte Erziehung das Erlangen dieser Reife beschleunigen mag, so steht dem entgegen, daß mit der Veredlung der Rassen in der ganzen Natur und ebenso beim Menschen wieder eine Verspätung der völligen Entwicklung verbunden ist und daß Kinder, deren beide Eltern gar zu jung sind, erfahrungsgemäß schwächlich oder degeneriert sind. Bei den polygamischen Impulsen, die nun einmal in der männlichen Natur liegen, verlangt die Einehe, selbst nach Wegfall aller ökonomischen Schwierigkeiten, und nur als erotisch-sittliches Institut betrachtet, einen *Mann*, der Gelegenheit zur Selbstprüfung und Selbsterkenntnis gehabt hat, nicht einen knospenden Jüngling, in dem sich freilich auch schon die sinnlichen Triebe in voller Stärke regen. Kann man diesem letzteren nicht gestatten, eine Frau für das Leben an sich zu binden, so kann man ihm andererseits die Äußerung jener natürlichen Triebe nicht untersagen.

Wie aber soll er sie befriedigen? Es bleiben nur zwei Formen.

Entweder jene, die wir bei vielen rohen Völkern finden, daß die Mädchen vor der Ehe völlig freie Liebeswahl haben, dadurch aber weder äußerlich noch innerlich an dem späteren Eingehen einer monogamischen Ehe gehindert werden; oder – die Prostitution, die gewisse Personen ganz zu diesem Zwecke designiert, um alle übrigen davon freizuhalten. An die erstere Möglichkeit kann ich nicht glauben. Je entwickelter und edler die Menschheit wird, desto individueller werden die Verhältnisse zwischen Mann und Weib; gerade wenn die Ehe nicht mehr eine Kauf- und Zwangsehe sein, sondern auf der rein innerlichen Sympathie beruhen wird, dann wird die vorhergehende Zügellosigkeit nicht der Boden sein, von dem aus sie sich erheben kann. In roheren Verhältnissen, in denen die höchsten psychischen Wechselbeziehungen zwischen den Geschlechtern überhaupt noch nicht existieren, mag das Vorleben der Frau für die Ehe gleichgültig sein; je inniger und persönlicher die Ehe wird, desto weniger wird der Sprung von der Polyandrie zu ihr möglich. Nun scheint freilich dasselbe für den Mann zu gelten, allein es wird ihn von der vorehelichen Befriedigung der physischen Triebe nicht in gleichem Maße abhalten, wie die Frau, weil diese ihrem physisch-psychischen Geschlechtscharakter nach eher die Reife zur Ehe erlangt, als der Mann, und infolgedessen sich früher verheiraten kann; ökonomische Gründe werden dies nicht mehr, wie jetzt, verhindern, und die ganze Frage wird deshalb mehr oder weniger für sie fortfallen. Wenn also die freie Liebe nicht allgemein sein wird, so wird es irgendeine Anzahl von Mädchen geben müssen, die die Funktion der jetzigen Prostituierten vollziehen. Daß sich keine Mädchen mehr dazu finden werden, wenn die Not sie nicht mehr dazu zwingt, ist ein naheliegender, aber nicht völlig stichhaltiger Einwand. Denn starke gesellschaftliche Bedürfnisse schaffen sich ihre Funktionäre, um welchen Preis es sei. Die soziale Zweckmäßigkeit züchtet sich die Organe, die sie braucht, nicht nur indem sie das individuelle Widerstreben äußerlich bricht, sondern auch indem sie es im Innern der Personen überwindet. Aber freilich würde die notwendige Vorbedingung, unter der allein in einer wahrhaft humanen Gesellschaft die Prostitution existieren kann, die sein, daß die Stellung der Prostituierten gehoben wird. Hält man einerseits an der Institution der Ehe fest, gibt man andererseits zu, daß dieselbe erst lange nach eingetretener Geschlechtsreife der Männer geschlossen werden darf, will man endlich weder die vorehelichen Triebe unterdrücken (schon weil man es nicht kann), noch die Gesamtheit der Mädchen ihnen zur Verfügung stellen – so folgt, daß irgendeine Prostitutionseinrichtung erforderlich ist, daß es aber durchaus ungerecht wäre, die Mädchen, die dieser sozialen Forderung unterliegen, dafür büßen zu lassen. Die jetzige bürgerliche Gesellschaft freilich tut dies gründlich, die Prostituierten sind die Prügelkinder, die für das bestraft werden, was die Männer der »Gesellschaft« sündigen; es ist, als ob eine eigentümliche ethische Verschiebung dem schlechten Gewissen der Gesellschaft dadurch eine Sühne verschafft, daß sie die Opfer ihrer Sünden immer gründlicher von sich weg und dadurch in immer tiefere Demoralisation stößt: sie schafft sich damit das Recht, sie als Verbrecher zu behandeln. Es ist ein ganz durchgehender Zug unserer Gesellschaft, daß sie die höchsten Ansprüche an Charakterfestigkeit und Widerstandsstärke gegen Versuchungen gerade an diejenigen stellt, denen sie die Bedingungen der Sittlichkeit am gründlichsten entzieht. Sie verlangt von dem hungernden Proletarier eine größere Achtung vor dem Eigentum anderer, als von dem Börsenbaron und dem noblen Schurken; von dem Arbeiter die größte Bescheidenheit und Anspruchslosigkeit, indem sie ihm den Luxus derer, die er reich gemacht, täglich versuchend vor die Augen bringt; sie ist über die Kriminalität der Prostituierten entsetzter, als über die irgendeiner anderen Klasse, und bedenkt nicht, wieviel schwerer es dem Ausgestoßenen sein muß, die Versuchung zum Unrecht zu überwinden, als dem, der im Schoße der Gesellschaft warm aufgehoben ist. Kurz, sie verlangt die Pflicht um so strenger, je schwerer sie deren Erfüllung macht. Eine sittlichere Sozialverfassung wird dies ändern. Sie wird erkennen, daß man niemandem die Veranlassung geben darf, sich als Feind der Gesellschaft zu fühlen; sie wird es durchschaut haben, daß unzählige Male nicht die Strafe dem Vergehen gefolgt ist, sondern daß die Gesellschaft ungerecht gestraft und dadurch erst das Vergehen provoziert hat; und wenn sie überhaupt zugeben wird, daß es so etwas wie Prostitution in ihr gibt – und solange sie an der Einehe festhält, wird dies erforderlich sein – wird sie die soziale Stellung solcher Frauen heben müssen und dadurch das eigentlich Vergiftende dieser Erscheinung beseitigen. Denn wie die Prostitution ein sekundäres Übel ist, so sind auch die sekundären Erscheinungen aus ihr das schlimmste Übel – die Demoralisierung, die allgemeine Verworfenheit der Gesinnung, die Kriminalität der Prostituierten – lauter Erscheinungen, die an und für sich mit ihr

nicht notwendig verbunden sind und heute nur aus ihrer exzeptionellen Stellung hervorgehen, die der Charakter des ausschließlichen Geldverkehrs, der Übermut der possidentes gegenüber
den Anbietenden und das Pharisäertum unserer Gesellschaft verschulden. Wenn diese Opfer der Verhältnisse nicht mehr für die
Sünden anderer zu büßen brauchen, werden sie nicht mehr in Versuchung sein, diese Strafe gewissermaßen nachträglich durch
eigene Sünden zu verdienen.

Was die Konstruktion des Zukünftigen in dieser wie in aller sonstigen Hinsicht so sehr erschwert, ist der Umstand, daß wir nur mit
der jetzigen psychologischen Verfassung der Menschheit rechnen
können. Das Maß von Lust und Leid, von seelischen Reaktionen
überhaupt, das aus künftigen Zuständen hervorgehen soll und
nach dem wir den Wert derselben bemessen, ergibt sich uns nur,
indem wir uns die Wirkung dieser Zustände auf *uns* denken; wir
aber sind die Produkte der bisherigen Vergangenheit und unser
ganzes Empfinden ist durch Umstände bestimmt, die später völlig
geändert sein werden. Die Stellung der Prostitution hängt von den
sozialen Gefühlen ab, die sie erweckt, und wir können nicht wissen, um wieviel die Beseitigung des Kapitalismus und seiner Folgen
diese verschieben wird. Wenn man auch als gewiß annehmen kann,
daß die jetzige Verachtung und Ausstoßung des gefallenen Mädchens, die in furchtbarer Wechselwirkung ihre immer weitergehende Demoralisation erzeugt, aufhören wird, so wird doch wahrscheinlich, solange die Einehe besteht, die monogamisch lebende
Frau das Gefühl eines höheren Persönlichkeitswertes erwecken,
als diejenige, die sich vielen hingibt, und die Prostitution wird,
wenn die Ehe das definitive Ziel des Verhältnisses der Geschlechter
ist, auch weiterhin nur als ein notwendiges Übel empfunden werden. Das ist die Folge jenes Widerstreites zwischen den Anforderungen der Geschlechtsreife und den Anforderungen der Ehemündigkeit – eine Folge, deren Tragik nicht aufgehoben, sondern
nur gemildert werden kann, indem man ihre Opfer nicht mehr als
Subjekte individueller Schuld, sondern als Objekte sozialer Schuld
betrachtet.

Fernerhin wird diese ganze Betrachtung modifiziert, wenn noch
eine von den jetzigen Verhältnissen herübergenommene Voraussetzung sich ändert. Wir haben angenommen, daß die Frauen auch
später in jüngeren Jahren, als die Männer zur Ehe reif sein werden,
so daß für sie alle die Schwierigkeiten nicht existieren, die für die

Männer aus dem späteren Eintreten dieses Termins folgen. Allein, wenn diese frühere individuelle Entwicklung nur die Folge der Unentwickeltheit des Geschlechts wäre? Durch die ganze Natur hindurch sehen wir, daß die Wesen sich um so später entwickeln, um so später den Gipfelpunkt ihrer Ausbildung erreichen, je edler und vollkommener sie sind, je höher sie auf der Stufenleiter der Wesen stehen; die niedrigsten Tiere sind am frühsten vollständig ausgebildet. Vielleicht daß die Unterdrückung der Frau, die sie jetzt jahrtausendelang als das niedrigere Wesen erscheinen ließ, diese Folge gehabt hat; je weniger Ansprüche an einen Organismus gestellt werden, je einfacher die Funktionen sind, zu denen er sich zu bilden hat, desto früher ist er fertig. Wenn nun der Druck von den Frauen fällt, wenn sie aus der Unmündigkeit zu eigenster Kraftbewährung, zur Ausbildung mannigfaltigster Anlagen aufgerufen werden, so wird vielleicht auch jene Differenz gegen die Männer schwinden und der Termin individueller Reife wird ebenso spät eintreten, wie bei diesen; die Ausbildung des Geistes und Charakters, die die Ehe erfordert, wird auch bei ihnen viel länger dauern, als die der physiologischen Funktionen und Antriebe. Wenn diese letzteren nun zur Äußerung drängen, so stehen dann auch die Frauen vor der Alternative zwischen Askese und vorehelicher physischer Befriedigung. Die Folgen von einer solchen Gleichheit der Bedingungen für beide Geschlechter sind nicht abzusehen, ohne sich in phantastischen Kombinationen zu verlieren; wir können zu wenig die gleichzeitige Veränderung an allen anderen Punkten der Gesellschaftsverfassung überblicken, welche für die Gestaltung der Geschlechtsverhältnisse von mitentscheidender Bedeutung sind. Als letztes Ideal dieser gesamten Entwicklung ist jene harmonische Anpassung der physisch-sinnlichen und der geistig-charakterologischen Ausbildung zu betrachten, in der beide nicht mehr zeitlich getrennt sind. Wenn in niedrigsten Kulturverhältnissen die Reife in beiderlei Beziehungen tatsächlich gleichzeitig eintritt und deshalb die Regelung der Geschlechtsverhältnisse in ihnen eine einfache ist, so hat die gewachsene Kultur beides auseinandergerissen und damit die Schwierigkeiten jener Verhältnisse geschaffen. Es ist eine Aufgabe der noch weitersteigenden Zweckmäßigkeit unserer Organisation, beides auf höherer Stufe wieder aneinanderzupassen, nach den großen Regeln der Entwicklung, die so häufig auf ihrem Gipfel die Formen ihrer keimhaften ersten Zustände vergeistigt, vervollkommnet, geläutert wiederholt.

Anmerkungen

1 Wir veröffentlichen gern vorliegenden Artikel seiner anregenden und originellen Anschauungen wegen. Daß der Standpunkt des anonymen Herrn Verfassers in wesentlichen Punkten von dem in unserer Partei bisher geltenden abweicht, braucht kundigen Lesern kaum besonders auseinandergesetzt zu werden. Es dürfte trotzdem gut sein, darauf hinzuweisen, um Mißverständnissen vorzubeugen. Ein weiterer Artikel über die Prostitution von anderen Gesichtspunkten aus ist uns in Aussicht gestellt. Wir behalten uns vor, eventuell selbst das Wort in der Sache zu ergreifen.   Die Redaktion

2 Ich entnehme dies einem Aufsatz von G. Simmel, *Zur Psychologie des Geldes*, in: *Schmoller's Jahrbuch*, XIII, 4.

Ein Jubiläum der Frauenbewegung

(1892)

Innerhalb des Reichtums geistiger Gestalten, den Deutschland in der zweiten Hälfte des vorigen Jahrhunderts darbietet, wird eine Reihe der bedeutendsten Talente dadurch charakterisiert, daß sie den Umfang ihres Gedankenlebens in Aphorismen und Schlagwörtern, in Ahnungen und Andeutungen nicht sowohl entfalten als verdichten. Für die Epoche, die als Ganzes die Keime für eine hundertjährige Entwicklung trug, sind solche Persönlichkeiten besonders bezeichnend, die diese Keimhaftigkeit, diese Zusammendrängung latenter Kräfte in sich selbst widerspiegeln; sie sind mehr Planende als Ausführende, mehr Wegweiser als Marschierende, mehr Säende als Erntende: Hamann, Herder, Lichtenberg, Hippel. Das Denken der Zeit hatte ebenso niederzureißen wie aufzubauen, und beides in der Lebendigkeit einer Wechselwirkung, wie sie vielleicht nur die Epoche vor der Reformation gekannt hatte. So drängt sich denn in den Geistern die rückschauende und die vorschauende Tendenz zusammen und mußte insbesondere solche, die überhaupt zu breitem Schaffen nicht angelegt waren, in den Formen der Andeutung und Hindeutung sich äußern lassen. Das sind die Zeiten der Mosesblicke, denen sich die Zukunft erschließt, aber gleichsam in der Verkürzung und Zusammenziehung, in der weiteste Strecken dem überschauenden Auge erscheinen. Ich will hier von einem merkwürdigen Buche *Hippels* berichten, das unter dem Titel: »Über die bürgerliche Verbesserung der Weiber« im Jahre 1792 erschien und in der freisten, oft paradoxen Form, in vielsagenden Hinweisungen und gedrängten Pointen die Mehrzahl der Argumente vorwegnimmt, die heute die Frauenbewegung begründen, die historischen wie die sozialen, die sittlichen wie die psychologischen.

Dem 18. Jahrhundert war schon lange vor Hippel der Gedanke nicht fern geblieben, daß die Stellung der Frau eine künstlich niedergehaltene sei, daß sie ihrer natürlichen Anlage nach auf eine höhere Stufe gehöre, als sie sie tatsächlich einnahm – ein Gedanke, dessen Entwicklung damals von langer Hand her vorbereitet war. Der Dreißigjährige Krieg hatte, wie alle Kriegszeiten, die Lage der Frauen auf das tiefste Niveau herabgedrückt; die relativ ruhigen

Zeiten, die ihm folgten, ließen nicht nur die eigentümliche soziale und seelische Bedeutung der Frauen wieder zur Entfaltung kommen, sondern gaben auch einer Reaktion auf jene Herabwürdigung Raum, einer Reaktion, die begreiflich über den Punkt des Gleichgewichts hinausschlug. Die Periode, in der die Vorstellung der ursprünglichen natürlichen Gleichheit aller Menschen, die Sehnsucht nach einer rein rationalen Gestaltung der Dinge, die Forderung der Menschenrechte allmählich heranwuchs, war offenbar ein günstiger Boden für den Glauben an die natürliche Gleichheit von Frauen und Männern, für das Verlangen, dieselbe in der Gleichberechtigung beider zu verwirklichen. Schon 1715 veröffentlichte Georg Christian Lehms eine Anthologie dichtender Frauen unter dem Titel: »Teutschlands galante Poetinnen; mit sinnreichen und netten Proben, und einer Vorrede, daß das weibliche Geschlecht so geschickt zum Studiren, wie das männliche.« In dieser Vorrede spricht er sich folgendermaßen aus: »Die bei ihrer gerühmten Weisheit ganz unweise Philosophie Demokritus, Euripides, Aristoteles und dergleichen ungewaschene Mäuler mehr, haben so ridikule Urtheile von diesem liebenswürdigen Geschlecht gemacht, daß ich mir nicht durch Anführung derselben einen Ekel verursachen will.« Ähnliche Meinungen aber, in der Überzeugung gipfelnd, »daß das Frauen-Volck keine Menschen wären«, kämen auch jetzt noch, insbesondere »auf vielen Universitäten« vor. Im Gegensatz dazu wird nun behauptet und durch gelehrte Beispiele aus der Geschichte belegt: »daß dem weiblichen Geschlechte an Tapferkeit, Klugheit, Gelehrsamkeit und andern Haupttugenden gar nichts fehle«. Kann man gleich keine so große Anzahl derselben anführen, als der Männer, so kann ihnen deswegen doch nicht der billige Ruhm abdisputiert werden. Er führt weiter aus, daß die Sittsamkeit der Frauen durch das Studium keine Gefahr laufe, da gerade gelehrte Frauen nie sittlichen Anstoß zu geben pflegen. Er will ihnen alle vier Fakultäten eröffnen, die je nach Neigung ergriffen werden müßten, ohne daß man einem Willen Gewalt antäte.

Kurz vorher schon hatte C. F. Paullini ein »Hoch- und Wohlgelahrtes Teutsches Frauenzimmer« herausgegeben, eine alphabetische Aufzählung von einigen hundert, auf geistigen Gebieten bekannt gewordenen und ausgezeichneten Frauen. Gegenüber den Herabwürdigern des weiblichen Verstandes sagt er: »Der schwache Verstand, welcher ihnen zugemessen wird, sollte die vornehmste Ursache sein, solchen durch das Studium zu verstärken. Ein jeder will gern ein verständiges Weib haben, aber die Mittel des Verstandes will man ihnen nicht zulassen.« Er zitiert einen zeitgenössischen Autor, der einer Frau die Worte in den Mund legt: »Wie sollen wir zur Vollkommenheit gelangen, da man unsre Fähigkeit in der Blüthe erstickt und zu Hauß gleichsam gefangen setzt und als wie in einem Zucht-Haus zu Nadel und Spindel angewehnet? Man eilet mit uns zu Küche und Haushaltung und wird manche gezwungen eine Martha zu werden, die doch etwa lieber Maria sein möchte. Ja so gar sind wir zur Barbarei und Unwissenheit verdammt, daß nicht allein die Mannspersonen, sondern auch die meisten von unserem Geschlecht selber, weil sie in der Eitelkeit und Unwissenheit verwildert sind, uns verachten und verlachen, wenn eine und andere auf löbliche Wissenschaft sich befleißt.«

Das Zeitalter der Aufklärung und des Rationalismus kündigt sich hier schon in der wunderlichen Beschränkung der Emanzipation auf das bloße Lernen, auf die Ausbildung der theoretischen Fähigkeiten an. Und trotz des unvergleichlich höheren Standpunktes, den solchen etwas ungelenken Versuchen gegenüber Hippel einnimmt, werden wir sehen, daß auch er die praktische Seite der Frauenfrage, das Verlangen nach Reformation, wesentlich nach der gleichen Richtung hin einengt. In der Erklärung indessen, die er von der Entstehung der Unterdrückung des weiblichen Geschlechtes gibt, stellt er sich auf einen von solcher Beschränkung freien Standpunkt. Diese Entstehung führt er nicht auf zufällig persönliche Ursachen zurück, sondern auf »den Gang, den die Bildung des gesellschaftlichen Zustandes nahm«. Denn »die Gesellschaft ist die Quelle alles Glücks und alles Unglücks und noch ist nicht erschienen, was die Menschen durch sie werden können und durch sie sein werden«. Der positive Grund des weiblichen Falles ist ihm die Passivität, zu der die Frau durch ihre Zustände zeitweise verurteilt ist. Allein solange noch Nahrung im Überfluß für alle da war, der solange wenigstens noch keine Fürsorge für die Zukunft bestand, konnte dies nicht entscheiden, sondern muß der Gleichheit Raum gelassen haben. Erst als die Menschen sich mehrten, als das Haus zur Vorratskammer wurde, bedurfte es einer Teilung der Arbeit zwischen inner- und außerhäuslichen Beschäftigungen. Und da war es die natürliche Folge jener zeitweiligen Unbeweglichkeit der Frau, daß ihr die Hausarbeit, dem Manne Erwerb, Jagd, Kampf zufielen. »So ward das Weib allmälig die Befehlshaberin der Hausthiere und ehe sie sich dessen versah, das erste Hausthier selbst.«

Die Führung der Waffen gab dem Manne das entscheidende Übergewicht. Während seine Einsichten durch die Extensität seiner Tätigkeit sich vermehrten, schrumpfte die Seele des Weibes mehr und mehr in die Grenzen des Haushaltes ein, ebenso wie ihre körperliche Kraft durch den Mangel an jenen Übungen verfiel. Dazu kommt der politisch-psychologische Grund: daß das Aufkommen des Despotismus, die Beherrschung der vielen durch wenige sich in den privaten Verhältnissen der Häuser, der »Miniaturstücke des Staates«, abspiegele: wie sich die Männer von den Regenten begegnen lassen, so begegnen sie selbst dem anderen Geschlecht. »Bei einer gelinden, mäßigen Regierung galt das Frauenzimmer von jeher mehr als in despotischen Staaten, wo die Sklaverei der Weiber politisch nothwendig ist.« Denn die Frauen »geboren, der Natur getreu zu sein«, würden bei stärkerem Einfluß auf das öffentliche Wesen in Unnatur der Despotie nicht bestehen lassen.

Diese Unterdrückung findet ihre offizielle Bestätigung, ihre Kodifikation in den bestehenden Gesetzen, die die Frau zwar von allen persönlichen Rechten ausschließen, ohne sie doch von den Pflichten zu befreien. So sehr sie die Frauen in Hinsicht ihrer Person und ihres Vermögens beschränken; so sehr sie sie zu immerwährender Bevormundung verdammen, weil sie zu schwach und unvermögend wären, ihr eigenes Bestes wahrzunehmen, so hört doch diese Schwäche auf, Schwäche zu sein, sobald von Verbrechen und Strafen die Rede ist; auf einmal und nur hier werden Männer und Weiber mit demselben Maße gemessen. Wenn das Weib nur durch den Mann hindurch dem Staate verbunden ist, warum wird sie als selbständiges Wesen bestraft? Daher die Nichtachtung der Frauen gegenüber den Gesetzen; der Gleichheit und dem Schutze entzogen, um derentwillen der Staat gegründet wurde, können sie begreiflicherweise weder Verständnis noch Neigung für einen solchen Staat gewinnen. Wir geben Gesetze, die auch für Frauen gelten, wir üben sie ihnen gegenüber aus – und räumen ihnen keine beratende, keine richtende Stimme ein; sie tragen das Merkmal der Sklaven, nicht mitzuwirken an der Gesetzgebung, der sie unterworfen sind. Und wenn auch die despotischen Rechte, die das Gesetz, eben weil es von Männern gemacht ist, diesen den Frauen gegenüber einräumt, vielleicht selten in vollem Umfange ausgenützt werden, so ist das Unwürdige eben dies, daß sie auf den persönlichen guten Willen anderer angewiesen sind, daß sie eine würdige Stellung und Behandlung als Gnade ihrer Herren anzunehmen, statt als Recht zu beanspruchen haben. Jene Ritter, die den Schutz der Damen unter ihr Gelübde aufnahmen, hätten edler gehandelt, wenn sie, statt Weiber zu schützen, sie über diesen Schutz erhoben hätten! Wir erweisen den Frauen Güte und entziehen ihnen die Gerechtigkeit, »eine besondere Art, mit Geschenken das Gesetz zu beugen, eine Schuld nicht zu bezahlen, aber dem Gläubiger ein Geschenk zu machen«. Der Erfolg solcher Behandlung ist natürlich jene innerliche Entwürdigung, die den Menschen an die Sklaverei gewöhnt, und dem Freiheitsgefühl schließlich durch beständigen Druck seine Spannkraft raubt.

Die Unterdrückung bildete so schließlich die Fähigkeiten zu höheren Tätigkeiten zurück; sie rosteten, weil sie sich nicht bewähren konnten und so wurde der Unterdrückung ein scheinbarer Rechtsgrund gewährt, der eben ihre Folge statt ihrer Ursache war. So scheint die Natur selbst den Satz auszusprechen, daß »die Frauen der Männer wegen da sind«, auf den Hippel erwidert: »Ganz gewiß, genau wie die Männer der Frauen wegen.« Vollkommen zugegeben, daß die jetzigen Fähigkeiten der Frauen sie nicht zu den höchsten Funktionen berechtigen, woran liegt es? »Können Anlagen sich entwickeln und Keime treiben, wenn keine wohlthätige Hand sie pflegt, wenn alles sogar sich vereinigt, sie zu unterdrücken und womöglich auszurotten?« Und der Unsicherheit darüber, ob das andere Geschlecht auch den Erwartungen und Bemühungen der Emanzipation entsprechen wird, muß man antworten, daß man sich der Tragbarkeit keines Bodens versichern kann, wenn man ihn nicht anbaut. Hier setzt Hippel die feine Bemerkung hinzu, daß wir schließlich nur die Situation schaffen können, in denen uns die Natur Erfindungen und Entdeckungen in die Hand spielen kann. Zu allen diesen bedürfe es eines »Ohngefähr«, und wenn Frauen sich noch nicht als Erfinderinnen und Entdeckerinnen ausgezeichnet hätten, so läge dies daran, daß man ihnen die Gelegenheit, den Zugang zu jedem solchen glücklichen Ongefähr versperrt habe. Kurz, es sei das oberflächliche Denken, das die Fehler der Frauen, ihre Kleinlichkeit, ihre Eitelkeit, die Niedrigkeit ihrer Interessen einem Mangel ihrer Natur zuschreiben will, da sie doch offenbar auf einen Mangel an Entwicklung zurückgehen. Giebt es denn »Geschlechtsunterschiede unter den Seelen?« »Giebt es Seelen, die ausschließlich bestimmt sind, weibliche Körper zu bewohnen?« – Fragen, deren Bejahung unmöglich ist, weil niemand von den Seelen durch Erfahrung oder Denken genug weiß, um eine solche »Demarkationslinie« ziehen zu dürfen, und die die Männer nur bejahen, weil sie »Kläger und Richter in einer Person« sind.

Die Folge solcher Vorurteile, solcher Stellung der Frauen ist vor allem, daß die edelsten Kräfte in ihnen ungenutzt verkommen. Zum Müßiggang wird jedes Weib auf eine grobe oder feinere Weise verurteilt. Und so geht der Gesellschaft die Hälfte ihrer Kräfte verloren, ungekannt, ungeschätzt, unentwickelt, so verlieren nicht nur die Weiber, sondern auch die Männer durch den unrechtmäßigen Vorzug, den sie sich vor den Frauen angemaßt. Welche neuen Kräfte würden auch in ihnen entwickelt werden, wenn auf allen höheren Gebieten die Zahl der Konkurrenten sich verdoppelte! Geht nicht das ganze Schwiegermutterelend der Männer aus dem Mangel wirklicher Beschäftigung der Frauen hervor? Muß nicht die Ausschließung des anderen Geschlechts von allen öffentlichen und ernsthaften Beschäftigungen ihm die Würde und Bedeutung dieser herabziehen und so, direkt und indirekt, der Volksseele den größten Schaden an Ernst und Vertiefung tun? Wären die Staatsgeschäfte den Frauen zugänglich, so würden jene von dem »Roste der Pedanterie« frei werden, der sie jetzt unerträglich verunstaltet; wenn das Recht aufhört, »das Monopol einer besonderen besoldeten Männerklasse zu sein«, so wird die Gerechtigkeit sich freier über den Buchstaben des Gesetzes erheben, der sie jetzt so oft in ihr Gegenteil verkehrt. Jetzt haben sie »keine andere olympische Bahn, als Männer zu fahen; man eröffne ihnen andere, und sie werden Wunder thun«. Keinen geringeren Schaden aber als durch den Verzicht auf die spezifisch weiblichen Fähigkeiten in der öffentlichen Ordnung und Verwaltung leidet die Gesamtheit dadurch, daß die Frauen vom ärztlichen Beruf ausgeschlossen sind. Verhehlen Mädchen und Frauen nicht unzählige Male ihre Leiden, bis sie unheilbar geworden sind, weil sie sich keinem männlichen Arzt anvertrauen wollen? Würde die den Männern unerreichbare subjektive Kenntnis des weiblichen Organismus nicht den Frauen die Erkenntnis der weiblichen Krankheiten und des Heilungsweges unvergleichlich erleichtern? Aber nicht nur für die Fälle der Krankheit müßten Frauen ärztliches Wissen haben. Ein jeder weiß, wie wichtig die Nahrung für die Erhaltung der Gesundheit ist »und doch wird dieser wichtigste und eigentlichste Theil der Arzneikunst dem weiblichen Geschlecht überlassen, ohne ihm die geringste Kenntniß von dem zu lehren, was es zubereitet und wie es dasselbe zubereiten muß, wenn die thierische Maschine unterhalten werden soll«. »Väter des Staates, errichtet statt klinischer Institute Schulen für die Weiber, wo das, was zum Unterhalt und zur Nahrung des Menschen dienen soll, näher geprüft und untersucht wird, wo sie gelehrt werden, Speise und Trank auf eine unschädliche und schmackhafte Weise zu bereiten, und das Leben und die Gesundheit der Staatsbürger zu sichern.« So würde die Prophylaxis den ihr gebührenden ersten Platz gewinnen.

Aber der Verfasser ist ein zu reifer Geist, um die Emanzipation der Frauen nun mit einem Schlage einführen zu wollen. »Ich leg' es so wenig darauf an, das andere Geschlecht Knall und Fall von seiner Sklaverei zu befreien, daß ich mich vielmehr begnüge es aufzumuntern, diese Erlösung zu verdienen.« Eine allmählige Entwicklung und Schulung allein kann die Frauen zu der Gleichheit mit den Männern führen, zu der sie im Augenblick nichts als zurückgebildete Kräfte haben. »Jetzt freilich, wie sie da sind, zum Spielzeug für Männer gemodelt, jetzt, wenn sie auf einmal aus dem Gynäceum auf den großen Schauplatz des gemeinen Wesens, einen für ihren Körper und ihre Seele so fremden Boden, treten und männliche Rollen spielen sollten: jetzt würden sie kaum erträglich debutiren. Wer fordert dies aber von ihrem Kopfe und von ihren Händen? Sie sollen eben den Weg gehen, den wir gingen, eben die Wüsten betreten, die uns auf der Bahn nach Kanaan beschwerlich wurden; nur durch Erziehung, Unterricht und Erfahrung sollen sie das Ziel erreichen, dessen sie so würdig sind.« Darum soll vor allem eine gleichmäßige Bildung der männlichen und weiblichen Jugend eintreten. Die Scheidewand höre auf! man erziehe Bürger für den Staat, ohne Rücksicht auf den Geschlechtsunterschied und überlasse das, was Weiber als Mütter, als Hausfrauen wissen müssen, dem besonderen Unterricht. Das ist um so nötiger, als die Erziehung des künftigen Geschlechts dann wieder in den Händen der Frauen liegt. Bedenkt man, »daß die Hälfte des menschlichen Geschlechtes entweder ohne alle Erziehung blieb oder verzogen war, und daß gerade dieser Hälfte der wichtigste Theil der Erziehung überlassen war, so ist es fast noch Wunder, daß wir Menschen sind«. Der Erziehung der Menschen muß ein gemeinsamer Unterbau gegeben werden, der eben rein menschlich ist.

Der Appell an die Natur, die unter der verkehrten Menschensatzung verschüttet liegt, jener Appell, der durch Rousseau und in der Erklärung der Menschenrechte zu dem mächtigsten Ausdruck kam, tönt allenthalben durch die Ausführungen Hippels. Ihn empört der Glaube, daß die Natur, die gute, gerechte Mutter, die Anlagen zum Tun und Genießen so ungleichmäßig zwischen den Geschlechtern verteilt haben sollte, wie es in dem wirklichen Verhältnis zwischen ihnen in die Erscheinung tritt; dies sei aber nur ein historischer Irrtum, vergleichbar jeder anderen Unterdrückung von Klassen und einzelnen, deren demoralisierende Erfolge für die Unterdrückten dann es zu rechtfertigen scheinen, daß man ihnen die Freiheit entzog. Es ist indes zu beachten, und hierin unterscheiden sich die Tendenzen Hippels von den modernen, daß ihm die Forderung einer wirtschaftlichen Unabhängigkeit der Frauen gar nicht in den Sinn kommt. Daß man den Frauen die selbständige Verwaltung ihres Besitzes einräume, verlangt er zwar; aber daß der selbständige Erwerb desselben gleichfalls ein Wert höchster Ordnung, ja die Grundlage aller anderen Freiheiten sei, dafür hat er noch kein Verständnis. Die ökonomische Bedingtheit persönlicher und sozialer Werte, deren Erkenntnis der modernen Frauenbewegung ihren konkreten Charakter gegeben hat, entgeht ihm; er geht an den Wurzeln vorüber, nach deren Blüten er verlangt. Es hängt damit zusammen, daß ihm auch die Vorstellung extremer Parteien fernliegt, daß die Unterdrückung der Frauen mit der Form der Ehe unlöslich verbunden sei. Die Ehe und ihre Heiligkeit scheint ihm jenseits der Emanzipationsfrage zu stehen, ja er beschränkt die Freiheit der Frau, deren Gewinn und Bewahrung ihm als höchste soziale Aufgabe erscheint, gerade in dieser Hinsicht, gerade hier läßt er die Gleichheit der Geschlechter fallen, der sonst seine Bemühung gilt. Den Ehebruch des Mannes tadelt er gewissermaßen aus kühlen, verstandesmäßigen Gründen, aus dem Appell an Billigkeit und Zweckmäßigkeit heraus; für den Ehebruch der Frau dagegen hat er die härtesten Worte unbedingter Verdammung, er erscheint ihm als völliger Ruin der einzelnen wie der Gesellschaft, vor allem als eine Sünde gegen die Natur. Es ist interessant, wie ihm sonst allenthalben die Gleichberechtigung der Geschlechter und die Herstellung des von der Natur gewollten und angelegten Verhältnisses zwischen ihnen, als gleichwertige, Gleiches bedeutende Begriffe erscheinen, und plötzlich an diesem Punkte beides auseinanderfällt, die Gleichberechtigung ein Vergehen gegen die Absichten der Natur sein würde – wiederum ein Beweis, daß diese vorgebliche Natur, deren Ziele auf die unsrigen Rechtfertigung oder Verwerfung ausstrahlen, doch ein sehr dehnbares und willkürliches Wesen ist. Völlig außerstande, diese Ziele objektiv zu erkennen, konstruieren wir sie vielmehr jedesmal so, daß sie sich mit unseren sonst gewonnenen Überzeugungen decken. Mit diesem Begriff gewann das vorige Jahrhundert und gewinnen wir noch heute nur eine selbstgeschaffene Rechtfertigung für die aus ganz anderen, persönlichen und sozialen Quellen geflossenen Wertsetzungen. Darum liegt auch das Wesentliche und Richtige aller Reformen, die von der Parole der Rückkehr zur Natur geleitet scheinen, nicht in diesem Titularrecht, sondern in den neuen sachlichen Wertsetzungen, die sie vollziehen. Was dem Hippelschen Buche seine Bedeutung für die Geschichte der Frauenbewegung verleiht, ist nicht seine Herleitung wirklicher Ansprüche aus einem natürlichen Rechte, einer von der Natur gesetzten Ordnung, sondern liegt in der durchgreifenden Erkenntnis, daß die jetzigen Zustände historisch entstanden sind und daß die persönliche Gerechtigkeit und die soziale Zweckmäßigkeit neue Ideale erschließen, denen die alten weichen müssen. Und die Bedeutung dieser neuen ist, wie wir hinzusetzen können, davon unabhängig, daß weiter veränderte Zustände wieder andere Ideale heraufführen werden – Ideale, die voraussichtlich ihrerseits ebenso als die allein natürlichen und in der ursprünglichen Ordnung der Dinge prädestinierten auftreten und daraus die Garantie ihrer Richtigkeit herleiten werden.

Die Verwandtenehe

(1894)

I

Die wachsende Kenntnis von der Vergangenheit und der Gegenwart der Völker vertieft nach zwei entgegengesetzten Richtungen unsere Vorstellungen von dem, was an ihnen vergleichbar ist. Unter der buntesten Mannigfaltigkeit der oberflächlichen Erscheinung überrascht uns tiefgelegene Gleichheit; was als prinzipielle Verschiedenheit auftritt, zeigt genauere Erkenntnis unzählige Male als bloße Variation des überall gleichen Themas. Und umgekehrt bewahrheitet die ausgedehntere Erfahrung täglich jenen alten philosophischen Glaubenssatz, daß es nicht zwei Erscheinungen in der Welt gäbe, die wirklich ganz und gar übereinstimmten: nicht zwei Baumblätter wären absolut gleich; und nach der Gleichheit des ersten Anblicks macht sich die Individualität jedes Wesens und jedes Geschehens geltend; neben dem, worin jedes mit jedem vergleichbar ist, stehen die Seiten, in denen keines mit keinem verglichen werden kann.

Es gibt vielleicht kein Gebiet, auf dem eine allgemeine, die ganze bekannte Welt beherrschende Gleichheit sich in ebenso merkbare Verschiedenheiten der Ausgestaltung verzweigt, wie die Beziehungen zwischen Mann und Weib. Über den natürlichen Grundlagen dieser Beziehungen erheben sich überall, wo wir überhaupt von einer »Gesellschaft«, einem Zusammenleben mehrerer in einer Gruppe hören, auch Gesetze zu ihrer Regelung, Normen und Formen fester wie loserer Bindungen, aufrechterhalten durch Ordnungen der öffentlichen Gewalt oder, meistens nicht weniger streng, durch Sitte und Instinkt. Es werden zwar einige wilde Völker genannt, bei denen die Reisenden keine noch so unvollkommene Beziehung, die man als Ehe bezeichnen könnte, entdeckt haben; von den Buschmännern Südafrikas, von einigen Bewohnern Sumatras und Kaliforniens, welche letztere in ihrer Sprache kein Wort für »heiraten« haben, von ein paar kleinen Negerstämmen wird der Mangel aller Gebote und Verbote auf diesem Gebiete gemeldet. Allein diese Fälle sind so verschwindend gering gegenüber denjenigen, wo sonst völlig gesetzlose, völlig kulturfremde Völker wenigstens hier eine Schranke der Willkür anerkennen, daß man sie ruhig als »unmeßbare Größen« vernachlässigen kann, oder annehmen darf, daß eine ungenügende Beobachtung seitens des Berichterstatters vorliegt. Zu den verschiedensten Zeiten wie an den verschiedensten Punkten der Welt, unter den wildesten wie unter den höchststehenden Völkern treffen wir die Monogamie an, die unsere Kultur uns als das Selbstverständlichste zu betrachten gelehrt hat; wir finden aber ebenso die Ehe eines Mannes mit mehreren Frauen, auch die Ehe mehrerer Männer mit einer Frau; ja, auch eine »Gruppenehe« findet sich, in der eine gewisse Anzahl von Männern mit einer gewissen Anzahl von Frauen in eheliche Verbindung tritt. Bald begegnet uns ein strenges Gebot, nur innerhalb des eigenen Stammes zu heiraten, bald ein ebenso strenges, nur außerhalb desselben die Gattin zu suchen. Neben der fast durchgehenden Herrschaft des Mannes gibt es doch auch Beispiele von Naturvölkern, die der Frau den überwiegenden Einfluß in der Familie einräumen. Während manche Völker dem Mädchen eine Mitgift zugestehen und ihr gewissermaßen den Mann kaufen, werden bei anderen umgekehrt die Frauen wie eine Ware gekauft; und wenn bei einigen die Frau durch die Ehe in die Familie des Mannes eintritt, geht anderwärts der Mann durch die Heirat in die Familie seiner Frau über.

So gibt es keine ausdenkbare Kombination ehelicher Verhältnisse, zu der uns nicht die Geschichte und die Völkerkunde Beispiele aus der Wirklichkeit lieferte. Diese fast unübersehbare Mannigfaltigkeit der Eheformen aber birgt wieder einen durchgehenden gemeinsamen Zug: das Verbot der Ehe zwischen nahen Verwandten. Zwar sollen auch hier Ausnahmen vorkommen; von den Chippewäh-Indianern und von den Karenen in Asien wird erzählt, daß sie gelegentlich ihre Mütter, Schwestern und Töchter heiraten. Sollte diese Tatsache aber auch wirklich unanzweifelbar sein, so geht sie wahrscheinlich auf eine jener merkwürdigen, mit der Verwandtenehe verbundenen Vorstellungen zurück, auf die ich später zu sprechen komme, und die nicht sowohl eine Gleichsetzung der Verwandtenehe mit jeder anderen, als eine Mißdeutung gerade derjenigen Triebe und Erfahrungen beweist, die anderwärts zu ihrem Verbote geführt haben. Solchen vereinzelten Beispielen steht die ungeheure Anzahl der oft rigorosen Gesetze gegenüber, mit denen auch die rohesten Völker die eheliche Beziehung zwischen Verwandten verbieten, und die z. B. bei den Bataks auf Sumatra dies

Verbrechen mit Tötung und Gefressenwerden bestrafen. Einige Munda-Kols stützten einem Missionar gegenüber ihre Behauptung, daß die Tiere nicht wüßten, was recht und was unrecht sei, durch die Begründung, daß die Tiere weder Mutter, noch Schwester, noch Tochter respektierten. An der Wiege der modernen Kultur war dies Gefühl nicht weniger lebendig: Plato nennt die Blutschande den schändlichsten, der Gottheit verhaßten Frevel, und Lucan meint, wer dies tue, der scheue vor keiner sonstigen Untat zurück.

Welches nun die verbotenen Verwandtschaftsgrade sind, darüber gibt es wieder eine Unermeßlichkeit verschiedener Bestimmungen. Ich hebe von diesen als besonders wunderlich nur einige hervor, die die Geschwisterehe nicht schlechthin verbieten, sondern sie von dem Altersverhältnis der Geschwister abhängen lassen. Bei den Veddahs auf Ceylon, einem halbvertierten, in den Wäldern lebenden Stamme, in dem aber auf die strengste eheliche Treue gehalten wird, ist die Ehe mit der jüngeren Schwester durchaus legitim und natürlich, dagegen die mit der älteren Schwester oder der Tante wird mit demselben Abscheu betrachtet, den wir vor einer Geschwisterehe empfinden. Von den Nairs wird berichtet: »Sie ehren ihre älteren Schwestern, denen sie die gleiche Stellung wie der Mutter einräumen. Mit den jüngeren Schwestern aber bleiben sie niemals in demselben Zimmer und bewahren ihnen gegenüber die größte Reserve. Ohne dies, sagen sie, würden sie in zu große Versuchungen gerathen – während, was die älteren Schwestern betrifft, jede Idee einer näheren Verbindung durch den Respekt ausgeschlossen ist.« Obgleich die Nairs also den Veddahs gegenüber schon zu dem Verbot der Ehe auch mit der jüngeren Schwester vorgeschritten sind, zeigt dies eigentümliche Verhalten und seine Begründung doch, daß der Instinkt noch nicht mit völliger Selbstverständlichkeit eine solche Ehe verhindern würde, während dies der älteren Schwester gegenüber schon stattfindet. Auch zwischen verschwägerten Personen ist die Erlaubtheit der Ehe manchmal nicht von dem Grade der Verwandtschaft, sondern von dem Altersverhältnis abhängig. Bei einigen Stämmen der schon erwähnten Bataks fällt die Witwe des älteren Bruders dem jüngeren als Gattin zu, während die Ehe zwischen dem älteren Bruder und der Witwe des jüngeren als Blutschande bestraft wird. Gerade das umgekehrte Verhältnis herrscht bei den Alfuren von Buru. Dem jüngeren Bruder ist es hier verboten, die Witwe des älteren zu heiraten, während der Ehe mit der Witwe des jüngeren nichts im Wege steht.

Um die familienrechtlichen Verhältnisse bei den Naturvölkern zu verstehen, muß man im Auge haben, daß der Begriff der Verwandtschaft bei ihnen etwas ganz anderes bedeutet als bei uns. Er umschließt bei ihnen nicht nur, und oft gar nicht, jenen engen, durch das Blut gemeinsamer Eltern zusammengehaltenen Kreis, der sich zunächst auf ein einzelnes Haus beschränkt und sich allenfalls durch das Selbständigwerden der Kinder und ihre Verschwägerung erweitert. Die Zusammengehörigkeit in Gesinnung und Leistung vielmehr, die bei höherer Kultur der blutsverwandten Familie eigen ist, kommt in niederen Verhältnissen meistens dem Stamme zu, d.h. einer größeren Gruppe, in der zwar das Band der Blutsverwandtschaft nicht unwesentlich ist, die aber im ganzen nur durch gemeinsamen Namen, gemeinsame Interessen, gemeinsame soziale Organisation zusammengehalten ist. Die Abstammung von einem sagenhaften Vorfahren, die wir häufig angenommen finden, ist nicht sowohl die Ursache, als der mystische Ausdruck der Zusammengehörigkeit jener Gruppe von Familien, die bei den Naturvölkern dem Individuum gegenüber die Rechte und Pflichten der uns vertrauteren Einzelfamilie ausübt.

Sehr oft ist auch die Verwandtschaft durch die Mutter die allein gültige, während dem Vater kein Anteil an dem Blute des Kindes zukommt, so daß nur die Geschwister mütterlicherseits miteinander verwandt sind, und nur die Geschwister der Mutter, nicht aber die des Vaters zum Familienverband gerechnet werden. Diese Formen des letzteren entscheiden nun auch über die Zulässigkeit der Ehen. Bei den Irokesen nahmen die Kinder den Stammesnamen der Mutter an. Gehörte z. B. die Mutter zum Bärenstamm, so war der Sohn ein Bär und durfte daher kein Bärenmädchen heiraten, sondern mußte sich sein Weib aus dem Stamme der Hirsche oder der Reiher wählen. In Indien darf kein Brahmane ein Weib heiraten, welches denselben Stammesnamen führt wie er, während bei den Juden kein Mann ein Mädchen heiraten durfte, das auch nur denselben Vornamen führte, wie seine Mutter, und bei Australiern genügt es zur Verhinderung der Ehe, daß das Mädchen denselben Totem hat wie der Mann, also nur eine symbolische Verwandtschaft stattfindet, die kein reales Blutband mehr zu ihrer Begründung aufweisen kann. Noch weiter vielleicht gehen die

Verbote in China. Dort führen große Gruppen von Personen den gleichen Zunamen, da es in dem ganzen Reiche nicht mehr als etwa 530 Zunamen gibt; und nun ist es jedem verboten, eine Person mit dem gleichen Zunamen, wie er selbst, zu ehelichen – bei Strafe von 60 Bambushieben. Auch im alten Mexiko und bei den Tscherkessen zerfallen die Gemeinschaften in große Unterabteilungen, die nur gegenseitig heiraten dürfen, während keine derselben in ihren eigenen Grenzen eine Eheschließung duldet; bei den letztgenannten Völkern umfaßt jeder dieser Klane, innerhalb deren eine Ehe als blutschänderisch gilt, mehrere tausend Personen, so daß von Blutsverwandtschaft in unserem Sinne dabei nicht die Rede sein kann. Diese Ausdehnung des Eheverbotes auf die politische Gruppe hat die Folge, daß gerade echten Blutsverwandten, die sich aber zufällig in verschiedenen Klanen finden, was durch Übersiedlung, heimliche Ehen etc. möglich ist, die Ehe ohne weiteres erlaubt ist. Von den Pomtschas in Bogota wird berichtet, daß die Männer und Weiber einer und derselben Stadt sich als Geschwister betrachten und deshalb keine Ehen miteinander eingingen; war aber die wirkliche Schwester zufällig in einer anderen Stadt geboren, als der Bruder, so durften sie einander heiraten. So können auch, wo die Verwandtschaft durch die Mutter gilt, Schwesterkinder sich nicht heiraten, wo umgekehrt ausschließlich Vaterverwandtschaft herrscht, dürfen Bruderkinder es nicht – wohl aber in beiden Fällen Kinder von Bruder und Schwester, weil nun, in bezug auf die erstere Eventualität die Mütter, in bezug auf die zweite die Väter verschiedenen Blutes sind. Ja, solche Ehen werden sogar verschiedentlich besonders bevorzugt. Auf diese unter primitiven Völkern höchst häufige Vorstellung, daß das Kind nicht mit beiden Eltern gleichmäßig, sondern nur entweder mit dem Vater oder mit der Mutter verwandt sei, gründet es sich auch, daß die Osseten die Ehe mit der Schwester der Mutter für ganz gesetzlich halten, die mit der Schwester des Vaters dagegen als höchst blutschänderisch bestrafen.

Demgegenüber bestimmt die moderne Kultur die Verwandtschaft nebst ihren ehehindernden Folgen gleichmäßig nach der Abstammung vom Vater und von der Mutter, aber auch ausschließlich nach dieser. Die Grundlage hierfür bilden die Eheverbote des Alten Testamentes, die im ganzen fünfzehn Verwandtschaftsgrade als eheunfähig bezeichnen. Das spätere Judentum ging insofern darüber hinaus, als es die ganze Linie verbot, in der man auf einen biblisch verbotenen Grad stößt, also z. B. die Großmutter, weil die Mutter biblisch verboten ist; die logische Strenge, die das Judentum hier zeigt, bewahrte es auch darin, daß es sich beharrlich der Dispensationen erwehrte, durch die der Katholizismus gelegentlich die Ehe in sonst verbotenen Verwandtschaftsgraden gestattet.

Dies wurde schließlich allerdings praktisch unumgänglich, da die mittelalterliche Kirchenweisheit die biblischen Eheverbote wegen Verwandtschaft außerordentlich erweitert und aus den ursprünglichen fünfzehn nicht weniger als fünfzig gemacht hatte. Die Päpste verboten die Ehe bis zum siebenten Grade, und zwar mit der Begründung: weil Gott am siebenten Tage von seinen Werken geruht habe! Die praktischen und theoretischen Schwierigkeiten, die sich daraus ergaben, riefen von der Reformationszeit an eine höchst umfängliche Literatur hervor; ich will von dieser hier nur eine Probe geben, die die eigentümliche Einteilung der Ehehindernisse, zu der man schließlich gekommen war, gut charakterisiert. Im Jahre 1539 wurde in Freiberg in Sachsen ein Flugblatt öffentlich verkauft, das jene 50 Grade dem Volke beschrieb und mit Strenge auf die Sündhaftigkeit der Ehe innerhalb derselben hinwies. Hierdurch fühlte sich ein Zehnder, namens *Wolff Loß*, in seinem moralischen Bewußtsein irritiert, er fühlt Mitleid mit »den armen einfeldigen Leutten in Fellen, so sich mit ihnen aus Unwissenheit zugetragen«, und veröffentlicht eine kleine Schrift, in der er die Eheverbote auf ihren Ursprung untersucht und diejenigen Grade zusammenstellt, die durch göttliches, kaiserliches und päpstliches Recht gemeinsam, dann die durch kaiserliches und päpstliches Recht gemeinsam, endlich die nur durch den Papst verboten sind. In die erste Kategorie gehören Geschwister und Eltern, Onkel und Tanten, des Bruders Weib, der Schwester Mann etc. Darunter auch: seines Sohnes Tochter, ihrer Tochter Sohn. In der zweiten Kategorie steht nun aber: ihres Vaters Vater, seiner Mutter Mutter – was eben dasselbe ist. Für den Aszendenten ist also die gleiche Ehe nach allen drei Rechten, für den Deszendenten nur nach zweien verhindert. Die zweite Kategorie verbietet fast ausschließlich Ehen des zweiten Aszendenzgrades direkter und verschwägerter Weise. Die dritte Kategorie enthält höchst verwickelte und abstruse Grade, z. B.: ihres Vaters Vaters Schwester Mann; ihres Bruders Sohnes Tochter Mann; seiner Schwester Tochter Sohnes Weib. In dieser dritten Nummer sind hauptsächlich die Fälle der Verwitwetheit berücksichtigt, deren Verbot also als das kirchliche Interesse im engeren Sinne erscheint. Übrigens will er mit dieser Unterscheidung niemandem »Ursach noch Raum geben haben, sich wider Zucht und Ehre einzulassen, sondern habe allein den Unterschied göttlichs und menschlichs Verbots anzeigen wollen« – um die etwaigen Gewissensskrupel der vorhin erwähnten einfältigen Leute zu heben.

Luther selbst hat gegenüber der Rigorosität des katholischen Standpunktes einen entschieden liberaleren eingenommen, der ihm in einem konkreten Falle zugleich die schärfere Betonung des sittlichen Wertes der Ehe ermöglichte. Als Heinrich VIII. von England die Gattin seines verstorbenen Bruders geheiratet hatte und diese Ehe als eine in verbotenem Grade geschlossene aufgelöst werden sollte, schrieb Luther, diese Ehegesetze bänden uns nicht mehr im buchstäblichen Sinne. Der König habe allerdings vielleicht mit seiner Heirat gegen weltliches und menschliches Gesetz gesündigt, allein wenn er sich nun von seiner Frau scheiden ließe, so sündige er gegen ein göttliches Gesetz, das die Ehe unauflösbar mache. Gerade umgekehrt hatte die katholische Kirche die Heiligkeit der Ehe gegenüber dem Verbot der Verwandtenehe hintangesetzt: sie hatte bestimmt, daß die aus einer Verwandtenehe hervorgegangenen Kinder in keinen Orden aufgenommen werden sollten, während sie dies unehelichen Kindern ohne weiteres gewährte. Nach jüdischem Rechte sollen die Kinder einer Verwandtenehe ihrerseits unverheiratet bleiben. Es ist sehr bezeichnend für das, was dem asketischen Christentum und das, was dem weltfreudigen Judentum als das Heiligste galt, daß jenes den Sprößlingen einer verbrecherischen Vereinigung den geweihten Stand der Ehelosigkeit, dieses aber gerade ihnen den Stand der Ehe verweigerte.

Was die Eheschwierigkeiten in der Christenheit besonders komplizierte, war der Umstand, daß über die reale, wenn auch noch so entfernte Verwandtschaft hinaus noch eine künstliche oder »geistliche« Verwandtschaft *(cognatio spiritualis)* geschaffen wurde. Seit nämlich die Taufe üblich geworden war, wurden auch Ehen zwischen Paten und Patenkindern verboten, da dies eine Nachbildung des elterlichen Verhältnisses sei; ja auch die Ehen der Paten eines Kindes untereinander wurden verboten. Andovera, Königin zu Soissons, wurde ihrer Krone beraubt und ihre Ehe für ungültig und blutschänderisch erklärt, weil sie ihr eigenes Kind zur Taufe hielt und dadurch ihres Gemahles Chilperich Gevatter wurde! Nachbildungen des Verhältnisses zwischen Eltern und Kindern – noch außer der nachher zu besprechenden Adoption – finden sich auch bei nichtchristlichen Völkern, und zwar mit demselben Erfolge, alle an die Ehe erinnernde Beziehung zwischen den so Vereinten auszuschließen. In sinniger Weise hat sich das Rechtsbewußtsein in dem folgenden Falle dieses Umstandes zu bedienen gewußt: In einer indischen Provinz muß ein Mann, der des Ehebruchs mit einer Frau angeklagt, aber nicht überwiesen ist, eine Garantie dafür geben, daß wenigstens künftig nichts Derartiges vorkommt: er legt seinen Mund einen Augenblick an die Brust der Frau, wodurch sie zu seiner Mutter wird und nie ein anderes als das so symbolisierte Verhältnis zwischen ihnen bestehen darf. Das auf diese Weise geknüpfte Band wird als so heilig betrachtet, daß es noch nie gebrochen sein soll. Dem entspricht es, daß die feierlichste Ehescheidungsformel bei den Arabern ist: »Du bist mir wie der Rücken meiner Mutter«, was übrigens keine Beleidigung für die Frau, sondern im Gegenteil etwas Ehrenvolles ist; es verhindert zugleich, daß die Frau in die Hände der Brüder dieses Mannes fällt; denn durch diese Erklärung macht er sie zugleich symbolisch zur Mutter seiner Brüder.

Die gleiche Wirkung hat nun fast überall auch die Adoption. Nach dem römischen und den meisten modernen Rechten ist die Ehe zwischen Adoptiveltern und Adoptivkindern verboten; nur das österreichische Gesetz hat sich dem entzogen. In Indien gibt es eine Form der Adoption, Dattaka genannt, bei der der Adoptierte so sehr Mitglied der adoptierenden Familie wird, daß er überhaupt nicht in dieser, auch in ihren entfernteren Gliedern nicht, heiraten kann. Dagegen wird bei einigen anderen Völkern die Ehe zwischen wirklichen und Adoptivkindern nicht nur gestattet, sondern sogar gewissermaßen nachträglich bewirkt: in Japan und bei den Yallotonns in Indien wird, wenn ein Geschlecht bis auf eine Tochter ausstirbt, häufig der Mann dieser vom Schwiegervater adoptiert – also eine Ehe zwischen Adoptivgeschwistern hergestellt – damit das Geschlecht nicht ausstirbt und die Nachkommen Enkel männlicher Linie sind. Hier wie sonst sind es also die soziologischen Verhältnisse und Zwecke, die über die Zulässigkeit der Ehe unter Adoptivverwandten entscheiden; deshalb fällt aber auch diese Entscheidung oft den wunderlichsten historischen Zufällen anheim. Als Mohammed das Weib seines Adoptivsohnes Zaid, Zainab, geheiratet hatte, wurde ihm vorgeworfen, daß der Koran selbst es für Blutschande erklärte, wenn ein Vater eine Frau heiratete, die seines Sohnes Weib gewesen wäre. Kurz nachher erhielt Mohammed eine besondere Offenbarung, des Inhalts, daß der Adoptivsohn nicht, wie es bisher in Arabien der Fall war, als eigener Sohn zu gelten habe.

Endlich sind noch zwei Fälle der fiktiven Verwandtschaft in bezug auf Eheverbote zu erwähnen: die Milchgeschwisterschaft und die Wahlbrüderschaft. Die Ehe mit der Milchschwester ist auf das strengste verboten in Dardistan, im mohammedanischen Rechte, bei den Armeniern und den Truchmenen. Die Wahlbrüderschaft ist eine in primitiven Kulturen häufige, in Europa jetzt nur noch bei den südlichen Slaven vorkommende Form einer lebenslänglichen, durch irgendeine feierliche Zeremonie geschlossenen Interessengemeinschaft mehrerer Personen. Bei den Südslaven, in Montenegro und im griechisch-byzantinischen Rechte bildet diese Wahlbrüderschaft ein Ehehindernis; Männer und Weiber gehen untereinander jene Verbrüderung zu Schutz und Trutz, zu Besitzgemeinschaft und Blutrache ein, und von dem Augenblick an verkehren sie nur wie leibliche Geschwister untereinander. In Polynesien erstreckt sich das Verbot sogar auf die ganzen Familien, denen die Wahlbrüder angehören und in denen diese also sich keine Frauen suchen dürfen.

Diesen Tatsachen aber steht nun eine Reihe anderer – allerdings eine unvergleichlich kleinere – gegenüber, in der die Verwandtenehe Sitte und Gebot ist. Der besondere Charakter, den gerade diese Ehen tragen, wird auch durch solche entgegengesetzten Ordnungen bezeugt; denn sie werden keineswegs als gleichgültig, jeder anderen Ehe koordiniert betrachtet. Vielmehr wird nun eine besondere Betonung auf sie gelegt, die Momente, auf die sonst ihr Verbot erfolgt, sind hier nicht einfach ausgelöscht, sondern wirken wahrscheinlich auch hier, nur gleichsam mit umgekehrtem Vorzeichen. Bei manchen Malayen, z. B. den Kalangs auf Java, findet direkte eheliche Verbindung mit der Mutter oder der Schwester statt, und zwar von der Vorstellung begleitet, daß solche Bündnisse besonders segensreich seien. Der berühmteste Fall einer direkt gebotenen Geschwisterehe ist der der Inkas im alten Peru. Diese waren verpflichtet, ihre älteste Schwester von derselben Mutter heimzuführen. Der Grund hierzu lag in der eigentümlichen historischen

Stellung jenes Fürstenhauses. Die Herrschaft des Inka war ein absoluter »Cäsaropapismus«, er ist schlechthin der Gott auf Erden, und durch die Ehe mit der Schwester wird die ungemischte Vererbung des Gottgeistes gesichert. Dadurch waren sowohl die Anhänger des alten Glaubens, welche noch an der Vererbung von der Mutter her festhielten, wie diejenigen, die schon zur Vaterfolge vorgeschritten waren, darüber versichert, daß der rechte Geist der Inkas in dieser Ehe fortgepflanzt würde. Von diesem Gesichtspunkt der Reinhaltung des Blutes aus finden wir die Geschwisterehe als politisch-religiöses Gebot gerade bei einer Reihe von Fürstenhäusern; in einem afrikanischen Stamm heiratet zu diesem Zwecke der König seine Tochter, die Königin ihren ältesten Sohn; bei den Ptolemäern in Ägypten war die Geschwisterehe üblich, ohne daß man bei ihren Untertanen eine derartige Sitte feststellen könnte; auf den Sandwich-Inseln, wo in der Herrscherfamilie gleichfalls Bruder und Schwester einander heiraten, wird eine derartige Verbindung, wenn sie bei dem übrigen Volke vorkommen sollte, mit dem größten Abscheu betrachtet; und entsprechend haben die Kalmücken ein Sprichwort: »Die vornehmen Leute und die Hunde kennen keine Verwandtschaft« – womit sie andeuten, daß die Herrscher, aber auch nur diese, in der eigenen Familie heiraten dürfen. Ebenso unterschieden sich die orientalischen Magier von dem unpriesterlichen Volke dadurch, daß sie die Ehe zwischen Vater und Tochter, zwischen Mutter und Sohn als eine ihnen besonders zukommende Pflicht betrachteten. Von den anderweitigen Verwandtschaftsgraden, die zwar nicht nach unseren, wohl aber nach den Begriffen vieler primitiver Völker die Ehe ausschließen, finden sich dennoch einige, die umgekehrt gelegentlich eine Verpflichtung zur Ehe mit sich bringen. Die bekannteste Bestimmung dieser Art ist das jüdische Levirat, d. h. die Pflicht des Mannes, nach dem Tode des Bruders dessen Witwe zu ehelichen. Diese Sitte ist außerordentlich verbreitet, und es gibt keinen Weltteil außer Europa, in dem sie nicht bei einigen Stämmen nachweisbar wäre. Es herrscht indes ein bemerkenswerter Unterschied innerhalb der gleichen Sitte: in einigen Fällen erscheint die Witwe samt ihren Kindern erster Ehe gewissermaßen als Erbstück, das auf den Bruder übergeht; in anderen Fällen aber liegt nicht nur ein solches Recht der Besitzergreifung, sondern eine direkte Pflicht vor. Dies insbesondere dann, wenn der Verstorbene keine Kinder hinterlassen hat, und nun der Bruder, wie es die Bibel ausdrückt, ihm »Samen erwecken« muß, so daß seine Kinder mit der Witwe des Verstorbenen als Kinder dieses letzteren angesehen werden. Dies begegnet außer im jüdischen auch im indischen und malagassischen Rechte. Eine Umkehrung davon zeigt das chinesische Strafgesetz, daß die Ehe mit der Witwe des Bruders mit Erdrosselung bedroht, während die mit der Schwester der verstorbenen Gattin als besonders ehrenvoll empfohlen wird. Und eine andere, sehr eigentümliche Variation wird von einigen Malayenvölkern berichtet: es komme dort vor, daß dem noch knabenhaften Jüngling ein schon erwachsenes Mädchen verlobt wird; bis zu der Ehemündigkeit des ersteren aber tritt sein Vater zu der Braut in ein eheliches Verhältnis, und die diesem entsprießenden Kinder heißen die Enkel ihres wirklichen Vaters. Hier ist es also der Vater, der dem Sohne »Samen erweckt«.

Einige der Motive wenigstens, aus denen so das sonst Verabscheute direkt geboten wird, liegen auf der Hand: die Reinhaltung des Blutes, vielleicht auch das Zusammenhalten von Besitz und Macht einerseits, der Wert der Nachkommenschaft andererseits, den man auch dem Verstorbenen noch nachträglich verschaffen möchte, die Pflicht der Fürsorge für die Witwe, der man am besten nachkommt, wenn man sie heiratet. Sind dies auch keineswegs die einzigen Gründe der Verwandtenehen, wirken dazu auch noch mystische Ideen und Erinnerungen längst entschwundener Sozialverfassungen mit – man hat z. B. das Levirat als ein Überbleibsel prähistorischer Vielmännerei gedeutet – so ist doch das Gebot der Verwandtenehe in seiner Motivierung klar im Verhältnis zu ihrem Verbote. Die Ausnahme ist hier begreiflicher als die Regel. Denn so unzweideutig und leicht festzustellen die Tatsachen des Verbotes der Verwandtenehe sind, so dunkel und schwierig ist ihre Motivierung, der wir uns nun zuwenden.

Von den Naturvölkern, die uns die primitivsten Formen und oft eine äußerste Ausdehnung dieses Verbotes zeigen, können wir fast keine direkte, wenn auch nur vermutungsweise Auskunft über seine Entstehung bekommen. Wenn Reisende oder Missionare nach einem Grunde dafür fragten, erhielten sie keine Antwort als etwa, daß es eben von jeher so Gesetz gewesen wäre, oder daß die Scham solche Verbindungen hindere – letzteres eine der typischen Täuschungen, aus denen auch z. B. die Vorstellung hervorgeht, die Menschen seien durch das Schamgefühl dazu gekommen, sich zu bekleiden. Die Kleidung ist offenbar aus Bedürfnissen des Schutzes und des Schmuckes hervorgegangen und dann erst hat die Gewöhnung ihrer das Gefühl der Beschämung an ihr Fehlen geknüpft. So kann man auch das Verbot der Verwandtenehe so wenig aus dem Gefühl der Scham herleiten – was übrigens auch noch in neuerer Zeit versucht worden ist –, daß die ganze Frage vielmehr ist, aus welchen Ursachen an diese Ehen eben eine solche Empfindung sich habe knüpfen können. Nur von einigen wenigen Völkern, den zisnatalischen Kaffern, den Eskimos, den alten Arabern wird berichtet, daß ihrer Meinung nach aus Verwandtenehen eine schlechte Nachkommenschaft hervorgeht, und daß sie deshalb verboten seien. Dies ist auch der populäre Glaube bei uns und die zunächst sich darbietende Begründung jener Gebote. Der augenblickliche Stand dieser Frage innerhalb der anthropologischen Wissenschaft ist der, daß allerdings ein ungünstiger Einfluß zu nahe verwandten Blutes auf die Nachkommenschaft stattfindet, daß derselbe aber lange nicht so verderblich ist, wie es in weiten Kreisen angenommen wird. Man weiß von einigen isolierten Gemeinden in Frankreich, England, Skandinavien, in denen beständige Wechselheiraten stattfinden, ohne daß irgendeine Entartung der Kinder wahrzunehmen wäre; die Berichte der Tierzüchter über die Erfolge der Inzucht und der Kreuzung widersprechen sich, von einer Seite wird die Verbesserung, von der anderen die Verschlechterung der Rasse durch die Paarung eng verwandter Tiere behauptet. Im großen ganzen ist aber nicht zu zweifeln, daß irgendein entartender Einfluß auf die Nachkommenschaft von der Verwandtenehe ausgeht. Die Frage ist nur, ob derselbe stark genug ist, um die Entstehung eines derartig heiligen Gebotes, eines derartig unüberwindlichen Instinktes zu erklären. Daß bewußte Überlegung, vordenkende Furcht vor derartigen Folgen der sozialen Gruppe jene Verbote eingeprägt hätten, ist völlig ausgeschlossen. Der einzig mögliche Weg wäre der der natürlichen Zuchtwahl. Stämme, in denen die Verwandtenehe allgemein geübt wurde, seien zugrunde gegangen, während diejenigen, in denen sie aus zufälligen Gründen vermieden worden wäre, die kräftigeren und darum im Kampfe ums Dasein siegreichen Individuen hervorgebracht hätten. Da nun gegen das, was tatsächlich nicht geübt wird, schließlich ein Widerwille entsteht, so kann in den Stämmen, die schließlich über ihre Mitbewerber obsiegten, d. h. in den jetzt existierenden, jene nützliche Enthaltung gezüchtet und zu dem direkten Abscheu vor der Verwandtenehe ausgewachsen sein; dieser sei also entstanden, wie alle anderen nützlichen Instinkte, wie der Widerwille gegen unzuträgliche Speisen, wie die unwillkürlichen Schutzbewegungen bei nahender Gefahr usw., ohne daß irgendein bewußter und überlegender Wille den Anstoß dazu gegeben hätte.

Daß eine derartige Erklärung eine äußerst luftige, keiner historischen Bestätigung zugängige Vermutung ist, ist allerdings ebenso sicher, wie daß wir auf andere Erklärungen als die aus der Nützlichkeit des betreffenden Verbotes nicht hoffen können. Deshalb aber dürfen wir uns, um es zu verstehen, nicht mit *einer* Möglichkeit begnügen, sondern müssen, möglichst viele aussuchend, durch die Anzahl der Wahrscheinlichkeiten die Unsicherheit der einzelnen ergänzen. Die älteren Theorien über unser Problem erwähnen einen Zweck, dem das Verbot der Verwandtenheirat dienen soll, und den ich mindestens dem oben genannten Zuchtwahlmomente an Wirksamkeit gleichsetzen möchte. Der alte jüdische Philosoph Maimonides führte nämlich als Grund jener Verbote die Gefahr der Unsittlichkeit an, die bei den in einem Hause Zusammenlebenden allzu naheläge. Infolge des Verbotes der Ehe aber wüßte nun jeder Mann, daß er seine Neigungen und Gedanken überhaupt nicht nach dieser Richtung wenden dürfte. Der Grundgedanke dabei ist also der, daß Zucht und Sitte innerhalb des engen Kreises der Zusammenlebenden aufrechterhalten werden muß, wenn nicht jegliche soziale Ordnung zerstört und ein unübersehbares Chaos in allen sittlichen und rechtlichen Verhältnissen entstehen soll. Angesichts der Verlockung indes, die die fortwährende gegenseitige Nähe der Hausgenossen bietet, der steten Gelegenheit, solcher Lockung zum Opfer zu fallen, bedurfte es der schärfsten Trennungsmaßregel, und diese war offenbar das Verbot der ehelichen Verbindung. Wenn nur diejenigen Verbote des Anstandes und der Reserve, die auch zwischen Fernerstehenden gelten, die Mitglieder einer Familie trennten, so würden sie sich nicht nur so machtlos erweisen, wie sie es tatsächlich oft genug zwischen jenen tun, sondern angesichts der besonderen Situation derer, die in enger äußerlicher Verbundenheit leben, noch viel machtloser. Deshalb mußte eine Barriere zwischen diesen aufgerichtet werden, die zwischen den Nichtverwandten nicht bestand, und als solche bot sich die Untersagung der Ehe zunächst dar.

Auch Montesquieu und Hume begründeten die Verbote der Verwandtenehe auf die Erhaltung der Familienzucht. Eine anonyme Schrift vom Jahre 1740: »Bescheidene doch gründliche Gegenvorstellung von der Zulässigkeit der Ehe mit des verstorbenen Weibes Schwester« verwirft auch die Ehe mit des verstorbenen Mannes Bruder, und zwar genau aus dem hier betonten Gesichtspunkt, der in diesem Falle und für moderne Verhältnisse freilich einen wunderlichen Eindruck macht: damit der Mann nicht sein Recht, eventuell nach dem Tode des Gatten die Frau zu heiraten, noch bei Lebzeiten desselben mißbrauche, wozu das häufige familiäre Beisammensein besondere Gelegenheit gebe. Beachtet man die ungeheuere Wichtigkeit, die die Regulierung der hier mitsprechenden Verhältnisse selbst in ihren rohesten Anfängen und bei den primitivsten Völkern besitzt, so ist es begreiflich, daß das strengste Verbot ehelicher Beziehungen zwischen den Familiengenossen ebenso durch den bewußten Willen führender Persönlichkeiten wie durch die unbewußten Prozesse eingeprägt wurde, die alle zweckmäßigen Instinkte in unserer Gattung fest werden lassen. Darum finden wir auch diese Verbote da besonders streng eingehalten, wo auf die häusliche Disziplin großer Wert gelegt wird; z. B. in China, wo Blutschande als Kapitalverbrechen bestraft wird, wie Vatermord, Familienzwietracht und Hochverrat. Solange in Rom die Strenge der häuslichen Zucht auf ihrer Höhe stand, war allen Personen, die unter derselben väterlichen Gewalt standen, d. h. den Verwandten bis zum sechsten Grade, die Ehe miteinander verboten; in dem Maße, in dem der enge Zusammenhalt, die strenge Einheitlichkeit des Hauses sich lockerte, wurde auch dies Gebot gemildert, bis in der Kaiserzeit sogar die Ehe zwischen Onkel und Nichte legitimiert wurde. Es bedarf eben der Prophylaxis nicht mehr, sobald die Enge des Zusammenlebens sich löst. Aus demselben Motive erklärt sich aber auch die scheinbar entgegengesetzte Erscheinung: daß nämlich das Gebot der Zucht unter entfernten Verwandten besonders scharf betont wurde. Hat nämlich das Verbot der Verwandtenehe schon so lange bestanden, daß ein fester Instinkt dafür sich entwickelt hat, so wird dieser natürlich am kräftigsten den nächsten Verwandten gegenüber wirken und im Verhältnis der Entfernheit der Verwandtschaft schwächer werden; um einen von dieser Seite her noch drohenden Bruche der Sitte zu begegnen, bedarf es gerade einer energischeren Prophylaxis als für den Fall der Geschwister oder der Eltern und Kinder, die schon der Instinkt auseinanderhält. Darum heißt es in der peinlichen Gerichtsordnung Karl V.: »So eyner unkeusch mit seiner stieftochter, mit seines suns eheweib oder mit seiner stiefmutter treibt, in solchen und noch näheren sipschaften – die also gar nicht erst näher erwähnt werden – soll die straf gebraucht werden.« Auf diesem Prinzip der Vorsorge beruhen wahrscheinlich auch die allenthalben anzutreffenden Verbote eines auch nur äußerlichen Verkehrs von Personen, zwischen denen das Eheverbot gilt. Auf den Fidschi-Inseln, bei den Braknas und sonst dürfen Bruder und Schwester, Vetter und Base, Schwager und Schwägerin miteinander weder sprechen noch essen. In Ceylon dürfen Vater und Tochter, Mutter und Sohn sich nicht gegenseitig betrachten. Die überall vorkommenden Verbote des Verkehrs zwischen Schwiegereltern und Schwiegerkindern – in der Urbevölkerung Amerikas, im Südseegebiet, unter den mongolischen Stämmen, allenthalben in Afrika wie in Indien – betreffen in vielen Fällen insbesondere den Verkehr der Schwiegermutter mit dem Schwiegersohn, des Schwiegervaters mit der Schwiegertochter. Bei den Kirgisen darf die junge Frau nach der Hochzeit sich überhaupt keinem männlichen Mitglied der Familie ihres Mannes zeigen. Sollte dies nicht gleichfalls darauf beruhen, daß mit diesen neu geknüpften engen Beziehungen schlechte Erfahrungen gemacht worden sind? Bei vielen Völkern, z. B. den Alfuren von Buru, den Dajaks, einigen Malayen, den Serben u. a. dürfen Braut und Bräutigam überhaupt nicht miteinander verkehren, und die Neger halten es für besonders ehrbar, wenn ein Mann ein Mädchen heiratet, das er nie zuvor gesehen hat. Kurz, an allen möglichen Orten zeigt sich eine prophylaktische Tendenz, die Versuchung da aus dem Weg zu räumen, wo ihr nachzugeben eine besonders verabscheute oder besonders nahegelegte Tat wäre; und eine derartige Barriere, ebenso wie das Verkehrsverbot, ist offenbar das Gebot und der Instinkt, daß Verwandte, selbst wenn sonst nichts im Wege stände, nur weil sie Verwandte sind, nie zur Ehe schreiten dürfen. Und wiederum unter der scheinbar entgegengesetzten Tatsache zeigt sich dieselbe Vorsorge, nur eine Stufe höher hinaufgerückt, wenn das islamische Gesetz verbietet, das Gesicht anderer Frauen zu sehen als derer, die man *nicht* heiraten darf.

Eine weitere Reihe von Tatsachen kommt hinzu, um die Begründung der Eheverbote auf das Interesse an der Zucht des Zusammenlebens zu unterstützen. Diese Verbote betreffen nämlich in sehr vielen Fällen keineswegs nur die wirklichen Verwandten, sondern, wie wir an den Fällen der Milchgeschwister, der Klan- und Gruppenverwandtschaft gesehen haben, die überhaupt in enger räumlicher Verbindung lebenden Personen. Die Jameos am Amazonenstrom, einige Stämme in Australien und auf Sumatra gestatten keine Ehe innerhalb desselben Dorfes. Je größer die Haushaltungen sind, desto strenger sind die Verbote der Wechselehen innerhalb derselben, z. B. bei den Hindus, den Südslawen, in Ranusa, bei den Nairs. Es ist offenbar viel schwieriger, in einem sehr großen als in einem kleinen Hause Anstand und Ordnung zu bewahren; darum genügte das Verbot der Ehe naher Verwandter nicht, sondern es mußten die umfassenden Gesetze eintreten, die bei jenen Völkern das gesamte Haus unter das Eheverbot stellten. Sobald die einzelnen Familien getrennter leben, verhindert selbst Blutsverwandtschaft unter ihnen die Ehe in nur geringem Grade. Bei den Thanca-Indianern Brasiliens, bei denen die Ehen zwischen Verwandten zweiten Grades sehr häufig sind, bewohnt jede Familie ihr eigenes Haus, und ebenso verhält es sich mit den Buschjmännern und den Singhalesen; auch daß bei den Juden die Ehe zwischen Geschwistern streng verpönt, die zwischen Geschwisterkindern aber gestattet war, hat man damit erklärt, daß die letzteren nicht in einem Haushalte zusammenlebten. Im großen und ganzen sind die Eheverbote bei primitiven Völkern ausgedehntere und strengere, als bei fortgeschritteneren, sie beschränken sich im Laufe der Entwicklung mehr und mehr auf den eigentlichen engeren Familienkreis – offenbar weil die Enge des Zusammenlebens immer mehr nur den letzteren einschließt. Je ausgedehnter und vielgestaltiger das soziale Ganze ist, das uns umgibt, desto kleiner werden die familiären Unterabteilungen, die sich als ein zusammengehöriges Ganzes fühlen, auf desto weniger Personen erstrekken sich also jene Gefahren des engen Beieinanderlebens, gegen die das Eheverbot eine Vorbeugungsmaßregel bildet. Es ist vor kurzem die Ansicht aufgestellt worden, daß dieses Verbot ursprünglich nur innerhalb der »Mutterfamilie« gilt, d. h. jener primitiven Gesellschaftsform, in der die Verwandtschaft nur durch die weibliche Linie fortgepflanzt wurde, die Kinder nur als Kinder der Mutter, nicht aber als die des Vaters galten, benannt wurden und erbten, und der Mann, der eine Frau ehelichte, damit in ihre Familie übertrat. Es ist ferner behauptet, daß diese Mutterfamilie sich keineswegs mit dem Komplex der Zusammenwohnenden deckt. Wenn beide Behauptungen richtig sind, so scheint damit die Hypothese widerlegt, daß das Verbot der Verwandtenehe aus dem Interesse von der Hauszucht entsprungen sei. Allein immer wird man sagen können, daß zu der Zeit, wo der Mann sein mütterliches Haus verläßt, um in einen anderen Lokalverband einzutreten, die Hauptgefahr für die Zucht schon beseitigt ist. Für die Zeit des Erwachens jener Triebe, deren ungeordneter Befriedigung das Eheverbot einen Riegel vorschieben soll, fällt jedenfalls Familiengemeinschaft und Hausgemeinschaft zusammen. Wenn der Mann dann auch bei räumlicher Entfernung jenem Verbote unterliegt, so kann dies sehr wohl eine festgewordene Weiterwirkung der Zeiten sein, in denen er nicht nur Familiengenosse, sondern auch Hausgenosse der Seinigen war.

Sicher treten auch andere Nützlichkeiten zu diesen Gründen des Verbotes hinzu. Wenn heutzutage noch die Ehe keineswegs als eine bloße Privatsache der Eheschließenden gilt, sondern die beiderseitigen Familien daran entweder durch Förderung oder durch Herabsetzung interessiert sind, so wird dies in noch höherem Maße in jenen früheren Zeiten der Fall gewesen sein, wo die soziale Gruppe, der der einzelne angehörte, noch viel enger innerlich verknüpft war, wo die Interessen des Stammes und der Familie noch viel solidarischer mit denen des Individuums waren. Die fortwährende Bedrohtheit der Existenz durch Feinde, die Notwendigkeit des Zusammenschlusses kleiner Gruppen für Land- und Kriegsgewinn, mußte jeder Gruppe die Anknüpfung von Beziehungen zu anderen als politische Notwendigkeit erscheinen lassen; und solche Beziehungen konnten nicht fester begründet werden als durch Wechselheiraten. So hatte denn der Stamm ein höchstes Interesse daran, daß Ehen nicht innerhalb seiner geschlossen wurden, sondern mit außerhalb gelegenen; diese allein trugen zur Ausbreitung seines Einflusses, zum Gewinn neuer Bundesgenossen bei, und es ist deshalb wohl begreiflich, daß die politische Selbsterhaltung die für die Gesamtheit unnütze Ehe innerhalb des eigenen Stammes untersagte. Welche Bedeutung diese familiären und sozialen Beziehungen der Ehe für unsere Frage haben, wie sie sogar wichtiger werden können, als diejenigen Hemmnisse, die aus der wirklichen Blutsverwandtschaft hervorgehen, ersieht man daraus, daß viele Gesetzgebungen die Verwandtschaft, die durch uneheliche Verbindungen entsteht, keineswegs ebenso als Ehehindernis ansehen, als die nur ebenso enge, die legitimen Charakter trägt. – Es ist ferner kein Zweifel, daß dieses Verbot irgendeine Verbindung mit dem uralten Institut der Raubehe besitzt. Bei allen Völkern finden wir, wenigstens noch in symbolischen Hochzeitgebräuchen, Reste der Sitte, daß die Braut gewaltsam aus dem Hause ihrer Eltern entführt wurde. Es ist sicher, daß vielleicht in dem größten Teil der Erde die Ehen ursprünglich nicht durch friedliche Werbung, sondern durch gewaltsamen Raub geschlossen wurden – ähnlich wie der primitive Handel sich oft in der Form der Kriegszüge vollzog. Welche Ursachen diese Erscheinung produzierten, ist nur unsicher zu vermuten: ob ausschließlich die Begierde der Männer, die nie genug Frauen haben können – ob der häufig geübte Kindermord, der hauptsächlich die Mädchen traf und dadurch die erwachsenen Frauen zu seltenen Kampfpreisen machte – ob der Umstand, daß das geraubte Weib ein angenehmerer, weil unbeschränkterer Besitz war, als das aus dem eigenen Stamme, das immer ihre eigene Familie als Rückhalt hatte. Gleichviel, die Tatsache steht fest, und ebenso, daß sie nicht weniger Ursache als Folge des Verbotes war, im eigenen Stamm zu heiraten. Dieses Verbot war für die jungen Männer der stärkste Stachel, kriegerische Tüchtigkeit zu erwerben, weil sie nur durch diese zu einem Weibe kommen konnten; andererseits mußte der Gebrauch, der die Tapferkeit und den Ruhm des Kriegers mit dem Erwerb der Frau assoziierte, zu einer Herabwürdigung der Frauen des eigenen Stammes führen und mußte es als eine Ehrensache erscheinen lassen, einer so leichten Beute zu entsagen. – Es ist endlich das folgende Moment hervorgehoben worden, nach dem das Verbot der Verwandtenehe nicht aus einer sozialen Zweckmäßigkeit, sondern aus einer individuellen Empfindungsweise hervorgehen soll. Ganz entgegen nämlich dem Motive, das ich für das wahrscheinlichste halte: der Verlockung durch das intime Beisammenleben – hat man behauptet, daß ein solches Beisammenleben, wie Hausgenossen es führen, gerade den sinnlichen Reiz abstumpfe; was man von frühester Kindheit an täglich und stündlich vor Augen habe, begehre man nicht mit Leidenschaft; die Gewohnheit des Zusammenlebens dämpfe die Phantasie und Begierde, die vielmehr nur von dem Fernen und Neuen gereizt werde. Aus diesem psychologischen Grunde seien es nicht die Mitglieder der eigenen Familie, sondern immer Fremde, auf die sich der Wunsch des Heiratslustigen wende. Die psychologische Richtigkeit dieser Theorie ist doch nur eine bedingte. Das intime

Beisammenleben wirkt keineswegs nur abstumpfend, sondern in vielen Fällen gerade anreizend, sonst würde die alte Erfahrung nicht gelten, daß die Liebe, wo sie beim Eingehen der Ehe fehlte, oft im Laufe derselben entsteht; sonst würde nicht in gewissen Jahren gerade die erste intimere Bekanntschaft mit einer Person des anderen Geschlechts so sehr gefährlich sein. Auch dürfte den ganz primitiven Entwicklungsstufen, auf denen das fragliche Verbot entsteht, jener feinere Sinn für die Individualität fehlen, infolgedessen nicht die Frau als solche reizvoll ist, sondern ihre von allen anderen unterschiedene Persönlichkeit. Dieser Sinn aber ist die Bedingung, unter der allein der Wunsch sich von den Wesen, die man schon genau kennt, die einem keinen neuen, individuellen Reiz zu bieten haben, zu fremden, von noch ungekannter Individualität wendet. Solange die Begierde in ihrer ursprünglichen Roheit den Mann beherrscht, ist ihm jede Frau gleich jeder Frau, insoweit sie nicht allzu alt oder seinen Begriffen nach häßlich ist; und jenes höhere psychologische Abwechslungsbedürfnis dürfte kaum die Kraft gehabt haben, die natürliche Trägheit, die ihn zunächst an die ihm nächsten weiblichen Wesen wies, gründlich zu überwinden – so gründlich, daß jenes rein persönliche Moment größeren oder geringeren Reizes, das jeder mit sich abzumachen hatte, zu einem heiligen, von einem Wall furchtbarster Strafen umgebenen Gesetze wurde.

Man mag indes ruhig zugeben, daß auch dieses Moment gelegentlich seinen Beitrag zu der Vermeidung der Verwandtenehe geliefert habe. Denn das Prinzip, mit dem man allein sich dem Verständnis einer sozialen Erscheinung nähern kann, ist dies, daß man die Erklärung nie mit einer einzelnen Ursache für abgeschlossen halte. Die moderne Geologie ebenso wie die Entwicklungslehre unterscheiden sich von früheren Meinungen dadurch, daß sie die Entstehung oder die Veränderung des Seienden nicht auf je eine einfache, auf einmal eintretende katastrophenhafte Veranlassung, sondern auf das langsame Zusammenwirken unzähliger kleiner Anstöße zurückführen. Unendlich kleine Schritte und unendlich lange Zeiträume sind ihre Voraussetzungen. Die Wissenschaft von den sozialen Zuständen muß demselben Motto folgen und ihm noch hinzufügen: unendlich verschiedene Ursachen. Das Verbot der Verwandtenehe ist eine besonders lehrreiche soziologische Bestimmung, weil seine Verbreitung durch die ganze Welt und unter den verschiedensten überhaupt vorkommenden Kulturen es doppelt annehmbar macht, daß an einer Stelle die eine Ursache, an der zweiten die gerade entgegengesetzte, an der dritten beide zusammen darauf hingewirkt haben. Die freundschaftlichen und Bündnisbeziehungen zu fremden Stämmen können das Verbot ebenso hervorgerufen haben, wie das Verhältnis von Feindseligkeit und Raub; die Gleichgültigkeit gegen die Familienmitglieder, mit denen man immer zusammenlebt, ebenso wie die Nähe des Reizes, den dieser Umstand gerade hervorrief und dem man zuvorkommen wollte; der Instinkt der Rassenverbesserung ebenso wie der persönliche Wunsch, an dem Weibe einen möglichst unabhängigen Besitz zu haben.

Diesen Erklärungsversuchen, von denen sicher keiner für sich allein ganz zureichend, von denen aber sicherlich jeder für irgendeinen Teil der Erscheinungen zutreffend ist, steht eine Reihe anderer Theorien über die Verwandtenehe gegenüber, die nicht sowohl historische, auch sonst als wirksam anerkannte Ursachen jenes Verbotes kenntlich machen, sondern dasselbe aus philosophischen Gründen zu rechtfertigen suchen – meistens Theorien jenes nebelhaften Gebietes, auf dem zwischen dem rechtfertigenden Grunde, den der Denker seinerseits wohl für das Entstehen einer fraglichen Erscheinung geltend machen könnte, und der objektiven Ursache nicht unterschieden wird, die diese Erscheinung historisch hervorgebracht hat. Es wird also z. B. von einer Seite behauptet, es sei die »Bestimmung« der Ehe, daß sie durch die Begründung und Kreuzung der Familien die Menschheit zu einer Einheit verbinden soll. Verwandtenehe sei deshalb unzulässig, »weil sie die Familien isoliere und die Liebe selbstsüchtig auf den kleinen Kreis der Verwandten beschränke«. Es ist interessant festzustellen, daß einerseits diese feinsinnige Begründung offenbar nicht im geringsten die realen Kräfte kenntlich macht, aus denen das Verbot der Verwandtenehe geflossen ist, daß sie aber andererseits nichts anderes als eine Vergeistigung des vorhin erwähnten Grundes ist! Die Heirat außerhalb des Stammes bzw. der Familie ist ein Mittel der Verbindung mit anderen sozialen Gruppen, also von greifbarem Nutzen für jede von beiden. Indem diese Bestimmung in das metaphysische Stockwerk aufsteigt, verwandelt sie sich in jene, die nicht als in dem historischen Verlauf der Dinge nachgewiesen, sondern, wenn sie mehr als eine subjektive Idee zu sein beansprucht, nur als Moment innerhalb eines göttlichen Weltplans behauptet werden kann; so daß alle die historischen Kräfte, die die einzelne Erscheinung dieses Gebiets hervorbringen, nur untergeordnete Mittel waren, die jener gottgewollte Zweck der Vereinheitlichkeit des Menschengeschlechts sich dienstbar machte. Tatsächlich ist es auch eine kirchliche Seite, von der jene Behauptung ausgegangen ist. Anderthalb Jahrtausende vor ihr hatte ein Kirchenvater schon behauptet, die Verbote der Verwandtenehe hätten den Zweck, zu hindern, daß die Liebe allzu stark würde. Hier dokumentiert sich noch schärfer die Abschiebung der Begründung von der Wirklichkeit auf dasjenige, was man als Ansicht Gottes zu vermuten wagt. Der fromme Vater meinte jedenfalls, daß die Kombination so mannigfaltiger Gemütsinteressen wie das geschwisterliche und das eheliche Verhältnis sie in sich schließt, die Seele gar zu ausschließlich beherrschen und von der Hinwendung auf ihre nicht-irdischen Interessen ableiten würde. Nach dem Prinzip des *divide et impera* glaubt er, daß die Herrschaft Gottes oder der Kirche über die Seele eine vollständigere sei, wenn diese ihre Neigungen auf mehrere Personen verteilte. Eine anders gerichtete Philosophie betont es, daß das Verbot der Verwandtenehe der Mannigfaltigkeit innerhalb unserer Rasse diene. »Ob zwar«, so drückt sich Kant aus, »der Abscheu wider die Vermischung der zu nahe Verwandten wohl großentheils moralische Ursachen haben mag – so giebt doch seine weite Ausbreitung Anlaß zur Vermuthung, daß der Grund dazu auf entfernte Art in der Natur selbst gelegen sei, welche nicht will, daß immer die alten Formen wieder reprodurizt werden, sondern alle Mannigfaltigkeit herausgebracht werden soll, die sie in die ursprünglichen Keime des Menschenstammes gelegt hatte.« Andere Philosophen des vorigen Jahrhunderts hatten schon hervorgehoben, daß häufige Ehen unter nahen Verwandten die Familien zu einförmig machten, daß die sinnlichen Anlagen nicht hinreichend gemischt würden und die Menschheit nicht nur physisch, sondern auch moralisch verlieren würde, weil die Mannigfaltigkeit der Pflichterfüllungen verkümmern müßte; zu je mehr Personen man in pflichtfordernden Verhältnissen stände, desto größer sei die Summe sittlicher Interessen, die in dem Maße abnehmen müßte, in dem diese Interessen auf wenigere konzentriert werden. Auch dieser Gedanke, daß die Mannigfaltigkeit der Gestaltungen an sich wertvoll, daß es ein Zweck der Natur sei, durch Kombination aller Elemente alle überhaupt mögliche Verschiedenheit auch zur Verwirklichung zu bringen, dieser Gedanke ist offenbar auch nur eine metaphysische Variation der Erfahrung oder des Instinktes dafür, daß die Inzucht eine Verschlechterung der Rasse bewirkt, eine Tatsache freilich, deren tiefere Gründe noch unbekannt, aber in keinem Fall aus einer Tendenz der Natur auf wachsende Mannigfaltigkeit ihrer Produkte zu schöpfen sind. Es ist dies eine der wunderlichsten Vermenschlichungen der Natur, die damit wie ein abwechslungsbedürftiger Mensch, den seine Unruhe zu immer neuen Unternehmungen treibt, vorgestellt wird. Es ist übrigens interessant, daß man zwar die Verwandtenehe verboten sein läßt, weil eine möglichste Mannigfaltigkeit von Bildungen im göttlichen Schöpferplane läge, andererseits aber die rätselhafte Unfruchtbarkeit der Bastarde, der Mischlinge verschiedener Tier- und Menschenrassen, damit begründete, daß nach göttlichem Ratschlusse die Gattungen sich nicht ins Unendliche vermannigfaltigen sollten! – Eine dritte Deutung endlich verwirft jede natürliche und äußerliche Begründung des Verbotes und basiert es vielmehr auf eine im engeren Sinne sittliche Einsicht: eine solche müßte die Vermischung verschiedener sittlicher Verhältnisse verurteilen, deren jedes bloß rein für sich seine eigentümliche Schönheit und Würde entfalten könnte; mehrere unserer feinsinnigsten Philosophen, z. B. Lotze, haben diese Ansicht vertreten. Wer indes eine Einsicht in die »sittlichen« Verhältnisse hat, die bei der Mehrzahl der Naturvölker zwischen Geschwistern einerseits, Ehegatten andererseits bestehen, wird kaum eines von diesen für so schön und würdevoll halten, daß es durch Kombination mit dem anderen viel zu verlieren hätte; ja umgekehrt, bei der Schwäche dieser sittlichen Bindung könnte man gerade voraussetzen, daß ihre Summierung ein zweckmäßiges Mittel wäre, um in dem einzelnen überhaupt erst einmal eine größere Stärke der sittlichen Impulse zu wecken. In keinem Falle dürfte dieser zarte und ideale Gesichtspunkt das Verbot der Verwandtenehe bei Menschenfressern und nackten Waldmenschen hervorgebracht haben. Aber auch innerhalb der höchsten Kulturen ist seine Geltung nicht unzweifelhaft. Vor allem deshalb, weil die Ehe selbst durchaus kein einheitliches, nur nach einer Richtung hin gestaltetes Verhältnis ist. Sie schließt vielmehr eine große Anzahl durchaus unterscheidbarer sittlicher Beziehungen ein, sie ist keineswegs nur eine Form und Betätigung individueller Liebe, sondern sie enthält ebenso Elemente der Freundschaft, wie des Vermögensrechtes, sie ist ebenso eine soziale wie eine religiöse Institution. Gerade auf der Fülle der äußeren und inneren Interessen, die sie berührt, beruht ihr besonderer sittlicher Wert, in der Weite ihres Rahmens, der einer Unerschöpflichkeit immer neuer Lebensbeziehungen Raum bietet, liegt ihr Reiz und ihre Bedeutsamkeit. Gerade die feinste sittliche Charakterisierung der Ehen zeigt, daß manche einen Ton von väterlichem, manche von mütterlichem Verhältnis in sich schließen, ja vielleicht ist keine von einem leisen Hauch so gefärbter Empfindung ganz frei. Und weshalb es den Begriff der Ehe stören sollte, wenn etwa noch das geschwisterliche Empfinden in den Bezirk der von ihr umschlossenen äußeren und inneren Bindungen eintrete – ist rein theoretisch in keiner Weise einzusehen.

Indes berührt sich diese Theorie mit einer anderen, hundert Jahre älteren, die im Anschluß an ein ehemals mit dem größten Interesse behandeltes Problem entstand und die ich als Schlußanmerkung hier zufüge. Es handelt sich um die jüdischen Eheverbote, die die Christenheit, weil sie in der Bibel standen, als auch für sich gültig und eben dadurch sanktioniert ansah. Nun wurde aber im vorigen Jahrhundert die Frage aufgeworfen: Die jüdischen Ehegesetze seien im Zusammenhange mit den übrigen Ritualgesetzen gegeben; entweder nun seien sie für alle Menschheit gegeben, und dann müßten wir auch jenen Ritualgesetzen gehorchen, oder sie seien nur speziell für die Juden gegeben, dann hätten sie für die Christen keine Gültigkeit. Es kam die Schwierigkeit dazu, daß Gott in offenbarem Widerspruch gegen sein späteres Verbot der Verwandtenehe dieselbe im Anfang nicht nur zugelassen, sondern nötig gemacht habe, indem er nur ein einziges Menschenpaar schuf, dessen Kinder keine Wahl hatten, sondern sich nur untereinander fortpflanzen konnten. Dies letztere Problem ist ein schon lange bestehendes, denn Beatrice in »Viel Lärm um nichts« weigert sich scherzhaft, zu heiraten, weil alle Männer als Adams Söhne ihre Brüder wären und sie nicht in so nahe Verwandtschaft heiraten möchte; und sogar ein wilder Stamm in Kalifornien empfand diese Schwierigkeit so, daß in seiner Mythologie behauptet wurde, es wären am Anfang aller Dinge zwei Paare geschaffen worden, um der Notwendigkeit der Blutschande zu entgehen. Innerhalb der christlichen Kirche suchte man sich in verschiedener Weise hiermit abzufinden. Von einer Seite wurde behauptet, Gott habe für diesen Fall einen besonderen Dispens erteilt; andere meinten, die Geschwisterehe habe vor dem Sündenfall mit dem göttlichen und Naturgesetz harmoniert, und erst nach diesem sei sie zur Sünde geworden; wieder andere, sie sei überhaupt nicht durch ein Gesetz der Natur, sondern durch ein positives Gesetz, aus Zweckmäßigkeitsgründen, wenn auch immerhin durch Gott verboten worden. Welche Zweckmäßigkeitsgründe dies gewesen sein mögen, wird von einer interessanten anonymen Schrift aus dem Jahre 1761 »Historische Abhandlung von den Ehegesetzen und den verbotenen Ehen« auseinandergesetzt. Die peinliche Genauigkeit und feine Ausarbeitung, so meint der Verfasser, welche dem Erbrecht bei den Juden eigen war, setzte eine Maßregel voraus, die alle Verwirrung durch Komplikation verwandtschaftlicher Erbanteile ausschloß. Es wird hier zum ersten Male also die Vermutung ausgesprochen, die in neuester Zeit wieder aufgetaucht ist, daß die vermögensrechtlichen Beziehungen in eine unheilbare Konfusion durch die Verwandtenehe geraten wären, und daß man sie aus diesem Zweckmäßigkeitsgrunde ausgeschlossen hätte. Ferner betont der Verfasser, daß das enge Familienleben der Juden, die Bedeutung, die sie der Verwandtschaft beilegten, ganz besonders zur Vermeidung von Ehen disponieren mußten, die die im Hause erforderliche Subordination und Gliederung völlig zerrüttet hätten. Beides sind durchaus verständige und diskutierbare Gründe, und bilden eine greifbare Hypothese, als deren metaphysische Verfeinerung die schon erwähnte Theorie Lotzes erscheint. Statt des ästhetisch unerfreulichen Bildes, daß sich nach dieser Theorie aus der Vermischung verwandtschaftlicher und ehelicher Verhältnisse ergeben würde, bekommen wir hier ein rechtlich und organisatorisch ungenügendes, dem eine viel realere Kraft für die Herbeiführung des Verbotes zuzuschreiben ist.

Seinen letztgenannten Grund verallgemeinert der ungenannte Verfasser zu dem Prinzip: alle diejenigen Ehen seien unrechtmäßig, in denen die natürliche – durch den Verwandtschaftsgrad gegebene – Superiorität der einen Person durch die Ehe gekränkt werde. Je näher eine Person dem gemeinschaftlichen Stamme, desto größer sei ihre Superiorität. Da nun in der Ehe der Mann der übergeordnete Teil ist, so sei es unrechtmäßig, daß er seine Mutter oder Tante heirate, da diese ihm von Natur übergeordnet sind; ebenso dürfe er nicht seine Schwester heiraten, da diese ihm von Natur gleichgestellt ist, durch die Ehe aber ihm untergeordnet würde, usw. Dies zeigt natürlich der erste Blick als ein ganz unzureichendes Prinzip; dennoch berührt es sich mit einigen interessanten Tatsachen dieses Gebietes, die allerdings zeigen, daß die hier fraglichen Beziehungen manchmal in ihrer Erlaubtheit oder Unerlaubtheit davon abhängig sind, welches Verhältnis der sozialen Über- oder Unterordnung zwischen den betreffenden Personen besteht. Bei den Singhalesen ist es der verheirateten Frau gestattet, so viele Liebhaber zu haben, wie sie will, nur dürfen diese nie einer geringeren Kaste als sie selbst angehören. Offenbar herrscht die Vorstellung, daß die Superiorität der Frau, die sie durch ihre Zugehörigkeit zu einer höheren Kaste besitzt, durch das Verhältnis zu einem Mitglied der niederen herabgesetzt werden würde. Eben dieselbe Empfindung, auf einer anderen Stufe, liegt in der berichteten Tatsache, daß ein Beduinenweib in Dschidda gar kein Bedenken trägt, die Mätresse des ersten besten Europäers zu werden, sich dagegen ewig für entehrt halten würde, wen sie die Ehegattin eines solchen werden sollte. Ihr Rassenstolz dem Europäer gegenüber würde durch diejenige Superiorität, die sie in allgemeiner und rechtlicher Beziehung dem Ehemann einräumen müßte, gekränkt werden, während eine flüchtige und illegitime Beziehung diese herabsetzenden Folgen nicht hat. Ferner: wo Standesunterschiede Ehehindernisse bilden, werden diese oft so modifiziert, daß wenigstens ein Mann des höheren Standes eine Frau des niedrigeren heiraten darf, nicht umgekehrt. So auf Loti, bei den Makassaren, im früheren Indien. Die Superiorität des Mitgliedes des höheren Standes über das des niederen kann eben in der Ehe nur erhalten werden, wenn jenes der Mann, dieses die Frau ist. – Kurz, die Vorstellung, daß gewisse Überordnungsverhältnisse durch eheliche Beziehungen gekreuzt und gestört werden könnten, bildet manchmal das Motiv für Eheverbote, und so ist es nicht ausgeschlossen, daß auch die Verbote der Verwandtenehe teilweise auf eben dieselbe zurückgehen mögen.

Der Militarismus und die Stellung der Frauen

(1894)

I

Aristoteles macht gelegentlich die Bemerkung, daß sehr kriegerische Völker in ihren häuslichen Verhältnissen eine Herrschaft der Frauen aufzuweisen pflegen. In direktem Gegensatz dazu hat Herbert Spencer behauptet, das Vorwiegen des kriegerischen Interesses in einer Gruppe sei in der Regel mit einer niedrigen Stellung der Frauen verbunden. Die Sozialwissenschaft hat auch an diesem Punkte das Schicksal, das sie noch an so vielen anderen mit der Philosophie teilt: daß die entgegengesetztesten Behauptungen in ihr den gleichen Schein wissenschaftlicher Beweiskraft gewinnen. So wenig kennen wir noch die einzelnen Faktoren einer sozialen Erscheinung, daß es tatsächlich oft scheint, als brächten die gleichen Umstände einmal den einen, ein anderesmal den gerade entgegengesetzen Vorgang zuwege – denn neben den bekannten wirken stets eine Fülle noch unbekannter Faktoren, die das Resultat jener bald in die eine, bald in die andere Richtung umbiegen. Darum dürfen wir uns sobald keine Hoffnung auf die Entdeckung wirklicher »Gesetze« des sozialen Lebens machen, sondern müssen uns mit den Regelmäßigkeiten begnügen, die die Erscheinungen hier und da darbieten, willig, auch den entgegengesetzten Verlauf als Tatsache anzuerkennen, bis eine genauere Kenntnis uns einmal die jetzt verborgenen Kräfte zeigt, deren Mitwirkung aus den als gleich erscheinenden Ursachen so entgegengesetzte Folgen hervortrieb. In dem Verhältnis, über das Aristoteles und Spencer verschiedener Ansicht sind, scheint mir indes Spencer das Recht fast durchgehends auf seiner Seite zu haben. Ich lege hier die historischen und psychologischen Gründe vor, wie sie sich mir für die Annahme ergeben haben, daß das Übergewicht kriegerischen Interesses in einer sozialen Gruppe die Stellung der Frauen in dieser Gruppe herabdrückt.

  Der Zusammenhang beider Momente liegt zunächst da auf der Hand, wo das kriegerische Wesen eines Stammes zum Frauenraub führte. Während der besiegte Feind niedergeschlagen wird, wird sein Weib als Sklavin, jedenfalls als unbeschränktes Besitztum weggeschleppt. In allen primitiven Kulturen finden wir den Gewinn von Weibern als die hauptsächlichste Kriegsbeute. Damit rücken sie von vornherein unter den Gesichtspunkt einer bloßen Sache, eines Wesens ohne eigenen Willen. Und wie die Gesamtmenge gleichartiger Waren auf den billigsten Preis zu sinken strebt, zu dem irgendein Quantum von ihnen angeboten wird, so pflegt in einer Gruppe bald diejenige Schätzung einer bestimmten Abteilung zu gelten, die den niedrigst geschätzten Individuen derselben zukommt. So muß unvermeidlich die Anwesenheit im Kriege gewonnener und also rechtloser Frauen die Gesamtstellung der Frauen im Stamme verschlechtern. Bei den wilden australischen Stämmen wird die Frau in der gewaltsamsten Weise aus einem fremden Dorfe geraubt, und jeder Raub ruft einen Krieg unter den Männern hervor, dessen hauptsächlichste Beute wieder Weiber sind – und bei diesen werden nun auch die Frauen am entsetzlichsten behandelt. Von den arischen Stämmen ist der Frauenraub am vollständigsten bei den Slaven ausgebildet und in Symbolen erhalten – und diese gehen auch mit ihren Frauen schlechter als alle anderen Arier um.

Im Verhältnis der Ausbildung und Stärkung des kriegerischen Charakters des Stammes wächst nun die Häufigkeit des Gewinnes an Frauen, so daß Vielweiberei oft das Ergebnis erfolgreichen Kriegertums ist. Dieser aber stehe überall die Versklavung des Weibes zur Seite, bei niedrigen Völkern im rohesten Sinne des Wortes, bei höheren wenigstens in geistiger und sittlicher Hinsicht. Wenn es überall die relative Seltenheit eines begehrten Objektes ist, die ihm seine Schätzung verschafft, so muß offenbar die Schätzung und damit die Behandlung der Frauen sinken, sobald sie jedem Manne in prinzipiell unbeschränkter Zahl zur Verfügung stehen. Die Polygamie unterdrückt jene Ausbildung der Individualität, deren Entwicklung eine der wichtigsten Folgen der Einehe ist, sie hält die Frau im Gattungstypus fest; die Frau ist eben nur eine unter vielen und weiß dem Manne nur das zu bieten, was allen Frauen gemeinsam ist, d. h. die äußerlichen Reize. Dieses Niederhalten der geistigen Individualität, das der Vielweiberei unvermeidlich ist, enthält der Frau die stärkste Waffe vor, durch die sie eine höhere Stellung dem Manne gegenüber zu erobern vermag. Und weiterhin gewinnen in kriegerischen Stämmen, in denen die Männer sehr oft dezimiert werden, diese einen erheblichen Seltenheitswert gegenüber den um ebensoviel entwerteten Frauen. In der Achaloase im Turkmenenlande schwankte vor der russischen Eroberung der Preis einer Frau zwischen 1200 und 2000 Fr.; seit dem Blutbad von Gök-Tepe sind aber die Frauen zahlreicher geworden als die Männer, und der Preis ist seitdem erheblich gesunken. Aus Lohnverhältnissen wird manchmal mitgeteilt, daß die Löhne der weiblichen Arbeiter sich in umgekehrter Proportion zu denen der männlichen bewegen; je mehr für die Männer aufgewendet würde, desto weniger für die Frauen. Und dies gilt offenbar nicht nur für den Aufwand von Geldlohn, sondern von jeglichem Wert; je höher die soziale Wertung der Männer als solcher steigt, desto tiefer sinkt die der Frauen.

Tiefer noch greift der Gesichtspunkt, daß militärische Tendenzen eine straffe Zentralisierung der Gewalt, eine strenge Unterordnung und Gehorsam fordern; und dieselbe zeigt sich nun innerhalb des einzelnen Hausstandes, aufgrund jener die ganze Sozialgeschichte durchziehenden Analogie zwischen der Form, die die Gruppe als Ganzes hat, mit derjenigen, die jedes ihrer Elemente in sich aufweist. Allenthalben bemerken wir, daß die Verfassung des politischen Ganzen sich an den engeren Verbänden innerhalb seiner, insbesondere an den Familien wiederholt; die strenge, oft grausame Disziplin der kriegerischen Verfassung überträgt der Krieger fast unvermeidlich auf die von ihm abhängigen Verhältnisse, und zwar vornehmlich in niedrigen Kulturen, wo sozusagen in den Seelen noch keine innere Arbeitsteilung herrscht, und eine Lebensform, die ihnen von einer Seite her aufgezwungen wird, sich wie durch Übertragung durch ein widerstandsloses Medium hin auch auf alle übrigen Lebensinhalte fortsetzt und sie nach sich bestimmt. Die fraglose Beugung des Individuums unter eine Zentralgewalt, wie die militärische Organisation sie fordert, spiegelt sich in den Verhältnissen des Hauses und läßt es oft zu keiner Selbständigkeit der Mitglieder desselben gegenüber dem Gebieter kommen. Freilich bietet sich gerade an diesem Punkt eine entgegengesetzte Erscheinung dar. Bei den kriegerischen Germanen der Römerzeit nahmen die Frauen eine sehr hohe Stellung ein und bewahrten diese noch in den wüsten Kriegszeiten der Völkerwanderung; dies geht z. B. aus der Tatsache hervor, daß bei der Trennung der Ost- und Westgoten, die Theoderich in dem Verbindungsland an der Rhône hatte zur Verschmelzung bringen wollen, es jedem, der ein Weib aus dem anderen Stamme genommen hatte, freistand, für den eigenen Stamm oder für den seiner Frau zu optieren. Allein dies erklärt sich daraus, daß gerade bei den Germanen der kriegerische Charakter nicht wie bei anderen Völkern zur Zentralisierung und Unterdrückung des Individuums geführt hatte. Dieser Umstand verschuldete es ja, daß die Germanen trotz großer persönlicher Tapferkeit und schneller kriegerischer Erfolge dennoch nicht zu einer dauernden Festigung dieser letzteren gelangten. Ihre kleinsten Gruppen wie ihre Einzelpersonen hielten so kräftig an der Besonderheit ihres Wesens und ihrer Tendenzen, an der Freiheit ihrer Bewegungen fest, daß es zu jener militärischen Zucht des Volksgeistes überhaupt nicht kam, die der Freiheit und der Stellung der Frauen gefährlich wird; so daß die scheinbare Ausnahme hier die Regel direkt bestätigt.

Aber nicht nur vermöge jener eigenartigen Analogiebildung des Gruppenlebens führt die das Individuum vergewaltigende Disziplinierung des Kriegslebens zu der Unterdrückung der Frauen; sie tut es auch auf dem Wege, daß sich die Herrschsucht der Männer, der Trieb, zügellos der Laune zu folgen, an dem schwächeren Geschlecht schadlos hält, da er im politisch-kriegerischen Leben unbedingt unterdrückt werden muß. Noch in allen höheren Kulturen pflegt die Behandlung der Frauen und Kinder seitens der Männer eine um so schlechtere zu sein, je mehr diese letzteren politisch rechtlos sind, z. B. in Rußland, wo der staatlich-persönliche Despotismus von oben her auch das Hauswesen sich anähnlicht, und wo das erst kürzlich offiziell verlassene System der Körperstrafen im Volksleben noch so fest wurzelt, daß kein Bauer oder Kleinkaufmann die Seinigen anders als mit der Peitsche glaubt regieren zu können. Ja, die außerordentliche Milde auch der modernen Gesetzgebungen gegenüber Mißhandlungen von Frau und Kindern erscheint geradezu als ein Ausweg, den die herrschende gesetzgebende Minorität wie absichtlich der unterdrückten Majorität gelassen habe, als hätte man der letzteren hier ein Feld angewiesen, wo der Wille zur Macht sich betätigen kann, um ihn auf anderen Gebieten um so sicherer zu unterdrücken. Und wer weiß, ob nicht die magische Anziehungskraft, das oft unbegreifliche Verfügenkönnen, das noch heute wenigstens in manchen Ländern die Prärogative des Militärs gegenüber dem weiblichen Geschlecht ist – wer weiß, ob dies nicht ein Rudiment jener alten Zustände ist, in denen das Kriegertum zuerst die Selbständigkeit der Frauen gebrochen hat, ein Unterwürfigkeitsinstinkt, der durch die lange Verbindung von Militarismus und Unterworfenheit der Frauen gezüchtet worden ist?

Endlich aber, im Hinblick auf die gesamte Weltanschauung, muß die Konzentrierung aller Interssen auf den Krieg und das, was zu ihm gehört, von vornherein die Frauen als das unnützere, untergeordnete Geschlecht erscheinen lassen; wo die kriegerische Tüchtigkeit zum Maßstab aller Werte wird, finden auf der Skala derselben die Frauen im ganzen nur den untersten Platz. Auf den Fidschi-Inseln werden die neugeborenen Mädchen oft umgebracht, und zwar mit der ausdrücklichen Begründung, daß sie für den Krieg unnütz seien. Trotz der erträglichen Stellung, die die germanischen Frauen, wie schon erwähnt, seit den frühesten Zeiten hatten, erscheinen sie doch im deutschen Recht stets als Wesen, die ihre Rechte nicht selbst wahrnehmen können, sondern dazu eines Vormundes bedürfen. Denn auch um die bürgerlichen Rechte auszuüben, war ein Arm erforderlich, der das Schwert führt; jede Aussage vor Gericht konnte zu einem Zweikampf als Gottesurteil führen. Wie tief die Waffenunfähigkeit der Frauen in die Schätzung des Geschlechtes eingreifen mußte, läßt sich aus einem Vorgang sogar noch der späteren Zeit schließen. In der Epoche der Feudalität verloren die Bauern das alte Waffenrecht der Vollfreien, und gerade daraufhin konnte sich über sie ein Stand der Ritter als ein besonderer, vornehmerer erheben und jene in immer tiefere allgemeine Rechtlosigkeit herabdrücken. Die Unterschiede des Waffenrechtes waren eben nach germanischer Anschauung zugleich Standesunterschiede. Dies setzt sich weiter in der Tatsache fort, daß in den Ständen, welche nun besonders zur Kriegsführung designiert wurden, die Stellung der Frauen eine besonders niedere war. Das Recht der Töchter war bei den deutschen Edelleuten ein viel schlechteres als bei den Bürgern, Bauern, Hintersassen; so schloß das Lehensrecht des frühen Mittelalters die Frauen von der Erbschaft aus, während das Landrecht sie zuließ. Im ganzen gewann die Scheidung der Stände, die mit der Zerstörung der germanischen Vollfreiheit Hand in Hand ging, allenthalben einen starken, den Frauen ungünstigen Einfluß auf das Ehe- und Erbrecht; allein dieser beschränkte sich allmählich auf den Adel – den kriegführenden Stand! – und verlor sich zuerst im 13. Jahrhundert, im Rechte der Städte, die die Mittelpunkte friedlicher Interessen waren und nun auch zuerst das gleiche Erbrecht für beide Geschlechter eintreten ließen. Und es ist bezeichnend, daß, wenn das deutsche Mittelalter die Frau auch als eine dauernd Unmündige behandelte, sie dennoch in einem Punkt überall die völlige Gleichberechtigung besitzt: als Handeltreibende, als Kauffrau – und zwar selbst wenn sie verheiratet ist. Bei den Karolingern ist die Königin in Wirtschaftsangelegenheiten eine amtliche Person, neben dem König die offizielle höchste Instanz für Domanialangelegenheiten. Auf dem Gebiet also, das die kriegerischen Interessen mehr und mehr abzulösen bestimmt war, erhebt sich die Frau zuerst zu individueller Freiheit.

Gerade derartige Entwicklungen, wo innerhalb einer Gruppe sogar die Wandlungen des kriegerischen Interesses Hand in Hand gehen mit Wandlungen in der Stellung der Frauen – gerade solche sind für den ursächlichen Zusammenhang beider Sozialelemente besonders beweisend, und wir begegnen ihnen an den verschiedensten Punkten der Welt. Das brahmanische Recht geht jedenfalls in Grundzügen auf die Zustände zurück, die sich bald nach der arischen Eroberung Indiens bildeten; die Einteilung der Kasten weist auf den herrischen Hochmut kriegerischer Eroberer hin. In diesem frühen indischen Recht nun ist die Frau völlig unselbständig, steht durchweg unter männlicher Vormundschaft und ist überhaupt kein eigentliches Rechtssubjekt. Darum ist – was stets das echte Zeichen der Herabwürdigung der Frauen ist – dem Manne der Ehebruch gestattet, während er der Frau verboten ist. Der Mord der Frauen wird allerdings sehr hart geahndet, aber nicht wegen besonderer Schätzung ihrer, sondern wegen ihrer Wehrlosigkeit – nach welchem Prinzip auch der Mord eines Kindes ebenso streng bestraft wird. Viele Vergehen waren nur beim Manne, nicht bei der Frau mit gesetzlicher Strafe bedroht, aber auch dies geschah nicht aus besonderer Rücksicht auf die Frauen, sondern weil man ihre Bestrafung dem Manne überließ. Im allgemeinen fand Frauenkauf statt. Dagegen waren in der Zeit, aus der uns Gesetze erhalten sind, die Zustände schon so weit vorgeschritten, daß die Raubehe, d. h. die gewaltsame Entführung des Mädchens aus ihrem Hause gegen ihren und ihrer Verwandten Widerstand, verboten war. *Nur der Kriegerkaste war sie erlaubt.* Diese also, die die ehemalige kriegerische Verfassung des Volkes in sich repräsentierte, hielt zugleich die Tradition des tiefsten Unterdrückungszustandes der Frauen noch aufrecht. Der Kriegerkaste war auch die Gandharva genannte Ehe gestattet, die ganz formlos eingegangen und ebenso leichtfertig wieder abgebrochen werden konnte, also gleichfalls eine Chance der Männer auf Kosten der Frauen darstellte. Aber die Reminiszenzen der kriegerischen Verfassung wurden immer schwächer, das indische Leben wurde immer stiller und kriegsfremder – wenn es einmal zum Kriege in Indien kam, war er, in der Zeit Alexanders des Großen, so eigentümlich leidenschaftslos, daß zwischen den kämpfenden Heeren der Bauer ruhig sein Feld baute. Und in demselben Maße hob sich die Stellung der Frauen, ihr Erbrecht besserte sich, ihre Rolle im sozialen Leben wurde bedeutender, bis schließlich in den buddhistischen Gemeinden die weiblichen Laien und die Nonnen fast auf derselben Stufe stehen wie die männlichen und die Mönche. Buddha selbst freilich wollte von den Frauen nichts wissen, aber nur, weil er sie als gewitzte Versucherinnen, als Fallstricke des Bösen fürchtet, also gerade ihre Macht anerkennt. Tatsächlich spielten in der Ausbreitung der Lehre Buddhas, dieser friedlichsten aller Religionen, ebenso wie in der sittlichen Praxis derselben die Frauen eine große Rolle.

Die umgekehrt gerichtete Entwicklung ist in Arabien zu beobachten, dessen Leben durch eine ebenso eminent kriegerische Religion umgestaltet wurde, wie das indische durch eine eminent unkriegerische. Vor der Einführung des Islam nehmen die Frauen eine bedeutende Stellung in Arabien ein, vergleichbar der bei den alten Germanen, allein mit einer besonderen Färbung von Poesie und Ritterlichkeit. Die Ehen wurden oft nach individueller Neigung geschlossen – immer eines der entschiedensten Anzeichen für eine bessere Stellung der Frauen –, diese konnten ihrerseits die Ehe lösen, hatten teilweise freie Disposition über ihr Vermögen, und die Kinder verblieben im Geschlechte der Mutter. Allerdings ist eine Ausnahme da: im alten vorislamitischen Recht von Medina sind Weiber nicht erbberechtigt; aber gerade diese bestätigt wieder die Regel, denn es wird die ausdrückliche Begründung hinzugesetzt, daß, wer nicht am Kriege teilnimmt und nicht Beute erwirbt, auch nicht erben solle.

II

Das Eindringen des Islam änderte die Stellung der Frau vollständig. Er stellte den Krieg, und zwar gerade den in der Form der blindesten Disziplin geführten, in den Mittelpunkt aller Interessen, der Krieg erschien und erscheint teilweise noch als die einzige soziale Pflicht des Muselmanns. Damit war die Rolle der Frau ausgespielt, aus dem Zentrum des sozialen Lebens rückt sie in die Peripherie und verschwand im Harem. Während aus den früheren Zeiten gemeldet wird, daß der Mann vor allem eine kluge Frau suchte – ein Symptom dafür, daß die individuelle Bedeutung der einzelnen Frau Beachtung und Anerkennung fand –, wurden und werden jetzt nur ihre Schönheit, ihre Gelehrigkeit und die Sanftmut, richtiger die Unbedeutendheit ihres Wesens geschätzt, man sucht an ihr nur die »negativen Tugenden«. Der Islam verdammte jene Eheform, die die Kinder dem Geschlechte der Mutter beließ, weil sie dem Manne keine legitime Nachkommenschaft verschaffe – wiederum eine charakteristische Wendung für die Vorherrschaft des männlichen Prinzips, die derjenigen der Kriegsinteressen parallel gehen muß. Bei den malaiischen Völkern auf Malakka und den Sunda-Inseln sind beide Tendenzen noch nebeneinander zu beobachten. Wo hier die altmalaiische Familienverfassung noch besteht, finden wir überall Mutterrecht; wo dagegen der Islam eingedrungen ist, herrscht durchgehends die Familienordnung nach Vaterverwandtschaft. In der relativ friedlichen Oase, zu der das mohammedanische Leben in Spanien gelangte, bemerken wir auch sofort ein Höherkommen der Frauen, das zu dem ursprünglichen Charakter des Islam gar nicht paßte. Unter den Omajjaden traten Frauen auf den Gebieten der Beredsamkeit, Philosophie, Rechtskunde und Geschichte in freien Wettbewerb mit den Männern.

Der Islam hat allerdings, äußerlich angesehen, den Frauen gewisse Vorteile verschafft; indem er sie von der Öffentlichkeit entfernte, hat er ihnen eine größere Sicherheit der materiellen Existenz gegeben, ihre Stellung vor dem Gesetz verbessert, ja sogar die der Sklavin in legaler Hinsicht gehoben. Allein eben damit machte er die Frau zu einem unmündigen Wesen, für das allerdings, wie für den Vogel im Käfig, der Herr ausreichend sorgen muß. Gerade indem die Stellung der Sklavinnen erhöht, und die der freien Frauen ebensoviel herabgedrückt wurde, stellte sich jenes gleichmäßige Niveau für alle Frauen als solche her, auf dem die Frau nur als Frau überhaupt gilt, und das ihrer Stellung am allergefährlichsten ist, weil es ihr die Möglichkeit jener individuellen Ausbildung nimmt, die allein Symptom und Träger einer sozialen Bedeutsamkeit ihres Geschlechts ist.

Eine ähnliche Entwicklung ist in neuerer Zeit in Frankreich vor sich gegangen. Das Frankreich des vorigen Jahrhunderts war, in

Bürgertum und Adel, durchaus den kulturellen Interessen ergeben, während die kriegerischen ganz in den Hintergrund getreten waren. Dem entsprach eine starke Erhöhung des weiblichen Niveaus. Frauen standen in den vordersten Gliedern der geistigen Bewegung, die zur Revolution führte. Allein mit großer Schnelligkeit sank ihre Position, als nach der Revolution die ganze Organisation des Staates auf das Kriegsinteresse gestellt wurde. Napoleon erklärte den Mann für den absoluten Herrscher der Frau und verschaffte dieser Überzeugung in der Gesetzgebung Geltung. Mehr als ein Beobachter berichtete von der Verschlechterung der Stellung der Frauen unter dem Kaiserreich. Indem Napoleon diejenige Frau als die beste hinstellte, die dem Staat die meisten Kinder schenkte, drückte er sie auf jenes eben charakterisierte Niveau herab, auf dem eine Frau der andern völlig gleichwertig ist, weil eine wie die andere ein bloßes Mittel für die durch das Kriegsinteresse dirigierten Staatszwecke ist. Es zeigt sich gerade auch an diesen modernen Verhältnissen, daß die Verschlechterung der Position der Frauen durch den Militarismus keineswegs nur von psychologischen, sondern auch von ganz äußerlichen Momenten ausgeht: die Frauen müssen für den Verlust an Arbeitskraft eintreten, den die Dienstzeit der Männer der Nation bereitet und dessen Ersatz auf ihre Schultern geladen wird. Die Abiponer, südamerikanische Indianer, pflegten bei Übersiedlungen den Frauen das gesamte Gepäck aufzubürden, während der Mann nur die Waffen trug, und zwar ausgesprochenermaßen, damit der Mann stets bereit sei, zu kämpfen und zu jagen, falls es nötig wurde. Die kriegerischen Chancen legen so ganz unmittelbar die Hauptlasten auf die Schulter des Weibes.

Die entschiedenste Entwicklung und die mannigfaltigsten Abwandlungen des behaupteten Verhältnisses aber sind auf italienischem Boden zu beobachten. Die altrömische Frau genoß zwar durchaus Achtung und sogar Verehrung, wie es dem ernsten Sinn der Römer und ihrer scharfen Erkenntnis der Wichtigkeit jedes sozialen Elements entsprach. Aber ihre rechtliche Stellung war die untergeordnetste, ihre Besitzrechte beschränkt, ihr Mann der Herr über ihr Leben und ihren Tod. Dies korrespondierte völlig der kriegerischen Organisation des früheren Rom. Es wird sogar von einigen Seiten vermutet, daß in Rom in vorhistorischer Zeit Mutterrecht geherrscht habe, und daß das Recht des kriegerischen Patriziers mit seiner unumschränkten Hausherrngewalt dieses erst verdrängt, aber es bei den Plebejern, die nicht die Träger der Kriegsinteressen waren, noch teilweise in Kraft gelassen habe. Für die strenge Zucht der fortwährenden Kriegszüge, für die selbstlose und aufopfernde Hingabe an das gemeine Wohl, die sie forderten, war die schrankenlose Freiheit des Mannes seinem eigenen Hause gegenüber ein wohlverständliches Äquivalent. In dem Maße nun, in dem die Straffheit der kriegerischen Organisation Roms sich lockerte, begannen die Frauen sich zu emanzipieren. Schon vor Beginn unserer Zeitrechnung finden sich große Vermögen in den Händen von Frauen, zu so selbständigem Besitz, daß die Gatten der Frauen von diesem Geld zu hohen Zinsen borgen! Der soziale Einfluß der Frauen, ihre Bildung, ihre Selbständigkeit in erlaubten und unerlaubten Beziehungen wächst mit dem Verfall des kriegerischen Rom bis zu völliger Ungebundenheit. Die kriegerischen Wirren der Völkerwanderung und des Mittelalters überhaupt, das Einbrechen von rohen, durchaus kriegerisch organisierten Völkerschaften war einer der Gründe einer gänzlichen Änderung in der Stellung der Frauen. Das wesentlichere Motiv ihrer Herabdrückung aber war die kanonische Gesetzgebung. Das reine ursprüngliche Christentum war, als eine eminent friedliche Religion, den Frauen günstig gewesen; Jesus selbst hatte seine Botschaft sowenig für ein bestimmtes Geschlecht wie überhaupt für einen abgegrenzten Teil der Menschheit gebracht, er »fragte nicht nach Mann und Weib«. Allein die asketische Richtung der Folgezeit wirkte im entgegengesetzten Sinne, die Kirchenväter zeigten sich höchst frauenfeindlich, und zwar ohne daß es bei der passiven Form dieser Gesinnung blieb, die wir im Buddhismus, seinem indolenten Charakter gemäß, angetroffen haben; das ganze Geschlecht galt als nichtswürdig, ja es wurde als Ganzes für die Sünde Evas solidarisch haftbar gehalten! Allein diese zölibatäre Tendenz hatte doch die entschiedenste Beziehung dazu, daß die römische Kirche selbst die Form, den Charakter einer kriegerischen Macht annahm, eine *ecclesia militans* wurde. In jener Zeit äußerer Gewalttätigkeit und innerer Roheit mußte die Kirche um ihrer äußeren Selbsterhaltung und ihrer Macht über die Seelen willen, kriegerisch organisiert sein, sie mußte die unbedingte Zentralisation, den Stufenbau der Würden, die Erzwingbarkeit des Gehorsams, die Exklusivität gegen alles ihr nicht Zugehörige in sich herstellen, die dem Kriegertum und seiner Hierarchie eigen ist.

Hierzu war der Priesterzölibat durchaus das geeignete Mittel.

Jene Loslösung des Mannes von allem Dualismus, in dem die zarteren und sittlichen Beziehungen des Hauses eine Seite bilden, jene absolute innere Vergewaltigung durch eine Zentralmacht, wie die kriegerischen und die Zwecke der römischen Kirche sie forderten, war nur möglich, wo die Frauen entweder völlig unterdrückt waren, wie in primitiveren Sozialzuständen, oder gänzlich geflohen wurden. Indem aber gerade die geistigsten und in mancher Beziehung hervorragendsten und tonangebenden Männer des Mittelalters sich so den Frauen mindestens ablehnend gegenüberstellten, mußte das ganze Geschlecht eine Herabsetzung erleiden.

Hierin trat eine Wendung ein, als die absolute Herrschaft der Kirche über das geistige Leben sich lockerte und andere Interessen die religiösen ebenso wie die kriegerischen verdrängten – in der Zeit der italienischen Renaissance, in der die Frauen nun wieder Rechte und Freiheiten gewannen. Zwar war auch diese Zeit nichts weniger als friedlich. Allein die Kriege waren im wesentlichen Kriege der Herrscher untereinander, wurden selbst wo dies nicht der Fall war, schon großenteils mit Söldnerheeren ausgefochten und ließen den Privatmann und Bürger um so unberührter, als das Aufblühen nicht nur von Künsten und Wissenschaften, sondern von dem Gesamtinhalt des modernen Kulturlebens die Geister mehr und mehr beanspruchte. Infolgedessen lassen die Italiener der Renaissance nun ihre Töchter ebenso unterrichten, wie ihre Söhne. Schon 1389 sagte eine schöne Florentinerin, nachdem sie aus einem philosophischen Disput als Siegerin hervorgegangen war: »Die florentinischen Frauen bemühen sich durch eigene Kraft im Reden und Handeln Fortschritte zu machen, damit sie nicht von den Männern getäuscht werden.« Um eine eigentliche Emanzipation, die sich über einem bewußten Gegensatz und Rangunterschied der Geschlechter erhebt, handelte es sich damals nicht, sondern es wurde von vornherein ein menschliches Ideal erstrebt, das sich gleichmäßig über die Unterschiede von Mann und Weib stellte. Als den höchsten Ausdruck dieser Tendenz kann man wohl die weiblichen Figuren Michelangelos ansehen, bei denen das Spezifische des Geschlechts völlig zu verschwinden scheint; sie streben jenem schlechthin menschlichen Ideal zu, das der Renaissance vorschwebte und das sich ganz jenseits von männlich und weiblich zu stellen schien.

Es ist aber auch vielfach die direkt männliche, ja die kriegerische Beschäftigung, die den Frauen der Renaissance Respekt verschafft.

Ich erinnere an Caterina Sforza, die gegen Cesare Borgia Krieg führte, die täglich ihre Soldaten inspizierte und einen diplomatischen Sieg über Macchiavelli davontrug. Und dies führt auf eine neue Kombination, die unsere Behauptung über die Bedeutung des Militarismus stützt. Wo der Krieg das Hauptinteresse ist, da sind nur diejenigen von vornherein deklassiert, die nicht an ihm teilzunehmen vermögen. Deshalb finden wir selbst bei entschieden kriegerischen Völkern eine überraschend hohe Stellung der Frauen, sobald diese selbst einen aktiven Anteil an den kriegerischen Angelegenheiten nehmen. Ein so brutales Volk auch die Dahomeer sein mögen, sie räumen den Frauen doch eine hohe soziale Stellung ein, weil diese selbst sich an der Kriegführung beteiligen und den militärischen Geist der Männer besitzen. Von den Cuebas, einem sehr kriegerischen Stamm im Westen von Nordamerika, wird erzählt, daß die Männer sehr liebreich und rücksichtsvoll zu ihren Frauen seien; aber es wird auch von anderer Seite berichtet, daß die Frauen ihre Männer in den Krieg begleiten und an ihrer Seite kämpfen. Von anderen amerikanischen Stämmen wird das gleiche Zusammentreffen mitgeteilt, und sogar dies, daß Frauen bei ihnen Häuptlingswürde erlangen können. Bei den Spartanern, deren gesamte Interessen ausschließlich auf den Krieg konzentriert waren, finden wir eine Stellung der Frauen, die freier und ehrenvoller ist, als in dem unvergleichlich gebildeteren und humaneren Athen; allein sie genossen diesen Vorzug, indem sie an der körperlichen Ausbildung, an den kriegerischen Turnübungen der Männer vollen Anteil hatten. Die spartanischen Gesetzgeber sollen von der Überlegung ausgegangen sein, daß Frauen, die spinnend und webend zu Hause sitzen, nicht die rechten Mütter für eine kriegerische Generation von Söhnen sein können, und daß man ihnen deshalb eine den Männern ähnliche Ausbildung und Stellung einräumen müßte. Auch hier also bringt die Ausnahme die volle Bestätigung der Regel: wo das kriegerische Interesse nicht, wie gewöhnlich, die Frauen ausschließt, sondern gerade einschließt, muß das Vorherrschen desselben sie ebenso erhöhen, wie es sie sonst erniedrigt. Bei einer Reihe von Indianervölkern hängt die bessere Stellung der Frauen zwar nicht von direkten militärischen Funktionen, wohl aber davon ab, daß sie als Friedensstifter eine große Rolle spielen; bei ihnen gibt es keinen Krieg, der ohne die Intervention der Frauen beendet würde, sie sind die offiziellen Friedensunterhändler zwischen den Männern und nehmen also gerade im Kriege eine bedeutende Stellung ein. Von einigen afrikanischen Völkern, bei denen die Frauen eine angesehene Position haben, wird ganz ähnlich berichtet, daß sie durch ihr Erscheinen die Kämpfe der Männer beendigen. Bei den Kurden fiel einem Forscher ebenso die hohe Stellung und Freiheit der Frauen, wie ihre direkte Teilnahme an den Kämpfen auf, so daß er sie für Nachkommen alter Amazonenstämme hielt. Und von den Jalofs am Gambiaflusse wird berichtet, daß dort neben dem König seine Schwester mit gleicher Machtvollkommenheit herrsche – aber sie habe auch eine Truppe um sich, die sie selbst befehlige. Die Höhe, Freiheit und Bedeutung der Stellung, die die Frauen in den Vereinigten Staaten errungen haben, ging von ihrer lebhaften, tätigen und manchmal entscheidenden Anteilnahme an dem Befreiungskriege des vorigen Jahrhunderts aus. Noch in ganz abgeleiteten Erscheinungen setzt sich diese Korrelation fort. Schon im 14. Jahrhundert zogen Dirnen mit den Landsknechten zu Felde; der Amtmann, der sie in Ordnung zu halten hatte, bildete eine stehende Charge in den Heeren bis zum Dreißigjährigen Krieg. Die fahrenden Weiber waren ein wichtiges Glied der söldnerischen Heeresorganisation und leisteten, indem sie wie Hausfrauen für die Soldaten sorgten, unentbehrliche Dienste. Diese Bedeutung für den Krieg verlieh ihnen ein Ansehen, eine gewisse Stellung, die vielfach, trotz des elenden Lebens dieser Weiber als direkter Vorzug gesucht wird, so daß unzählige Frauen den Söldnerheeren zuströmten, und man direkte Maßregeln zu ihrer Zurückweisung treffen mußte.

Ich verhehle mir indes schließlich nicht, daß unsere augenblickliche Kenntnis nicht alle Fälle, die ein Vorherrschen der militärischen Interessen und zugleich des weiblichen Einflusses zeigen, als regelbestätigende Ausnahmen deuten kann. Allein das beweist nur, daß es in der Fülle und Komplikation der sozialen Kräfte keine gibt, die nicht gelegentlich von einer anders gerichteten überwogen werden könnte. Nur wo derartige Regelmäßigkeiten voreilig zu »Gesetzen« des sozialen Lebens, im Sinne naturwissenschaftlicher Gesetzlichkeit, gesteigert werden, können Erscheinungen entgegengesetzten Charakters gleich an der Wirksamkeit des ganzen Zusammenhanges irremachen. Sobald indes psychologische und historische Gründe einen solchen so wahrscheinlich gemacht haben, wie den hier behandelten, werden abweichende Erscheinungen ihn nicht widerlegen, sondern nur beweisen, daß er allerdings nicht der einzige ist, der das schließliche Bild bestimmt.

Zur Soziologie der Familie

(1895)

I

Neu auftretende Wissenschaften genießen den zweifelhaften Vorzug, für alle möglichen, in der Luft liegenden und nicht recht unterzubringenden Probleme eine vorläufige Heimstätte bieten zu müssen. Die unvermeidliche Unbestimmtheit und Unverteidigtheit ihrer Grenzen lockt alle Heimatlosen an, bis ihr Wachstum allmählich die nicht hineingehörigen Elemente wieder ausstößt, und sie in freilich enttäuschende, aber eben deshalb künftiger Enttäuschung vorbeugende Schranken einpaßt. So beginnt die wirre Masse von Problemen, die sich an die neue Wissenschaft der Soziologie herandrängten, sich zu lichten, sie fängt an, das Heimatrecht in ihr nicht mehr wahllos auszuteilen, und wenngleich es noch nicht unbestritten ist, welche genauere Form denn die Umfangslinien ihres Bezirks haben, so sind doch allenthalben ernsthafte wissenschaftliche Bemühungen sichtbar, solche Linien überhaupt festzulegen. Eine Zeitlang schien Soziologie das Zauberwort, das allen Rätseln der Geschichte wie des praktischen Lebens, der Sittenlehre wie der Ästhetik, der Religion wie der Politik Erlösung winkte, und man hält z. B. in Frankreich daran noch ziemlich allgemein fest. In Deutschland und Nordamerika dagegen sind jene bescheideneren Theorien entstanden, die darauf verzichten, in einer einzigen Wissenschaft die Erkenntnis alles dessen zusammenzufassen, was sich je im Rahmen einer Gesellschaft abgespielt hat. Sie verstehen die neue Wissenschaft entweder als einen Zweig der Psychologie, derjenigen nämlich, die die sozial veranlaßten und sozial geäußerten Seelenvorgänge des Individuums behandelt; oder als die Wissenschaft von den gemeinsamen Voraussetzungen aller die Gesellschaft betreffenden Erkenntnisse, oder als die Philosophie des sozialen Geschehens, oder endlich als die Erforschung der Formen, in denen sich Menschen vergesellschaften, und die das gleiche Wesen und Entwicklung durch alle Mannigfaltigkeit der Zwecke und Inhalte hindurch zeigen, um die herum sich die Gesellschaften kristallisieren.

Für alle diese umgrenzteren Ziele der Soziologie ist die Geschichte der Familie ein Material von besonderer Bedeutung. Denn in ihr haben wir eine Sozialisierung weniger Personen, die sich innerhalb jeder größeren Gruppe unzählige Male in der genau gleichen Form wiederholt und aus einfachen, jedem nachfühlbaren Interessen hervorgeht, aus diesen Ursachen also verhältnismäßig leicht erkennbar ist; wir haben zudem eine außerordentliche Mannigfaltigkeit von Familienformen in den verschiedenen Kulturstufen, und da die Familie überhaupt eine dauernde Gruppierung bei allem Wechsel der sonstigen Lebensformen ist, so können wir an dem Einfluß dieser auf die ehelichen und verwandtschaftlichen Verhältnisse oft genau deren eigenes Wesen und Kraft prüfen; endlich vereinigt die Ehe und Familie trotz ihrer sehr einfachen Struktur eine große Fülle ganz verschiedener Interessen – erotischer wie ökonomischer, religiöser wie sozialer, Interessen der Macht wie der individuellen Ausbildung – und zeigt dadurch an einem durchsichtigen Beispiel, wie alle diese Momente, in ihrer Kombination und dem wechselnden Übergewicht des einzelnen, auf das Zusammenleben der Menschen wirken. Von diesen Gesichtspunkten aus will ich hier einige Tatsachen und Überlegungen vortragen, die sich aus den neuesten Forschungen und sozialpsychologischen Analysen der Familiengeschichte ergeben.

Die nächstliegende historische Vermutung ist, daß die Ehe sich aus einem Zustand tierisch ungeregelter, willkürlich wechselnder Beziehung zwischen Mann und Weib herausgebildet habe. Feste Ordnungen, beschränkende Normen erscheinen uns allenthalben erst als spätere Stadien von Entwicklungen, die mit sinnlosem Chaos begonnen haben, und so schienen die bestimmten dauernden Beziehungen, die wir als Ehe und Familie bezeichnen, erst das Resultat sozialer Zucht, erprobter Zweckmäßigkeit sein zu können; denn als das Minimum von Ehe muß man doch diejenige Beziehung zwischen Mann und Weib bezeichnen, welche über die Geburt des Sprößlings hinausreicht und in der eine Gemeinsamkeit der Lebensfürsorge stattfindet. Die Hauptstütze fand diese Vorstellung einer ursprünglichen Ehelosigkeit in dem sogenannten Mutterrecht. Man hat bekanntlich vor einigen Jahrzehnten entdeckt, daß bei sehr vielen Naturvölkern und wahrscheinlich auch in früheren Stadien jetziger Kulturvölker nicht der Vater, sondern die Mutter das Zentrum der Familie bildete. Auch wo die Ehe schon existiert, gehört dennoch vielfach das Kind nicht zum Stamme des Vaters, sondern zu dem der Mutter, der Vater gilt nicht mit dem Kinde verwandt, es erbt auch nicht von ihm, sondern von dem Bruder der Mutter. Es lag am nächsten, dieses wunderliche Verhältnis als einen Erfolg und Rest früherer Zustände zu erklären, in denen der Vater überhaupt nicht bekannt war, weil kein bestimmtes Eheband bestand und Weibergemeinschaft herrschte. Nun hat man aber ganz neuerdings entdeckt, daß bei mehreren Völkergruppen gerade die allertiefststehenden Abteilungen Vaterrecht haben, Abstammung und Erbschaft in väterlicher Linie kennen, während die höherentwickelten die Mutterfolge aufweisen, die sich doch gerade an die niedrigste Stufe anschließen und sie verraten sollte. Bei den höchststehenden Indianern, die schon bei Ankunft der Europäer Getreide bauten und eine feste soziale Organisation besaßen, gilt durchgehends die weibliche Abstammungslinie; bei den tiefststehenden, denen jenes beides mangelt, die männliche. Genau dasselbe Verhältnis findet sich bei den Australnegern, ja, es scheint festzustehen, daß bei diesen das Vaterrecht die früheste vorhandene Familienform war, und sich aus diesem erst, aus noch unbekannten Gründen, die Mutterfolge entwickelt habe, d. h. die Zugehörigkeit des Kindes zu dem Stamme der Mutter – wenngleich auch dabei von Weibergemeinschaft und Unsicherheit der Vaterschaft nicht die Rede sei.

Jenes Hauptargument für einen ursprünglichen Mangel jedes individuellen und dauernden Verhältnisses zwischen Mann und Weib zeigt sich also als hinfällig. Es bietet sich hier übrigens ein interessanter Einblick in die Bedeutung aller derartiger Rekonstruktionen der frühesten Zustände aus den späteren. Aus den Folgen der Eifersucht konstruiert ein Forscher die Notwendigkeit eines ursprünglich ganz freien, promiskuitiven Zustandes. Hätte nämlich von Anfang an ein Privatbesitz von Frauen bestanden, so wäre irgendeine Stammesbildung und Organisation unmöglich gewesen, denn die eifersüchtigen Gefühle der Männer würden jedes nahe Zusammenleben – jede genossenschaftliche Vereinigung im Keime erstickt haben. Damit es also zu einer solchen, zur Bildung größerer und dauernder Gruppen käme, muß durchaus gegenseitige Duldung der erwachsenen Männer, Freiheit von Eifersucht, d. h. also Unbeschränktheit der Beziehungen zwischen jedem Mann und jedem Weib, vorausgesetzt werden. Ganz umgekehrt schließt ein anderer Gelehrter: Gerade bei den letztgenannten Zuständen mußte fortwährende Eifersucht entstehen. Solange nicht geregelte Beziehungen zwischen den Geschlechtern existieren, und der

Mann in der Frau einen ausschließlichen, für die anderen gar nicht in Frage kommenden Besitz hätte, müsse der Kampf um das Weib – da doch nicht alle gleich begehrenswert wären – die Quelle fortwährender Entzweiung der männlichen Individuen untereinander sein. Erst wenn die Beziehungen dieser zu den Frauen gesondert und gesichert waren, wenn der Besitz von Frauen zwar begrenzt, aber dafür auch den anderen gegenüber geschützt war, konnte es zu dem inneren Frieden innerhalb einer Gruppe und damit zu den größeren und bestandfähigeren Organisationen kommen. Die Tatsachen also, daß wir solche vor uns sehen und daß das Gefühl der Eifersucht die Männer auseinanderhält, bringen den einen zu dem Schlusse, daß am Anfang der Entwicklung nur regellose, den anderen, daß nur geregelte Zustände geherrscht haben können.

Einen weiteren Beweis für den ursprünglichen Mangel an bestimmten ehelichen Verhältnissen hat man darauf gegründet, daß bei manchen Völkern die Bezeichnungen für Neffe und Nichte die gleichen sind wie für Sohn und Tochter, diejenigen für Cousin und Cousine dieselben wie für Bruder und Schwester. Solche Benennungen könnten nur in dem Falle entstanden sein, daß jedes Weib mit allen Männern ihrer Gruppe, also auch mit ihren eigenen Brüdern, in ehelichen Beziehungen stand; der Vater und der Mutterbruder, und infolgedessen der Sohn und der Neffe waren unter diesen Umständen oft identisch, oder konnten wenigstens nicht unterschieden werden. Wenn nun auch dieser Zustand jetzt nirgends mehr auffindbar wäre, so bewiese doch jene Benennung, daß er einstmals bestanden haben müsse; denn derartige Namensysteme entständen immer nur als Ausdruck für real existierende Verhältnisse, lebten aber freilich weiter, nachdem sie durch die Weiterentwicklung der letzteren längst sinnlos geworden seien. Auch diese Begründung eines ursprünglichen Ehekommunismus hat sich als unzulänglich erwiesen, insbesondere seit wir die soziale Verfassung der Australneger besser kennen und aus ihr gesehen haben, daß die Bezeichnung als Vater oder Sohn bei primitiven Völkerschaften überhaupt keinen Hinweis auf irgendeine Verwandtschaft, sondern nur auf einen Altersunterschied zu geben braucht, gerade wie noch bei uns derartige Sprachgebräuche im Schwange sind. Der Australneger teilt den Lebenslauf jedes Individuums in drei Abschnitte: Kind, junger Mann, alter Mann, bzw. Frau. Ursprünglich entschied ausschließlich diese Schichtung nach Generationen, welcher Verwandtschaftsausdruck für die einzelnen

Personen galt: d. h. die Mitglieder der älteren Schicht wurden unterschiedslos als »Väter« oder »Mütter« der jüngeren bezeichnet, die der höchsten als Großeltern der jüngsten. Die Ausdrücke Vater oder Mutter, Sohn oder Tochter bedeuten also durchaus nicht das physiologische, blutsverwandtschaftliche Verhältnis, das wir mit dem entsprechenden Wort verbinden, sondern nur Unterscheidungen zwischen alt und jung. Nichtsdestoweniger kennt der Australier ganz genau seinen wirklichen Vater und seine Mutter, nur hat er kein besonderes Wort, das diese begrifflich von den anderen Mitgliedern derselben Schicht unterschiede. Wie sehr hier tatsächlich nur ein Mangel der Begriffs- und Sprachbildung vorliegt, nicht aber ein Mangel an tatsächlichem Unterscheidungsvermögen, beweist die Tatsache, daß manche Stämme nicht einmal ein besonderes Wort für Vater und ein anderes für Mutter haben; wollen sie den Unterschied der Geschlechter innerhalb der älteren Schicht bezeichnen, so müssen sie zu dem gemeinsamen Ausdruck für beide noch das Wort Mann oder Weib hinzufügen. Sowenig man also hier behaupten kann, daß der Mangel eines unterscheidenden Ausdrucks auf eine Unmöglichkeit oder ein Unterbleiben der Unterscheidung deute, sowenig kann man aus der unterschiedslosen Bezeichnung aller älteren Männer als Vater deduzieren, daß hier eine wirkliche oder ehemalige Unbekanntheit des Vaters, also ein Ehekommunismus vorliege.

Wir sind so durch keine feststellbare Tatsache genötigt, die monogamische oder überhaupt eine bestimmte, durch Sitte und Gesetz geregelte Eheform aus einem früheren Zustand völliger Zügellosigkeit entspringen zu lassen. Es wäre vielmehr möglich, daß der Mensch, ebenso wie manche Tiere – insbesondere die meisten Vögel – von Natur monogamisch sei und nur durch besondere Umstände, wie sie auf allen Gebieten die natürlichen Bestrebungen modifizieren und beirren, in Ungebundenheit der Beziehungen, in Polyandrie oder Polygynie gefallen sei. Hierfür sprechen manche Erwägungen. Zunächst findet sich völlige, regellose Willkür in dem Verhältnis zwischen Mann und Weib bei keinem bekannten Volk der Erde, und wo sie teilweise besteht, zeigen merkwürdige Gegensätze darin, daß sie nicht als allgemeingültige Phasen menschlicher Entwicklung anzusehen ist. So gibt es z. B. einige Naturvölker, bei denen die jungen Mädchen absolute Freiheit genießen, ja, wo es ihnen zum besonderen Ansehen gereicht, recht viele Liebhaber zu besitzen, weil dies die Stärke ihrer Reize beweise – während sie vom Augenblick der Eheschließung an ihrem Gatten absolut treu sind. Von anderen wird das direkte Gegenteil berichtet: strengste Keuschheit der Mädchen und unbedingte Abenteuerlust der Frauen. Daß die Vielweiberei keine typische Eheform sein kann, folgt aus der einfachen Tatsache, daß es allenthalben nur ungefähr soviel Frauen wie Männer gibt, der Besitz mehrerer Frauen also immer nur ein Privilegium weniger, der großen Menge aber versagt sein muß. Auch Vielmännerei findet nur unter ganz besonderen Umständen statt, z. B. im Hochlande von Tibet, wo die Ernährungsschwierigkeit eine so große ist, daß die Ehe den Männern als ein lästiges und schwieriges Engagement erscheint, in das sich deshalb mehrere teilen. Auch haben sich die meisten Fälle von Vielmännerei nicht eigentlich als Eheform, sondern als eine Einehe mit mehreren Liebhabern herausgestellt. Es finden sich neben diesen Formen nun mancherlei Mischformen, z. B. die sogenannten Dreiviertelsehen, die man in einem arabischen Stamm beobachtet hat. Dort verpflichtet sich nämlich das Mädchen beim Eingehen der Ehe, ihrem Gatten eine bestimmte Anzahl von Wochentagen treu zu sein. – Ein Reisender beschreibt sehr ergötzlich, wie die Brautgeschenke des Werbers von den Schwiegereltern geprüft und zuerst so unbedeutend gefunden werden, daß dafür nicht mehr als zwei Tage Treue in der Woche versprochen werden könnten, bis endlich nach leidenschaftlichem Hin- und Herfeilschen die Schwiegermutter das erlösende Wort spricht: »Meine Tochter soll dir montags, dienstags, donnerstags und freitags treu sein!« Eine andere Mischform bilden die Zeitehen der schiitischen Mohammedaner. Dies sind legale, von vorgeschriebenen Bedingungen abhängige Ehen, die meistens von den Priestern geschlossen werden, aber nur auf eine vorher festgesetzte Zeit – von einer Stunde bis zu 99 Jahren. Die Kinder einer solchen rechtlich völlig anerkannten Ehe sind gleichfalls legitim, wie die einer lebenslänglichen. Endlich findet sich eine wunderliche Eheform bei den äußerst tiefstehenden, momentan die unterste Entwicklungsstufe unserer Art darstellenden Australnegern: Ihre Stämme sind größtenteils in Heiratsklassen eingeteilt; es finden sich also z. B. bei den Kamilaroi zwei Klassen, in deren einer die Männer Jppai, die Frauen Jppata heißen, in der anderen die Männer Cubbi, die Frauen Cubbota. Nun darf ein Jppai ausschließlich eine Cubbota, ein Cubbi nur eine Jppata heiraten, und jede Heirat etwa des ersteren mit einer Jppata, auch wenn sie ihm absolut nicht blutverwandt ist, ist streng verboten. Dafür aber gilt er mit allen überhaupt vorhandenen Cubbotas sozusagen als potentiell verheiratet, und wenn er in einem ganz entlegenen Dorf eine Cubbota antrifft, die er nie zuvor gesehen hat, so ist es ihnen ganz natürlich, in ein eheliches, wenn auch flüchtiges Verhältnis zu treten. – Alle diese mannigfaltigen Formen der Beziehung zwischen Mann und Weib charakterisieren sich als Ergebnisse besonderer historischer Umstände, und keine einzige enthüllt uns einen »Urzustand«, auf den ein natürlicher, überall gleichmäßig vorauszusetzender Trieb führte. Soll es dennoch durchaus einen solchen geben, so ist der monogamische in keiner Weise schlechter bezeugt, als der der Regellosigkeit. Ja, die Entwicklung der Ehe strebt allenthalben aus polygamischen und polyandrischen Formen zur Monogamie. Von den ersteren wird fast allgemein berichtet, daß *eine* Frau eine legal oder gewohnheitsmäßig führende Stellung unter den verschiedenen Frauen eines Mannes einnehme: entweder die zuerst heimgeführte, oder die vornehmste, oder die Lieblingsfrau. Aus diesem Grunde streben sogar z. B. die Zulufrauen, ihren Männern aus ihren Ersparnissen eine zweite Frau zu kaufen: weil diese der ersten gegenüber die Stelle einer Magd hat. Die Stelle des *primus inter pares*, die die Hauptfrau in der Polygamie einnimmt, pflegt sich, wie es dieser Stellung überhaupt eigen ist, zu der des *primus* schlechthin zu entwickeln: es kommt vor, daß die Kinder auch der Nebenfrauen die Oberfrau als ihre rechte Mutter betrachten. Je bedeutsamer nun innerlich und äußerlich die Stellung dieser *einen* Frau wird, desto tiefer wird die der anderen Frauen herabgedrückt, bis dieser soziologische Scheidungsprozeß damit endet, daß überhaupt nur eine Ehefrau existiert und alle danebenstehenden Beziehungen zu Frauen illegitim oder verboten sind. Man könnte also jene andersartigen Verhältnisse sehr wohl als Zwischenstufen auffassen, denen gegenüber der monogamische Instinkt sowohl die vorangehenden wie die folgenden Zustände beherrschte. Es wäre dies nur einer der häufigen Fälle, in denen die höchste Entwicklungsstufe die Form der niedrigsten wiederholt, nur geläutert, gesichert, vervollkommnet. Allein diese unbezweifelbare Möglichkeit ist allerdings noch nicht Wahrscheinlichkeit. Als solche erscheint mir vielmehr die Vorstellung, daß der unendlichen Verschiedenheit der Eheformen auch eine Verschiedenheit der ursprünglichen Anlagen und Instinkte entsprochen habe. Wie innerhalb desselben Gesellschaftskreises die Individuen bei aller

Gleichheit der äußeren Umstände sich dennoch in dieser Hinsicht äußerst verschieden verhalten, entschieden monogame Naturen neben entschieden polygam veranlagten stehen, so können ebenso ganze Gruppen schon an den frühesten Punkten ihrer Entwicklung ganz entgegengesetzte Instinkte und also Zustände aufgewiesen haben. Hier wie bei vielen anderen Fragen ist es eine falsche Nachgiebigkeit gegenüber dem Einheitstrieb unseres Denkens, der Verschiedenheit der historischen Erscheinungen um jeden Preis eine Gleichheit des prähistorischen Anfangs unterbauen zu wollen.

II

Mag man sich die primitiven Ehe- oder Uneheverhältnisse denken wie man will; unzweifelhaft scheint mir allerdings, daß der feste Kern, um den die Familie herumgewachsen ist, nicht das Verhältnis zwischen Mann und Weib, sondern zwischen Mutter und Kind ist. Dies ist der ruhende Pol in der Flucht der Erscheinungen des Ehelebens, die im wesentlichen überall gleiche Beziehung, während die zwischen den Gatten unendlicher Wandlungen fähig ist. Deshalb ist bei vielen primitiven Völkern das Verhältnis des Familienvaters zu den Kindern keineswegs das unmittelbare, natürlich begründete, wie bei uns. Das Kind gehört der Mutter; dem Vater nur insoweit, als die Mutter ihm gehört – wie die Früchte des Baumes dem gehören, der der Eigentümer des Baumes ist. Als Ursache oder als Folge hiervon treffen wir vielfach eine uns fast unverständliche Gleichgültigkeit dagegen an, wer denn der wirkliche physische Vater des Kindes ist; sobald die Mutter einem bestimmten Manne gehört, ist das Kind eben das seinige, gleichviel, ob er weiß, daß nicht sein Blut in dessen Adern fließt. Daher das häufige Verborgen und Vertauschen der Frauen bei Naturvölkern. Was die frühen Familienformen charakterisiert, ist deshalb nicht, wie man gemeint hat, die Unbekanntheit des Vaters, sondern die Gleichgültigkeit dagegen, wer der Vater im physiologischen Sinne ist. Ich führe einige auffallende Beispiele dafür an, wie sehr der Begriff des Vaters ein bloß rechtlicher, der Frage der Blutszugehörigkeit ganz fremder sein kann. Bei einigen Völkern werden unreife Knaben mit erwachsenen Mädchen verlobt, welche bis zum Heranwachsen jener mit anderen Männern, oft mit dem Schwiegervater in Beziehungen treten. Die Kinder dieser Verbindungen gelten dann ganz fraglos für die Kinder des Knaben, der der rechtliche Besitzer des Mädchens ist. Bei den Kaffern erbt der Sohn die Weiber seines Vaters. Er selbst hält sich von ihnen fern, leiht sie aber an andere aus und die so erzeugten Kinder sind seine eigenen; d. h. – die hier fragliche Vorstellung noch verstärkend – sie gelten als Kinder des Verstorbenen, wie bei der Leviratsehe, und da aller Besitz dieses auf den Sohn übergeht, so gehören ihm nun auch diese Kinder, und zwar unmittelbar, nicht etwa erst durch einen Adoptions- oder besonderen Anerkennungsakt. Der schlagendste Fall aber ist die häufige Erscheinung in primitiven Stämmen, daß die Männer direkt danach streben, ihre Frauen mit dem Häuptling, dem Priester oder sonst hervorragenden Männern in Verkehr treten zu lassen, weil sie glauben, daß die Kinder, die ungeachtet dessen eben die ihrigen sind, die ausgezeichneten Eigenschaften ihrer Erzeuger erben werden und dies ihnen und ihrer Familie zugute kommt. Hier haben wir also das klar und folgenreich bewußte Erzeugertum in so scharfer Abtrennung vom Vatertum, wie wir, denen gerade die Einheit von beiden das Selbstverständliche ist, sie kaum mehr nachfühlen können. Der Begriff des Vaters mußte eine lange Entwicklung durchmachen, ehe sein ursprünglicher Sinn, der nur den Besitz des Kindes vermittels des Besitzes der Mutter einschloß, zu dem eines direkten und individuellen Verhältnisses zwischen dem Erzeuger und dem Kind aufgewachsen war.

Diese Entwicklung knüpft sich aller Wahrscheinlichkeit nach an die des Privateigentums. Als der Mann einen persönlichen, umfänglicheren Besitz mit Kampf und Arbeit erworben und verteidigt hatte, wünschte er ihn einem Erben seines eigenen Blutes zu hinterlassen. An dem Begriff der Gütervererbung ist, wie ich glaube, der der Blutsvererbung nach ihrer hier betrachteten Seite erwachsen und erstarkt. Es kam sozusagen auf die Vaterschaft noch nicht so sehr an, solange noch keine erheblichen Konsequenzen in bezug auf den Besitz damit verknüpft waren. Sobald aber dies Interesse auftritt, bringt es die Forderung der unbedingten ehelichen Treue seitens der Frau mit sich – wenngleich die des Mannes, wie ersichtlich, nicht aus der gleichen Wurzel entspringt und auch tatsächlich sich sehr viel langsamer zu der gleichen Strenge entwickelt. Diese Forderung an den Mann findet wahrscheinlich nur in dem Maße wachsender Gleichberechtigung der Frauen mit den Männern statt, infolge deren diejenigen Beschränkungen, denen die Frauen unterworfen sind, auch den Männern als Gebote einfacher Gerechtigkeit erscheinen – auch wenn die reale Veranlassung, die sie für jene entstehen ließ, für diese gar nicht in Frage kommt.

Allein eben dieser Entstehungsgrund der ehelichen Treue – natürlich nur einer unter vielen zusammenwirkenden – bringt uns die als sicher anzusehende Tatsache nahe, daß die individuelle Liebe, die jetzt, wenigstens der allgemeinen Meinung nach, das Fundament der Ehe und der Bestimmungsgrund ihrer Qualitäten und ihres Verlaufs ist, ursprünglich gar nichts mit ihr zu tun hatte, sondern daß umgekehrt die einzelnen Bestimmungen und Inhalte der Ehe aus gesonderten, oft genug sehr äußerlichen Ursachen hervorgingen und ihrerseits erst die Liebe als ein individuelles Herzensverhältnis entstehen ließen. Zunächst ist die strenge Monogamie in der Ehe wohl nur aus dem Siege des demokratischen Prinzips hervorgegangen. Ich erwähnte schon, daß überall die Masse der Männer tatsächlich auf *eine* Frau angewiesen ist, weil eben nicht mehr auf jeden kommt; wo also auch Vielweiberei gesetzlich gestattet ist, da finden wir sie doch durchgehends nur als einen Vorzug der Fürsten, der Reichen, der irgendwie Hervorragenden. In dem Maße nun, in dem die große Masse den Herrschenden gegenüber zu Rechten kommt – nicht nur zu politischen, sondern auch zu moralischen –, prägt sie ihre eigenen Lebensnormen zu sittlich sozialen Gesetzen aus, denen nun auch jene ursprünglich Ausgenommenen unterliegen; die Monogamie, die uns in so vielen ethnologischen Tatsachen als eine erzwungene äußerliche Beschränkung derer, die es eben nicht besser haben können, entgegentritt, wird mit wachsender sozialer Nivellierung ein innerliches, moralisches Gebot für alle. Es ist dies dasselbe Erklärungsprinzip, aus dem man das Fasten als Zeichen der Trauer, wie es schon bei vielen Naturvölkern vorkommt, hergeleitet hat. Die Furcht vor dem spukenden Geist des Verstorbenen bewog die Hinterbliebenen, ihn durch reichliche Nahrungsopfer zu versöhnen. Da nun die Lebensmittel sehr oft nur gerade zureichten, so mußte durch die Totenopfer Mangel entstehen, ein notgedrungenes Fasten, das schließlich als sittlich-religiös notwendige Folge jedes Todesfalls erschien. Nachdem die Monogamie einmal durchgehende Eheform geworden war, schlossen sich an sie nun auch die subjektiven Gefühle an, die überall das Ergebnis lange andauernder Zustände sind und die vollzogene Anpassung der Individuen an diese bezeugen. Was man jetzt noch manchmal sagt, um Konvenienzheiraten zu rechtfertigen: Die Liebe käme schon in der Ehe – das hat für die historische Entwicklung unseres Geschlechts zweifellose Wahrheit. Es hat hier eine Umkehrung stattgefunden, die die Soziologie an vielen und wichtigen Punkten feststellen kann: was für die Gattung Ursache war, ist für das Individuum Wirkung, und *vice versa*. Die Geltung der Einehe, wie sie aus ökonomischen und sozialen Umständen hervorgegangen ist, hat es überhaupt erst zu dem spezifischen Gefühl der Liebe und Treue für das Leben kommen lassen; und nun ist umgekehrt für den einzelnen die Entstehung dieses Gefühls die Veranlassung, eine Ehe zu schließen.

In einer ähnlichen Umkehrung entwickelt sich das Verhältnis der Eltern zur Nachkommenschaft. Wenn alle öffentlichen und dauernden Institutionen auf irgendeinen Zweck und Nutzen für die soziale Gruppe zurückgehen, so muß man auch fragen: was ist eigentlich der ursprüngliche Zweck der Ehe, d. h. des Zusammenbleibens der Eltern über die Geburt des Sprößlings hinaus? Was bewog die Menschen, statt nur zu momentaner Befriedigung der Leidenschaft, zu einem dauernden, pflichtvollen, oft einengenden Bunde zu schreiten? Die soziale Nützlichkeit, die hierzu trieb, war vielleicht zunächst die größere Festigkeit, der innere Halt, den die Gesellschaft aus dauernden Verbindungen zog; eine Gruppe, deren Elemente gegenseitig in festen Bindungen, zuverlässigen Verhältnissen stehen, wo eines an dem andern einen bleibenden Halt hat, der eine Kette von Pflichten durch den ganzen Kreis hindurch spannt – eine solche Gruppe wird sich im Kampfe ums Dasein als haltbarer und widerstandsfähiger zeigen, als eine andere, deren Elemente keine gegenseitigen Pflichten, sondern nur momentane, willkürliche, stets wieder zersplitternde Bindungen kennen. Allein der hauptsächliche soziale Zweck einer festen Ehe war offenbar die bessere Fürsorge für die Nachkommenschaft, die sie garantierte, und die schon in der Tierwelt zu eheähnlichen Verbindungen führt. Die Ehe bringt eine Arbeitsteilung zwischen Mann und Weib mit sich, die im wesentlichen den Kindern zugute kommt: die Frau nährt die Kinder, und der Mann versorgt die Frau mit Nahrung; oder der Mann schafft das Nahrungsmaterial herbei, und die Frau bereitet es für ihn und die Kinder zu. Das vereinte oder wetteifernde Interesse der Eltern an der Wohlfahrt der Kinder muß die nächste Generation körperlich und geistig kräftiger machen, als es in einer Gruppe ohne gemeinsame elterliche Fürsorge, also ohne Ehe, möglich wäre; die Ehe schafft dadurch auf die Länge der Zeit eine unmittelbare Überlegenheit der Gruppe gegenüber einer ehelosen, in denen die jüngste Generation immer nur den isolierten Kräften der Mutter oder einer kommunistischen, des persönlichen Interesses entbehrenden Fürsorge überlassen ist. Diese soziale Zweckmäßigkeit der Ehe läßt uns einen bemerkenswerten Zug in ihrer Entwicklung verstehen. Bei den verschiedensten Völkern der Erde gilt die Ehe erst von dem Augenblick an als gültig und rechtskräftig geschlossen, in dem ein Kind geboren ist oder erwartet wird. Bei manchen Stämmen – in Asien, Afrika und Amerika – bleibt die Frau bis zu diesem Termin im Hause ihrer Eltern, auf den Philippinen und in einem Distrikt Süd-Indiens findet vorher überhaupt keine bindende Verlobung statt, bei einem senegambischen Stamm wird erst dann die Hochzeit gefeiert. Kurz, der Ursprung der Ehe aus dem sozialen Zweck, daß sie um der Kinder willen da ist, macht sie in der Entwicklung unserer Gattung – deren betreffende Stufe noch jene primitiven Völker aufweisen – zu einer Folge der Erzeugung der Nachkommenschaft. Wie die Liebe eine Konsequenz der Ehe war, bis die Ehe eine Konsequenz der Liebe wurde, so ist die Ehe ihrerseits eine Konsequenz der Produktion der nächsten Generation, bis die jetzige umgekehrte Verfassung eintrat. An beiden Umkehrungen zeigt es sich deutlich, wie die historische Entwicklung von dem Sozialinteresse und der sozialen Norm mehr und mehr zu dem Interesse am Individuum als dem maßgebenden führt: die Ehe ist das soziale Interesse gegenüber dem individuellen der Liebe, innerhalb einer anderen Kategorie ist die Existenz und Versorgung der nächsten Generation soziales Interesse gegenüber der persönlichen Angelegenheit der Ehe. Darum sind auf den früheren Stufen die erstgenannten Momente die Ursache der letzteren, während sich auf den späteren die ursächliche Verbindung umkehrt.

Eine andere Entwicklung, die in ähnlicher Weise an der Umkehrung ihres Ausgangspunktes mündet, führt ebenso auf das Hervorgehen der Liebe aus der Ehe. Eine der allerhäufigsten Formen, in denen wir die Eheschließung auf früheren Kulturstufen antreffen, ist die Kauf-Ehe. Die Frau ist vor allem ein Arbeitstier, so gut wie der Sklave, ja, auf dem niedrigsten Kulturniveau, das noch keine Sklaverei kennt, das einzige, auf das man dauernd rechnen kann. Der Wunsch, sich eine Arbeitskraft zu verschaffen, ist fast das einzige wirklich individuelle Interesse, aus dem der Naturmensch zur Ehe schreitet. Daneben steht nur das – übrigens nicht überall vorhandene – Verlangen nach Kindern. Daß beides zusammenhängt, zeigt die häufiger angetroffene Sitte, daß, wo der

Brautpreis kreditiert wird, die Kinder aus der Ehe den Schwiegereltern gehören, bis er voll bezahlt ist. Die Frau ist ein ökonomischer Wertgegenstand, und deshalb geben ihre Angehörigen, die ihre Arbeitskraft bisher für sich ausgenutzt haben, sie nicht umsonst fort, sondern fordern eine annähernde Kapitalisierung ihres Arbeitswertes. Der Kauf der Frau weist zunächst auf eine niedrige Stellung ihrer in der Ehe hin. Schon die Tatsache des Verkauftwerdens bedeutet in den meisten Fällen, daß sie keinen eigenen Willen hat, sondern daß seitens ihrer Angehörigen mit ihr wie mit einem Objekt umgegangen wird; und unter diesem Aspekt tritt sie in die Ehe ein. In dieser handelt es sich nun für den Mann darum, sie möglichst viel arbeiten zu lassen, um den Kaufpreis herauszuschlagen. Allein das ist nur die äußerliche Seite der Ehegestaltung durch den Kauf. Was ich durch Geld erworben habe, besitze ich ganz und gar, bedingungsloser, als jeden durch freien Willen mir zugefallenen Besitz; nach jeder Seite haftet an solchem Erwerb weniger Verpflichtung, weniger Rücksicht. Dies wird minder schroff hervortreten, wo der Preis in persönlichen Arbeitsdiensten des Werbers für die Eltern der Braut besteht. Hier ist wenigstens eine individuelle Leistung, ein Einsetzen der Persönlichkeit, das dem damit gewonnenen Gegenstand einen Hauch von Eigenwert läßt, ihn nicht ganz in die Kategorie der »Sache« herabstößt. Dies aber findet statt, wo die Frauen für Geld oder unmittelbaren Geldeswert – Vieh, Holz, Bekleidungsgegenstände – gekauft werden. Von allen Werten, die das praktische Leben ausgebildet hat, ist das Geld der unpersönlichste. Weil es als Äquivalent für die entgegengesetztesten Dinge dient, ist es selbst vollständig farblos, alle persönlichen Werte, alle Individualisierungen des Lebens enden am Gelde, weshalb man treffend sagt, daß in Geldsachen die Gemütlichkeit aufhört; es besitzt keine Qualitäten außer seiner Quantität, und seiner unvergleichlichen Bedeutung für alle Äußerlichkeiten des Lebens entspricht deshalb seine völlige Beziehungslosigkeit zu allen innerlichen, personalen Werten desselben. Dieses Wesen des Geldes beeinflußt nun die Schätzung aller der Dinge, die für Geld erworben werden. Das ganz Besondere, Vornehme, das sich der Besitznahme durch den ersten besten entzieht, bezeichnen wir als »unbezahlbar«. Daß eine Frau sich verkauft, sei es in die Ehe mit einem ihr gleichgültigen Manne, sei es in flüchtigeren Formen, erscheint uns deshalb so besonders widrig, weil damit das Allerpersönlichste, was der Mensch zu geben hat, für einen so unpersönlichen Wert, wie Geld, in Tausch gegeben wird. Das Entsprechende zeigt sich nun auf niedrigen Stufen. Die Frauen werden im allgemeinen da besonders schlecht behandelt, wo sie für Geld gekauft werden, ihre Stellung hebt sich mit dem Verschwinden dieser Eheform.

Allein dieselbe muß nun auch die entgegengesetzte psychologische Wirkung entwickeln. Gerade daß die Frauen ein nutzbarer Besitzgegenstand sind, daß Opfer ihretwegen gebracht sind, läßt sie schließlich als wertvoll erscheinen. Überall, so hat man gesagt, erzeugt der Besitz Liebe zum Besitz. Man bringt nicht nur Opfer für das, was man gern hat, sondern auch umgekehrt: man liebt das, wofür man Opfer gebracht hat. Wenn die Mutterliebe der Grund unzähliger Aufopferungen für die Kinder ist, so sind doch auch die Mühen und Sorgen, die die Mutter für das Kind auf sich nimmt, ein Band, das sie immer fester an dieses knüpft; woraus man versteht, daß gerade kranke oder sonst zu kurz gekommene Kinder, die die aufopferndste Hingabe seitens der Mutter fordern, oft am leidenschaftlichsten von ihr geliebt werden. Die Kirche hat sich nie gescheut, die schwersten Opfer um der Liebe zu Gott willen zu verlangen, weil sie wohl wußte, daß wir um so fester und inniger an ein Prinzip gebunden sind, je größere Opfer wir dafür gebracht, ein je größeres Kapital wir sozusagen darin investiert haben. Es ist deshalb psychologisch wahrscheinlich, daß gerade der Frauenkauf, wie er einerseits die Frau zunächst deklassierte, sie andererseits in der Schätzung des Mannes gehoben haben muß. Ganz entfernt ist dieses soziologische Moment vielleicht auch nicht aus der modernen Familie. Der verhältnismäßig guten Stellung der Frau in dieser entspricht, durch die Unterhaltungspflicht seitens des Mannes, ein materielles Opfer desselben, das verhältnismäßig weit bedeutender ist, als der Kaufpreis der Frauen bei rohen Völkern. Aber dadurch, daß diese materielle Opferpflicht über das Ganze des Lebens verteilt ist und vor allem dadurch, daß sie der Frau selbst und nicht, wie früher, ihrer Familie zugute kommt – den Übergang hierzu bildete, daß die Eltern in späteren Zeiten das Kaufgeld dem Mädchen als Heiratsgut überließen –, sind gerade diejenigen Seiten des Opfers konserviert, welche den Wert des damit Gewonnenen zu steigern geeignet sind. Das Opfer für den Erwerb der Frau, das ursprünglich ihre Unterdrückung, ihre Ausbeutung, ihren Sachencharakter ausdrückte und steigerte, enthielt so schon das psychologische Moment, dessen Ausbildung zu einer direkten Umwertung ihrer Stellung führte.

Der Frauenkongreß und die Sozialdemokratie

(1896)

Die Interessen des Berliner Frauenkongresses haben ihre schärfste Zuspitzung in dem Gegensatz der bürgerlichen und der sozialdemokratischen Frauenbewegung gewonnen. Auf jedem größeren Interessengebiet gibt es ein Fundamentalproblem, dem jegliche Diskussion wie durch eine logische Schwerkraft zustrebt und das jede Spezialfrage verschlingt, wenn uns nicht äußerste intellektuelle Selbstbeherrschung an dieser festhält. Der Frauenkongreß hat wieder einmal bewiesen, wie sehr heute noch die Frage des Sozialismus der »heimliche König« aller sozialen Einzelfragen ist und wie unvermeidlich diese, wenn man sie gleichsam sich selbst überläßt, in jene münden.

Der Kongreß hatte an die sozialdemokratische Arbeiterinnen-Organisation eine Einladung ergehen lassen, sich an den Arbeiten des Kongresses zu beteiligen. Die Einladung war abgelehnt worden. Zwei Führerinnen der Arbeiterinnenbewegung, Frau Zetkin und Frau Braun, haben sich dennoch an den Diskussionen beteiligt, wen auch nur, um die Wertlosigkeit der bürgerlichen Frauenbewegung für die Interessen der Arbeiterinnen zu betonen. Sie hoben hervor, daß sie die Bestrebungen für die wirtschaftliche, rechtliche und kulturelle Gleichstellung der Frau mit dem Manne nicht ausdrücklich zu unterstützen brauchten, da ja die sozialdemokratische Partei – und diese allein von allen – schon seit vielen Jahren die gleichen Forderungen programmatisch vertrete. Im übrigen aber seien die Verhandlungsgegenstände des Kongresses und sei der an ihnen interessierte Kreis einfach *quantité négligeable* gegenüber der großen Masse der Arbeiterinnen und des himmelschreienden Elends unter ihnen. Auch sei auf dem Boden der bestehenden Gesellschaftsordnung, auf dem die bürgerliche Frauenbewegung sich vollzieht, für die Proletarierinnen keine Besserung zu erhoffen. Aus allen diesen Gründen stehe die proletarische Frauenbewegung der »Damenbewegung« teils gleichgültig, teils feindlich gegenüber. Darauf wurde in der Hauptsache erwidert, daß die vom Kongreß vertretene Bewegung in einer Reihe von Punkten mit der proletarischen parallel gehe; auch sie richte sich auf den Schutz der weiblichen Arbeiter, Erlangung besserer Arbeitsbedingungen, Anstellung weiblicher Fabrikinspektoren, Reform der Gesindeordnung usw. In diesen Bestrebungen werde man sich nicht beirren lassen – gleichviel, ob eine Vereinigung der Arbeit mit den sozialdemokratischen Organisationen erfolge oder nicht. »Bekämpfen Sie«, so ungefähr sagte Frau Schwerin, »wen Sie wollen; zu einem Kampfe zwischen uns und Ihnen wird es nicht kommen, weil *wir* nicht gegen *Sie* kämpfen.«

Bringt man die so vertretenen Standpunkte auf ihren einfachsten Ausdruck, so entsteht eine ganz klare Alternative. Wenn die Sozialdemokratie auf ihrem offiziellen Standpunkt verharrt, daß sie durch eine innerliche Revolution die Vergesellschaftung der Produktionsmittel herbeiführen und durch dieses eine und einzig mögliche Mittel alle sozialen Übelstände, alle Ungerechtigkeit, alle Unterdrückung der Gegenwart heben könne, so ist es eine völlig richtige Konsequenz, daß sie alle Versuche, auf anderem Wege einen Bruchteil dieser Leiden zu heilen, als eine Hemmung und ein trügerisches Palliativ zurückweist. Unter dieser Voraussetzung also, daß nur das Ganze als Ganzes geheilt werden kann und damit sich die Heilung alles einzelnen ergibt, wäre es ein irriger Versuch der heutigen Frauenbewegung, irgendeinen Anschluß an die sozialdemokratische Bewegung zu suchen. Ganz umgekehrt aber liegt der Fall, wenn man die Heilung des Ganzen als das Resultat und die Summe davon erwartet, daß die Teile allmählich in bessere und immer bessere Zustände gehoben werden. Diese Wendung der methodischen Überzeugung brauchte weder den Ausgangspunkt noch den Zielpunkt der sozialistischen Bestrebungen zu verändern. Denn das Elend des Proletariertums kann in seiner ganzen Tiefe empfunden und seine Linderung als die erste und vornehmste Aufgabe der Zeit vorgestellt werden, während man doch an das Radikalmittel einer revolutionären Veränderung des sozialen Gesamtstandes so wenig glauben kann wie etwa an ein plötzliches Wunder vom Himmel her. Es ist eine der bösesten Unterstellungen der sozialdemokratischen Partei – freilich jeder Partei –, daß sie den, der in der Wahl der Mittel von ihr abweicht, beschuldigt, er empfände nicht die ganze Größe der Leiden, denen abgeholfen werden muß.

Aber auch der, dem es Bedürfnis ist, an jenes absolute Ziel zu glauben, an die völlige Aufhebung der Klassenunterschiede und des Privatbesitzes an Kapital, wird sich nicht untreu, wenn er das Ziel nur durch allmählich einzuführende Reformen, gleichsam von unten herauf, für erreichbar hält. Der moderne Sozialismus trägt von seinem genetischen Zusammenhange mit philosophischer Spekulation den Zug zu Lehen, mit einer einzigen Formel, mit einem Schlage, alle Rätsel und Schwierigkeiten der Dinge lösen zu wollen. Wie aber das Schiboleth der Hegelschen Philosophie durch die geduldige Arbeit des Erkennens an den Einzelheiten der Welt abgelöst worden ist, aus deren allmählichem Zusammenfügen sich das Rätsel des Ganzen einst lösen kann, so kann die Einheitsformel des Sozialismus durch die praktische Arbeit an den Einzelheiten der sozialen Verhältnisse – gleichsam die Deduktion durch die Induktion – ersetzt werden, damit so aus der Summe des einzelnen das Ganze zusammenwachse. Umgekehrt wie in der physischen erheben sich in der Welt des Historischen und Geistigen die Fundamente oft erst aus der Vollendung der Einzelheiten, die der Sprachgebrauch mit irreführendem Gleichnis als über jenen aufgebaut bezeichnet. Ein unaufhörlicher Ausbau des Arbeiterschutzes und der Arbeiterversicherungen, Allgemeinheit und Unentgeltlichkeit höherer Schulbildung, allmähliches Losarbeiten auf Normalarbeitstag und Lohnminimum: ist das alles nicht eine »Sozialisierung der Produktionsmittel«, ein allmähliches Nivellement der sozialen Unterschiede? Dabei kann es reine Glaubenssache bleiben, ob der in solcher Richtung beschrittene Weg in Wirklichkeit bis zu diesen Endpunkten führen oder von einem bestimmten Momente an nach anderer Richtung abbiegen mag. Täusche ich mich nicht, so hat diese nüchterne Tendenz auf – relativ – langsam vorwärtsführende Evolution, die nicht die Besserung der Einzelheiten aus einem radikal geänderten Gesamtzustand, sondern die radikale Änderung des Gesamtzustandes als die Summe der gebesserten Einzelheiten hervorwachsen läßt, schon in weiteren sozialistischen Kreisen Wurzel gefaßt. Vielleicht, daß hier, wie so oft, gerade die Frauen der einmal eingeschlagenen Richtung in ihre radikalsten Konsequenzen folgen, was wohl mit der größeren Undifferenziertheit, Einheitlichkeit und Impulsivität des weiblichen Gefühlslebens zusammenhängen wird. Ist jene programmatische Auffassung des sozialen Fortschrittes aber überhaupt möglich, so stellt sich die grundsätzliche Absage der Sozialdemokraten an die Bestrebungen der bürgerlichen Frauen nur als eine Äußerung blinden Hasses dar, der jede aus bürgerlichen Kreisen stammende soziale Reform *a limine* abweist, damit die Agitation an keinem Punkte die klassenmäßige Scheidung überbrückt fände, deren Beseitigung doch das ganze Ziel der Sozialdemokratie selbst ist.

Der Kongreß selbst hat sich freilich ganz jenseits der Frage gestellt, in welche Gesamtverfassung der Zukunft sich seine Ziele einordnen können oder sollen. Soweit ich ihn verfolgt habe, zeigten alle deutschen Rednerinnen eine strenge Sachlichkeit und Beschränkung auf das vorliegende Problem, mochte es sich um die Reform der weiblichen Kleidung oder die vermögensrechtliche Stellung der Frau, um die Prostitution oder um das Universitätsstudium handeln. Damit wurde dem ganzen Kongreß die Tendenz aufgeprägt, nur Bausteine zu liefern, mit der Überzeugung, daß, wenn diese Steine nur richtig geformt und in sich kräftig und tragfähig wären, sie sich jedem Bau der Gesellschaft zweckdienlich einfügen werden, ohne von sich aus dessen Stil zu präjudizieren.

Nun ist freilich nicht zu leugnen, daß die Richtung der bürgerlichen Frauenbewegung der proletarischen zunächst gerade entgegengesetzt ist. Die von der Natur angezeigte Arbeitsteilung zwischen den Geschlechtern, nach der die Frau auf die Tätigkeit an und in der Familie angewiesen ist und in der sie, von wohlbegründeten Ausnahmen abgesehen, ihre Kulturmission am besten erfüllt, ist der Ausgangspunkt zweier ganz verschiedener Mißbildungen geworden. Die industrielle Entwicklung dieses Jahrhunderts hat die Proletarierin diesem natürlichen Beruf entrissen. Das Mädchen geht in einem Lebensalter in die Fabrik, in dem es dringend noch der schützenden Atmosphäre des Elternhauses bedürfte; die verheiratete Frau wird durch die Fabrikarbeit nicht nur den unmittelbaren Pflichten gegen ihr Haus und ihre Kinder entzogen, sondern die Einflüsse dieser Arbeit lassen in ihr auch die physiologischen Bedingungen einer gesunden Nachkommenschaft verkümmern. Die wirtschaftliche Selbständigkeit der Proletarierin ist so für sie wie für die Allgemeinheit die Quelle der schwersten Übel und es handelt sich also darum, sie mit schonenden und einschränkenden Vorschriften zu umgeben. Die Proletarierin hat nicht zuwenig, sondern zuviel soziale Freiheit – so kümmerlich es mit ihrer individuellen auch stehen mag. Ganz umgekehrt in den höheren Ständen. Hier hat die moderne Arbeitsteilung den Frauen so viele früher hauswirtschaftliche Funktionen abgenommen, daß für eine ungeheure Zahl von Frauen der Rahmen des Hauses keine ausreichende Bewährung ihrer Kräfte mehr ermöglicht: Das gilt für junge Mädchen, alte Jungfern, kinderlose Frauen und solche mit wenigen oder bereits erwachsenen Kindern. Dennoch sind sie in diesen Rahmen eingespannt geblieben und unzählige wertvolle Kräfte müssen so entweder unentwickelt rosten oder richten zurückschlagend jede mögliche Zerrüttung an: die närrische alte Jungfer, das maskuline, emanzipierte Weib, die hyperästhetische, an Perversität streifende Sensitive: Das sind die Opfer einer Kultur, die den Kräften der Frauen das historisch gefestete Gebiet ihrer Betätigung eingeschränkt oder genommen hat, ohne ihnen andere zu eröffnen. Dies, im Verein mit der gewachsenen Schwierigkeit, einen nicht erwerbenden Menschen durchzufüttern, ist die Quelle der bürgerlichen Frauenbewegung. Das Haus wird als unerträgliche Schranke empfunden, nicht – wenigstens in den besseren Fällen nicht – weil die Welt draußen schöner und bequemer ist, sondern weil sie den unverbrauchten Spannkräften Lösung und Bewährung verspricht. Die bürgerliche Frau sucht neue Rechte als den Weg zu neuen Pflichten, sie sucht ökonomische und soziale Freiheit als den Ausgangspunkt erfüllender Tätigkeit. So zeigen ihre Bestrebungen das genaue Gegenbild der proletarischen: das Haus, aus dem die Proletarierin gewaltsam vertrieben ist, hält jene gewaltsam zurück, die ökonomisch-selbständige Tätigkeit, die der einen zum Fluch wird, würde der anderen zum Segen gereichen. Aber wenn hier ein unleugbarer und unmittelbarer Gegensatz der bürgerlichen und der proletarischen Frauen vorliegt, so hüte man sich, daß nicht auch hier wieder der sprachliche Ausdruck das Problem mißverständlich verschärfe. Die Verschiedenheit beider Interessenkreise ist keine solche, die ein feindseliges Sich-Entgegen-Arbeiten bedingte; die Vorteile, die die eine Klasse erringt, bedeuten in keiner Weise einen Nachteil für die andere. Vielmehr, es ist ja dieselbe ökonomisch soziale Ordnung, die nur, je nach den verschiedenen Verhältnissen, in die sie ausstrahlt, so verschiedene Reaktionen auslöst. Die industrielle Produktionsart der Gegenwart hat einerseits die Proletarierfrau der hauswirtschaftlichen Tätigkeit entrissen und andererseits der darauf beschränkt gebliebenen bürgerlichen Frau die Wirkungssphäre verkümmert. So gehören beide Erscheinungen gleichmäßig zu jenen typischen Fällen, die wohl das ganze Leiden der Gegenwart ausmachen: daß die Entwicklung der objektiven Verhältnisse schneller vorgeschritten ist als die Entwicklung und Anpassung der Individuen. Die Kultur und Technik der Sachen stellt Anforderungen und entwickelt Folgen, die mit den historisch erwachsenen Lebensbedingungen der

Personen nicht mehr übereinstimmen. Vielleicht ist dies das tiefere Fundament der Deutung, die schon Goethe unserer Zeitkrankheit gab:

> Unsrer Krankheit schwer Geheimnis
> Schwankt zwischen Übereilung
> Und zwischen Versäumnis.

Der Inhalt des Lebens findet für jedes Wesen seine Form in einer bestimmten Proportion zwischen Bindung und Freiheit, zwischen Bestimmtwerden und Sich-Selbst-Gehören. Die Maße von beidem, die die geschichtliche Anpassung für die Frauen als die richtigen, ihren personalen Verhältnissen und Bedürfnissen entsprechenden fixiert hat, sind durch die hypertrophische Entwicklung unserer Produktion überholt und entwurzelt worden. Es ist derselbe Zerfall zwischen der persönlich-menschlichen Disposition und ihrer sozialen Befriedigungsmöglichkeit, der das Elend der Proletarierin und das Verkümmern so vieler bürgerlicher Frauen verschuldet: nur daß es in beiden Fällen verschiedene Seiten jener vitalen Proportion betrifft.

Ich habe hier keine Prognose über eine künftige soziale Entwicklung zu stellen, die die verlorene Anpassung auf höherer Stufe zurückgewinnen ließe. Nur das galt es zu zeigen, daß die bürgerliche und die proletarische Frauenfrage, trotz oder wegen ihrer scheinbaren Divergenz, doch nur die Seiten derselben sozialen Gesamterscheinung sind. Ein tieferdringender Blick enthüllt die ökonomische und ethische Gesamtverfassung als das Zentrum, von dem gleichmäßig nach beiden Seiten hin die Verschärfung der Probleme ausgegangen ist, von dessen Entwicklung also auch allein ihre Lösung zu erwarten ist.

Die Rolle des Geldes in den Beziehungen der Geschlechter

Fragment aus einer »Philosophie des Geldes«
(1898)

I

Die ethnologischen Tatsachen zeigen, daß der Frauenkauf sich keineswegs nur oder vorzugsweise auf den niedrigsten Stufen der Kulturentwicklung findet. Einer der besten Kenner dieses Gebietes stellt fest, daß die unzivilisierten Völker, die die Kaufehe nicht kennen, meistens außerordentlich rohe Rassen sind. So erniedrigend der Kauf der Frau in höheren Verhältnissen erscheint, so erhöhend kann er in niedrigen wirken, und zwar aus zwei Ursachen. Zunächst findet der Frauenkauf niemals, soviel wir wissen, nach Art der individualistischen Wirtschaft statt. Strenge Formen und Formeln, Berücksichtigung der Familieninteressen, genaue Konventionen über Art und Höhe der Zahlung binden ihn selbst bei recht tiefstehenden Völkern. Die ganze Art seines Vollzuges trägt ausgesprochen sozialen Charakter: ich erwähne nur, daß der Bräutigam vielfach berechtigt ist, von jedem Stammesgenossen einen Beitrag zum Brautpreise zu fordern und daß dieser selbst oft in dem Geschlechte der Braut verteilt wird. Diese ganze geschäftsmäßige und unindividuelle Behandlung der Eheangelegenheit erscheint uns freilich herabsetzend. Dennoch ist die *Organisation* derselben, wie sie im Frauenkauf vorliegt, ein ungeheurer Fortschritt gegenüber etwa den roheren Zuständen der Raubehe oder den ganz primären Sexualverhältnissen, die zwar wahrscheinlich nicht in völliger Promiskuität, aber ebenso wahrscheinlich auch ohne jenen festen normierenden Halt verliefen, den der sozial geregelte Kauf darbietet. Die Entwicklung der Menschheit gelangt immer wieder zu Stadien, wo die Unterdrückung der Individualität der unausbleibliche Durchgangspunkt für ihre spätere freie Entfaltung, wo die bloße Äußerlichkeit der Lebensbestimmungen die Schule der Innerlichkeit wird, wo die vergewaltigende Formung eine Aufsammlung der Kräfte bewirkt, die später alle persönliche Eigenart tragen. Von dem Ideal der vollentwickelten Individualität aus erscheinen solche Perioden allerdings roh und würdelos, aber sie legen nicht nur die positiven Keime der späteren Höherentwicklung, sondern sie sind auch an und für sich schon Erweisungen des Geistes in seiner Herrschaft über den Rohstoff des Menschlichen, Organisierungen der fluktuierenden Masse unserer Impulse, Betätigungen der spezifisch menschlichen Zweckmäßigkeit, die sich die Normen des Lebens – wie brutal, äußerlich, ja stupid auch immer – eben doch *selbst* gibt, statt sie von bloßen Naturgewalten zu empfangen. Es gibt heute extreme Individualisten, welche dennoch praktische Anhänger des Sozialismus sind, weil sie diesen als die unentbehrliche Vorbereitung und wenn auch noch so harte Schule für einen geläuterten und gerechten Individualismus ansehen. So ist jene relativ feste Ordnung und äußerliche Schematik der Kaufehe ein erster, sehr gewaltsamer, sehr unindividueller Versuch gewesen, die Eheverhältnisse sozusagen auf einen bestimmten Ausdruck zu bringen, der für rohe Stufen ebenso angemessen war wie individuellere Eheformen für höher entwickelte. Diese Bedeutung für den sozialen Zusammenhalt zeigt schon der Frauentausch, den man, als Naturaltausch, eine Vorstufe des Frauenkaufes nennen könnte. Bei den australischen Narinyeri findet die eigentliche, legale Eheschließung durch Austausch der Schwestern der Männer statt. Wenn statt dessen ein Mädchen mit ihrem Auserwählten davonläuft, so gilt sie nicht nur als sozial minderwertig, sondern sie verliert auch den Anspruch auf Schutz, den ihr im anderen Fall die Horde schuldet, in der sie geboren ist. Damit kommt die soziale Bedeutung dieser so eminent unindividuellen Art der Eheschließung zu klarem Ausdruck. Die Horde schützt das Mädchen nicht mehr, bricht ihre Beziehungen zu ihm ab, weil sie keinen Gegenwert für dasselbe erhalten hat.

Hiermit ist der Übergang zu dem zweiten kulturell erhöhenden Motiv der Kaufehe gegeben. Gerade daß die Frauen ein nutzbarer Besitzgegenstand sind, daß Opfer zu ihrem Erwerbe gebracht sind, läßt sie schließlich als wertvoll erscheinen. Überall, so hat man gesagt, erzeugt der Besitz Liebe zum Besitz. Man bringt nicht nur Opfer für das, was man gern hat, sondern auch umgekehrt: man liebt das, wofür man Opfer gebracht hat. Wenn die Mutterliebe der Grund unzähliger Aufopferungen für die Kinder ist, so sind doch auch die Mühen und Sorgen, die die Mutter für das Kind auf sich nimmt, ein Band, das sie immer fester an dieses knüpft; woraus man versteht, daß gerade kranke oder sonst zu kurz gekommene Kinder, die die aufopferndste Hingabe seitens der Mutter fordern, oft am leidenschaftlichsten von ihr geliebt werden. Die Kirche hat sich nie gescheut, die schwersten Opfer um der Liebe zu Gott willen zu verlangen, weil sie wohl wußte, daß wir um so fester und inniger an ein Prinzip gebunden sind, je größere Opfer wir dafür gebracht, ein je größeres Kapital wir sozusagen darin investiert haben. Sosehr der Frauenkauf also unmittelbar auch die Unterdrückung, die Ausbeutung, den Sachencharakter der Frau zum Ausdruck brachte, so hat sie durch ihn doch erstens für ihre elterliche Gruppe, der sie den Kaufpreis eintrug, und zweitens für den Mann an Wert gewonnen, für den sie ein relativ hohes Opfer repräsentierte und der sie deshalb im eigenen Interesse schonend behandeln mußte. Für vorgeschrittene Begriffe ist diese Behandlung noch immer elend genug, ja die übrigen entwürdigenden Momente, die den Frauenkauf begleiten, können jenes Bessere soweit paralysieren, daß die Stellung der Frau die jammervollste und sklavenhafteste wird. Aber darum bleibt es nicht minder wahr, daß der Frauenkauf es zu sinnenfälligem und eindringlichem Ausdruck gebracht hat: die Frauen sind etwas wert – und zwar in dem psychologischen Zusammenhange, daß man nicht nur für sie bezahlt, weil sie etwas wert sind, sondern daß sie etwas wert sind, weil man für sie bezahlt hat. Deshalb ist es verständlich, wenn bei gewissen amerikanischen Stämmen das Fortgeben eines Mädchens ohne Preis als eine starke Herabminderung ihrer und ihrer ganzen Familie angesehen wird, so daß selbst ihre Kinder für nichts Besseres als Bastarde gehalten werden. Es ist dabei von größter Wichtigkeit, daß die Verschiedenheit der Preise – sowohl der sozial fixierten wie der durch individuellen Handel zustande kommenden – zum Ausdruck bringen, daß die Frauen an Wert verschieden sind. Von den Kafferfrauen wird berichtet, daß sie ihr Verkauftwerden durchaus nicht als Entwürdigung empfinden, das Mädchen sei im Gegenteil stolz darauf und je mehr Ochsen oder Kühe sie gekostet hat, um so mehr halte sie sich wert. Man wird allgemein bemerken, daß eine Kategorie von Objekten ein entschiedeneres Wertbewußtsein dann erwirbt, wenn jedes einzelne besonders gewertet werden muß und starke Unterschiede des Preises die Tatsache des Wertes immer neu und scharf empfinden lassen, während ein immer gleicher Preis diese Tatsache für das Bewußtsein mehr zurücktreten läßt. So enthält der Frauenkauf ein erstes, freilich äußerst rohes Mittel, den individuellen Wert der einzelnen Frau und – vermöge jener psychologischen Regel der Werte – auch den Wert der Frauen überhaupt hervortreten zu lassen. Deshalb ist auch innerhalb des Frauenkaufes offenbar diejenige Stufe die niedrigste, wo der Preis durch Herkommen für alle gleichmäßig fixiert ist, wie bei einigen Afrikanern.

Was sich in diesem Falle mit äußerster Entschiedenheit geltend macht: daß die Frau als bloßes Genus behandelt wird, als ein unpersönliches Objekt – das ist nun freilich selbst bei allen oben erwähnten Einschränkungen das Kennzeichen der Kaufehe. Darum wird von einer Reihe von Völkerschaften, besonders in Indien, der Frauenkauf als etwas Schimpfliches betrachtet, und anderwärts findet er zwar statt, aber man scheut den Namen und bezeichnet es als ein freiwilliges Geschenk an die Brauteltern. Der Unterschied eigentlichen Geldes gegen Leistungen anderer Art macht sich hier sehr geltend. Von den Lappländern wird berichtet, daß sie ihre Töchter zwar gegen Geschenke hingeben, es aber für nicht anständig erklären, Geld für sie zu nehmen. Zieht man die übrigen sehr komplizierten Bedingungen in Betracht, von denen die Stellung der Frauen abhängt, so scheint es, als ob der eigentliche Geldkauf sie viel tiefer herabdrücke, als die Hingabe gegen Geschenke oder gegen persönliche Dienstleistungen des Werbers für die Eltern der Braut. In dem Geschenk steckt wegen der größeren Unbestimmtheit seines Wertes und der – selbst bei sozialer Konvention darüber – individuelleren Freiheit seiner Wahl etwas Persönlicheres, als in der dahingegebenen Geldsumme mit ihrer unbarmherzigen Objektivität. Zudem baut das Geschenk die Brücke zu jener vorgeschritteneren und zur Mitgift überführenden Form, bei der die Geschenke des Werbers durch Geschenke seitens der Brauteltern erwidert werden. Damit ist prinzipiell die Unbedingtheit der Verfügung über die Frau gebrochen, denn der Wert, den der Mann angenommen hat, schließt eine gewisse Verpflichtung in sich; er ist jetzt nicht mehr der allein Vorleistende und ein Forderungsrecht liegt auch auf der anderen Seite. Es ist ferner behauptet worden, daß der Erwerb der Frauen durch Arbeitsleistungen eine höhere Eheform darstelle als die durch direkten Kauf. Es scheint indes, daß dieselbe die ältere und unkultiviertere sei, was freilich nicht hindern würde, daß sie mit einer besseren Behandlung der Frauen verbunden ist. Denn überhaupt hat gerade die vorgeschrittene und geldmäßige Wirtschaft die Lage dieser wie der Schwächeren überhaupt vielfach verschlimmert. Unter den jetzigen Naturvölkern finden wir beide Formen manchmal bei einem und demselben nebeneinander. Diese letztere Tatsache beweist, daß ein *wesentlicher* Unterschied für die Behandlung der Frauen nicht besteht, wenngleich im großen und ganzen das Einsetzen eines so persönlichen Wertes, wie die Dienstleistung ist, den Erwerb der Frau doch in ganz anderer Weise über den eines Sklaven stellen muß, wie ihr Kauf für Geld oder substantiellen Geldeswert. Nun gilt auch hier das allenthalben Hervorzuhebende: daß die Herabdrückung und Entwürdigung menschlichen Wertes durch Erkauftwerden dieser Art eine geringere wird, wenn die Kaufsummen sehr groß sind. Denn in sehr hohen Summen besitzt der Geldeswert eine Seltenheit, die ihn individueller, unverwechselbarer färbt und ihn dadurch zum Äquivalent personaler Werte geeigneter macht. Bei den Griechen der heroischen Zeit finden sich Geschenke des Bräutigams an den Vater der Braut – die freilich keinen eigentlichen Kauf darzustellen scheinen –, während die Stellung der Frauen eine ganz besonders gute ist. Allein es wird hervorgehoben, daß diese Gaben realtiv *sehr erhebliche* waren. So herabsetzend es wirkt, wenn entweder die Innerlichkeit oder die Totalität des Menschen gegen Geld eingesetzt wird, so kann doch, wie spätere Beispiele noch stärker beweisen werden, eine ungewöhnliche Höhe der ins Spiel kommenden Summen eine Art Ausgleichung, insbesondere in Rücksicht der sozialen Stellung der Betreffenden, schaffen. So hören wir, daß Eudard II. und III. ihre Freunde als Geiseln für die Rückzahlung ihrer Schulden fortgaben und 1340 soll sogar der Erzbischof von Canterbury als Pfand – nicht als Bürge – für die Schulden des Königs nach Brabant verschickt werden. Die Größe der Summen, um die es sich hier handelte, wehrte von vornherein die Deklassierung ab, die durch ein derartiges Einsetzen von Personen um Geld auf diese, wenn es sich um Lappalien gehandelt hätte, gefallen wäre. Es gibt deshalb – um dies durch seinen Gegensatz aus einem ganz anderen Interessengebiete zu beleuchten – kaum eine tiefere Herabsetzung des Menschlichen als jene bis in die Gegenwart sich erstreckende Art der Armenpflege: daß die unterhaltspflichtige Gemeinde ihre Armen (besonders alte Leute) an den Mindestfordernden in Pflege gibt. Wenngleich hier nicht Rechte, sondern Pflichten gegenüber dem Objekte des Geldgeschäftes in Frage stehen, so genügt doch die Tatsache, daß alle Ansprüche desselben dem Minimum des dafür geforderten Geldes gleichgesetzt werden, um die Rechte und den Wert seiner Persönlichkeit als *quantité négligeable* erscheinen zu lassen; was sich denn auch in der bei diesem Modus erzielten Verpflegung auszudrücken pflegt.

Der Übergang von dem Prinzip der Kaufehe, das wohl bei der Mehrzahl der Völker irgendwann geherrscht hat, zu dem entgegengesetzten: dem Prinzip der Mitgift, ist wahrscheinlich, wie angedeutet, so zustande gekommen, daß die Gaben des Bräutigams seitens der Eltern an die Braut weitergegeben wurden, der man damit eine gewisse ökonomische Selbständigkeit sichern wollte; die Ausstattung der Frau durch die Eltern blieb dann bestehen und entwickelte sich weiter, auch nachdem ihr Ursprung, die vom Manne gezahlte Kaufsumme, in Wegfall gekommen war. Es interessiert hier nicht, diese sehr ungenau bekannte Entwicklung zu verfolgen. Aber man kann doch wohl behaupten, daß die Verallgemeinerung der Mitgift mit der steigenden Geldwirtschaft beginnt. Das mag so zusammenhängen. In den roheren Zuständen, wo der Frauenkauf herrscht, ist die Frau nicht nur ein Arbeitstier – denn das ist sie meistenteils auch noch später –, sondern ihre Arbeit ist noch nicht in dem spezifischen Sinne »häuslich«, wie die der Frau in der Geldwirtschaft, die wesentlich die Konsumtion des männlichen Erwerbes innerhalb des Hauses zu leiten hat. Soweit ist in jenen Epochen die Arbeitsteilung noch nicht vorgeschritten, die Frau beteiligt sich unmittelbarer an der Produktion und stellt deshalb für ihren Besitzer einen viel greifbareren wirtschaftlichen Wert dar als später. Der ursprüngliche Besitzer, der Vater oder der Stamm, hat keinen Grund, diesen Wert einem anderen ohne Entgelt zu überlassen. Auf dieser Stufe erwirbt die Frau nicht nur ihren eigenen Unterhalt, sondern der Mann kann ihren Kaufpreis aus ihrer Arbeit unmittelbar herausschlagen. Das ändert sich, sobald die Wirtschaft ihren familienhaften Charakter und der Konsum seine Beschränkung auf die Eigenproduktion verliert. Damit scheiden sich die ökonomischen Interessen, vom Hause aus betrachtet, in eine zentrifugale und eine zentripetale Richtung. Die Produktion für den Markt und die Hauswirtschaft beginnen ihre Gegensätze, durch das Geld ermöglicht, zu entfalten und damit die schärfere Arbeitsteilung zwischen den Geschlechtern einzuleiten. Aus sehr naheliegenden Ursachen fällt der Frau die nach innen, dem Manne die nach außen gewandte Tätigkeit zu und die erstere wird mehr und mehr eine Verwaltung und Verwendung der Erträgnisse der letzteren. Damit verliert der wirtschaftliche Wert der Frau sozusagen seine Substantialität und Sinnenfälligkeit, sie erscheint jetzt als die Unterhaltene, die von der Arbeit des Mannes lebt. Es fällt also nicht nur der Grund fort, einen Preis für sie zu fordern und zu bewilligen, sondern sie ist – wenigstens für die gröbere Betrachtungsweise – eine Last, die der Mann auf sich nimmt und für die er zu sorgen hat. So ist das Fundament für die Mitgift geschaffen, die sich demzufolge immer umfassender ausbilden muß, je mehr die Tätigkeitssphären von Mann und Frau sich in dem angegebenen Sinne scheiden. Unter einem Volke wie den Juden, bei denen aufgrund eines unruhigeren Temperamentes und anderer Ursachen die Männer sehr beweglich und, als notwendiges Korrelat dazu, die Frauen stenger auf das Haus angewiesen waren, finden wir die Mitgift als gesetzliche Vorschrift sogar schon vor ausgebildeter Geldwirtschaft, die sonst ihrerseits auf das gleiche Resultat führt. Diese erst ermöglicht der Produktion jene objektive Technik, jene Ausbreitung, jenen Beziehungsreichtum und zugleich jene arbeitsteilige Einseitigkeit, durch welche der frühere Indifferenzzustand von häuslichen Interessen und Erwerbsinteressen gespalten und ein besonderer Träger für diese, ein besonderer für jene verlangt wird. Wer das eine und das andere sein soll, kann zwischen Mann und Frau nicht zweifelhaft sein; und ebensowenig, daß damit der Brautpreis, für den der Mann die Produktivkraft der Frau gekauft hat, der Mitgift Platz machen muß, die ihn für den Unterhalt der nichtproduzierenden Frau entschädigt oder die der Frau eine gewisse ökonomische Selbständigkeit und Sicherheit neben dem erwerbenden Manne gewähren soll.

Durch diesen engen Zusammenhang, den die Mitgift bei der Geldwirtschaft mit der ganzen Konstitution des Ehelebens hat – sei es um den Mann, sei es um die Frau zu sichern –, ist es verständlich, daß schließlich sowohl in Griechenland wie in Rom die Mitgift zum Kennzeichen der legitimen Gattin wurde, in ihrem Gegensatz zur Konkubine, die keinen weiteren Anspruch an den Mann hat, so daß dieser weder für einen solchen entschädigt, noch sie selber für den Fall der Nichterfüllung desselben sichergestellt zu werden braucht. Und dies leitet zur Prostitution über, die die Bedeutung des Geldes für das Verhältnis der Geschlechter wieder in ein neues Licht stellt. Während alle gelegentlich des Eheschlusses erfolgenden Gaben des Mannes für die Frau oder an die Frau selbst – so auch die Morgengabe und das *pretium virginitatis* – ebensogut als Natural- wie als Geldgeschenk auftreten können und auftreten, entspricht der unehelichen Hingabe, für die überhaupt ein Preis gezahlt wird, in der Regel die Geldform desselben. Nur die Transaktion um Geld trägt jenen Charakter einer ganz momentanen Beziehung, die keine Spuren hinterläßt, wie er der Prostitution eigen ist. Mit der Hingabe von Geld hat man sich vollständiger aus der Beziehung gelöst, sich radikaler mit ihr abgefunden, als mit der Hingabe irgendeines qualifizierten Gegenstandes, an dem durch seinen Inhalt, seine Wahl, seine Benützung leichter ein Hauch der gebenden Persönlichkeit haften bleibt. Der momentan aufgegipfelten und ebenso momentan verlöschenden Begierde, der die Prostitution dient, ist allein das Geldäquivalent angemessen, das zu nichts verbindet und prinzipiell in jedem Augenblick zur Hand ist und in jedem Augenblick willkommen ist. Für ein Verhältnis zwischen Menschen, das seinem Wesen nach auf Dauer und Wahrheit der verbindenden Kräfte angelegt ist – wie das wirkliche Liebesverhältnis, so schnell es auch abgebrochen werde –, ist das Geld niemals der adäquate Mittler; für den käuflichen Genuß, der jede über den Augenblick und über den einseitig sinnlichen Trieb hinausgehende Beziehung ablehnt, leistet das Geld, das sich mit seiner Hingabe absolut von der Persönlichkeit löst und jede weitere Konsequenz am gründlichsten abschneidet, den sachlich und symbolisch vollkommensten Dienst – indem man mit Geld bezahlt hat, ist man mit jeder Sache am gründlichsten fertig, so gründlich, wie mit der Prostituierten nach erlangter Befriedigung. Dadurch, daß die Beziehung der Geschlechter innerhalb der Prostitution ganz unzweideutig auf den sinnlichen Akt beschränkt ist, wird sie auf ihren rein gattungsmäßigen Inhalt herabgesetzt; sie besteht in demjenigen, was jedes Exemplar der Gattung leisten und empfinden kann und worin sich die sonst entgegengesetztesten Persönlichkeiten begegnen und alle individuellen Differenzen aufgehoben erscheinen. Das ökonomische Seitenstück für diese Art von Beziehungen ist deshalb das Geld, das gleichfalls, jenseits aller individuellen Bestimmtheit stehend, gleichsam den Gattungstypus der ökonomischen Werte bedeutet, die Darstellung dessen, was allen einzelnen Werten gemein ist.

Hierauf gründet es sich, daß die fürchterliche, in der Prostitution liegende Entwürdigung in ihrem Geldäquivalent den schärfsten Ausdruck findet. Sicherlich bezeichnet es den Tiefpunkt der Menschenwürde, wenn eine Frau das Intimste und Persönlichste, das nur aus einem ganz individuellen Impuls geopfert und nur mit der gleichen personalen Hingabe des Mannes aufgewogen werden dürfte, gerade um einer so ganz unpersönlichen, rein äußerlich-sachlichen Vergeltung willen dahingibt. Wir empfinden hier die völligste und peinlichste Unangemessenheit zwischen Leistung und Gegenleistung; oder vielmehr, das eben ist die Erniedrigung der Prostitution, daß sie den persönlichsten und im gewissen Sinne wertvollsten Besitz der Frau so herabsetzt, daß der allerneutralste, allem Persönlichen fernste Wert als angemessenes Äquivalent für ihn empfunden wird. Diese Charakterisiertheit der Prostitution durch die Geldentlohnung trifft indes auf einige gegenteilige Überlegungen, die erörtert werden müssen, um jene Bedeutung des Geldes ganz scharf hervortreten zu lassen.

II

Der ganz personale, intim-individuelle Charakter, den die sexuelle Hingabe der Frau tragen soll, scheint nicht recht mit der früher betonten Tatsache übereinzustimmen, daß die bloß sinnliche Beziehung zwischen den Geschlechtern rein generellen Wesens sei, daß in ihr, als dem absolut Allgemeinen und uns sogar mit dem Tierreich gemeinsamen, gerade alle Personalität und individuelle Innerlichkeit ausgelöscht wäre. Wenn die Männer so sehr geneigt sind, über die Frauen »im Plural« zu sprechen, über sie in Bausch und Bogen und alle gleichsam in einen Topf werfend zu urteilen, so ist allerdings einer der Gründe dafür sicherlich auch der, daß dasjenige, was insbesondere die Männer von roherer Sinnlichkeit an den Frauen interessiert, eben dasselbe bei der Prinzessin wie bei der Schneiderin ist. So scheint es ausgeschlossen, gerade in dieser Funktion einen eigentlichen Persönlichkeitswert zu finden; alle anderen von ähnlicher Allgemeinheit: essen und trinken, die regulären physiologischen, ja psychologischen Tätigkeiten, der Trieb der Selbsterhaltung und die typisch-logischen Funktionen – werden niemals mit der Persönlichkeit als solcher in solidarische Verbindung gesetzt, niemals empfindet man, daß jemand gerade in der Ausübung oder Darbietung dessen, was ihm mit allen anderen ununterscheidbar gemeinsam ist, sein Innerstes, Wesentliches, Umfassendstes äußere oder fortgebe. Dennoch liegt bei der geschlechtlichen Hingabe der Frau diese Anomalie unleugbar vor: dieser ganz generelle, für alle Schichten des Menschlichen gleichmäßige Akt wird tatsächlich – wenigstens für die Frau – zugleich als ein allerpersönlichster, ihr Innerliches einschließender empfunden. Dies kann verständlich werden, wenn man sich der Meinung anschließt, daß die Frauen überhaupt noch tiefer in den Gattungstypus eingesenkt sind als die Männer, von denen sich der einzelne differenzierter und individualisierter aus jenem heraushebt. Daraus würde zunächst folgen, daß bei der Frau das Gattungsmäßige und das Persönliche eher zusammenfallen kann. Hängen die Frauen wirklich noch enger und tiefer als der Mann mit dem dunkeln Urgrund der Natur zusammen, so wurzelt ihr Wesentlichstes und Persönlichstes eben auch noch kräftiger in jenen natürlichsten, allgemeinsten, die Einheit der Art garantierenden Funktionen. Und es folgt weiter, daß jene Einheitlichkeit des weiblichen Geschlechts, die das, was allen gemeinsam ist, weniger scharf von dem, was jede für sich ist, unterscheidet – daß diese sich in der größeren Einheitlichkeit des Wesens jeder einzelnen Frau für sich spiegeln muß. Die Erfahrung scheint zu bestätigen, daß die einzelnen Kräfte, Qualitäten, Impulse der Frau psychologisch unmittelbarer und enger zusammenhängen, als beim Manne, dessen Wesensseiten selbständiger ausgebildet sind, so daß Entwicklung und Schicksal jeder einzelnen von dem jeder anderen relativ unabhängig sind. Das Wesen der Frau aber steht – so kann man wenigstens die allgemeine Meinung über sie zusammenfassen – vielmehr unter dem Zeichen des alles oder nichts, ihre Neigungen und Betätigungen stehen in engeren Assoziationen, und es gelingt leichter bei ihnen als bei Männern, die Gesamtheit des Wesens mit allen seinen Gefühlen, Wallungen, Gedanken von *einem* Punkte aus aufzuregen. Wenn sich dies so verhält, so liegt eine gewisse Berechtigung in der Voraussetzung, daß die Frau mit dieser einen zentralen Funktion, mit der Hingabe dieses einen Teiles ihres Ich, wirklich ihre ganze Person vollständiger und unreservierter dahingegeben habe, als der differenziertere Mann es bei der gleichen Gelegenheit tut. Schon auf harmloseren Stufen des Verhältnisses zwischen Mann und Frau macht sich dieser Unterschied seiner Bedeutung für beide geltend; sogar Naturvölker normieren die Bußen, welche der Bräutigam beziehungsweise die Braut bei einseitiger Aufhebung des Verlöbnisses zu zahlen haben, für beide verschieden, und zwar so, daß z. B. bei den Bataks diese fünf Gulden, jener aber zehn zu zahlen hat, bei den Bewohnern von Bengkulen der kontraktbrüchige Bräutigam vierzig, die Braut nur zehn Gulden. Die Bedeutung und die Folgen, welche die Gesellschaft an die sinnliche

Beziehung zwischen Mann und Weib knüpft, stehen dementsprechend auch unter der Voraussetzung, daß die Frau ihr ganzes Ich, mit der Gesamtheit seiner Werte, jener dagegen nur einen Teil seiner Persönlichkeit in den Tausch gegeben habe. Sie spricht deshalb einem Mädchen, das sich einmal vergangen hat, die »Ehre« schlechthin ab, sie verurteilt den Ehebruch der Frau viel härter als den des Mannes, von dem man annimmt, daß sich eine gelegentliche rein sinnliche Extravaganz noch mit der Treue gegen seine Frau in allem Innerlichen und Wesentlichen wenigstens vertragen *könne*, sie deklassiert die Prostituierte ganz unrettbar, während der schlimmste Wüstling sich noch immer gleichsam an den übrigen Seiten seiner Persönlichkeit aus dem Sumpfe herausziehen und jegliche soziale Stellung wiedergewinnen kann. In dem rein sinnlichen Akt also, um den es sich bei der Prostitution handelt, setzt der Mann nur ein Minimum seines Ichs, die Frau aber ein Maximum ein – freilich nicht in dem einzelnen Fall, wohl aber in allen Fällen zusammengenommen; ein Verhältnis, aus dem sowohl das Zuhältertum wie die als häufig angegebenen Fälle der lesbischen Liebe unter den Prostituierten verständlich werden: weil die Prostituierte aus ihren Beziehungen zu Männern, in welche diese niemals als wirkliche und ganze Menschen eintreten, eine fürchterliche Leere und Unbefriedigtheit davontragen muß, sucht sie eine Ergänzung durch jene Verhältnisse, an denen doch wenigstens noch einige sonstige Seiten des Menschen beteiligt sind. Weder der Gedanke also, daß der Geschlechtsakt etwas Generelles und Unpersönliches wäre, noch die Tatsache, daß der Mann an demselben, äußerlich betrachtet, ebenso beteiligt ist wie die Frau, kann das behauptete Verhältnis umstoßen: daß der Einsatz der Frau ein unendlich persönlicherer, wesentlicherer, das Ich umfassenderer ist, als der des Mannes, und daß das Geldäquivalent dafür also das denkbar Ungeeignetste und Unangemessenste ist, dessen Geben und Annehmen die tiefste Herabdrückung der Persönlichkeit der Frau bedeutet. – Das Entwürdigende der Prostitution für die Frau liegt an und für sich noch nicht in ihrem polyandrischen Charakter, noch nicht darin, daß sie sich vielen Männern hingibt; eigentliche Polyandrie verschafft sogar der Frau oft ein entschiedenes Übergewicht, z. B. bei der relativ hochstehenden Gruppe der Nairs in Indien. Allein das hier Wesentliche ist nicht, daß die Prostitution Polyandrie, sondern daß sie Polygynie bedeutet. Diese eben setzt allenthalben den Eigenwert der Frau unvergleichlich herab; sie verliert den Seltenheitswert. Äußerlich angesehen, vereinigt die Prostitution ja polyandrische mit polygynischen Verhältnissen. Allein der Vorsprung, den allenthalben derjenige, der das Geld gibt, vor demjenigen hat, der die Ware gibt, bewirkt es, daß nur die letzteren, die dem *Manne* ein ungeheures Übergewicht verleihen, der Prostitution den Charakter bestimmen. Auch in Verhältnissen, die mit Prostitution nicht das geringste zu tun haben, pflegen Frauen es als peinlich und entwürdigend zu empfinden, Geld von ihren Liebhabern anzunehmen, während dieses Gefühl sich oft auf gegenständliche Geschenke nicht erstreckt; wogegen es ihnen selbst Vergnügen und Genugtuung ist, jenen ihrerseits Geld zu geben: man sagte von Marlborough, der Grund seiner Erfolge bei Frauen sei gewesen, daß er Geld von ihnen angenommen habe. Die eben hervorgehobene Überlegenheit dessen, der das Geld gibt, über den, der es nimmt, eine Überlegenheit, die sich im Falle der Prostitution zu dem fürchterlichsten sozialen Abstand erweitert, bereitet in jenem umgekehrten Falle der Frau die Genugtuung, denjenigen von sich abhängig zu sehen, zu dem sie sonst aufzublicken gewohnt ist.

Nun aber begegnet uns die auffällige Tatsache, daß in vielen primitiveren Kulturen die Prostitution gar nicht als entwürdigend oder deklassierend empfunden wird. Es wird ebenso aus dem alten Asien berichtet, daß sich die Mädchen aller Klassen prostituierten, um eine Aussteuer oder eine Darbringung an den Tempelschatz zu erwerben, wie wir jetzt von gewissen Negerstämmen dieselbe Sitte um des ersteren Zweckes willen hören. Die Mädchen, zu denen in diesem Falle oft auch die Fürstentöchter gehören, verlieren weder in der öffentlichen Achtung, noch wird ihr späteres eheliches Leben dadurch in irgendeiner Weise präjudiziert. Dieser tiefe Unterschied gegen unsere Empfindungsweise bedeutet, daß die beiden Faktoren: weibliche Sexualehre und Geld – in prinzipiell verschiedenen Verhältnissen stehen müssen. Markiert sich die Stellung der Prostitution bei uns an dem unüberbrückbaren Abstand, der völligen Inkommensurabilität zwischen jenen beiden Werten, so müssen dieselben in Verhältnissen, die eine ganz andere Ansicht von Prostituion zeitigen, näher aneinandergerückt sein. Dies entspricht den Resultaten, zu denen die Entwicklung des Wehrgeldes, der Geldbuße für die Tötung eines Menschen, geführt hat. Die steigende Wertung der Menschenseele und die sinkende Wertung des Geldes begegnen sich, um das Wehrgeld unmöglich zu machen.

Ebenderselbe Kulturprozeß der Differenzierung, der den Individuum eine besondere Betonung, eine relative Unvergleichbarkeit und Unaufwiegbarkeit verschafft, macht das Geld zum Maßstab und Äquivalent so entgegengesetzter Objekte, daß seine dadurch entstehende Indifferenz und Objektivität es zum Ausgleich personaler Werte immer ungeeigneter erscheinen läßt. Jene Unverhältnismäßigkeit zwischen Ware und Preis, die der Prostitution in unserer Kultur ihren Chrakter gibt, besteht in niederen noch nicht im gleichen Maße. Wenn Reisende von sehr vielen rohen Stämmen berichten, daß die Frauen eine auffallende körperliche, oft auch geistige Ähnlichkeit mit den Männern zeigten, so fehlt ihnen eben jene Differenzierung, die der höher kultivierten Frau und ihrer Sexuallehre selbst dann einen nicht mit Geld aufzuwiegenden Wert verleiht, wenn sie *im Vergleich mit den Männern desselben Kreises* als weniger differenziert und tiefer im Gattungstypus wurzelnd erscheint. Die Beurteilung der Prostitution zeigt so genau dieselbe Entwicklung, die man an der Kirchenbuße und am Blutgeld beobachten kann: die Totalität des Menschen wie seine inneren Werte sind in primitiven Epochen relativ unindividuellen Charakters, das Geld dagegen wegen seiner Seltenheit und geringen Verwendung relativ individueller. Indem die Entwicklung beides auseinandertreibt, macht sie das Aufwiegen des einen durch das andere entweder unmöglich oder, wo es doch weiter besteht, wie in der Prostitution, führt es zu einer furchtbaren Herabdrückung des Persönlichkeitswertes.

III

Von dem weiten Komplex von Erwägungen über die »Geldheirat«, die sich dem anschließen, scheinen mir die drei folgenden für die hier behandelten Grundprinzipien der Entwicklung von Bedeutung.

Erstens: Heiraten, bei denen die ökonomischen Motive die allein wesentlichen sind, hat es nicht nur zu jeder Zeit und auf jeder Kulturstufe gegeben, sondern sie sind gerade in primitiveren Gruppen und Verhältnissen ganz besonders häufig, so daß sie in solchen keinerlei Anstoß zu erregen pflegen. Die Herabsetzung der persönlichen Würde, die heute mit jeder, nicht aus individueller Neigung geschlossenen Ehe gegeben ist – so daß die schamhafte Verhüllung des ökonomischen Motivs als Anstandspflicht erscheint –, wird in jenen einfacheren Kulturverhältnissen nicht empfunden. Der Grund dieser Entwicklung ist offenbar derselbe, der auch für die Prostitution galt: daß die steigende Individualisierung es immer widerspruchsvoller und unwürdiger macht, rein individuelle Verhältnisse aus anderen als rein individuellen Gründen einzugehen. In einer Gesellschaft mit relativ undifferenzierten Elementen mag es, ebenso relativ, gleichgültig sein, welches Paar sich zusammentut – gleichgültig nicht nur für das Zusammenleben der Gatten selbst, sondern auch für die Nachkommenschaft; denn wo im ganzen die Konstitutionen, der Gesundheitszustand, das Temperament, die inneren und äußeren Lebensformen und -richtungen in der Gruppe übereinstimmen, da wird das Geraten der Nachkommenschaft nicht von einer so diffizilen Auswahl des zueinander passenden und einander ergänzenden Elternpaares abhängen, wie in einer hochdifferenzierten Gesellschaft. Deshalb ist es in jener durchaus natürlich und zweckmäßig, die Ehewahl noch durch andere Gründe, als solche rein individueller Herzensneigung bestimmen zu lassen. Wohl aber sollten solche in einer stark individualisierten Gesellschaft den Ausschlag geben, in der das Zueinanderpassen je zweier Individuen immer seltener wird, und man für dasselbe kein anderes Kriterium und Zeichen hat, als die gegenseitige instinktive Zuneigung. Da das bloß persönliche Glück ein Interesse ist, das schließlich die Ehegatten mit sich allein auszumachen haben, so wäre zu jener streng durchgeführten offiziellen Erheuchelung des erotischen Motives keine zwingende Veranlassung, wenn die jetzige Gesellschaft nicht wegen des Geratens der Nachkommenschaft eigentlich auf der Alleinherrschaft dieses Motives bestehen müßte. Die Geldheirat schafft direkt den Zustand der Panmixie – der auswahllosen, ohne Rücksicht auf die individuellen Qualitäten stattfindenden Paarung –, die die Biologie als die Veranlassung der unmittelbarsten und verderblichsten Entartung der Gattungen nachgewiesen hat. In der Geldheirat wird die Vereinigung des Paares durch ein Moment bestimmt, das mit der Rassenzweckmäßigkeit absolut nichts zu tun hat – gerade wie die Rücksicht auf Geld auch die eigentlich zusammengehörigen Paare oft genug auseinanderhält – und man muß sie in demselben Maße als ein Degenerationsmoment betrachten, in dem die entschiedenere Differenziertheit der Individuen gerade die Auswahl nach individuellem Zusammenpassen immer wichtiger macht. Es ist also

auch in diesem Fall nichts anderes, als die gestiegene Individualisiertheit der Gesellschaft, die das Geld zu einem immer ungeeigne-
teren Vermittler rein individueller Beziehungen macht.

Zweitens: Es wiederholt sich hier in sehr veränderter Form die
Beobachtung über die Prostitution: daß sie zwar ebenso Polyandrie wie Polygynie ist, daß aber durch die soziale Übermacht des
Mannes ausschließlich die Folgen des polygynischen, also die Frau
deklassierenden Momentes in ihr wirksam werden. Es scheint
nämlich, als müßte die Geldheirat, als eine chronische Prostitu-
ierung, den durch das Geld bewogenen Teil, ob das nun der Mann
oder die Frau ist, immer gleichmäßig innerlich entwürdigen. Allein
normalerweise ist das nicht der Fall. Indem die Frau sich verheiratet, gibt sie allermeistens in dieses Verhältnis die Gesamtheit ihrer
Interessen und Energien hin, sie setzt ihre Persönlichkeit, Zentrum
und Peripherie, restlos ein; während nicht nur die Sitte auch dem
verheirateten Manne eine viel größere Bewegungsfreiheit einräumt, sondern er den wesentlichen Teil seiner Persönlichkeit, den
der Beruf okkupiert, von vornherein nicht in die eheliche Beziehung hineingibt. Wie das Verhältnis der Geschlechter in unserer
Kultur nun einmal liegt, verkauft der Mann, der um des Geldes
willen heiratet, nicht soviel von sich, wie die Frau, die es aus demselben Grunde tut. Da sie mehr dem Manne gehört als er ihr, so ist
es für sie verhängnisvoller, ohne Liebe in die Ehe zu treten. Ich
möchte deshalb glauben – hier muß die psychologische Konstruktion an die Stelle hinreichender Empirie treten –, daß die Geldheirat ihre tragischsten Folgen im wesentlichen, und besonders, wenn
feinere Naturen in Frage kommen, da entwickelt, wo die *Frau* die
gekaufte ist. Hier wie in sehr vielen anderen Fällen zeigt es sich als
die Eigentümlichkeit der durch Geld gestifteten Beziehungen, daß
ein eventuelles Übergewicht der einen Partei zu seiner gründlichsten Ausnützung, ja Steigerung neigt. Von vornherein ist dies freilich die Tendenz jeglichen Verhältnisses dieser Art. Die Stellung des
primus inter pares wird sehr leicht die eines *primus* schlechthin, der
einmal gewonnene Vorsprung, auf welchem Gebiete immer, bildet
die Stufe zu einem weiteren, den Abstand steigernden, der Gewinn
begünstigter Sonderstellungen ist oft um so leichter, je höher man
schon steht; kurz, Überlegenheitsverhältnisse pflegen sich in
wachsenden Proportionen zu entwickeln, und die »Akkumulation
des Kapitals« als eines Machtmittels ist nur ein einzelner Fall einer
sehr umfassenden Norm, die auch auf allen möglichen nicht-öko-

nomischen Machtgebieten gilt. Nun enthalten diese aber vielfach gewisse Kautelen und Gegengewichte, welche jener lawinenhaften Entwicklung der Überlegenheiten Schranken setzen; so die Sitte, die Pietät, das Recht, die mit der inneren Natur der Interessengebiete gegebenen Grenzen für die Expansion der Macht. Das Geld aber, mit seiner unbedingten Nachgiebigkeit und Qualitätslosigkeit, ist am wenigsten geeignet, einer solchen Tendenz Einhalt zu tun. Wo ein Verhältnis, in dem Übergewicht und Vorteil von vornherein auf der einen Seite ist, von einem Geldinteresse ausgeht, wird es deshalb unter übrigens gleichen Umständen sich viel weitgehender, radikaler, einschneidender in seiner Richtung weiterentfalten können, als wenn andere Motive, *sachlich* bestimmter und bestimmender Art, ihm zugrunde liegen.

Drittens: Der Charakter der Geldheirat tritt sehr deutlich gelegentlich einer ganz partikularen Erscheinung: der Heiratsannonce, hervor. Daß die Heiratsannonce eine so sehr geringe und auf die mittlere Gesellschaftsschicht beschränkte Anwendung findet, könnte verwunderlich und bedauerlich erscheinen. Denn bei aller hervorgehobenen Individualisierung der modernen Persönlichkeiten und der daraus hervorgehenden Schwierigkeit der Gattenwahl gibt es doch wohl noch für jeden noch so differenzierten Menschen einen entsprechenden des anderen Geschlechtes, mit dem er sich ergänzt, zu dem er ganz und gar paßt, an dem er den »richtigen« Gatten fände. Die ganze Schwierigkeit liegt nur darin, daß die so gleichsam füreinander Prädestinierten sich nicht zusammenfinden. Die Sinnlosigkeit von Menschenschicksalen kann sich nicht tragischer zeigen, als in der Ehelosigkeit oder den unglücklichen Ehen zweier einander fremder Menschen, die sich nur hätten kennenzulernen brauchen, um in einander lebenslängliches Glück zu finden. Kein Zweifel, daß die vollendete Ausbildung der Heiratsannonce die blinde Zufälligkeit dieser Verhältnisse rationalisieren könnte, wie die Annonce überhaupt, dadurch einer der größten Kulturträger ist, daß sie dem einzelnen eine unendlich erhöhte Chance adäquater Bedürfnisbedriedigung verschafft, als wenn er auf die Zufälligkeit des direkten Auffindens der Objekte angewiesen wäre. Gerade die gesteigerte Individualisierung der Bedürfnisse macht die Annonce, als Erweiterung des Kreises von Angeboten, durchaus erforderlich. Wenn dennoch gerade in den Schichten der differenzierteren Persönlichkeiten, die prinzipiell am meisten auf die Heiratsannonce angewiesen scheinen, dieselbe gar nicht in Frage kommt, so muß diese Perhorreszierung einen ganz positiven Grund haben. Verfolgt man nun die tatsächlich erscheinenden Heiratsannoncen, so sieht man, daß darin die Vermögensverhältnisse der Suchenden oder Gesuchten den eigentlichen, wenn auch manchmal verhüllten Zentralpunkt des Interesses bilden. Und das ist sehr begreiflich. Alle anderen Qualitäten der Persönlichkeit nämlich lassen sich in einer Annonce nicht mit irgendwelcher genauen oder überzeugenden Bestimmtheit angeben. Weder die äußere Erscheinung, noch der Charakter, weder das Maß von Liebenswürdigkeit, noch von Intellekt können leicht so beschrieben werden, daß ein unzweideutiges und individuelles Interesse erregendes Bild entsteht. Das einzige, was in allen Fällen mit völliger Sicherheit bezeichnet werden kann, ist der Geldbesitz der Personen, und es ist ein unvermeidlicher Zug des menschlichen Vorstellens, unter mehreren Bestimmungen eines Objektes diejenige, welche mit der größten Genauigkeit und Bestimmtheit anzugeben oder zu erkennen ist, auch für die sachlich erste und wesentlichste gelten zu lassen. Dieser eigentümliche, sozusagen methodologische Vorzug des Geldbesitzes macht die Heiratsannonce gerade für diejenigen Stände, welche ihrer eigentlich am dringendsten bedürften, dadurch unmöglich, daß er ihr das Eingeständnis des bloßen Geldinteresses aufprägt.

Es macht sich übrigens für die Prostitution auch die Erscheinung geltend, daß das Geld über eine gewisse Quantität hinaus seine Würdelosigkeit und Unfähigkeit, individuelle Werte aufzuwiegen, verliert. Der Abscheu, den die moderne »gute Gesellschaft« vor der Prostituierten hegt, ist um so entschiedener, je elender und ärmlicher diese ist, und mindert sich mit der Höhe des Preises, um welchen sie sich verkauft, bis sie schließlich die Schauspielerin, von der jedermann weiß, daß sie von einem Millionär ausgehalten wird, oft genug in ihre Salons aufnimmt; während ein solches Frauenzimmer vielleicht viel blutsaugerischer, betrügerischer, innerlich verkommener ist, als manche halbzerlumpte Straßendirne. Hierzu wirkt schon die allgemeine Tatsache, daß man die großen Diebe laufen läßt und die kleinen hängt, und daß der große Erfolg als solcher, relativ unabhängig von seinem Gebiet und Inhalt, einen gewissen Respekt erzeugt. Allein das Wesentliche und der tiefere Grund ist doch, daß der Verkaufspreis durch seine exorbitante Höhe dem Verkaufsobjekte die Herabdrückung erspart, die ihm sonst die Tatsache des Verkauftwerdens überhaupt bereitet. Zola spricht in einer seiner Schilderungen aus dem zweiten Kaiserreiche von der Frau eines hochgestellten Mannes, die bekanntermaßen für 100000–200000 Francs zu haben war. Er erzählt in dieser Episode, der sicher eine historische Tatsache zugrunde liegt, daß diese Frau nicht nur selbst in den vornehmsten Kreisen verkehrte, sondern daß es ein besonderes Renommee in der »Gesellschaft« verschafft habe, als ihr Geliebter bekannt zu sein. Die Kurtisane, die sich für einen sehr hohen Preis verkauft, erhält damit »Seltenheitswert« – denn nicht nur werden die Dinge hoch bezahlt, die Seltenheitswert besitzen, sondern auch umgekehrt erhalten ihn diejenigen Objekte, die aus irgendeinem sonstigen Grunde, sei es auch nur aus einer Laune der Mode, einen hohen Preis erzielen. Wie viele andere Gegenstände, ist auch die Gunst mancher Kurtisane nur deshalb sehr geschätzt und von vielen gesucht worden, weil sie den Mut hatte, ganz ungewöhnliche Preise zu fordern. – Von einer entsprechenden Grundlage muß die englische Rechtsprechung ausgehen, wenn sie dem Ehemann einer verführten Frau eine Geldentschädigung zuspricht. Es gibt nichts, was unserem Gefühl mehr widerspräche, als dieses Verfahren, das den Ehemann zum Zuhälter seiner Frau herabdrückt. Allein diese Bußen sind *außerordentlich hoch*; ich weiß von einem Fall, in dem die Frau mit mehreren Männern Verhältnisse angeknüpft hatte, und *jeder* derselben zu einer Entschädigung von 50000 Mark an den Ehemann verurteilt wurde. Es scheint, daß man auch hier durch die Höhe der Summe die Niedrigkeit des Prinzips, einen derartigen Wert überhaupt durch Geld aufwiegen zu lassen, ausgleichen wollte.

Frauenstudium an der Berliner Universität

(1899)

Von einem Universitätslehrer wird uns geschrieben: »Die Bedenken, welche in dem Bericht Ihres gestrigen Abendblattes gegen das Frauenstudium an der Berliner Universität geltend gemacht werden, scheinen mir den wesentlichen Punkt nicht zu treffen. Zunächst können die ›räumlichen Gründe‹ in keiner Weise entscheiden. Wir haben in diesem Semester 7360 Studenten und zugelassene Hörer; unter diesen befinden sich 406 Frauen. Offenbar ist dies ein so geringer Prozentsatz, daß von einer durch die Frauen veranlaßten Überfüllung, wo sie nicht auch sonst schon besteht, keine Rede sein kann. Auch wäre es wohl unerhört, wenn die Berliner Universität, die man jetzt vielleicht als die erste der Welt bezeichnen kann, ihre Zuhörerzahl wegen Raummangels beschränken wollte. Eine Vermehrung der Räumlichkeiten wird bei dem außerordentlichen Anwachsen der Studentenschaft in kurzem sowieso nötig sein, auch wenn die paar hundert Frauen gänzlich ausgeschlossen würden. Was ferner das als bedenklich bezeichnete Zuströmen ausländischer Frauen anbetrifft, so hat Schreiber dieses seit Jahren Gelegenheit, studierende Ausländerinnen in beträchtlicher Zahl zu beobachten, und hat sie fast durchgehends als ernste, fleißige und intelligente Persönlichkeiten kennengelernt. Ihre Vorbildung mag in diesen und jenen Einzelheiten hinter der des deutschen Studenten zurückstehen, aber ihre allgemeine geistige Durchbildung und Auffassungsfähigkeit ließen nichts zu wünschen übrig und standen in manchen Fällen über dem studentischen Durchschnittsniveau. Wenn jenes Bedenken gälte, müßte es sich übrigens ebenso gegen die männlichen Studenten aus dem Ausland richten. Die Gefahren des Frauenstudiums für unsere Universität kommen, wie mir scheint, von einer ganz anderen Seite: nämlich gerade von *Berlinerinnen*, die den Eintritt in die Vorlesungen suchen, nicht um ein Studium als Lebensberuf zu treiben, sondern um ihre allgemeine ›Bildung‹ zu vervollkommnen, oder weil irgendein einzelner Gegenstand (meistens ist es Literatur- oder Kunstgeschichte) sie ›interessiert‹. Gegen diesen Mißbrauch müßten allerdings die schärfsten Kautelen angewendet werden, damit die Überzeugung nicht verlorengehe, daß die Universität zum Studieren da ist, d. h. für Leute, die ihren Lebensberuf entweder ganz oder wenigstens in seiner Vorbereitungszeit auf die Wissenschaft gestellt haben – nicht aber für unbeschäftigte Damen, die den Wunsch nach ›geistiger Anregung‹ und fragmentarisch bleibenden Einzelkenntnissen haben. In dem Überhandnehmen dieser dilettantischen weiblichen Hörer würde ich allerdings für Charakter und Niveau der Zuhörerschaft und schließlich auch der Vorlesungen eine ernste Gefahr erblicken, und angesichts ihrer müßte jeder Fall streng geprüft werden, ob es sich in ihm um ein wirkliches *Studium* oder nur um ein Naschen an der Wissenschaft handelt. Wo aber die Absicht des ersteren wirklich vorliegt, da steht die Studendin in gleicher Linie mit dem Studenten, und es wäre ebenso ungerecht wie unzweckmäßig, die prinzipiell gewährte Zulassung der so qualifizierten Frauen wieder aufzuheben, bloß weil sich in einem Minimum von Fällen einige leicht zu beseitigende Unzuträglichkeiten herausgestellt haben. Man kann getrost behaupten: selten ist ein so wichtiger Schritt der geistigen Kultur wie die Zulassung der Frauen zu den Universitäten von relativ so geringen Unzuträglichkeiten begleitet worden! Aber freilich, es bedarf der Reinigung der Hörsäle von solchen Frauen, die nicht studieren, sondern nur dilettieren. Damit werden auch die Schwierigkeiten, die man von den rein numerischen und räumlichen Gründen herleitet, sich ganz von selbst auf ein Mindestmaß herabsetzen.«

Weibliche Kultur

(1902)

Wenn man im geschichtlichen Leben unserer Gattung Gebilde und Werte sehen darf, die anderes darstellen und in anderem ihren Sinn haben, als in den einzelnen Menschen; wenn man Bewegungen und Werke, Institutionen und Gedanken danach scheiden darf, ob sie bestimmten Summen einzelner dienen und an ihnen leben, oder ob sie jenseits des Wohles und Wehes von Subjekten noch etwas besagen – so scheint die moderne Frauenbewegung jede Bedeutung abzulehnen, die über einzelne Personen, ihr Glück, ihre Ausbildung, ihre Freiheit hinausginge. Natürlich nicht bestimmte einzelne Personen sind gemeint, sondern der Gesamtheit der Frauen soll eine höhere Stufe der Existenz eröffnet werden. Aber immer handelt es sich nur um persönliche Güter, mögen diese auch in neuem Ernst und neuen Pflichten bestehen. Für einzelne Menschen, und seien es auch viele Millionen, wird hier gerungen, nicht für etwas, was an sich über alles Einzelne und Persönliche hinausginge. Und selbst wenn Interessen des sozialen Ganzen betont werden: die Vertiefung und Veredelung der Ehe und der Kindererziehung bei voller geistiger Ausbildung und wirtschaftlicher Unabhängigkeit der Frauen, die strengere Auslese der Tüchtigsten auf allen Gebieten durch die vermehrte Zahl der Mitbewerber – so sehe ich doch nirgends die Frage nach dem überpersönlichen und übersozialen *Kulturwert* dieser Bewegung aufgeworfen, nach ihren eigentlich schöpferischen, den Bestand der geistigen Werte vermehrenden Energien.

Ich will die Frage, was denn Kultur überhaupt sei, nicht ihre Dunkelheiten und Streitigkeiten in diese Auseinandersetzung mischen lassen. Wie man aber auch ihr allgemeines Wesen ausdrücken mag – man wird nicht verkennen, daß sie sich zu zwei sehr getrennten Bedeutungen besondert. Sie ist einmal ein Zustand von Ausbildung oder Tätigkeit, Wissen oder Schönheit, Glück oder Sittlichkeit an *Individuen*. Ihre Wirklichkeit und Wirksamkeit lebt an den einzelnen Seelen und das Mehr und Minder ihrer Güter in diesen bildet die jeweilige Summe ihres geschichtlichen Daseins. Allein sehr tiefsinnig nennt die Sprache diese Kultur der Subjekte ein *Teilhaben* an ihren Gütern: als gäbe es irgendwo einen unpersönlichen

Vorrat dieser, von dem der einzelne ein zufälliges, wechselndes Teil mitgenießt, ohne daß dies den Bestand jenes Ganzen eigentlich anginge. Denn in Wirklichkeit ist das, was man die objektive Kultur nennen kann, in seinem Inhalt und Sinn ganz unabhängig von dem Wie-sehr und Wie-oft seiner Darstellung an Individuen: die Sprache und das Recht, die Sitte und die Kunst, die Berufsarten und die Religion, die Möbel und die Trachten – alles sind geprägte Formen, die aufgenommen oder vernachlässigt werden können, für die einzelnen gleichsam bereitliegend und doch in ihrer inneren, sachlichen Bedeutung über sie hinausragend, objektiv gewordene Ergebnisse geleisteter Kulturtätigkeit und Normen der künftigen. Der ideale Wert eines Kunstwerks oder einer sittlichen Regel, einer religiösen Idee oder einer Tischform, eines Rechtssatzes oder einer wissenschaftlichen Feststellung leidet oder gewinnt nicht dadurch, daß alles dieses selten oder oft das zufällige Material des Lebens in sich aufnimmt – während für den Standpunkt des individuellen oder des sozialen Interesses nur gerade das *Wie-Vielmal* des einzelnen Wertes von entscheidender Bedeutung ist. Und an diesem Gegensatz tritt nun die neue Fragestellung gegenüber der Frauenbewegung deutlich hervor. Ihre *objektive Kulturbedeutung* kann nicht dies sein, daß die Lebens- und Leistungsformen, die bisher für die Männer bestanden, nun noch soundso oft von Frauen ausgefüllt werden. Sondern: erheben sich aus dieser Bewegung ganz neue Gebilde, qualitativ von den bisherigen unterschieden, nicht nur Multiplikationen der alten? Wird das Reich der Kulturinhalte dadurch rein sachlich vermehrt? Wird damit nicht nur nachgeschaffen, sondern geschaffen? Man mag diese Frage, die unmittelbar weder eine personale noch eine soziale noch eine im hergebrachten Wortsinne ethische Bedeutung hat, gegenüber der dringenden Not der hiermit ausgeschlossenen Interessen für eine rein akademische, für eine spätere Sorge halten. Dem aber, dem nicht nur die Menschen, sondern der Mensch, nicht nur der Nutzen der Dinge, sondern die Dinge selbst, nicht nur der unruhige Strom des Tuns und Leidens, sondern der zeitlose Sinn seiner Formen am Herzen liegt – dem wird erst aus ihrer Beantwortung eine letzte Bedeutsamkeit der Frauenbewegung entgegensehen – der Bewegung, die die Zukunft unserer Gattung vielleicht tiefer beeinflussen wird, als selbst die Arbeiterfrage.

Die Voraussetzungen wie die Ergebnisse dieser Fragestellung übersieht man erst von der Erkenntnis aus, daß die Kultur der

Menschheit sozusagen nichts Geschlechtsloses ist, daß sie keineswegs in reiner Sachlichkeit jenseits von Mann und Weib steht. Vielmehr, unsere Kultur ist, mit Ausnahme ganz weniger Provinzen, durchaus männlich. Männer haben die Industrie und die Kunst, die Wissenschaft und den Handel, die Staatsverwaltung und die Religion geschaffen, und so tragen diese nicht nur objektiv männlichen Charakter, sondern verlangen auch zu ihrer immer wiederholten Ausführung spezifisch männliche Kräfte. Der schöne Gedanke einer menschlichen Kultur, die nicht nach Mann und Weib fragt, ist historisch nicht realisiert, der Glaube daran entstammt dem gleichen Gefühl, das in so vielen Sprachen für Mensch und Mann dasselbe Wort setzte. Dieser maskuline Charakter auch der sachlichen Elemente der Kultur ist die Veranlassung, weshalb unzulängliche Leistungen auf allen möglichen Gebieten mit dem deklassierenden Ausdruck des Femininen belegt werden und weshalb man die Leistung einer Frau auf ebendenselben oft nicht besser zu rühmen weiß, als daß man sie als »ganz männlich« bezeichnet. Das entspringt nicht nur aus dem Hochmut der Männer, als wäre das Männliche an sich schon das Synonym des Wertvollen; sondern es drückt die geschichtliche Tatsache aus, daß unsere Kultur, weil sie aus dem Geist und der Arbeit von Männern entstand, auch nur an männliche Leistungsfähigkeit eigentlich angepaßt ist. Damit meine ich nicht nur das höhere Kraftmaß in physischer oder vielleicht auch psychischer Beziehung – wenn es sich nur um dieses handelte, so gäbe jene prinzipielle Geringschätzung kein großes Rätsel auf. Tatsächlich aber wirken hier die qualitativen Differenzen der Geschlechter. Die Art, nicht nur das Maß unserer Kulturarbeit wendet sich an spezifisch männliche Energien, männliche Gefühle, männliche Intellektualität. Ich wähle einige weit auseinanderliegende Beispiele. In aller Gesetzgebung, und in gewissem Maße doch auch in aller Rechtsprechung wirken ein fundamentales Rechtsgefühl, eine instinktive oder bewußte soziale Zweckmäßigkeit und eine sachliche, systematische Logik zusammen. Art und Maß nun, in dem diese Elemente sich mischen, wären sicher von den jetzigen sehr abweichend, wenn das Recht von Frauen festgesetzt und ausgeführt würde. Die häufige Opposition von Frauen gegen juristische Normen und Urteile bedeutet keineswegs immer eine Fremdheit gegen das Recht überhaupt, sondern gegen das *männliche* Recht, das wir allein haben und das uns deshalb als das Recht schlechthin erscheint. Gewisse Gewerbe, wie Tischlerei und

Tapeziererei, müssen als männliche gelten, obgleich sie vielerlei Tätigkeiten enthalten, die Frauen sehr gut ausüben könnten. Allein mit diesen hat die herrschende Arbeitsteilung und -zusammenlegung andere Tätigkeitselemente verbunden, die eine männliche Körperkraft verlangen. Durch diese historische, wenngleich ersichtlich nicht durchaus notwendige Konstellation haben diese Berufe den Stempel bloß männlicher Kulturarbeit erhalten. Und ganz allgemein: die *Spezialisierung*, die unsere Berufe und unsere Kultur überhaupt charakterisiert, ist ganz und gar männlichen Wesens. Denn sie ist keineswegs etwas bloß Äußerliches, sondern ist nur möglich durch die tiefste psychologische Eigenart des männlichen Geistes: sich zu einer ganz einseitigen Leistung zuzuspitzen, die von der Gesamtpersönlichkeit differenziert ist, so daß das sachlich-spezialistische Tun und die subjektive Persönlichkeit, jedes gleichsam ein Leben für sich leben. Alle weit getriebene Arbeitsteilung bedeutet die Lösung des Subjekts von seiner Leistung, diese wird in einen objektiven Zusammenhang hineingegeben, sie fügt sich den Anforderungen eines unpersönlichen Ganzen, während die eigentlich subjektiven Interessen und inneren Bewegungen des Menschen eine eigene Welt bilden und sozusagen eine Privatexistenz führen. Bestünde diese psychologische Möglichkeit nicht, so wäre unsere, auf die höchste Arbeitsteilung gebaute Kultur nicht nur unerträglich, sondern von vornherein unmöglich. Es scheint aber, als ob hier der tiefste Unterschied des männlichen und weiblichen Geistes läge; als ob dieser, wenigstens typischerweise, in solcher Sonderung der Einzelbewährung von dem Ich und seinen Gefühls- und Gemütszentren nicht existieren könne. Die ganze Tiefe und Schönheit des weiblichen Wesens, durch die es vor dem männlichen Geiste als seine Erlösung und Versöhnung steht, gründet sich in dieser Einheitlichkeit, diesem organischen, unmittelbaren Zusammenhang der Persönlichkeit mit jeder ihrer Äußerungen, dieser Unteilbarkeit des Ich, die nur ein alles oder nichts, kennt. Die wunderbare Beziehung, die die weibliche Seele noch zu der ungebrochenen Einheit der Natur zu haben scheint und die die ganze Formel ihres Daseins von dem vielspältigen, differenzierten, in die Objektivität aufgehenden Mann scheidet – eben diese trennt sie auch von der auf sachlicher Spezialisierung ruhenden Arbeit unserer Kultur. Indem nun alle männlichen Berufe, die eben dieses Charakters sind, den Frauen eröffnet werden, wird ihnen insoweit nicht nur das Schöpferische der Kulturarbeit genommen – denn sie werden in ein Schema von Differenziertheit gezwängt, in dem ihre tiefsten Wesenskräfte sich gar nicht äußern können –; nicht nur wiederholen sie, vom Standpunkt des sachlichen Kulturinteresses aus, immer ein schon Gegebenes; sondern sie tun dies auch sozusagen mit untauglichen Mitteln, weil sie den Formen, die sich so ihren Kräften bieten, nicht gewachsen sind. Und zwar nicht, weil ihre Kräfte zu gering wären, sondern weil deren Bewährungsart nicht in die Kategorien unserer Kulturarbeit paßt. Wir erleben Entsprechendes heute schon an einer großen Zahl von Männern. Die Ständemischung und die tausend Reizungen und Möglichkeiten des modernen Lebens haben eine Fülle eigenartiger Beanlagungen entwickelt oder bewußt gemacht, denen die gegebenen Berufe nicht mehr entsprechen. Die Konstellationen und Tendenzen der innerlichen Begabung haben sich rascher vermannigfaltigt, als die Möglichkeit, sie in Berufen zu bewähren. Eine immer größere Zahl von Männern wächst auf, die ihrer Anlage nach zwischen mehreren Berufen stehen, in keinem recht wurzeln und die Lebensform, die der ergriffene bietet, einerseits nicht ausfüllen, andererseits zu sprengen drohen. Um wieviel stärkere Diskrepanzen eröffnen sich nun erst zwischen den historisch gegebenen, also männlichen Berufen und der weiblichen Seele mit ihrem ihr allein eigenen Rhythmus, Leistungsart, Willens- und Gefühlsspannung!

Das eigentliche Kulturproblem also, das wir stellen: ob die erstrebte Freiheit der Frauen neue Kulturqualitäten würde entstehen lassen – wäre nur aufgrund einer neuen Teilung oder Nuancierung der Berufe zu bejahen. Nicht dadurch, daß sie in demselben Sinn Naturforscher oder Techniker, Ärzte oder Künstler werden, wie die Männer es sind; sondern nur so, daß sie etwas leisten, *was die Männer nicht können*. Es handelt sich zunächst um eine weitere Arbeitsteilung, darum, daß die Gesamtleistungen eines Berufes von neuem verteilt werden und diejenigen Elemente seiner, die der weiblichen Leistungsart spezifisch angemessen sind, zu besonderen, differenzierten Teilberufen zusammengeschlossen werden. Womit dann nicht nur eine außerordentliche Verfeinerung und Bereicherung des ganzen Tätigkeitsgebietes erreicht, sondern auch die Konkurrenz mit den Männern sehr abgelenkt werden würde. Auf einem engen und sehr materiellen Gebiet haben englische Arbeiter dies Prinzip durchgeführt. Frauen haben vielfach ihre niedrigere und billigere Lebenshaltung benutzt, um die Männer zu unterbieten und damit eine Verschlechterung des Standardlohnes herbeizuführen, so daß im allgemeinen die Gewerkvereine die Verwendung der weiblichen Arbeitskraft in der Industrie aufs bitterste bekämpfen. Einige Gewerkvereine nun, z. B. Baumwollweber und Strumpfwirker, haben einen Ausweg gefunden, durch Einführung einer Standardlohnliste für sämtliche, auch die kleinsten Teilfunktionen der Fabrikarbeit. Diese werden ganz gleichmäßig bezahlt, mögen sie von Männern oder von Frauen ausgeführt werden. Wie von selbst nun hat sich infolgedessen die Arbeitsteilung herausgebildet, daß die Frauen die ihren Körperkräften und ihrer Geschicklichkeit adäquaten Funktionen für sich gleichsam monopolisiert haben, den Männer die *ihren* Kräften zusagenden überlassend. Dies bringt erstens eine wirkliche objektive Gleichheit zustande: denn wenn Frauen etwa die Männerarbeit leisten können, so verdienen sie nun genausoviel wie diese, und zweitens ist durch solche Arbeitsteilung die Konkurrenz abgeschnitten. Der beste Kenner der Verhältnisse englischer Industriearbeiter urteilt: »Soweit es sich um Handarbeit handelt, bilden die Frauen eine besondere Klasse von Arbeitern, die andere Fähigkeiten und andere Bedürfnisse als die Männer haben. Um beide Geschlechter in demselben Zustande von Gesundheit und Leistungsfähigkeit zu halten, ist oft eine *Differenzierung der Aufgabe* nötig.« Hier ist also sozusagen naiv das große Problem der weiblichen Kulturarbeit schon gelöst, die neue Linie ist durch den Aufgabenkomplex gelegt, die die für das spezifisch weibliche Können prädestinierten Punkte verbindet und zu besonderen Berufen zusammenschließt. Handelte es sich bei diesem Typus von Reformen darum, gegebene Aufgaben zwar mit gegebenen Mitteln, aber in neuer und zweckmäßiger Form zu lösen, so zeigt eine andere Kategorie neue Aufgaben oder wenigstens prinzipiell neue Wege zur Lösung allgemeiner Probleme. Das nächste Beispiel ist hier die Medizin. Unsere Frage ist, ob weiblichen Ärzten nicht nur eine Steigerung körperlichen und seelischen Wohles zu danken sein wird, sondern eine qualitative, durch männliche Mittel nicht erreichbare Mehrung der medizinischen Kultur. Dies scheint mir tatsächlich daraufhin zu erwarten, daß sowohl Diagnose wie Therapie zu einem nicht kleinen Teile von dem Nachfühlen des Zustandes des Patienten abhängt. Die objektiv-klinischen Untersuchungsmethoden kommen oft an ein frühes Ende, wenn sie nicht ergänzt werden durch ein entweder unmittelbar-instinktives, oder durch Äußerungen vermitteltes, subjektives Wissen um den Zustand und die Gefühle des

Kranken. Ein sehr erfahrener Nervenarzt hat einmal gesagt, daß man gewisse nervöse Zustände erst dann ärztlich ganz durchschauen könne, wenn man selbst einmal ähnliche erlebt habe. Das nachbildende Begreifen ist also durch eine gewisse Ähnlichkeit der Konstitution bedingt. Ich bin deshalb überzeugt, daß Frauen gegenüber der weibliche Arzt nicht nur oft die genauere Diagnose und das feinere Vorgefühl für die richtige Behandlung des einzelnen Falles haben wird, sondern auch rein wissenschaftlich typische Zusammenhänge entdecken könnte, die dem Manne unauffindbar sind, und so zu der *objektiven* Kultur spezifische Beiträge leisten würde; denn die Frau hat eben an der gleichen Konstitution ein Werkzeug der Erkenntnis, das dem Mann versagt ist. In einer etwas anderen Wendung des gleichen Grundmotives könnte das wissenschaftliche historische Erkennen sich die weibliche Psyche dienstbar machen. Alles, was wir Geschichte nennen, wäre ein sinnloses Hin und Her äußerer Bewegungen, ohne jede Bedeutung, Zusammenhang und Interesse, wenn wir nicht die äußeren Taten psychologisch interpretierten, ihnen seelische Vorgänge unterlegten, die niemals unmittelbar festgestellt werden können, sondern nur der nachbildenden Phantasie, dem in die Seelen sich einfühlenden Verständnis zugängig sind. Auch hier wird es im allgemeinen einer gewissen Gleichheit der seelischen Verfassung bedürfen, um zu einer adäquaten Nachbildung von den Bedürfnissen und den Leidenschaften, der Liebe und dem Haß, den Instinkten und den religiösen Emotionen zu gelangen, die das ganze Spiel der Geschichte nicht nur entfesseln, sondern direkt ausmachen. Diese Gleichheit ist indes nicht im mechanischen Sinne zu verstehen und der ganze Prozeß schließt ein großes psychologisches Geheimnis ein. Man braucht allerdings kein Cäsar zu sein, um Cäsar zu verstehen, und kein Catilina, um Catilina zu verstehen. Vielmehr dieses nachbildende Verstehen geht sozusagen in Schichten der Seele vor sich, die jenseits der unmittelbaren, persönlichen Existenz liegen, es ist eine künstlerische Funktion, die ein Leben oberhalb der Subjektivität führt. So kann es kommen, daß eine bestimmte Art der subjektiven Unterschiedenheit gerade einem besonders tiefen psychologischen Verständnis zugrunde liegt; ja, eine allzu unmittelbare Gleichheit kann uns so im Subjektiven festhalten, daß es zu der objektiven Nachfühlung in der wissenschaftlich-künstlerischen Sphäre nicht kommt. So zeigen die Erfahrungen der Praxis, daß Frauen manche Seiten der männlichen Seelen besser und mit sichererem Instinkt erkennen, als andere Männer es vermögen. Mir ist kein Zweifel, daß diese Fähigkeit für die Geschichtsforschung ausgenutzt werden könnte. Man muß sich nur klar machen – was jetzt freilich noch aus mancherlei Gründen wissenschaftlicher Bürokratie übersehen zu werden pflegt –, daß alle Geschichtswissenschaft angewandte Psychologie ist, um den einzigartigen Dienst zu ahnen, den die weibliche Seele mit ihren besonderen Wahrnehmungs- und Nachfühlungsorganen hier leisten könnte, von dem Verständnis dumpfer Volksbewegungen bis zu der Entzifferung von Inschriften. Ich bin überzeugt: wie es spezifisch weibliche Funktionen in der Medizin geben könnte, ebenso in der Geschichtswissenschaft. Auch hier könnte es zu Leistungen einer weiblichen Kultur im objektiven Sinne kommen.

Dem allgemeinen Verständnis dürfte diese Möglichkeit am zugänglichsten auf dem Gebiet der Kunst sein, denn hier sind tatsächlich schon allererste Ansätze zu dem, was ich meine, vorhanden. Am wahrnehmbarsten in der Literatur. Es gibt schon eine Reihe von Frauen in dieser, die nicht den sklavenhaften Ehrgeiz haben, zu schreiben, »wie ein Mann«, und die nicht durch männliche Pseudonyme zu erkennen geben, daß sie von dem eigentlich Originellen und spezifisch Bedeutsamen, das sie als Frauen leisten könnten, keine Ahnung haben. Gewiß ist das Herausbringen der weiblichen Nuance, ihre Objektivierung, auch in der literarischen Kultur sehr schwierig, weil die allgemeinen Formen der Dichtung, innerhalb deren es geschieht, eben männliche Produkte sind und daraufhin wahrscheinlich einen leisen inneren Widerspruch gegen die Erfüllung mit einem spezifisch weiblichen Inhalt zeigen. Namentlich an weiblicher Lyrik, und zwar gerade an sehr gelungener, empfinde ich oft zwischen dem personalen Inhalt und der künstlerischen Form eine gewisse Zweiheit, eine unterirdische Unbehaglichkeit, als hätte die schaffende Seele und ihr Ausdruck nicht ganz denselben Stil. Das innere Leben, das zu seiner Objektivierung in ästhetischer Gestalt drängt, füllt einerseits die gegebenen Umrisse dieser nicht ganz aus, so daß, da ihren Forderungen doch einmal genügt werden muß, dies nur mit Hilfe einer gewissen Banalität und Konventionalität geschehen kann; während andererseits auf der Seite der Innerlichkeit ein Rest von Gefühl und Lebendigkeit ungestaltet und unerlöst bleibt. Dabei ist es sehr interessant, daß auf der Stufe des Volksgesanges die Frauen bei vielen Völkern dichterisch mindestens ebenso produktiv sind, wie die Männer. Das bedeutet eben, daß bei noch unentwickelter Kultur keine Gelegenheit zu der hier fraglichen Diskrepanz ist. Solange die kulturellen Formen noch nicht speziell und fest geprägt sind, können sie auch noch nicht entschieden männlich sein; solange sie sich noch in dem Indifferenzzustande befinden, sind die weiblichen Energien nicht in der Zwangslage, sich in einer ihnen nicht adäquaten Art zu äußern, sondern können sich frei und den eigenen inneren Normen folgend ausgestalten. Hier, wie in so vielen Entwicklungen, wiederholt die höchste Stufe die Form der niedrigsten: das sublimierteste Gebilde der Geisteskultur, die Mathematik, steht gleichfalls jenseits von Männlich und Weiblich und daraus erklärt sich vielleicht die auffallende Tatsache, daß gerade in ihr mehr als in allen anderen Wissenschaften Frauen ein tiefes Eindringen und bedeutende Leistungen gezeigt haben. Die Mathematik besitzt eine Abstraktheit, die über alle psychologische Differenziertheit der Menschen hinaus ist – wie die Stufe der weiblichen Volksliederproduktion insoweit noch nicht in sie eingetreten ist.

Geringere Schwierigkeiten als die sonstigen Literaturformen scheint der weiblichen Produktion der Roman darzubieten: und zwar weil er seiner Natur und seinem künstlerischen Problem nach überhaupt eine viel weniger strenge und festgelegte Form hat. Indem er inhaltlich vielmehr weit als tief greift, gibt er formal eine größere Freiheit als irgendeine andere Kunstgattung, und seine nachgiebigen, beliebig ausgestaltbaren Grenzen tragen weniger schroff den Charakter seines männlichen Ursprungs. Daher hat der Instinkt der Frauen sie gerade auf den Roman als auf ihre eigentliche Domäne geführt, auf der sie sich am freisten und am eigensten geben können. Freilich scheint mir auch hier das langanhaltende, gleichmäßige innere Verhältnis zu einer großen Mannigfaltigkeit von Erscheinungen, die Gefühlsspannung, die sich sympathischen wie antipathischen Inhalten gegenüber pausenlos auf derselben objektiven Höhe halten muß – dies scheint mir freilich dem Rhythmus der weiblichen Seele nicht zu entsprechen, und das ist vielleicht der Grund, weshalb selbst die Romanform, die der weiblichen Nuance einen besonders weiten Spielraum gibt, doch nur wenige künsterlich hervorragende Produktionen aufweist. Jedenfalls sind die Ansätze zu einer spezifisch weiblichen Kultur hier deutlicher als in der bildenden Kunst, in der schon die gewöhnliche Anhängerschaft an einen Lehrer der Künstlerin schlechthin männliche Ideale steckt und die besondere weibliche

Art unterdrückt. Daß eine solche in den bildenden Künsten der Möglichkeit noch vorhanden ist, bezweifle ich keinen Augenblick. Und zwar nicht nur, weil die grundlegenden weiblichen Gefühle der Welt und dem Leben gegenüber, die doch auch die Kunst bestimmen, eine spezifische Färbung tragen; sondern namentlich, weil wir jetzt wissen, wie sehr alle bildende Kunst von den psychisch-physischen Verhältnissen abhängt, von der Umsetzungsart der seelischen Bewegungen in körperliche, von den Innervationsempfindungen, von dem Rhythmus des Blickens und Tastens. Die teils unmittelbarere, teils reserviertere Art, mit der das Innenleben der Frauen in die Sichtbarkeit tritt, ihre besondere, anatomisch und physiologisch bestimmte Art sich zu bewegen, das Verhältnis zum Raum, das aus dem eigentümlichen Tempo, Weite und Formung ihrer Gesten hervorgehen muß – dies alles müßte von ihnen in den Künsten der Räumlichkeit eine besondere Deutung und Gestaltung der Erscheinungen erwarten lassen, wie sie ja in der Tanzkunst auch entsprechende Besonderheiten darbieten. Aber in dieser lassen die überlieferten Formen auch dem individuellen Impuls, Anmut und Gebärdungsart einen unvergleichlich weiten Spielraum. In der bildenden Kunst dagegen ist die Vergewaltigung durch das historische Material schon unendlich vielen männlichen Künstlern unüberwindlich – nach der individuellen Seite, während sie es für die Frauen außerdem noch nach der generellen ist. Immerhin sind auch hier einige leise Ansätze zu einer spezifisch weiblichen Note bemerklich. In einigen Bildern von Dora Hitz, in Radierungen von Käthe Kollwitz, und einigen frühen von Kornelie Wagner ist eine Gesamtstimmung, die ich nie an einer männlichen Produktion gefühlt habe. Mit Worten läßt sich dieser Unterschied natürlich nicht beschreiben; wenigstens müßte die Ästhetik dazu weiter vorgeschritten sein, als wir es jetzt auch nur absehen können. Aber hier ist wirklich, wenn auch nur in ersten Schritten, die unermeßliche Unterschiedenheit des weiblichen von dem männlichen Lebensprinzip aus der Form des fließenden Erlebens in die des objektiven kulturellen Gebildes getreten.

Im Zusammenhang dieser Ansätze zu einer weiblichen Kultur möchte ich auf eine wenig beachtete Spielart weiblicher Naturen hindeuten, die eigentlich zur Trägerin jener Gestaltungen prädestiniert erscheint. Ich meine diejenigen Frauen, die in ihren gesamten Wesensäußerungen das völlig reine und echte Cachet der Weiblichkeit zeigen, während doch die eigentlich sexuelle Färbung desselben völlig verschwunden ist. In biologischem Gleichnis gesprochen, sind dies Wesen, bei denen die sekundären Geschlechtscharaktere in psychologischer Hinsicht voll ausgebildet, aber die primären verschwunden sind. Unzweifelhaft ist die physiologisch-sexuelle Beschaffenheit mit den unmittelbar von ihr ausstrahlenden psychischen Begleiterscheinungen und Trieben die Quelle auch der vergeistigtsten und sublimiertesten Eigenheiten der weiblichen Seele. Allein in einer Reihe höchstentwickelter Individuen haben sich diese letzteren zu einem selbständigen Leben differenziert, sie werden nicht mehr aus jener Quelle genährt, die vielmehr ganz atrophisch geworden ist. Die Sexualität hat hier ihre Schuldigkeit getan, sie kann gehen; sie gleicht in diesen Fällen und Beziehungen den praktischen Interessen der Menschheit, die die theoretischen ursprünglich als ihre Folge, oder auch als ihr Mittel emporgetrieben haben, während dieses Erkenntnisinteresse jetzt als ein ganz selbständiges, von der Praxis ganz gelöstes existieren kann. Von physiologischer Seite hat man neulich die Vermutung aufgestellt, daß die steigende Entwicklung der Menschen überhaupt die Bedeutung der Erotik für das gesamte Innenleben abschwächen werde, indem sie dieses Interesse gleichsam immer mehr lokalisiere und die übrigen Interessen ihm gegenüber verselbständige. Ebenso wie sich die körperliche Geschlechtsfunktion allmählich besondere Organe beschafft habe, während bei den niederen Tieren der ganze Körper bei der Fortpflanzung beteiligt sei, so werde die höhere Evolution das Liebesgefühl immer entschiedener von den übrigen seelischen Funktionen abgrenzen und so bewirken, daß es sich immer weniger ablenkend und tyrannisierend in diese einmische. Eine eigentümliche Abart dieses Schemas ist an jenen Frauen verwirklicht, bei denen sich die Weiblichkeit im Sinne der Sexualität seelisch ganz von der Weiblichkeit im Sinne der allgemeinen psychischen Beschaffenheit differenziert hat – so daß jene sich ganz zurückbilden und verschwinden konnte, ohne die letztere irgendwie herabzusetzen. Hier ist in der Form des persönlichen Lebens, wie in einem Gleichnis zu dem auf diesen Seiten angedeuteten Kulturziel, die Durchdringung des seelischen Inhalts mit der ganzen Färbung der Weiblichkeit erreicht, zugleich aber gelöst von dem Dunklen, allzu Subjektiven, das so oft direkt und indirekt die Ausgestaltung der geistigen Persönlichkeit in sachlichen und geistigen Gebilden hintanhält.

die hin ein Segen oder ein Fluch aus dem sonst unberührbaren als Tatsache und als Wert zu begreifen, muß man sich der innerlichen Unterschiedenheit des männlichen und weiblichen Prinzips doch noch bewußter werden, als gewöhnlich geschieht. Aber gerade ihre Tiefe und Absolutheit pflegt daran zu verhindern. Denn sie ist uns so völlig selbstverständlich, eine so dogmatische Voraussetzung des praktischen Lebens geworden, daß wir instinktiv jede Frau nur auf weibliche, jeden Mann nur auf männliche Kategorien hin ansehen. Ohne bewußte und besondere Aufmerksamkeit beurteilen wir männliches und weibliches Sein oder Tun gar nicht nach einem wirklich einheitlichen Maßstab; nur ist freilich – und dies ist das Täuschende – dem schließlichen Schätzungsresultat nicht anzusehen, daß es durch die Abmessung der Frau an dem Durchschnitt oder dem Ideal des weiblichen Wesens, des Mannes an den männlichen Kriterien gewonnen ist. Allerdings sind es sonst gerade die Unterschiede der Menschen, die das höchste Bewußtsein erregen. Allein doch nur aufgrund ihrer Bedeutung für das praktische Tun. Was an allen Menschen gleichartig ist, das ist die selbstverständliche Grundlage alles Handelns, auf die wir im Praktischen kein Bewußtsein verwenden. Jede ökonomische, gesellige, ethische Tätigkeit wird in ihrem speziellen Zweck und ihrer speziellen Art von den erkannten *Verschiedenheiten* unter den Individuen geleitet, diese sind die wichtigsten Voraussetzungen unserer Aktivität. Die Verschiedenheit männlichen und weiblichen Wesens überhaupt aber ist bisher aufgrund der ungestörten Arbeitsteilung zwischen den Geschlechtern für die Praxis so selbstverständlich gewesen und so naiv hingenommen worden, wie andrerseits die allgemeineren *Gleichheiten* unter allen Menschen. Erst der Einbruch der Frauen in die Tätigkeitskreise der Männer hat die Frage nach ihren Wesensunterschieden praktisch gemacht und dadurch das ungeheure Problem – wenn auch nur aus der Ferne – gezeigt, ob eine Kulturtätigkeit ebenso organisch aus dem weiblichen Wesen, wie die bisherige aus dem männlichen erwachsen könne. *Einen* derartigen Beruf, von höchster kultureller Bedeutung und zugleich in der weiblichen Natur völlig autochthon, hat es nun freilich gegeben und gibt es teilweise noch: die Hauswirtschaft. Die häusliche Wirtschaftsführung mit ihrer gar nicht abzusehenden Bedeutung für die Gesamtheit des Lebens ist die große Kulturleistung der Frau, das Haus trägt ganz ihr Gepräge; hier haben ihre besonderen Fähigkeiten, Interessen, Gefühlsweise und Intellektualität, die ganze Rhythmik ihres Wesens ein nur durch sie mögliches Gebilde geschaffen. Es bedarf nicht der Auseinandersetzung, wie sehr die moderne ökonomische und moralische Entwicklung diesem mehr und mehr von seiner Substanz geraubt haben[1]: die Arbeitsteilung, die Expatriierung unzähliger Herstellungen aus dem Hause heraus, die steigende Ehelosigkeit, nicht zum wenigsten die ebenso steigende Beschränkung der Kinderzahl in den höheren Schichten. Erst seit die Selbstverständlichkeit dieses Berufes fraglich geworden ist, konnte es zum *Problem* werden, die Frau zu Kulturleistungen gelangen zu lassen. Da man aber die bestehende, d. h. männliche Kultur für die einzig mögliche zu halten pflegt, so entsteht das Dilemma, daß die Frauen entweder die produktiven Kulturleistungen oder sich selbst aufgeben. Sobald sie auf die spezifisch *weibliche* Kraft, Weltanschauung, Seinsqualität zugunsten jener maskulinen Berufsarbeit verzichten, so wird man ohne jedes reaktionäre Vorurteil zugeben, daß durch die innere Beziehungslosigkeit zu dem objektiven Werk die persönlichen Werte, Reize und Besonderheiten der weiblichen Seele Schaden nehmen müssen. Wenn man gemeint hat, die Berufe entweiblichten die Frauen so wenig, wie sie die Männer entmännlicht hätten, so hat man den Grund dieser letzteren Tatsache übersehen: daß die fraglichen »Berufe« eben von vornherein männlichen Wesens sind – ganz abgesehen von der größeren Differenzierungsfähigkeit der Männer, die ihr seelisches Zentrum nicht so leicht wie bei Frauen mit ihrem äußeren Tun verwachsen, durch dieses stören und zerstören lassen. Diese Alternative, die den Frauen nur die Wahl zwischen der Bewahrung ihrer Eigenart und einer produktiven Kulturleistung zu stellen scheint, fällt sogleich durch die Erkenntnis fort, daß die bestehende Kultur keine neutrale, sondern mit Ausnahme der Hauswirtschaft eine auf die männliche Leistungsart allein zugeschnittene ist, die deshalb einer anderen, die weibliche Natur voraussetzenden und ausdrückenden, völlig Raum gibt. Die Schaffung einer solchen neuen Nuance, ja, eines neuen Weltteiles der Kultur würde sich nicht nur der großen sozialen Entwicklungsformel fügen: an die Stelle der Konkurrenz gleichartiger Leistungen des Sich-Ergänzen arbeitsteiliger Verschiedenheiten zu setzen, sondern sie scheint mir an und für sich der eigentliche Gewinn zu sein, den die objektive Kultur aus der modernen Frauenbewegung ziehen kann.[2]

Nun verhehle ich mir die äußeren und inneren Schwierigkeiten nicht, denen die Entwicklung auf das hiermit angedeutete Ideal hin begegnet. Man wird zunächst diese Entwicklung für eine solche erklären können, deren erste Stadien eine ihrem Endziel durchaus entgegengesetzte Richtung halten. Die Ausbildung, die Tätigkeit, die Position der geistig oder ökonomisch selbständigen Frauen muß wohl das Stadium der historisch gegebenen, also männlichen Kultur durchmachen, auch wenn dies nur Vorbereitung ist, um sie, von einem bestimmten Punkte an abbiegend, dann eine eigene Linie verfolgen zu lassen. Denn soweit wir ohne ausschweifende Phantastik sehen können, wird auch die höchst ausgebildete weibliche Kultur sich über den dauernden Grundtatsachen und -aufgaben des Menschenlebens erheben, ihrer spezifisch männlichen Behandlung eine spezifisch weibliche hinzufügend, aber das Fundamentale und sicher auch unzähliges einzelnes mit jener teilend. Darum werden sie zunächst an der Bildung, den Bewährungen, den Rechten der Männer teilhaben müssen, weil sie nur in dieser Form die Basis, das Material, die Technik für ihre *besonderen* Leistungsmöglichkeiten bekommen können. So macht auch der eigenartigste Künstler seine Lehrjahre bei einem unvermeidlich anders gearteten durch, und eignet sich so Ziele und Kunstmittel in einer bestimmten Form an, die er nachher selbständig zu unbegrenzten Abweichungen modifiziert. Hier berührt unser Problem die diffizilsten Fragen der Psychologie der Geschichte. Bei den vielfachen Gleichheiten in fundamentalen, technischen, materialen Punkten, die selbst die differenzierteste weibliche Kultur noch mit der männlichsten aufweisen muß, droht immerhin den seelischen Differenzen zwischen Männern und Frauen eine Verengerung und Reduzierung, und damit eine Herabsetzung eines der tiefsten und unentbehrlichsten Reize des Lebens. Vermeidbar ist diese Gefahr nur unter der Voraussetzung einer außerordentlich gestiegenen Unterschiedsempfindlichkeit. Es ist eine der feinsten Aufgaben des Seelenlebens, die Tatsache und den Reiz von Unterschieden *auf dem Boden erheblicher Gleichheit* zu kultivieren und zu fühlen. Die Bildung spezifisch weiblicher Ideale hat sich bisher immer an die größte und gröbste Unterschiedenheit angeschlossen, an die unmittelbare sexuelle Differenziertheit; der absolute Gegensatz gegen das männliche Wesen, durch den sie zum Gegenstand der Erotik werden, hat ihre näheren wie ihre weiteren Ideale gestaltet und so deren Abstand von dem männlichen Prinzip freilich ganz unüberhörbar gemacht. So absolut und sinnenfällig aber wird innerhalb objektiven Kulturschaffens die weibliche Tonart sich nicht von der männlichen abheben. Wir werden viel sensibler für die Nuancen werden müssen; der Verfeinerungsprozeß, der den ästhetischen Geschmack schon hier und da von krassen Kontrasten zu milden Abtönungen, von gewaltsamen Extremen der Formen und der Äußerungen zu sanften Hebungen und Senkungen geführt hat, ohne daß wir darum die Unterschiede, die die größeren Gemeinsamkeiten der Erscheinungen noch bestehen lassen, weniger lebhaft und reizvoll empfänden – dieser Verfeinerungsprozeß wird sich auf die weiteren Kulturgebiete fortzusetzen haben, wenn bei einer weiblichen Kultur die volle Stärke des Reizes, den die Spannweite zwischen dem männlichen und weiblichen Prinzip entfaltet, weiterleben soll. Jedenfalls aber wird für den Augenblick zuzugeben sein, daß die Bildung und die Rechte der Frauen, nachdem sie so lange den Männern gegenüber in übertriebener Ungleichheit verharrt haben, das Stadium einer gewissen äußeren Gleichheit passieren müssen, ehe sich über diese hinweg eine Synthese: das Ideal einer objektiven Kultur, die mit der Nuance weiblicher Produktivität bereichert ist, erheben kann. So können allerdings Personen, für die der ganze Wert der Frauenbewegung in dieser erhofften Differenziertheit, diesem Herausarbeiten des spezifisch Weiblichen besteht, zunächst der brutalen Gleichmacherei der Emanzipationspartei beistimmen – wie es heute extreme Individualisten gibt, die Sozialisten sind, weil sie allein von dem Durchgang durch einen nivellierenden Sozialismus eine wahrhaft naturgemäße Rangierung und eine neue Aristokratie, die wirklich die Herrschaft der *Besten* wäre, erwarten.

Viel tiefere Bedenken aber als aus dieser Entwicklungsschwierigkeit tauchen aus dem Verhältnis auf, das der weibliche Geist zu der Form der Kultur überhaupt zu besitzen scheint. Alle Kulturgebilde, nach deren Produktion hier gefragt wird, haben den Charakter der Dauer, sie stehen ihrem Sinne nach jenseits des individuellen Lebens und seines zeitlichen Verfließens. Vielleicht aber ist diesem Schaffenstypus die ganze Art und der Rhythmus des weiblichen Wesens prinzipiell fremd. Es trägt vielleicht, viel stärker als der Mann, den Charakter des Fließenden, in der Forderung des Tages Aufgehenden, auf das bloß individuelle Leben Gerichteten. Es gehört zu den banalen Vorwürfen gegen die Frauen, daß sie keine Objektivität besäßen, daß ihre Hingabe eigentlich niemals einem Gegenstand oder einer Idee, sondern in letzter Instanz immer einer Person gälte, d. h. einem Zeitlichen und gleichsam Punktuellen gegenüber der Abgewogenheit und Überzufälligkeit, die der rein sachlichen Interessiertheit eigen ist. Was daran richtig sein mag, hängt sicher damit zusammen, daß die Tätigkeit der Frauen, besonders seit der Einschränkung der häuslichen Produktion, selten »Objekte« schafft. Die noch übrige häusliche Arbeit gilt dem Tage – woran sie den ganzen Vormittag gekocht haben, wird in einer halben Stunde aufgegessen –, sie ordnet sich dem Flusse und Wechsel momentaner Ansprüche und Interessen ein, ohne ein substantielles Resultat zu hinterlassen, das nicht wieder unmittelbar in diesen Fluß hineingezogen würde. Das Leben im Zeitlosen – das etwas ganz anderes ist als die Ewigkeit im religiösen Sinne –, die reine Sachlichkeit und die unvermeidliche Einseitigkeit substantieller Arbeit, die Einordnung in überpersönliche Zusammenhänge – dies widerstrebt vielleicht dem innersten Leben der weiblichen Seele. Hier handelt es sich also nicht mehr darum, ob diese besonders charakterisierte Inhalte besäße, die in das geschichtliche Kulturleben hinein verkörpert werden könnten. Dies möchte im Prinzip zugegeben werden und doch zugleich behauptet, daß die typische, innere Lebensform, daß der psychische Rhythmus der Weiblichkeit sich gegen die Produktion der Werte, die wir objektive Kultur nennen, sträubt. Es ist hier nicht die Sache, sondern ihr Träger, nicht der seelische Gehalt, sondern die Funktion, die ihn verwirklicht, nicht das Sein, sondern die Art seines Werdens – was die Aufgabe vielleicht illusorisch macht.

Diese Frage nach dem Takt und Tempo der seelischen Bewegtheit, nach der ganz allgemeinen, alle Wesensäußerungen von innen her rhythmisierenden Form des weiblichen Lebens ist die letzte Instanz, von der die Frage nach einem zukünftigen Aufwachsen weiblicher Kulturproduktion neben oder zwischen der männlichen abhängt. Und sie ist sowenig, wie alles Erste und Letzte, wissenschaftlich zu beantworten, sondern nur aus jenen ahnungsmäßigen Entscheidungen der einzelnen heraus, zu denen die Zufälligkeit ursprünglicher, individueller Tendenzen und die nicht geringere Zufälligkeit unzähliger, unbewußter Erfahrungen und ihre Deutung zusammenwirken. Dennoch gibt es einen Zusammenhang, der diese Subjektivität in der Entscheidung der tiefsten Fragen des historischen Lebens legitimiert: die ganz großen und fundamentalen geschichtlichen Bewegungen und Wendungen, die dem heutigen Verständnis nicht viel weniger geheimnisvoll sind als dem vorwissenschaftlichen und die das Schicksal und die Leistung der Frauen als Wirkung wie als Ursache aller anderen einschließen – diese werden schließlich in der geschichtlichen Wirklichkeit durch ganz dieselben instinktiven, aus den alogischen Tiefen der Seele hervorbrechenden Gefühle *hervorgebracht*, durch die allein auch ihre geistige Aneignung, ein subjektives *Urteil* über ihre objektiv so vieldeutige Gestaltung möglich ist.

Anmerkungen

1 Für das Bild der Berufsrangierung in ihren individuellen Folgen hat dies übrigens eine selten betonte Bedeutung. Es gibt eine Reihe männlicher Berufe, zu denen es keiner spezifischen Begabung bedarf und die dennoch nicht inferior sind, nicht notwendig schöpferisch und individuell und doch das Individuum von keinem sozialen Range ausschließend: so der juristische und viele kaufmännische Berufe. Diese soziale Formung besitzt auch der Hausfrauenberuf: er kann von jeder bloß durchschnittlichen Begabung erfüllt werden und ist doch nicht subaltern, braucht es wenigstens nicht zu sein. Wo dieser nun ausgeschlossen ist, sind die Karrieren und Selbständigkeiten, die sich den Frauen *ohne besondere Beanlagung* darbieten, nur subalterner Natur. Diejenigen, denen eine solche für die geistig produktiven Berufe abgeht, müssen schon Stenografistinnen, Zahnärztinnen und dergleichen werden. Es fehlt ihnen vorläufig das Pendant zu der juristischen Laufbahn, die unspezifisch und doch nicht subaltern ist; wodurch sie einerseits in die niederen Berufe gedrängt werden, die unter ihren sozialen Ansprüchen bleiben, andererseits in die höchsten geistigen, die über ihre persönlichen Anlagen hinausgehen.

2 Herr Professor Breysig hat in einer mündlichen Diskussion über diesen Gegenstand einen Gedanken angedeutet, den ich allerdings für eine wesentliche Erweiterung meiner Ausführungen halte. Die originale und objektive Kulturleistung der Frauen, so ungefähr meinte er, bestünde darin, daß die männliche Seele zum großen Teil von ihnen gestaltet wird. So gut, wie etwa die Tatsache der Pädagogik oder die rechtliche Einwirkung der Menschen aufeinander oder auch: die Bearbeitung eines Materiales durch einen Künstler zur objektiven Kultur gehören, so gut täten es die Einflüsse, Bildungen und Umbildungen seitens der Frauen, dank deren die männliche Seele gerade so ist, wie sie ist. In der Tat: in der Formung dieser drücken die Frauen sich selbst aus, sie schaffen hier ein objektives und nur durch sie mögliches Gebilde, in dem Sinne, in dem man überhaupt von menschlichem Schaffen reden kann, das immer nur eine Resultante der schöpferischen Einwirkung und der eigenen Kräfte und Bestimmtheiten ihres Gegenstandes bedeutet. Es läge nahe, hierin eine

Analogie zu der populären Überzeugung zu sehen: die spezifische Leistung der Frauen sei die Produktion und das Aufziehen der nächsten Generation. In beiden Fällen liegt der Sinn der weiblichen Existenz in ihrer Beziehung auf andere Wesen, in der Entäußerung ihrer selbst zugunsten anderer, die sich durch sie gestalten. Wer lehrt, daß die Frauen dazu da wären, das nächste Geschlecht hervorzubringen und zu erziehen – der lehrt, daß sie als Ganzes überhaupt nur für die Männer da sind. Denn da die weiblichen Wesen unter jener nächsten Generation auch nur wieder die *Mittel* für die demnächst folgende sind, so bleiben als *Zwecke* der ganzen Entwicklung eben nur die männlichen Elemente derselben bestehen. Der Breysigsche Gedanke dagegen lehrt nicht das Sich-Aufgeben der Frauen, sondern gerade das Sich-Erhalten ihrer, wie sich der Künstler in seinem Werk erhält, demgegenüber er doch nicht als Mittel bezeichnet werden kann. Vielmehr, daß *seine* Eigenart und Wirkungskraft sich auslebt und ausprägt, ist und bleibt der Endzweck seines Tuns. Daß die Frauen für die nächste Generation da wären, ist nur die optimistische Verhüllung davon, daß sie bloß um der Männer willen existieren; daß sie ihre Kulturleistung an der qualitativen Formung der Männer haben, bedeutet umgekehrt, daß sie an den Männern gleichsam den Stoff finden, an dem die Besonderheit ihres Wesens und ihrer Kräfte sich objektiviert und ein nur durch sie realisierbares und sie – wenn auch nicht wörtlich – ausdrückendes Gebilde schafft.

Bruchstücke aus einer Psychologie der Frauen

(1904)

> »Wer über die ›Schönen im Plural‹ spricht,
> wird sich bescheiden müssen, im besten Falle
> eine bloße Majorität als
> Totalität zu behandeln.«

1.

Indem die Frauen die Trägerinnen der Kultur des Hauses wurden, erwuchs an ihnen das seelische Wesen, dessen Symbol das Haus im Gegensatz zu den hinausführenden, nach allen Seiten ausstrahlenden Berufen ist: Stetigkeit, Geschlossenheit, Einheit, in der die Mannigfaltigkeit und Gegensätzlichkeit des äußeren Lebens zur Ruhe kommt. Welche Rolle in der Arbeitsteilung zwischen Männern und Frauen jedem zukam, war eigentlich von der Natur her nur für die Frauen bestimmt, denn das Tragen und die Pflege der nächsten Generation nebst allem, was sich zweckmäßigerweise damit verband, war eine Erfüllung des Lebens, zu der der Mann gar kein ebenso einheitlich vorgezeichnetes Gegenstück besaß. Dieser Mangel eines naturgegebenen Tätigkeitsinhalts wies ihn auf schöpferische Freiheit, machte ihn zum Träger der Arbeitsteilung. So mochte zwar der einzelne Mann in seiner Spezialität eng und einseitig werden, aber das Geschlecht als Ganzes hat doch die Vielfältigkeit, die Individualisiertheit des Kulturlebens geschaffen, der die Frau als dessen Einheits- und Sammelpunkt gegenübersteht wie das Haus der Bewegtheit und Besonderung des Einzelberufes.

2.

Diese Geschlossenheit, die die Kulturrolle der Frau auf ihre Innerlichkeit übertragen oder die von dieser aus jene geschaffen hat – gibt ihr, wo sie sich rein darstellen kann, etwas von dem Charakter des Kunstwerks. Dessen Wesen ist doch die in sich befriedigte Einheit, die Selbstgenügsamkeit, die kein natürliches Gebilde erreicht. Denn jedes solches greift mit tausend Beziehungen in die Umwelt ein, tausend Fäden, ins Unendliche verlaufend, spinnen sich von und zu jedem Dinge, so daß die Sphäre keines sich endgültig begrenzt. Das Kunstwerk allein ist ein Ganzes, wie das Weltganze eines ist, sein Rahmen scheidet es undurchbrechlich von aller vielfältigen Zerstreutheit der Dinge. Solche Einheit stellt die Frau dem Manne gegenüber dar, der in die zersplitterte Vielheit des unabsehbaren Lebens verflochten ist. Es ist nicht nur die äußere Sitte, die ihr die heftig ausholenden Bewegungen, die aggressiven Worte, das rücksichtslose Aus-sich-Heraustreten von jeher verbietet. Daß diese Zusammengehaltenheit, dieses Vermeiden aller weit ausladenden Äußerungen die Form ihrer Sitte wurde, das eben ist der Ausdruck für die Geschlossenheit ihres Daseins, oder beides ist in eine Wechselwirkung verwebt.

3.

Eine gleiche vielleicht lebt zwischen dieser Einheitlichkeit ihres Wesens und der Forderung, die Frau solange wie möglich in der »Unschuld« im theoretischen Sinne zu erhalten, d. h. in dem Nicht-Wissen um die Dinge, deren Wirklichkeit die »Unschuld« im praktischen Sinne zerstört. Vielleicht ist diese Wunderlichkeit ein wilder Sproß des richtigen Instinkts für die seelische Einheit der Frau, infolge deren das Wissen und das Tun enger verbunden sind als bei dem differenzierten Manne, dessen Verstand und dessen Gefühl viel getrennter Buch und Rechnung führen. Die seelischen Energien der Frau sind viel enger um einen Einheitspunkt gesammelt, darum viel eher in ihrer Gesamtheit von einer Erregung her in Schwingung zu setzen. Die verletzliche Zartheit, die schon das Mitwissen als Mitschuld empfindet, daß theoretische Kennen des Unsauberen als eine persönliche Befleckung – karikiert sich in der Geschichte der Frauen freilich oft genug in eine lächerliche Prüderie; aber damit übertreibt sich doch nur jener tiefste Zug alles weiblichen Wesens, die innige Zusammengehörigkeit aller Provinzen der Seele, die an die Inhalte der einen unvermeidlich eine Reaktion jeder anderen knüpft. Solange man sich psychologisch mit den Frauen beschäftigt, hat man ihnen Mangel an Objektivität vorgeworfen. Aber wenn sie wirklich – extrem gesprochen – jedes Ding mit Gefühlen und Interessen, mit Stimmungen und Impulsen verflechten und so die Unparteiischkeit des Urteils trüben, so offenbart sich doch auch hierin nur die enge Verkettung, die alles Seelische in ihnen findet. Vielleicht können sie wirklich den Sachgehalt der Dinge nicht aus dem Licht und Schatten herausheben, die die Seele von allen Seiten her auf ihn wirft – aber das ist einfach ein »Fehler« nur für den Hochmut der Schulmeister. Es ist vielmehr das tiefbegründete Verhältnis, wie es Seelen, deren Peripherie noch mit ihrem Mittelpunkt verschmolzen ist, zur Welt gewinnen, solche, bei denen das ganze Innere antwortet oder mitschwingt, wenn auch nur ein Ton angeschlagen wird. Daß mag man Subjektivität nennen, gegenüber der differenzierten Seelenart des Mannes, die die Innerlichkeiten gegeneinander zu isolieren weiß und so die reine Sachlichkeit der Dinge den Strömungen des persönlichen Lebens abringt. Aber gegenüber seelischen Wirklichkeiten, ohne die das Leben unserer Gattung, seiner tiefsten Gegensatzreize entbehrend, in unausdenkbarer Weise verändert wäre – kann man sich nicht auf den Stuhl des Richters setzten und zwei Wesensformen als tiefere und höhere rangieren, von denen jede eine in sich vollendete Welt ist, und aus deren Miteinander und Gegeneinander erst die Geschichte der Menschheit entsprungen ist.

4.

Dieser Kernpunkt aller Psychologie der Frauen: daß sie die einheitlicheren und ganzeren Wesen sind, d. h. diejenigen, bei denen die Elemente des inneren Daseins enger miteinander verknüpft sind – die seelische Spiegelung ihres schwer ausdrückbaren, innigeren Eingewachsenseins in die dunkle Einheit aller Natur –, läßt begreifen, daß sie die treueren Wesen sind, anhebend von ihrer Anhänglichkeit an alte Besitzstücke, eigene und die geliebter Menschen, an »Erinnerungen« greifbarer wie innerlichster Art. Denn die Struktur ihrer Seele läßt an jedem Ding die einst damit verbundenen Werte und Gedanken und Gefühle schwer trennbar haften, die Energie ihrer inneren Einheit hält zusammen, was sich je in ihr getroffen hat. Der Mann ist pietätloser, weil er die Dinge mehr in ihrer herausgelösten Sachlichkeit ansieht, das einzelne genießt in seiner Seele nicht mehr den Vorteil, von alldem, was es einstmals war und womit es sich einstmals berührte, getragen und verklärt zu sein. Differenziertheit macht untreu, denn wo unsere Wesensteile gegeneinander selbständig sind, ergreift die Entwicklung bald das eine, bald das andere Interesse, bringt den inneren Menschen in wechselnde Formen, gibt der Gegenwart die volle Freiheit, sich aus sich selbst zu entscheiden. Darum ist, mit der Frau verglichen, der Mann in aller Hinsicht untreuer, weil ihm jene Einheitlichkeit abgeht, die die Seele in dem Bann dessen was je in ihr gelebt hat, festhält, wodurch er denn freilich Möglichkeiten der Entwicklung und einen Reichtum an Wegerichtungen gewinnt, die der Treue versagt sind.

5.

Differenzierung aber bedeutet ein Doppeltes: einmal, daß die seelischen Elemente gegeneinander verselbständigt sind, keines ohne sachliches Recht in den Ablauf des anderen eingreift, dann aber, daß der Mensch als ganzer zu einer Besonderheit und Unvergleichbarkeit entwickelt sei. Ist dies nun der Typus männlicher Geistesart, die sich in Wechselwirkung mit den ökonomischen Tätigkeiten der Männer entfaltet hat, so begreift man auch von dieser Seite her, daß die Frauen den Männern treuer sind als diese jenen. Denn weil der Mensch das am anderen zu lieben pflegt, was seiner eigenen Art entgegengesetzt ist und sie ergänzt, lieben sie das Individuum, die einzigartige Formung des Menschlichen in diesem Exemplar, und diese ist eben nicht ersetzlich; weil sie nicht das Allgemeine am Manne lieben, kann nicht so leicht ein anderer die Empfindungen in ihnen auslösen, die dem ersten gelungen sind. Der Mann aber erwidert das nur auf den Stufen der höchsten Entwicklung, unterhalb dieser empfindet er die Einheit der Frau als Einheit der Frauen; ihre tiefe Eingesenktheit in den Urgrund des Seins gibt ihnen, den Männern gegenüber, eine gewissen Gleichheit und Verwandtschaft, die erst bei der äußersten Kultur zurücktritt, und macht jede gewissermaßen zur Vertreterin des Gattungstypus. Für alle tieferstehenden Männer – und die Fragen der Geschlechtlichkeit sind selbst noch für viele höchststehende der Erdenrest, mit dem sie an den unentwickelten Stadien unserer Art haften – ist die Frau im wesentlichen das Gattungswesen, und darum kann eher die eine für die andere vikariieren. So ist es keineswegs allein die äußere Macht der Männer, die, fast den ganzen Lauf der Geschichte hindurch, den Frauen Treue auferlegt, sich selbst aber von der gleichen Verpflichtung freispricht; vielmehr daß die Macht in diesem Sinne benutzt wurde, ist nur der brutale Ausdruck für jene tiefste Wesensverschiedenheit der Geschlechter.

6.

Das Wundervollste, die feinste Blüte, zu der es gerade nur die Wurzel des weiblichen Wesens bringen konnte, ist dies: daß in der typisch vollendeten Frau sehr vieles ganz Gattungsmäßige, eigentlich Unpersönliche und Unindividuelle zu etwas völlig Persönlichem wird, so innerlich erzeugt, so empfunden, als träte es hier zum erstenmal aus dem Einzigkeitspunkt der Persönlichkeit heraus in die Welt. Gewiß gibt es nichts Generelles als erotische Beziehungen, und während der Mann sie auch unzählige Male so fühlt und behandelt, scheinen sie für die Frau das spezifisch persönliche Schicksal zu sein, nicht ein Gattungsereignis, das sich an ihr abspielt, sondern ihre innerlich eigenste Produktivität. Weil sie in höherem Maße Gattungswesen ist, versteht und erlebt sie das Gattungsmäßige von innen her, nicht nur als eine Erbschaft unserer Art. Nicht anders in ihrem Verhältnis zu dem Kinde, vor und nach seiner Geburt, diesem typischsten aller Verhältnisse, das so tief in das Untermenschliche hinabreicht. Für die Frau aber ereignet es sich in der Wurzelschicht der Seele, dieses völlig Unpersönliche, das sie zum bloßen Durchgangspunkt in der Entwicklung der Gattung macht, wächst aus dem Zentrum, in dem alle Energien ihres Wesens sich zu ihrer Persönlichkeit zusammengefunden haben. Und endlich: die Sitte, die nichts ist als die Lebensform des sozialen Kreises, das Verhalten, das dieser um seiner Selbsterhaltung willen zum Gesetz geprägt hat, scheint aus dem eigensten Instinkt ihrer Natur zu quellen. Sie »strebt nach Sitte«, die die Bewegung des Mannes oft hindert; dem Wesen der Frau aber liegt sie an wie eine Haut, die Freiheit, die für den Mann tausendfach außerhalb der Sitte liegt, findet sie in ihr; denn Freiheit heißt doch wohl, daß das Gesetz unseres Tuns der Ausdruck unserer eigenen Natur ist. Das ganz Unpersönliche der Sitte, unter das die Mannigfaltigkeit des Individuellen sich zu beugen hat, ist hier der organische Trieb des eigensten Wesens geworden.

Und damit zeigt sich die Frau von neuem dem Kunstwerk verwandt; denn was ist dieses anderes, als daß ein persönlich innerstes Leben sich zu einer Form entfaltet, die über alles Persönliche hinaus die Gültigkeit eines Allgemeinen besitzt? Daß seine Notwendigkeit, den mannigfaltigsten Individuen gleichmäßig nachfühlbar und zwingend, das freieste Ausströmen einer Seele ist, die nur auf sich selbst hört? Indem der Frau das Überpersönliche zum unmittelbar persönlichen Empfinden und Schaffen wird, löst sie in der Form des Erlebens den Widerstreit zwischen Gesetz und Freiheit, in dem der Mann, über die Einheit ihres Wesens hinausgegangen, sooft sich zerreibt und für den er nur in der Form der Kunst den Schein und Schimmer einer Lösung zu schaffen weiß.

Fragmente aus einer Philosophie der Liebe

(1907)

1.

Bei der Liebe eines Mädchens, die schon in erotischen Sehnsüchten und Träumen gelebt hat, ist es dem Manne relativ leicht, sich ihr gegenüber dauernd auf der Höhe zu halten, ihr dauernd als der Liebe würdig zu erscheinen. Denn das Ideal, das sie vorher erträumt hat, mag noch so hoch und über alle Erfahrung hinausliegen – die Wirklichkeit hat als solche ihm gegenüber eine einzigartige Kraft, die Überlegenheit der Dreidimensionalität über den Schatten. Der Mann ist hier sozusagen gar nicht verpflichtet, die vorgezeichneten Umrisse jenes Ideals einzuhalten, er setzt einen ganz neuen, unvergleichlichen Wert diesem gegenüber ein. Anders aber und für ihn viel gefährlicher liegt es, wenn das Mädchen überhaupt erst durch die Liebe zu ihm Berührung mit dem erotischen Gebiet gewinnt, wenn keine allgemeine Sehnsucht und Idealbildung vorangegangen ist, sondern er sozusagen zugleich das Allgemeine und das Besondere, das Ideal und die Wirklichkeit ihrer Erotik ist. Denn in diesem Fall wird über ihn nicht das jenseits seiner erwachsene Ideal gesetzt, demgegenüber er leicht Recht behält, sondern das Ideal seiner selbst, dessen Forderungen er sich nicht entziehen kann. Das Mädchen sieht in ihm und verlangt von ihm das Höchste seines *eigenen* Wesens, er hat jetzt selbst den Wechsel ausgestellt, den sie ihm präsentiert, das Höchste, das sie nun überhaupt will, ist an ihm selbst erwachsen; seine Wirklichkeit hat keine siegreiche Präponderanz mehr gegenüber einem bloß *erträumten* Ideal, sondern sie wird an einem gemessen, das das Ideal eben dieser Wirklichkeit selbst ist.

2.

Bei dem Abschluß jedes Handelsgeschäftes ist derjenige von vornherein im Vorteil, dem weniger als dem anderen an diesem Abschluß liegt. Sehr paradox wiederholt sich dies innerhalb der Liebe. In jedem Liebesverhältnis hat der weniger Liebende ein Übergewicht, er kann sozusagen seine Bedingungen stellen, der andere ist ihm ausgeliefert; denn diesen verhindert die innerliche Gebundenheit der Liebe, seine Vorteile zu bemerken, die bemerkten auszunutzen. In der Ehe pflegt, unter sonst gleichen Umständen, der zu herrschen, der das geringere Gefühl einsetzt. Da dies hier, und ebenso in freien Verhältnissen, in der Regel der Mann ist, so scheint mir darin ein wesentlicher Erklärungsgrund für die allgemeine Präponderanz der Männer über die Frauen zu liegen. Vielleicht aber entbehrt dies doch nicht ganz der Gerechtigkeit. Denn in dem Liebesverhältnis genießt der tiefer Liebende ein soviel tieferes Glück, daß es am Ende in der Ordnung ist, wenn der andere dafür in der Hinsicht des Herrschens und in allem, was sozusagen an der Peripherie des Verhältnisses liegt, im Übergewicht bleibt.

3.

Unter allem, was ein Mensch überhaupt tun kann, vom Edelsten bis zum Gemeinsten, vom Klügsten bis zum Dümmsten, gibt es nichts, was nicht aus Liebe zu einem anderen geschehen könnte – mit einer einzigen Ausnahme: daß er ihn liebt, kann nicht aus Liebe zu ihm geschehen! Man preist die Liebe als die Wurzel alles menschlichen Altruismus. Gut, sie mag seine Wurzel sein – aber seine Frucht kann sie niemals sein. Niemals kann ich einen Menschen um seiner selbst willen lieben – denn dann müßte ich ihn doch schon geliebt haben, bevor ich ihn liebte! Wenn ich dich liebe, mag diese Liebe jede Spur von Egoismus dir gegenüber aus meiner Seele hinwegläutern; aber daß ich dich liebe, kann ich nicht schon aus Liebe zu dir tun. Oder sollte dieser Ursprung der Liebe aus dem Egoismus – und sie allein kann nur aus dem Egoismus hervorgehn, wenn sich ihr Gedanke nicht im Kreise drehn und die Wirkung zur Ursache machen will – sollte dieser Ursprung der Liebe nicht auch in ihre Wirkungen und Früchte etwas von ihrem Wurzelsafte, da ihre Wurzel nun einmal unvermeidlich Egoismus ist, einfließen lassen?

4.

Vielfach züchten soziale Zweckmäßigkeiten, die heute vielleicht noch unentbehrlich sind, den Glauben an Einheitlichkeiten und unbedingte Zusammengehörigkeiten auf diesem Gebiet, während die tatsächliche Entwicklung die Elemente schon auseinanderzulegen und zu verselbständigen beginnt. Vor allem ist es hier die Form der Monogamie, an der die Entwicklung so ihre Realkritik vollzieht. Wenn zwei Menschen sich aus der vollkommenen Tiefe und Echtheit ihres Wesens heraus lieben, jenseits alles bloß sinnlich-momentanen Aufflammens und jenseits aller Illusion über sich und den anderen – so scheint es sich ganz von selbst zu verstehen, daß die lebenslängliche Ehe der angemessene Ausdruck ihrer innerlichen Beziehung ist. In Wirklichkeit ist dies keineswegs immer der Fall. Die Ehe fordert vielmehr von dem einzelnen und von dem inneren Verhältnis der beiden eine bestimmte Qualifikation, die mit all jenen Tatsachen der Liebe, der Sympathie, des Sich-Ergänzens verbunden sein *kann*, es vielleicht meistens auch *ist*, es aber keineswegs *muß*, und zweifellos in manchen Fällen ausbleibt, wo das volle Maß der Liebe und der inneren Zusammengehörigkeit besteht. Denn es ist ganz irrig, daß die Dauer eines Gefühles von seiner Intensität abhängt, oft nur eine Täuschung, vielleicht eine unvermeidliche, der seelischen Optik, wenn man die Stärke und Tiefe eines Gefühls nicht anders als durch seine »Ewigkeit« meint ausdrücken zu können, oder umgekehrt aus der Begrenztheit seiner Dauer auf mangelnde Kraft und Echtheit schließt. Dies ist ein allgemeiner Zug geistiger Undifferenziertheit, die die Erstreckung eines Wertes, eines Gefühles nach einer Dimension wie notwendig mit der gleich großen nach allen andern assoziiert. Den inneren Wert eines Gefühles von seiner Dauer abhängen zu lassen, ist vielleicht nicht richtiger, als den ästhetischen Wert einer Vase von ihrer Zerbrechlichkeit oder Dauerhaftigkeit; wobei natürlich unbestritten ist, daß die Dauer eines Gefühles ein Wert ist, den das flüchtigere eben nicht einschließt. Nur das möchte ich leugnen, daß die Werte, die auch dieses besitzt, an ihrer Tiefe und Weihe, ihrer Leidenschaft und ihrer Wahrheit dadurch Schaden nehmen, daß nicht außerdem auch noch die Qualität der Dauer zu ihnen hinzutritt. Darum ist der Schluß ganz falsch, daß jede echte und wahre Liebe ihren einzigen, naturgemäßen Ausdruck in der Ehe finden müßte. Man möchte nach einigen Symptomen schließen, daß der Differenzierungsprozeß der modernen Kultur die Dauerqualität der Liebe immer mehr von ihren übrigen Wertqualitäten ablösen, diesen letzteren eine von jener immer unabhängigere Existenz gewähren wird. Sollte dies richtig sein, so wird es vielleicht das tiefste, innerlichste Moment bilden, das zu einer Umgestaltung unserer jetzigen Eheform treibt, wahrscheinlich zu neuen Gestaltungen, deren Art heute noch niemand ahnen, geschweige denn prophezeien kann, sowenig wie man in der Epoche der antiken Sklavenarbeit die Lohnarbeit der Maschinenindustrie sich ausdenken konnte. Nur kann man vielleicht sicher sagen, daß dasjenige, was heute als »freie Liebe« angepriesen wird, die zukünftige Form *nicht* sein wird. Denn sie hat ausschließlich die kulturelle Bedeutung einer Kritik an den bestehenden Zuständen, sie drückt nur das vielfach verbreitete Gefühl für das Ungenügende dieser Zustände aus und aus dieser bloßen Verneinung macht sie, einseitig und ebenso ungenügend, ein positives Ideal, eine Form aus der bloßen Formlosigkeit.

Psychologie der Koketterie

(1909)

I

Die Weisheit Platos über die Liebe: daß sie ein mittlerer Zustand zwischen Haben und Nichthaben sei, scheint nicht an die Tiefe ihres Wesens, sondern nur an eine Form ihrer Erscheinung zu rühren. Nicht nur, daß sie keinen Raum hat für die Liebe, die spricht: »Wenn ich dich liebe, was geht's dich an« – so kann sie eigentlich nur die meinen, die an der Erfüllung ihres Sehnens stirbt. Auf den Weg vom Nichthaben zum Haben gestellt, mit der Bewegung auf ihm ihr Wesen erschöpfend, kann sie, wenn sie nun »hat«, nicht mehr dasselbe sein, was sie vorher war, kann nicht mehr Liebe sein, sondern setzt ihr Energiequantum in Genuß oder vielleicht in Überdruß um. Es hebt diese Konsequenz der Liebe, als der Sehnsucht des Nichthabenden nach dem Haben, nicht auf, daß sie in jenem Augenblick ihres Vergehens vielleicht von neuem entsteht: ihrem Sinne nach bleibt sie in einen rhythmischen Wechsel gebannt, in dessen Zäsuren die Momente der Erfüllung stehen. Wo sie aber in den letzten seelischen Tiefen verankert ist, beschreibt der Turnus von Haben und Nichthaben doch nur die Gestalt ihrer Äußerung und Oberfläche. Das Sein der Liebe, dessen bloßes Phänomen die Begehrung ist, kann durch deren Stillung nicht aufgehoben werden.

Was aber auch der Sinn des Habenwollens sei, und ob es das Definitivum der Liebe oder nur die Hebung des über ihr Definitivum hinspielenden Wellenrhythmus bedeutet – wo sein Gegenstand eine Frau und sein Subjekt ein Mann ist, erhebt es sich über der eigentümlichen seelischen Tatsache des »Gefallens«. Das Gefallen ist der Quell, aus dem jenes Haben und Nichthaben gespeist wird, wenn es für uns Lust oder Leid, Begehrung oder Befürchtung werden soll. Aber hier wie sonst läuft die Verbindung zwischen einem Besitz und seiner Schätzung auch in umgekehrter Richtung. Nicht nur wächst Wichtigkeit und Wert dem Haben und Nichthaben des Gegenstandes zu, der uns gefällt; sondern wo ein Haben und Nichthaben aus irgendwelchen anderen Ursachen heraus für uns Bedeutung und Betonung gewinnt, pflegt sein Gegenstand unser

Gefallen zu erregen. So bestimmt nicht nur der Reiz eines käuflichen Dinges den Preis, den wir dafür zahlen mögen: sondern daß ein Preis dafür gefordert wird, daß sein Erwerb nicht etwas Selbstverständliches, sondern nur mit Opfern und Mühen Gelingendes ist – das macht uns unzählige Male erst das Ding reizvoll und begehrenswert. Die Möglichkeit dieser psychologischen Wendung läßt die Beziehung zwischen Männern und Frauen in die Form der Koketterie hineinwachsen.

Daß die Kokette »gefallen will«, gibt an und für sich ihrem Verhalten noch nicht das entscheidende Cachet; übersetzt man Koketterie mit »Gefallsucht«, so verwechselt man das Mittel zu einem Zweck mit dem Triebe zu diesem Zweck. Eine Frau mag alles aufbieten, um zu gefallen, von den subtilsten geistigen Reizen bis zur zudringlichsten Exposition physischer Anziehungspunkte – so kann sie sich mit alledem noch sehr von der Kokette unterscheiden. Denn dieser ist es eigen, durch Abwechslung oder Gleichzeitigkeit von Entgegenkommen und Versagen, durch symbolisches, angedeutetes, »wie aus der Ferne« wirksames Ja- und Neinsagen, durch Geben und Nichtgeben oder, platonisch zu reden, von Haben und Nichthaben, die sie gegeneinander spannt, indem sie sie doch wie mit einem Schlage fühlen läßt – es ist ihr eigen, durch diese einzigartige Antithese und Synthese Gefallen und Begehren zu wecken. In dem Verhalten der Kokette fühlt der Mann das Nebeneinander und Ineinander von Gewinnen und Nicht-gewinnen-Können, das das Wesen des »Preises« ist, und das ihm mit jener Drehung, die den Wert zum Epigonen des Preises macht, diesen Gewinn als wertvoll und begehrenswert erscheinen läßt. Das Wesen der Koketterie, mit paradoxer Kürze ausgedrückt, ist dieses: wo Liebe ist, da ist – sei es in ihrem Fundament, sei es an ihrer Oberfläche – Haben und Nichthaben; und darum, wo Haben und Nichthaben ist – wenn auch nicht in der Form der Wirklichkeit, sondern des Spieles –, da ist Liebe, oder etwas, was ihre Stelle ausfüllt. Ich wende diese Deutung der Koketterie zunächst auf einige Tatsachen der Erfahrung an. Der Koketterie in ihrer banaleren Erscheinung ist der Blick aus dem Augenwinkel heraus, mit halbabgewandtem Kopfe, charakteristisch. In ihm liegt ein Sich-Abwenden, mit dem doch zugleich ein flüchtiges Sich-Geben verbunden ist, ein momentanes Richten der Aufmerksamkeit auf den anderen, dem man sich in demselben Momente durch die andere Richtung von Kopf und Körper symbolisch versagt. Dieser Blick kann physiologisch nie länger als wenige Sekunden dauern, so daß in seiner Zuwendung schon seine Wegwendung wie etwas Unvermeidliches präformiert ist. Er hat den Reiz der Heimlichkeit, des Verstohlenen, das nicht auf die Dauer bestehen kann, und in dem sich deshalb das Ja und das Nein untrennbar mischen. Der volle *En-face*-Blick, so innig und verlangend er sei, hat nie eben dies spezifisch Kokette. In derselben Oberschicht kokketer Effekte liegt das Wiegen und Drehen in den Hüften, der »schwänzelnde« Gang. Nicht nur, weil er durch die Bewegung der sexuell anregenden Körperteile sie anschaulich betont, während zugleich doch Distanz und Reserve tatsächlich besteht – sondern weil dieser Gang das Zuwenden und Abwenden in der spielenden Rhythmik fortwährender Alternierung versinnlicht. Es ist nur eine technische Modifikation dieser Gleichzeitigkeit eines angedeuteten Ja und Nein, wenn die Koketterie über die Bewegungen und den Ausdruck ihres Subjekts selbst hinausgreift. Sie liebt die Beschäftigung mit gleichsam abseits liegenden Gegenständen: mit Hunden oder Blumen oder Kindern. Denn dies ist einerseits Abwendung von dem, auf den es abgesehen ist, andererseits wird ihm doch durch jene Hinwendung vor Augen geführt, wie beneidenswert sie ist; es heißt: nicht du interessierst mich, sondern diese Dinge hier – und zugleich: dies ist ein Spiel, das ich dir vorspiele, es ist das Interesse für dich, dessentwegen ich mich zu diesen anderen hinwende. Solches Ineinanderwachsen symbolischen Habens und Nichthabens kulminiert ersichtlich in der Hinwendung der Frau zu einem anderen Manne als dem, den sie eigentlich meint. Nicht um die brutale Einfachheit der Eifersucht handelt es sich dabei. Diese steht auf einem anderen Blatt, und wo sie etwa vorbehaltlos entfesselt werden soll, um das Gewinnen- oder Behaltenwollen zur Leidenschaft zu steigern, da fügt sie sich nicht mehr in die Form der Koketterie. Diese vielmehr muß den, dem sie gilt, das labile Spiel zwischen Ja und Nein fühlen lassen, das Sich-Versagen, das der Umweg des Sich-Gebens sein könnte, das Sich-Geben, hinter dem, als Hintergrund, als Möglichkeit, als Drohung das Sich-Zurücknehmen steht. An jeder definitiven Entscheidung endet die Koketterie, und die souveräne Höhe ihrer Kunst offenbart sich an der Nähe zu einem Definitivum, in die sie sich begibt, um dieses dennoch in jedem Augenblick von seinem Gegenteil balancieren zu lassen. Der Doppelsinn des »mit«, einerseits das Werkzeug, andererseits den Partner, das Objekt einer Korrelation zu bezeichnen, offenbart hier ein tiefes Recht.

Mit alledem scheint die Koketterie, als das bewußt dualistische Verhalten, in völligem Widerspruch zu jener »Einheitlichkeit« des weiblichen Wesens zu stehen, die, wie verschieden verstanden, wie tief oder oberflächlich gedeutet, doch alle Frauenpsychologien als ihr Grundmotiv durchzieht. Wo überhaupt die weibliche und die männliche Seele als solche in einem Wesensgegensatz empfunden werden, da pflegt es dieser zu sein: daß die Frau das seiner Natur nach in sich zentralisiertere Wesen ist, dessen Triebe und Gedanken enger um einen oder wenige Punkte gesammelt und unmittelbarer von diesen her erregbar sind, als bei dem differenzierteren Manne, dessen Interessen und Betätigungen mehr in sachlich bestimmter Selbständigkeit, in arbeitsteiliger Sonderung von dem Ganzen und Inneren der Persönlichkeit verlaufen. Es wird sich mehr und mehr zeigen, daß jene Dualistik keine Gegeninstanz an der weiblichen Wesenheit als solcher findet, ja, daß deren Verhältnis zur männlichen an der Koketterie eine besondere Synthese seiner entscheidenden Momente besitzt: weil eben das Verhältnis der Frau zum Manne, seinem spezifischen und unvergleichlichen Sinne nach, sich in Gewähren und Versagen erschöpft. Gewiß gibt es unzählige andere Relationen zwischen ihnen, Freundschaft und Feindschaft, Gemeinsamkeit der Interessen und sittliches Füreinandersein, Verbundenheit unter religiöser oder sozialer Ägide, Kooperation zu sachlichen oder familiären Zwecken. Allein entweder sind diese allgemein menschlicher Art und können im wesentlichen auch unter Personen gleichen Geschlechts stattfinden, oder sie werden von irgendeinem realen oder idealen Punkt außerhalb der Subjekte selbst und der unmittelbaren Verbindungslinie zwischen ihnen bestimmt und bilden deshalb keine so reine und exklusive Wechselwirkung unter diesen, wie allein das Versagen und Gewähren, das natürlich im weitesten Sinne und alle Inhalte innerlicher und äußerlicher Art in sich aufnehmend zu verstehen ist.[1] Versagen und Gewähren ist das, was die Frauen vollendet können, und was nur sie vollendet können. Das Versagen eines Mannes gegenüber einer Frau, die ihm entgegenkommt, mag aus ethischen, personalen, ästhetischen Gründen noch so gerechtfertigt, ja notwendig sein – es hat immer etwas Peinliches, Unritterliches, gewissermaßen Blamables, und zwar für ihn mehr als für die Frau, für die das Zurückgewiesenwerden leicht einen tragischen Akzent bekommt. Es ist nicht die geziemende Attitüde des Mannes, eine Frau abzuweisen, gleichviel ob es auch für sie nicht geziemend war, sich ihm anzubieten – während umgekehrt die Rechnung völlig glatt aufgeht; den werbenden Mann abzuweisen, ist sozusagen eine der Frau durchaus angemessene Geste. Ebenso aber ist auch das Sich-geben-Können der Frau, trotz eines am Schlusse dieser Blätter anzudeutenden Vorbehaltes, so tief und ganz und ein so erschöpfender Ausdruck ihres Seins, wie ihn vielleicht der Mann auf diesem Wege niemals erreichen kann. Im Neinsagen und im Jasagen, im Sich-Hingeben und Sich-Versagen sind die Frauen die Meister. Kein Wunder, daß ihnen in der Koketterie eine dem Manne durchaus nicht adäquate Form erwachsen ist, in der ihnen beides zugleich möglich ist.

Daß der Mann sich nun zu diesem Spiele hergibt, und zwar nicht nur, weil ihm, dessen Begehren an die Gunst der Frau gefesselt ist, nichts anderes übrigbleibt, sondern oft, als ob er gerade aus dieser ihn hin und her schiebenden Behandlung einen besonderen Reiz und Genuß zöge – das geht zunächst, sehr naheliegend, auf die bekannte Erscheinung zurück: daß eine auf ein schließliches Glücksgefühl hin orientierte Erlebnisreihe schon auf die Momente vor diesem letzten einen Teil seines Genußwertes ausstrahlt. Die Koketterie ist einer der zugespitztesten Fälle dieser Erfahrung. Ursprünglich mag der einzige Genuß der erotischen Reihe der physiologische gewesen sein. Von diesem aber ist er allmählich auch auf alle früheren Momente der Reihe übergegangen. Daß hier, soweit das rein Psychologische in Betracht kommt, tatsächlich eine historische Evolution vorliegt, ist deshalb wahrscheinlich, weil die Lustbedeutung sich auf um so entferntere, andeutendere, symbolischere Momente des erotischen Gebietes erstreckt, je verfeinerter und kultivierter die Persönlichkeit ist. Das seelische Zurückrücken kann so weit gehen, daß z. B. ein junger verliebter Mensch aus dem ersten heimlichen Händedruck mehr Seligkeit schöpft, als später aus irgendeiner restlosen Gewährung, und daß für manche zarte und sensible Naturen – die keineswegs frigid oder unsinnlich zu sein brauchen – der Kuß, ja das bloße Bewußtsein des Wiedergeliebtwerdens alle gleichsam substantielleren erotischen Freuden übertrifft. Der Mann, mit dem eine Frau kokettiert, fühlt schon an ihrem Interesse für ihn, an ihrem Wunsch, ihn anzuziehen, den irgendwie anklingenden Reiz ihres Besitzes, wie überhaupt das versprochene Glück schon einen Teil des erreichten antizipiert. Daneben tritt, mit selbständiger Wirksamkeit, eine andere Nuance desselben Verhältnisses. Wo der Wert eines Endzieles schon fühlbar auf seine Mittel oder Vorstadien rückt, ist das Quantum des so vorgenossenen Wertes doch von der Tatsache modifiziert, daß in keiner realen Reihe der Gewinn einer Zwischenstufe mit absoluter Sicherheit den des entscheidenden Endwertes garantiert: der Wechsel auf diesen, den wir mit dem Vorgenuß diskontiert haben, wird vielleicht doch nicht eingelöst. Für die Zwischenstadien bewirkt dies, neben einer unvermeidlichen Herabsetzung ihres Wertes, doch auch eine Steigerung seiner durch den Reiz des Hasards, insbesondere, wenn das Fatumsmäßige, der Entscheidung durch eigene Kraft entzogene Element, das allem Erreichen einwohnt, in seiner dunklen Anziehung aufsteigt. Wenn es den Abenteurer macht, daß er das Unberechenbare des Lebens so unbefangen sicher wie das Berechenbare behandelt, und gerade weil er beides praktisch so nahe aneinanderbringt, die Spannung zwischen beiden und den Reiz der Chance, des bloßen Vielleicht, der verhüllten Schicksalsgottheit um so tiefer und dämonischer empfindet – so sind, in niedrigerem und unendlich mannigfaltigem Maße, wir alle Abenteurer. Wenn wir die Chance des Verfehlens, die sich zwischen Vorstadium und Zielstadium schiebt, nach ihrem vollen sachlichen Gewicht rechneten, so würde es wohl zu jener Vordatierung des Glücks kaum kommen; aber wir empfinden sie zugleich als Reiz, als das lockende Spiel um die Gunst der unberechenbaren Mächte. In dem seelischen Verhalten, das die Kokette hervorzurufen versteht, ist dieser eudämonistische Wert des Hasards, des Wissens um das Nichtwissen von Gewinn oder Verfehlung, gleichsam zum Stehen gekommen und festgeworden. Dieses Verhalten zieht einerseits aus dem Versprechen, das die Koketterie einschließt, jenes vorweggenommene Glück; der Revers davon aber, die Chance, daß diese Vorwegnahme durch eine Wendung der Dinge dementiert werde, erwächst ihm als die gleichzeitige Distanzierung, die die Kokette ihrem Gegenüber fühlbar macht. Indem dies beides dauernd gegeneinander spielt, keines ernsthaft genug ist, um das andere aus dem Bewußtsein zu verdrängen, steht auch über dem Negativen die Chance des Vielleicht, ja dies Vielleicht, in dem die Passivität des Hinnehmens und die Aktivität des Erringens eine Einheit des Reizes bilden, umschreibt die ganze innere Reaktion auf das Verhalten der Kokette.

II

Besagt diese Reaktion des Mannes schon hier durch ihre Lust am Hasard und der eigentümlichen anschaulichen Ineinsbringung seiner polaren Möglichkeiten weit mehr, als daß die Pendelung des koketten Spieles ihn einfach mit sich schleift, so erhebt sich endlich seine Rolle weit über das einfache Objektsein, wenn er auf das Spiel selbst eintritt und den Reiz an diesem, nicht an einem eventuellen Definitivum findet. Damit erst ist die ganze Aktion wirklich in die Sphäre des Spieles erhoben, während sie, solange der Mann es noch ernst meinte, insoweit mit der der Realität gemischt war. Jetzt will auch der Mann gar nicht weitergehen, als die Linie der Koketterie angibt, und während dies nach dem logischen und genetischen Sinn der Koketterie ihren Begriff aufzuheben scheint, ergibt es vielmehr erst ihren von aller Ablenkung und aller Chance des Umschlagens gelösten, völlig formreinen Fall. Es ist weniger die Kunst des Gefallens – das noch irgendwie in die Realitätssphäre hineinragt – als die Kunst des Gefallens, die nun den Drehpunkt der Beziehung und ihrer Attraktion ausmacht. Hier ist die Koketterie völlig aus der Rolle des Mittels oder der bloßen Vorläufigkeit heraus in die eines Endwertes gerückt: Alles, was ihr aus jener ersten an Genußwert gekommen ist, ist jetzt völlig in diese zweite hineingewachsen, die Vorläufigkeit hat ihr Bedingtsein durch ein Definitivum oder auch nur durch dessen Idee abgeworfen, und gerade daß sie das Cachet des Vorläufigen, des Schwebens und Schwankens hat, dies ist – logisch widersprechend, aber psychologisch tatsächlich – ihr endgültiger, nicht über den Moment ihres Daseins hinausfragender Reiz geworden. Deshalb wandelt sich die Konsequenz des koketten Verhaltens: daß der inneren Sicherheit der Kokette eine Unsicherheit und Entwurzeltheit des Mannes, eine oft verzweiflungsvolle Preisgegebenheit an ein Vielleicht korrespondierte – hier völlig in ihr Gegenteil. Wo der Mann selbst nichts mehr als dieses Stadium begehrt, gibt ihm nun gerade die Überzeugung, daß es der Kokette nicht Ernst ist, eine gewisse Sicherheit ihr gegenüber. Er kann nun, wo kein Ja ersehnt und kein Nein gefürchtet wird, wo aber auch die etwaigen Gegeninstanzen gegen jene Sehnsucht keiner Erwägung bedürfen, sich dem Reize dieses Spieles weitergehend überlassen, als wo er wünscht, vielleicht aber auch irgendwie fürchtet, daß der einmal begonnene Weg auch zum Endpunkt führe.

Nur am reinsten markiert sich hier die Beziehung zu Spiel und Kunst, die allenthalben der Koketterie eigen ist. Denn sie ist im höchsten Maße das, was Kant für das Wesen der Kunst erklärte: »Zweckmäßigkeit ohne Zweck«. Das Kunstwerk hat durchaus keinen »Zweck« – aber doch erscheinen seine Teile so sinnvoll, ineinandergreifend, jedes an seiner Stelle notwendig, als ob sie zu einem völlig angebbaren Zwecke zusammenwirkten. Die Kokette nun verfährt genauso, als interessierte sie sich nur für ihr jeweiliges Gegenüber, als sollte ihr Tun an dem vollen Maße einer, wie auch immer qualifizierten Hingebung münden. Nun aber ist dieser sozusagen logische Zwecksinn ihres Tuns gar nicht ihre Meinung, sondern sie läßt dieses Tun konsequenzlos in der Luft verschweben, indem sie ihm ein ganz anders gewendetes Ziel gibt: zu gefallen, zu fesseln, begehrt zu werden – aber ohne sich irgendwie daraufhin beim Wort nehmen zu lassen. Sie verfährt durchaus »zweckmäßig«, aber den »Zweck«, auf den dies Verfahren in der Reihe der Realität zugehen müßte, lehnt sie ab, verflüchtigt ihn in die rein subjektive Beglückung des Spieles. Was das innere, man könnte sagen das transzendentale Wesen der Koketterie freilich von dem der Kunst scheidet, ist dies, daß die Kunst sich von vornherein jenseits der Wirklichkeit stellt und durch die von ihr überhaupt abgewandte Blickrichtung von ihr erlöst, während die Koketterie zwar mit der Wirklichkeit auch nur spielt, aber doch mit der Wirklichkeit spielt. Das Pendeln der Impulse, das sie darbietet und hervorruft, bezieht seinen Reiz niemals ganz aus den rein abgelösten Formen des Ja und Nein, des sozusagen abstrakten Verhältnisses der Geschlechter – obgleich dies die eigentliche, indes nie völlig erreichbare Vollendung der Koketterie wäre; die Empfindungen vielmehr, deren Heimat nur in der Realitätsreihe zu finden ist, klingen immer mit an, die reine Relation der Formen wird von ihnen durchblutet. Die Kokette und in jenem vorhin angedeuteten Falle auch ihr Partner spielen zwar und entheben sich damit der Wirklichkeit, wie der Künstler, sondern mit der Wirklichkeit selbst.

Ich habe früher erwähnt, daß die ganze Dualistik der Koketterie keinen Widerspruch gegen jene Einheit und Entschiedenheit der Frau – als Typus – enthält, mit der sie in der erotischen Frage vielmehr als der Mann vor einem: alles oder nichts – steht: wobei das »alles« wiederum nicht auf seinen äußerlichen Sinn beschränkt ist. Sowenig widerspricht sie ihm, daß nun, zuletzt und zuhöchst, die

Koketterie vielmehr zum Symbole der Art wird, wie jene Einheit sich gibt. Es scheint nämlich die durchgehende Erfahrung des männlichen Empfindens zu sein, daß die Frau – und zwar gerade die tiefste, hingebendste, in ihrem Reiz nicht erschöpfliche – noch in dem leidenschaftlichsten Sich-Verschenken, Sich-Offenbaren irgendein letztes Unenträtseltes, Ungewinnbares zurückbehalte. Vielleicht hängt das gerade mit jener Einheit zusammen, in der alle Keime und Möglichkeiten noch enger, undifferenzierter nebeneinander oder ineinander ruhen, so daß man den meisten Frauen gegenüber das Gefühl einer gewissen Unentwickeltheit, nicht recht in die Aktualität hinein gelöster Potenzen hat – und zwar noch ganz jenseits etwaiger Entwicklungshemmungen durch soziale Vorurteile und Benachteiligungen. Gewiß ist es unrichtig, in dieser »Undifferenziertheit« einfach ein Manko, ein Zurückgebliebensein zu sehen; vielmehr ist dies die durchaus positive, ein eigenes Ideal bildende Wesensart der Frau, die gleichberechtigt neben der »Differenziertheit« des Mannes steht. Allein von dieser aus gesehen, erscheint jene doch als ein Noch-Nicht, ein uneingelöstes Versprechen, eine ungeborene Fülle dunkler Möglichkeiten, die sich von ihrem seelischen Standort noch nicht soweit auseinander- und emporgerankt haben, um sichtbar und darbietbar zu werden. Dazu kommt, mit dem gleichen Erfolge, noch dies: daß die Formungs- und Ausdrucksweisen – keineswegs nur die sprachlichen –, die unsere Kultur der seelischen Innerlichkeit zur Verfügung stellt, im wesentlichen von Männern geschaffen sind und darum unvermeidlich vor allem der männlichen Wesensart und ihren Bedürfnissen dienen; so daß gerade für das differenziell Frauenhafte unzählige Male gar kein befriedigender und verständlicher Ausdruck vorhanden sein wird. Auch dies also wird jenes Gefühl tragen helfen: daß auch die vollkommenste Hingabe der Frau einen letzten, heimlichen Vorbehalt ihrer Seele nicht hebt, daß irgend etwas, dessen Offenbarung und Darbietung eigentlich zu erwarten stünde, sich von seinem Wurzelgrunde nicht lösen will. Gewiß ist dies keine gewollte Schranke des Schenkens, ein Etwas, das dem Geliebten nicht gegönnt würde, sondern ein Letztes der Persönlichkeit, das sich nur sozusagen nicht explizieren kann, das auch hingegeben wird, aber nicht als etwas Durchsichtiges und Benennbares, ein verschlossenes Gefäß, zu dem der Empfangende keinen Schlüssel hat. Kein Wunder, wenn in diesem dann die Empfindung entsteht, daß ihm etwas vorenthalten ist, wenn das Gefühl, etwas nicht zu besitzen, so gedeutet wird, als wäre es nicht gegeben. Wie diese Erscheinung einer Reserve auch entstanden sei – sie stellt sich als ein geheimnisvolles Ineinander von Ja und Nein, von Geben und Verweigern dar, das die Koketterie gewissermaßen präformiert. Indem die Koketterie dies »Halbverhülltsein« der Frau, das ihre tiefste Relation zum Manne ausdrückt, mit pointiertem Bewußtsein aufnimmt, würdigt sie freilich den letzten metaphysischen Grund der Beziehung zu einem bloßen Mittel ihrer äußeren Realisierung herab; allein dies erklärt dennoch, weshalb Koketterie keineswegs eine »Dirnenkunst« ist – so wenig, daß die hetärische ebenso wie die ungeistig-sinnlichste Frau keineswegs die koketteste zu sein pflegt – und daß Männer, auf die jede bloß äußerliche Verführung ganz ohne Wirkung bleibt, sich dem Reize der Koketterie bewußt und mit dem Gefühl ergeben, daß sie weder ihr Subjekt noch ihr Objekt entwürdigt.

An dieser Form, die den Anteil der Frau an dem Verhältnis der Geschlechter gestaltet, an diesem Ja und Nein, das die Basis jedes Ja oder Nein ist, offenbart sich der tiefere Sinn jener Deutung der Liebe als eines Mittleren zwischen Haben und Nichthaben. Denn nun ist das Nichthaben in das Haben hineingewachsen, beide bilden die Seiten einer Beziehungseinheit, deren äußerste und leidenschaftlichste Form schließlich das Haben von etwas ist, das man zugleich nicht hat. Die tiefe metaphysische Einsamkeit des Individuums zu deren Überwindung alles Hinwollen vom einen zum anderen nur ein ins Unendliche verlaufender Weg ist, hat in dem Verhältnis der Geschlechter eine besonders gefärbte, aber vielleicht am prinzipiellsten fühlbare Ausgestaltung gewonnen. Hier wie sonst gibt dies Verhältnis der Geschlechter das Prototyp für unzählige Relationen innerhalb des individuellen und des interindividuellen Lebens ab. Es tritt als das reinste Beispiel so vieler Vorgänge auf, weil diese von vornherein durch jene fundamentale Bedingtheit unseres Lebens in ihrer Gestalt bestimmt sind. Daß unser Intellekt z. B. alles Werden und Sich-Entwickeln, das reale wie das logische, nie aus einer völligen Einheit heraus begreifen kann, diese vielmehr für sich steril und ohne verständlichen Grund des Anders-Werdens bleibt – das ist wahrscheinlich daran gebunden, daß die Entstehung unseres Lebens durch das Zusammenwirken zweier Prinzipien bedingt ist. Ja, daß der Mensch überhaupt ein dualistisches Wesen ist, sein Leben und Denken sich in der Form der Polarität bewegt, jeder Seinsinhalt erst an seinem Gegensatz sich selber findet und bestimmt, geht vielleicht auf jene letztinstanzliche Gespaltenheit der menschlichen Gattung zurück, deren Elemente sich ewig suchen, sich einander ergänzen und doch nie ihren Gegensatz überwinden. Daß der Mensch mit seinen leidenschaftlichsten Bedürfnissen an das Wesen gewiesen ist, von dem er vielleicht durch die tiefste metaphysische Kluft getrennt ist – auch dies ist das reinste Bild, vielleicht aber sogar die entscheidend wirksame Urform für jene Einsamkeit, mit der der Mensch schließlich ein Fremdling, nicht nur unter den Dingen der Welt, sondern auch unter denen ist, die für jeden die Nächsten sind.

Ist deshalb das gleichzeitige Haben und Nichthaben die undurchbrechliche Erscheinungsform und oft die letzte Basis der Erotik, so wird diese nun durch die Koketterie aus ihr herausdestilliert, und zwar gleichsam in der Form des Spieles – wie gerade das Spiel oft aus den Komplikationen der Wirklichkeit heraus die einfachsten Grundverhältnisse sich zum Inhalte macht: das Jagen und Gewinnen, die Gefahr und die Glückschance, das Ringen und das Überlisten. Durch die Bewußtheit der Koketterie zeichnet sich jedes der tief ineinander gesenkten Gegenelemente schärfer an dem anderen ab: sie gibt dem Nichthaben gleichsam eine positive Anschaulichkeit, macht es durch die spielende, andeutende Vorspiegelung des Habens erst recht fühlbar, wie sie umgekehrt durch die drohende Vorspiegelung des Nichthabens den Reiz des Habens aufs äußerste steigert. Und wenn jenes Grundverhältnis zeigte, daß wir auch im definitiven Haben noch irgendwie nicht haben, so sorgt die Koketterie dafür, daß wir auch im definitiven Nichthaben schon irgendwie haben können.

Wenn es schien, als wäre die Koketterie ausschließlich in der Beziehung zwischen Männern und Frauen erwachsen, eine Oberflächenspiegelung, die den letzten Grund dieser Beziehung, unter einem bestimmten Winkel gebrochen, darstellte – so belegt dies nun noch schließlich jene umfassende Erfahrung, daß eine große Anzahl allgemein menschlicher Verhaltensformen an der Relation der Geschlechter ihr normgebendes Beispiel besäße. Sieht man nämlich die Arten an, wie der Mensch sich zu Dingen und anderen Menschen stellt, so steht unter ihnen die Koketterie als ein ganz allgemeines, keinen Inhalt von sich ablehnendes formales Verhalten. Das Ja oder Nein, mit dem wir Entscheidungen gewichtiger oder alltäglicher Art gegenüberstehen: Hingaben und Interessiertheiten, dem Ergreifen einer Partei und dem Glauben an Menschen oder Lehren – wandelt sich unzähligemal in ein Ja und Nein, oder auch in einen Wechsel zwischen beiden, der den Charakter einer Gleichzeitigkeit trägt, weil hinter jeder jeweiligen Entscheidung die andere als Möglichkeit oder als Versuchung steht. Der Sprachgebrauch läßt die Menschen mit religiösen oder politischen Standpunkten, mit Wichtigkeiten wie mit Zeitvertreiben »kokettieren«; und viel öfter, als unsere Worte es wahrhaben wollen, findet das so bezeichnete Verhalten in Ansätzen und bloßen Nuancierungen, in Vermischungen mit andersartigem Benehmen und in Selbsttäuschung über seinen Charakter statt. Alle die Reize des gleichzeitigen Für und Gegen, des Vielleicht, des verlängerten Vorbehaltes der Entscheidung, der ihre beiden, in der Realisierung einander ausschließenden Seiten zusammen vorgenießen läßt – sind nicht nur der Koketterie der Frau mit dem Mann eigene, sondern sie spielen gegenüber tausend anderen Inhalten. Es ist die Form, in der die Unentschiedenheit des Lebens zu einem ganz positiven Verhalten kristallisiert ist, und die aus dieser Not zwar keine Tugend, aber eine Lust macht. Mit jenem spielenden, obgleich keineswegs immer von der Stimmung des »Spieles« begleiteten Sich-Nähern und Sich-Entfernen, Ergreifen, um wieder fallen zu lassen, Fallenlassen, um wieder zu ergreifen, dem gleichsam probeweisen Sich-Hinwenden, in das schon der Schatten seines eigenen Dementis fällt – hat die Seele die adäquate Form für ihr Verhältnis zu unzähligen Dingen gefunden. Der Moralist mag dies schelten; aber es gehört nun einmal zu der Problematik des Lebens, daß es vielen Dingen gegenüber, zu denen es eine Relation doch nicht einfach ablehnen kann, keinen eindeutigen, von vornherein festen Standort besitzt; in den Platz, den sie unserem Tun und Empfinden bieten, geht dieses seiner eigenen Form nach nicht recht hinein. Da nun entsteht das Vor- und Zurücktreten, das versuchende Halten und Loslassen, in dessen schwankender Dualistik sich jene sooft unvermeidliche Grundrelation des Habens und Nichthabens malt. Indem ein so tragisches Moment des Lebens sich in die spielende, schwankende, zu nichts engagierende Form, die wir das Kokettieren mit den Dingen nennen, kleiden kann – begreifen wir, daß diese Form ihre typischste, reinste Erfüllung gerade an dem Verhältnis der Geschlechter gewinnt – an dem Verhältnis, das schon in sich die vielleicht dunkelste und tragischste Beziehung des Lebens in die Form seines höchsten Rausches und schimmerndsten Reizes hüllt.

Anmerkung

1 In Untersuchungen, die das Verhältnis der Geschlechter in seiner ganzen Breite berühren, werden die Ausdrücke fast unvermeidlich aus naheliegenden psychologischen Gründen vor allem ihren rohesten Sinn anklingen lassen. Wo hier indes von Gewähren und Genuß, von Ja und Nein die Rede ist, bezeichnet dies die allgemeinen Formen jenes Verhältnisses, die sich mit dem sittlich und ästhetisch höchsten wie niedrigsten Inhalt erfüllen. Diese äußersten Unterschiede der Werte können es der nur psychologischen Betrachtung nicht verwehren, jene formalen Kategorien in ihnen gleich wirksam zu sehen.

Das Relative und das Absolute
im Geschlechter-Problem

(1911)

I

Auf allen Gebieten des inneren Daseins wie auf denen, die aus dem erkennenden und handelnden Verhältnis der Innerlichkeit zur Welt erwachsen, ergreifen wir den Sinn und den Wert eines einzelnen Elementes durchgängig in seinem Verhältnis oder als sein Verhältnis zu einem anderen Element – zu einem anderen, das seinerseits sein Wesen an jenem bestimmt. In dieser Relativität aber beharren sie nicht beide, sondern eines von ihnen, mit dem anderen alternierend, wächst zu einem Absoluten auf, das die Relation trägt oder normiert. Alle großen Relationspaare des Geistes: Ich und Welt, Subjekt und Objekt, Individuum und Gesellschaft – haben dies Schicksal erfahren, daß jede ihrer Seiten einmal zu einem breiten und tiefen Sinn aufwuchs, mit dem diese Seite ihre eigene engere Bedeutung und ihren Gegensatz zugleich umfaßt.

Die Grundrelativität im Leben unserer Gattung besteht zwischen der Männlichkeit und der Weiblichkeit, und auch an ihr tritt jenes typische Absolutwerden der einen Seite eines Paares relativer Elemente in die Erscheinung. Wir messen die Leistung und die Gesinnung, die Intensität und die Ausgestaltungsformen des männlichen und des weiblichen Wesens an bestimmten Normen solcher Werte; aber diese Normen sind nicht neutral, dem Gegensatz der Geschlechter enthoben, sondern sie selbst sind männlichen Wesens. Ich lasse für jetzt Ausnahmen, Umkehrungen, Weiterentwicklungen dieses Verhaltens beiseite. Die künstlerischen Forderungen und der Patriotismus, die allgemeine Sittlichkeit und die besonderen sozialen Ideen, die Gerechtigkeit des praktischen Urteils und die Objektivität des theoretischen Erkennens, die Kraft und die Vertiefung des Lebens – all diese Kategorien sind zwar gleichsam ihrer Form und ihrem Anspruch nach allgemein menschlich, aber in ihrer tatsächlichen historischen Gestaltung durchaus männlich. Nennen wir solche als absolut auftretenden Ideen einmal das Objektive schlechthin, so gilt im geschichtlichen Leben unserer Gattung die Gleichung: objektiv = männlich. Jene durchgehend menschliche, wohl in tiefen metaphysischen Gründen verankerte Tendenz, aus einem Paar polarer Begriffe, die ihren Sinn und ihre Wertbestimmung aneinander finden, den einen herauszuheben, um ihn noch einmal, jetzt in einer absoluten Bedeutung, das ganze Gegenseitigkeits- oder Gleichgewichtsspiel umfassen und dominieren zu lassen, hat sich an der geschlechtlichen Grundrelation der Menschen ein historisches Paradigma geschaffen.

Daß das männliche Geschlecht nicht einfach dem weiblichen relativ überlegen ist, sondern zum Allgemein-Menschlichen wird, das die Erscheinungen des einzelnen Männlichen und des einzelnen Weiblichen gleichmäßig normiert – dies wird, in mannigfachen Vermittlungen, von der *Machtstellung* der Männer getragen. Drückt man das geschichtliche Verhältnis der Geschlechter einmal kraß als das des Herrn und des Sklaven aus, so gehört es zu den Privilegien des Herrn, daß er nicht immer daran zu denken braucht, daß er Herr ist, während die Position des Sklaven dafür sorgt, daß er seine Position nie vergißt. Es ist gar nicht zu verkennen, daß die Frau außerordentlich viel seltener ihr Frau-Sein aus dem Bewußtsein verliert als der Mann sein Mann-Sein. Unzählige Male scheint der Mann rein Sachliches zu denken, ohne daß seine Männlichkeit gleichzeitig irgendeinen Platz in seiner Empfindung einnähme; dagegen scheint es, als würde die Frau niemals von einem deutlicheren oder dunkleren Gefühle, daß sie Frau ist, verlassen; dieses bildet den niemals ganz verschwindenden Untergrund, auf dem alle Inhalte ihres Lebens sich abspielen. Da das differentielle, das Männlichkeits-Moment in den Vorstellungsbildern und Normsetzungen, in den Werken und Gefühlskombinationen, dem Bewußtsein seiner Träger leichter entschwindet, als das entsprechende an dem Weiblichkeitsmoment geschieht – denn für den Mann als den Herrn knüpft sich innerhalb seiner Lebensbetätigungen kein so vitales Interesse an seine Relation zum Weiblichen, wie die Frau es an ihrer Relation zum Männlichen haben muß – so heben sich die männlichen Wesensäußerungen für uns leicht in die Sphäre einer überspezifischen, neutralen Sachlichkeit und Gültigkeit (denen die spezifisch männliche Färbung, wo sie etwa bemerkt wird, als etwas Individuelles und Zufälliges subordiniert wird). Dies offenbart sich in der unendlich häufigen Erscheinung, daß Frauen gewisse Urteile, Institutionen, Bestrebungen, Interessen als durchaus und charakteristisch männlich empfinden, die die Männer sozusagen naiv für einfach sachlich halten. Von der gleichen Grundlage der männlichen Herrschaft drängt eine andere Tendenz auf das gleiche Resultat. Von jeher hat jede auf subjektiver Übergewalt beruhende Herrschaft es sich angelegen sein lassen, sich eine objektive Grundlage zu geben, das heißt: Macht in Recht zu transformieren. Die Geschichte der Politik, des Priestertums, der Wirtschaftsverfassungen, des Familienrechts ist voll von Beispielen. Insofern der Wille des *pater familias*, der dem Hause auferlegt ist, als »Autorität« erscheint, ist er nicht mehr willkürlicher Ausnutzer der Macht, sondern der Träger einer objektiven Gesetzlichkeit, die auf das Überpersönlich-Allgemeine der Familieninteressen geht. Nach dieser Analogie und oft in eben diesem Zusammenhang entwickelt sich die psychologische Superiorität, die das Herrschaftsverhältnis zwischen Männern und Frauen den männlichen Wesensäußerungen verschafft, sozusagen in eine logische; diese verlangen normative Bedeutung daraufhin, daß sie die sachliche, für alle, ob männliche, ob weibliche Individuen gleichmäßig gültige Wahrheit und Richtigkeit offenbaren.

Daß so das Männliche zu dem schlechthin Objektiven und sachlich Maßgebenden verabsolutiert wird – und zwar nicht nur dessen empirische Gegebenheit, sondern daß auch die aus dem Männlichen und für das Männliche erwachsenden Ideen und idealen Forderungen zu übergeschlechtlich-absoluten werden – das hat für die Beurteilung der Frauen verhängnisvolle Folgen. Hier entsteht auf der einen Seite die mystisierende Überschätzung der Frau. Sobald man nämlich dennoch zu dem Gefühl gelangt ist, daß hier, trotz allem, eine Existenz auf völlig selbständiger, normativer Basis vorliegt, fehlt nun jedes Kriterium, und die Möglichkeit zu jeder Übersteigerung und jedem Respekt vor dem Unbekannten und Unverstandenen ist eröffnet. Auf der anderen Seite aber, näherliegend, erheben sich alle Mißverständnisse und Unterschätzungen daraus, daß ein Wesen nach Kriterien beurteilt wird, die für ein entgegengesetztes kreiert sind. Von hier aus *kann* die Selbständigkeit des weiblichen Prinzips gar nicht anerkannt werden. Solange es sich einfach um eine Brutalisierung der weiblichen Wesensäußerungen (nach Wirklichkeit und Wert) durch die in derselben Ebene liegenden männlichen handelt, so lange war von einem Appell an eine über beiden gelegene Instanz des Geistes Gerechtigkeit zu hoffen. Sobald aber diese höhere Instanz selbst wieder männlich ist, ist nicht abzusehen, wie die weibliche Wesensart zu einer Beurteilung nach Normen kommen soll, die auf sie anwendbar wären.

Tritt hiermit den Frauen, ihren Leistungen, Überzeugungen, praktischen und theoretischen Lebensinhalten der absolute Maßstab entgegen (den die für die Männer gültigen Kriterien bilden), so setzt sich dem zugleich ein relativer zur Seite oder gegenüber, der nicht weniger aus der Prärogative der Männer stammt und oft die genau gegenteiligen Forderungen stellt. Denn der Mann fordert von der Frau doch auch, was ihm, nun gleichsam als einseitiger Partei, in seiner polaren Beziehung zu ihr wünschenswert ist, das im traditionellen Sinne Weibliche, das aber nicht eine selbstgenügsame, in sich zentrierende Eigenart bedeutet, sondern das auf den Mann orientierte, das ihm gefallen, ihm dienen, ihn ergänzen soll. Indem die Prärogative der Männer den Frauen diese Doppelheit der Maßstäbe auferlegt, den männlichen, als übergeschlechtlich Objektives auftretenden, und den zu diesem gerade korrelativen, oft ihm genau entgegengesetzten, spezifisch weiblichen – können sie eigentlich von keinem Standpunkt aus vorbehaltlos gewertet werden. Die spöttisch kritische Attitüde gegenüber den Frauen ist deshalb so durchgehend, aber auch so banal und billig, weil, sobald man sie von einem jener Kriterienkreise aus wertet, der entgegengesetzte auftaucht, von dem aus sie insoweit gerade entwertet werden müssen. Und nun setzt sich diese Doppelheit einander ausschließender Ansprüche, gleichsam ihre Form bewahrend und nur ihre Dimensionen ändernd, innerhalb des inneren Bedürfnisses fort, mit dem der Mann als einzelner sich an die Frau wendet. Ist der Mann – was erst später zu seinen tieferen Folgen kommen wird – das im äußeren und inneren Sinne zur Arbeitsteilung und durch Arbeitsteilung bestimmte Wesen, so wird der so vereinseitigte einzelne in der Frau die Ergänzung seiner einseitigen Qualitäten suchen, also auch in ihr ein differentielles Wesen, das diese Ergänzung durch die mannigfaltigsten Grade von annähernder Gleichheit bis zu radikaler Gegensätzlichkeit zu leisten hat: die inhaltliche Besonderheit der Individualität fordert eine ihr korrelative inhaltliche Besonderheit von der Frau. Daneben aber verlangt die Differenziertheit als Lebensform überhaupt ihre Ergänzung und Korrelation: das einheitliche, womöglich zu gar keinem besonders betonten Inhalt zugespitzte, in dem undifferenzierten Naturgrund wurzelnde Wesen. Es ist das Verhängnis stark besonderter Individualisierung, daß sie diese beiden einander ausschließenden Ansprüche oft mit gleicher Stärke stellt, einerseits auf eine andere, ebenso entschiedene Individualisiertheit, nur gleichsam mit umgekehrtem Vorzeichen und Inhalt, andererseits auf die prinzipielle Aufhebung solcher Individualisiertheit überhaupt. Der jeweilige besondere Inhalt und die allgemeine Form des männlichen Lebens bedürfen zu ihrer Ergänzung, ihrem Frieden, ihrer Erlösung zweier Korrelate, die untereinander entgegengesetzt sind. Es ist oft die Problematik, ja die mehr oder weniger entwickelte Tragödie von Verhältnissen, daß der Mann die Erfüllung des einen dieser Bedürfnisse durch die Frau als selbstverständlich hinnimmt und sein Bewußtsein ganz durch das Fehlen der anderen beherrschen läßt, die logisch mit jener gar nicht simultan sein kann. Nur den Frauen von sozusagen genialer Weiblichkeit scheint es gegeben, zugleich als durchaus differentielle Individualisiertheit und als Einheit, deren Tiefenschicht die Kräfte aller Besonderungen noch in voller Ungeschiedenheit enthält, zu wirken – analog dem großen, in eben dieser Zweiheit wirkenden Kunstwerk und gleichgültig gegen deren begriffliche Unverträglichkeit; in den typischen Fällen ist diese indes hinreichend wirksam, um durch den Wechsel des fordernden Standpunktes die Frau in jedem Fall als das Wesen erscheinen zu lassen, demgegenüber der Mann noch das Recht der Forderung, der Beurteilung aus der Höhenlage objektiver Normierung heraus besitzt.

Die mit alledem angedeutete äußere und kulturgeschichtliche Entwicklung ist doch wohl das Phänomen einer in der überhistorischen Basis des Geschlechtsunterschiedes wurzelnden Bestimmtheit. Das entscheidende Motiv des ganzen Erscheinungskreises ist das oben angedeutete: der Geschlechtsunterschied, scheinbar eine Relation zweier logisch äquivalenter, polarer Parteien, ist dennoch für die Frau typischerweise etwas Wichtigeres als für den Mann, es ist ihr wesentlicher, daß sie Frau ist, als es für den Mann ist, daß er Mann ist. Für den Mann ist die Geschlechtlichkeit sozusagen ein Tun, für die Frau ein Sein. Aber dennoch oder vielmehr gerade damit ist jene Bedeutsamkeit des Geschlechts*unterschiedes* für sie, genau angesehen, nur eine sekundäre Tatsache; sie ruht in ihrem Weibtum als in einer absoluten Wesenssubstanz und – etwas paradox ausgedrückt – gleichgültig dagegen, ob es Männer gibt oder nicht. Für den Mann gibt es diese zentripetale, für sich seiende Geschlechtlichkeit gar nicht. Seine Männlichkeit (im sexuellen Sinne) ist viel durchgehender mit der Beziehung zu der Frau verbunden, als die Weiblichkeit der Frau mit der zum Manne. Die Selbständigkeit des Geschlechtlichen an der Frau zeigt sich am extensivsten an dem von aller weiteren Beziehung zum Manne unabhängigen Verlaufe der Schwangerschaft und daran, daß es in den Urzeiten der Menschheit offenbar sehr lange gedauert hat, ehe man überhaupt die Verursachung der Schwangerschaft durch den Geschlechtsakt erkannte. Daß die Frau in der tiefsten Identität von Sein und Weibsein lebt, in der Absolutheit des *in sich* bestimmten Geschlechtlichen, das für seine Charakterwesentlichkeit der Relation zum anderen Geschlecht nicht bedarf, das macht ihr freilich, nun von einer anderen Schicht aus gesehen, in der singulären historischen Erscheinung auch diese Relation, gleichsam den soziologischen Ort ihres metaphysischen Wesens, besonders wichtig; während für den Mann, dessen spezifische Geschlechtlichkeit sich nur an dieser Relation aktualisiert, sie eben deshalb nur ein Lebenselement unter anderen ist, kein *character indelebilis* wie dort – so daß die Beziehung zur Frau trotz ihrer, für seine Geschlechtlichkeit entscheidenden Bedeutung doch im ganzen nicht jene vitale Wichtigkeit für ihn besitzt. Der Mann mag durch Erlebnisse des erotischen Gebietes zur Raserei oder zum Selbstmord gebracht werden, er fühlt dennoch, daß sie ihn im tiefsten nichts angehen – soweit solche Dinge, die ihre Beweislast nicht tragen können, ausgesprochen werden können. Selbst in den Äußerungen so erotischer Naturen wie Michelangelo, Goethe, Richard Wagner finden sich genug Imponderabilien, die auf diese Rangierung des erotischen Erlebnisses in ihnen hinweisen. Ein in der Realität ganz einfaches Verhalten wird hier in seinem begrifflichen Ausdruck diffizil und leicht verwirrbar. Indem der Mann sein Leben und Leisten in die Form der Objektivität und damit über die Gegensatztatsache der Geschlechtlichkeit hinweghebt, besteht diese letztere für ihn wirklich nur in der Relation, als die Relation zu den Frauen. Für diese aber, mit ihren letzten Wurzeln in die Tatsache ihres Frauentums verwachsen oder mit ihr identisch, ist die Geschlechtlichkeit ein Absolutes, ein Für-sich-Seiendes geworden, das in der Beziehung zum Manne nur eine Äußerung, eine empirische Realisierung gewinnt. Innerhalb ihres Bezirkes aber hat diese Beziehung – weil sie eben das Phänomen des fundamentalen Seins der Frau ist – für sie die unvergleichlichste Bedeutung und hat deshalb zu dem im tieferen Sinne ganz irrigen Urteil geführt, daß das definitive Wesen der Frau, statt in sich selbst zu ruhen, mit dieser *Beziehung* zusammenfiele, sich in ihr erschöpfte. Die Frau bedarf gar nicht so sehr des Mannes *in genere*, weil sie das sexuelle Leben schon sozusagen in sich hat, als das in sich beschlossene Absolute ihres Wesens; um so mehr bedarf sie, wenn dies Wesen in die Erscheinung treten soll, des Mannes als Individuum. Der Mann, der viel leichter sexuell zu erregen ist, weil es sich dabei für ihn nicht um eine Bewegtheit der Wesenstotalität, sondern nur einer Teilfunktion handelt, hat dazu nur eine ganz generelle Anregung nötig. Daraus wird es verständlich, daß die Frau mehr an dem einzelnen Manne, der Mann mehr an der Frau im allgemeinen hängt.

Aus dieser fundamentalen Struktur wird es verständlich, daß einerseits der psychologische Instinkt von jeher die Frau als das Geschlechtswesen bezeichnet hat und daß andererseits die Frauen selbst sich so oft dagegen auflehnen und diese Bezeichnung als irgendwie unzutreffend empfinden. Dies liegt daran, daß man unter Geschlechtswesen – in Übertragung dessen, was dies für den männlichen Standpunkt bedeuten könnte – ein solches zu verstehen pflegt, das primär und in seiner Basis auf das andere Geschlecht gerichtet ist. Dies aber gilt typischerweise für die Frau nicht. Ihre Geschlechtlichkeit ist gerade viel zu sehr ihre immanente Beschaffenheit, macht viel zu unbedingt und unmittelbar ihr urtümliches Sein aus, als daß sie erst in der Intentionierung auf den Mann hin oder als solche Intentionierung entstehen oder ihr Wesen gewinnen sollte. Am einleuchtendsten wird dies vielleicht an dem Bilde der alten Frau. In viel früheren Jahren als der Mann überschreitet die Frau die obere Grenze des erotischen Reizes im aktiven wie im passiven Sinne. Aber abgesehen von seltensten Ausnahmefällen und den Verfallserscheinungen des ganz hohen Alters, wird sie dadurch keineswegs vermännlicht, oder was hier wichtiger ist, geschlechtslos. Nun alle auf den Mann hinzielende Sexualität als solche erloschen ist, bleibt ihrem gesamten Wesen das weibliche Cachet unverändert erhalten. Alles an ihr, was vielleicht bis dahin an der erotischen Beziehung zum Manne Ziel und Sinn zu besitzen schien, enthüllt sich jetzt als ganz jenseits dieser Beziehung gestellt, als ein eigenzentraler, aus sich selbst bestimmter Besitz ihres Wesens. Darum erscheint es mir auch keineswegs erschöpfend, wenn man eben dieses Wesen, statt in die Relation zum Manne, nun in die zum Kinde auflösen wollte. Natürlich ist die unermeßliche Bedeutung, die diese Relation ebenso wie die andere für die Frau hat, gar nicht diskutabel. Allein wie sie gewöhnlich behauptet wird, ist sie auch nur eine Definition vom Standpunkt des sozialen Interesses aus, eine Abwandlung jener anderen Einstellung der Frau in einen von ihr abführenden Zweckzusammenhang, bestenfalls eine Projizierung ihres eigensten und einheitlichen Wesens in die Zeitreihe und eine außerhalb ihrer gelegene Vielfachheit. Dies alles sind nur Erscheinungen des metaphysischen Wesens der Frau, in denen dieses in seiner Geschlossenheit und seinem Beisichsein dennoch nicht aufgeht. Freilich ist dieses Wesen bis in seine letzt-ergründbare Tiefe hinein ganz und gar weiblich, aber diese Weib-lichkeit ist nicht in demselben Sinne Erscheinung, nichts Relatives, also etwas »für andere« – so wenig damit, um Mißverständnissen vorzubeugen, etwa ein Egoismus gemeint ist; schon weil Egoismus immer eine Beziehung zu anderen ist, ein Sich-nicht-Genügen an dem eigenen Sein, ein Hinsehen auf ein Außerhalb, das man erst in dieses Sein einsaugen möchte. Obgleich es der populären Ansicht widerstreitet: dem tiefsten Wesen des Mannes liegt dieses Sich-zum-Mittelmachen, dieses Verlassen des eigenen Zentrums viel nä-her als dem der Frau. Er schafft das Objektive oder wirkt in das Objektive hinein, sei es in den Erkenntnisformen der Vorstellung, sei es in schöpferischer Gestaltung gegebener Elemente. Sein theo-retisches wie sein praktisches Ideal enthält ein Element von Ent-selbstung. Er legt sich immer in eine irgendwie extensive Welt aus-einander, so sehr er sie mit seiner Persönlichkeit durchdringen mag, er fügt sich mit seinem Tun in historische Ordnungen ein, in-nerhalb deren er bei aller Macht und Souveränität als Mittel und Glied gelten kann – ganz anders als die Frau, deren Sein sich sozu-sagen auf rein intensiven Voraussetzungen aufbaut, die vielleicht in ihrer Peripherie störbarer und zerstörbarer ist als der Mann, aber, so eng mit dem Mittelpunkt verbunden sich diese Peripherie auch zeigen mag – und in der Frage dieser Verbindung der Kern aller Frauen-Psychologie –, in diesem Mittelpunkt expansionsloser und allen außerhalb gelegenen Ordnungen entzogener ruht.

Mag man das Leben als subjektiv innerliche Gerichtetheit, mag man es in seinem Ausdruck an den Dingen erfassen, immer er-scheint das männliche Individuum nach zwei Seiten bewegt, in de-ren Polarität die Frau nicht hineingezogen ist. In jener ersteren Hinsicht ist der Mann einmal nach dem rein Sinnlichen hingerissen (im Unterschied zu der tieferen weiblichen Sexualität, die eben deshalb, weil sie weniger *affaire d'epiderme* ist, im allgemeinen weniger spezifisch sinnlich ist), der Wille zieht ihn, das Einsaugen und Beherrschenwollen – und dann wieder reißt es ihn zum Geisti-gen, zur absoluten Form, zu der Unbegehrlichkeit des Transzendenten. Demgegenüber verbleibt die Frau in sich, ihre Welt gravitiert nach dem dieser Welt eigenen Zentrum. Indem die Frau jenseits jener beiden eigentlich exzentrischen Bewegungen, der begehrlich sinnlichen und der transzendent formalen steht, könnte man gerade sie als den eigentlichen »Menschen«, als die im umgrenztest Menschlichen Wohnhafte bezeichnen, während der Mann »halb Tier, halb Engel« ist. Und nun in der Wendung zum Objekt: das männliche Werk – vom Schuster und Tischler bis zum Maler und Dichter – ist die vollkommene Bestimmung der objektiven Form durch die subjektive Kraft, aber auch das vollkommene Objektivwerden des Subjekts. So rastlos und selbstlos tätig aber die Frau sei, von so reichem Wirken und »Schaffen« innerhalb ihrer Sphäre, von so entschiedener Fähigkeit, ein Haus, ja einen ganzen Kreis auf den Ton ihrer Persönlichkeit zu stimmen, so ist die Produktivität im Sinne jenes Ineinandergehens und gleichzeitigen Selbständigseins von Subjekt und Objekt doch nicht ihre Sache. Erkennen und Schaffen sind Relationsbewegtheiten, mit denen sozusagen unser Sein aus sich herausgeführt wird, ein Verlegen des Zentrums, ein Aufheben jener letzten Geschlossenheit des Wesens, die eben dem weiblichen Typus bei aller äußeren Geschäftigkeit und aller Hingebung an praktische Aufgaben den Lebenssinn konstituiert. Das Verhältnis zu den Dingen, das in irgendeiner Weise zu haben allgemeine Notwendigkeit ist, gewinnt die Frau, sozusagen ohne das Sein, in dem sie ruht, zu verlassen – durch eine unmittelbarere, instinktivere, gewissermaßen naivere Berührung, ja Identität. Ihre Existenzform geht nicht auf jene besondere Trennung von Subjekt und Objekt, die erst in den besonderen Formen von Erkennen und Schaffen wieder ihre Synthese erfährt.

So ist eigentlich der Mann, der denkende, produzierende, sozial betätigte, trotz aller Verabsolutierung seiner seelischen Inhalte, zu der gerade sein Dualismus disponiert, viel mehr ein Relativitätswesen als die Frau, und so ist auch seine Geschlechtlichkeit nur eine in der ersehnten oder vollzogenen Relation zu der Frau entwickelte – während das im tiefsten Sinne bedürfnislosere Sein der Frau (trotz aller »Bedürftigkeit« ihrer oberflächlicheren Schichten) die Geschlechtlichkeit sozusagen unmittelbar in sich schließt; in diesem umfriedeten Sein hat sie ihr metaphysisches Wesen zwar sich eng verschmolzen, aber dem inneren Sinne nach durchaus zu unterscheiden von all ihren Relationen und ihrem Mittelsein in physiologischen, psychologischen, sozialen Hinsichten. Fast alle Erörterungen über die Frauen stellen nur dar, was sie in ihrem – realen, ideellen, wertmäßigen – Verhältnis zum Manne sind; keine fragt, was sie für sich sind; freilich begreifbar genug, weil die männlichen Normierungen und Forderungen eben nicht als spezifisch männliche, sondern als das Objektive und schlechthin allgemein Gültige gelten. Und weil man von vorherein nur nach dieser Relation fragt, weil man die Frau wesentlich oder ausschließlich in diesem *Verhältnis* subsistieren läßt, schließt man am Ende, daß sie für sich *nichts* ist – womit man nur das beweist, was man in der Fragestellung schon vorausgesetzt hat. Allerdings wäre auch jene voraussetzungslose Frage: was die Frau denn für sich oder absolut genommen ist, falsch gestellt oder falsch beantwortet, wenn man dabei von ihrem Frauentum absehen wollte. Denn das Frauentum – und dies ist der ganz und allein entscheidende Punkt – kommt nicht ihr, als einem sozusagen metaphysisch farblosen Wesen, erst durch jene Relation zu, sondern ist von vornherein ihr Sein überhaupt, ein absolutes, das nicht, wie das männliche über den Geschlechtsgegensatz zu stehen kommt, sondern – weiteres vorbehalten – jenseits seiner.

So liegt allerdings in dem männlichen Wesen ein formales Moment, das seine Aufgipfelung über sich selbst zu einer unpersönlichen, ja überrealen Idee und Norm vorbereitet. Das über sich selbst Hinausgreifen in aller Produktion, die durchgehende Beziehung zu einem Gegenüber, dem sich der Mann mit seiner Einordnung in weit erstreckte reale und ideale Reihen ergibt, enthält von vornherein einen Dualismus, ein Auseinandergehen des einheitlichen Lebens in die Formen des Oben und Unten, des Subjekts und Objekts, des Richters und des Gerichteten, des Mittels und des Zwecks. Indem das weibliche Wesen diesen ganzen Gegensätzlichkeiten und Überbauten, diesen Distanzen zwischen Subjektivem und Objektivem seine fundamentale, man möchte fast sagen immanent transzendente Einheitlichkeit gegenüberstellt, offenbart sich die typische Tragik jedes der beiden Geschlechter.

Für den Mann ist es das Verhältnis der endlichen Leistung zur unendlichen Forderung. Diese Forderung steht auf zwei Seiten; sie kommt vom Ich her, insofern es nur aus sich heraus will, nur schaffend leben und sich bewähren will; in diesem Aktus kommt seiner Intention nach eine Grenze nicht in Frage. Auch von seiten der objektiven Idee, die ihre Realisierung fordert, besteht keine Einschränkung, in jedem Werke ist die Absolutheit einer Vollendung ideell angelegt. Indem nun aber diese beiden Unendlichkeiten aneinandergeraten, entstehen durchgängige Hemmungen. Die subjektive Energie, die rein von innen her sich keiner Beschränkung, ja keines Maßes bewußt ist, erfährt ihre Grenze in dem Augenblick, wo sie sich an die Welt wendet und in ihr ein Objekt schaffen will; denn alles Schaffen ist nur im Kompromiß mit den Mächten der Welt möglich. Und die Idee des Werkes selbst erleidet dadurch, daß es durch psychische und nun in ihrem Realwerden notwendig endliche Kräfte hergestellt werden kann, Einschränkung und Verendlichung. Diese Herabsetzung, Störung, Zerstörung, die alle Produktion trifft, ist in den Voraussetzungen dieser Produktion selbst angelegt, die Struktur von Seele und Welt, die alles Schaffen ermöglicht, schlägt dieses Schaffen selbst mit dem Widerspruch, daß die immanente Forderung seiner Unendlichkeit mit der immanenten Unmöglichkeit, diese Forderung zu erfüllen, *a priori* verbunden ist. Freilich ist dies eine allgemein menschliche Tragik, insofern alles praktisch produktive Verhältnis zwischen Mensch und Welt mit ihr belastet ist. Aber nur für das Geschlecht, das aus seinen letzten Notwendigkeiten heraus dieses Verhältnis herstellt, dem das Leben am Objekt, dem gegebenen und dem zu schaffenden, aus dem eigensten Wurzelgrund kommt, wächst aus eben diesem jene Tragik.

Gegenüber dieser tiefen inneren Notwendigkeit entsteht die typische Tragik des weiblichen Geschlechts aus ihrer historischen Situation oder wenigstens aus den mehr äußeren Schichten ihres Lebens. Hier fehlt der die Wurzeln der Existenz spaltende Dualismus, der jene sozusagen autochthone Tragik bedingt, das Leben wird als ein in sich ruhender Wert gelebt und gefühlt und ist seinem Sinne nach so in seinen Mittelpunkt gesammelt, daß selbst der Ausdruck, daß es Selbstzweck sei, es noch zu sehr auseinanderzieht. Die ganze Kategorie von Mittel und Zweck, die sich so tief im männlichen Wesen gründet, ist auf die gleiche Tiefenschicht des weiblichen überhaupt nicht anzuwenden. Und nun tritt die Komplikation ein, daß gerade diese Existenzen nach ihren zeitlichen, sozialen, physiologischen Schicksalen als bloße Mittel behandelt und gewertet, ja sich selber als solche bewußt werden: Mittel für den Mann, für das Haus, für das Kind. Man möchte dies vielleicht eher traurig als tragisch nennen. Denn Tragik liegt doch wohl nur da vor, wo ein zerstörendes, gegen den Lebenswillen des Subjekts gerichtetes Schicksal dennoch aus einem letzten Zuge dieses Sub jekts, aus einer Tiefe dieses Lebenswillens selbst gekommen ist – während rein äußere Mächte, so furchtbar, quälend oder vernichtend sie seien, ein bis zum Extrem trauriges, aber nie im eigentlichen Sinne tragisches Los bewirken können. Der Fall der Frauen aber liegt ganz besonders. Jenes Herausgehen über sich selbst, jenes Verlassen der tiefen Gesammeltheit des Lebens, um sich in eine weiterrollende Reihe einzustellen und ihr und ihren anderen Elementen zu dienen, ist hier doch keine schlechthin äußere Vergewaltigung. Es ist zwar nicht in dem metaphysischen Lebenssinn der Frauen angelegt, aber doch darin, daß sie überhaupt in einer Welt stehen, die voll von »anderem« ist, zu der ein Verhältnis zu haben unvermeidlich das reine Ruhen im inneren Zentrum durchbricht. Nicht innerhalb des tiefsten Beisichseins des Wesens, wie für die Männer, sondern in der Tatsache des Hineingesetztseins des Wesens in die naturhafte und geschichtliche Welt entspringt der Dualismus, der die typische Tragik der Weiblichkeit trägt.

Daß jene sozusagen natürliche Tragik nur im Wesen des Mannes begründet liegt (indem, wenn einmal die etwas verschwommenen Ausdrücke gestattet sind, das Naturhafte zu sehr metaphysische Wesensgrundlage der Frau ist, um hier einen tragischen Dualismus zu entfalten), ist vielleicht auch so ausdrückbar. Der Mann mag noch so sehr für eine Idee leben und sterben, er hat sie doch immer sich gegenüber, sie ist ihm die unendliche Aufgabe, er bleibt im ideellen Sinne immer der Einsame. Da dies Darüber und Gegenüber die einzige Form ist, in der der Mann die Idee denken kann und erlebt, so scheint es ihm, als ob die Frauen »keiner Ideen fähig« wären (Goethe). Allein für die Frau ist ihr Sein und die Idee unmittelbar eines, sie ist, trotzdem eine schicksalshafte Vereinsamung gelegentlich über sie Herr werden mag, typischerweise nie so einsam wie der Mann, sie ist immer bei sich selbst zu Hause, während der Mann sein »Haus« außerhalb seiner hat.

Darum langweilen sich Männer im allgemeinen eher als Frauen: der Lebensprozeß und sein irgendwie wertvoller Inhalt ist bei jenen nicht so organisch und selbstverständlich verbunden wie bei diesen. Daß sie durch die kontinuierlichen, kleineren und größeren Aufgaben, die das häusliche Leben stellt, eher vor Langeweile geschützt sind als die Männer, ist auch nur die äußerlich historische Realisierung einer in der Tiefe angelegten differentiellen Seinsqualität. Der Lebensprozeß als solcher hat für die Frauen – und dies hängt mit der metaphysischen Bedeutung des Naturhaften für sie zusammen – nach Art und Maß offenbar einen anderen Sinn als für den Mann; und zwar eine Bedeutung, die die »Idee« in einer besonderen Weise in ihn einschließt. Die Anatomen haben festgestellt, daß die Frau bis zur Höhe ihres körperlichen Lebens in den Proportionen des Skelettes, in der Verteilung von Fettgewebe und Muskulatur, in der Ausbildung des Kehlkopfes dem Kinde näherbleibt als der Mann. Diese Analogie wird sich nicht auf die Körperlichkeit beschränken, und sie hat Schopenhauer Gelegenheit zu dem naheliegenden und dennoch nicht unvermeidlichen Schlusse gegeben, daß die Frauen »zeitlebens große Kinder« blieben. Auf die seelische Existenz hin (die Grenzgebiete zum Physischen eingeschlossen) angesehen, ist es der Jugend eigen, das Leben vor allem als solches zu fühlen, als Prozeß, als einheitlich strömende Wirklichkeit, sie will die gebundenen Energien des Lebens entfalten, bloß weil sie da sind und herauswollen – im Unterschied vom Alter, für das die Inhalte des Lebens immer mehr die Prärogative vor seinem Prozeß gewinnen. Von den Frauen nun möchte man sagen, daß sie in irgendeinem Sinne mehr leben, ein gesammelteres und verfügbareres Leben haben müssen als die Männer, weil es noch für das Kind ausreichen muß; ein größeres Maß von im übrigen und nach außen hin sichtbarer Kraft ist damit noch nicht involviert. Diese vitale Bedeutsamkeit des Lebensvorganges, dieses, so möchte man sagen, Versenktsein in die Tiefe des Lebens als solchen, das man an der typischen Frau fühlt, bewirkt es, daß sich die Idee, der abstrakt und normativ ausdrückbare, vom Leben selbst ideell getrennte Inhalt seiner in ihnen und für sie nicht mit solcher Selbständigkeit und Vollständigkeit entwickelt. Nach dem ganzen Daseinssinne, nach der Existenzformel der Frau ist die Idee auch gar nicht zu solchem Eigenleben in ihr bestimmt. Indes ist diese Vorstellung, daß der Frau ihre Bedeutung von ihrem Lebensprozeß, nicht von dessen Resultaten kommt, noch nicht die völlig angemessene; denn es handelt sich für sie – und dies ist ihr nun doch merkbarer Unterschied von der Jugend schlechthin –, wenn man ganz genau sprechen will, nicht um den Gegensatz von Prozeß und Resultat oder Idee, sondern um das Leben in dem so einheitlichen Sinne, daß es auch nicht in Prozeß und Resultat auseinandergeht. Leben und Idee haben hier das Verhältnis der Unmittelbarkeit, aus dem sich nun der Wert einer inneren Welt, oder auch eine Welt innerer Werte genau so aufbaut, wie es für die Männer in der Form der Getrenntheit beider möglich ist.

Die tiefe, alles Außersich ablehnende Eingesenktheit der Frau in das eigene Sein, das ein reines und absolutes Weibsein ist, soll hier die Lösung dieses letzteren aus der bloßen Relation zum Manne, aus der es sein Wesen empfinge, darlegen, dadurch aber zugleich begründen, wieso das Frauentum, trotz dieser inneren Absolutheit doch dem männlichen Prinzip die übergeschlechtlich objektive Welt, die theoretische und die normative, zu stiften überlassen muß. Noch einmal: gerade die fundamentale, ja absolute Einheit von Sein und Geschlechtlichsein der Frau macht die Sexualität in dem gewöhnlichen männlichen Relationssinne für sie zu etwas Sekundärem – so ungeheuer wichtig diese Relation für sie werden mag, weil sie jenes Absolute in der Erscheinung und Praxis vollkommen in sich hineinnimmt. Der Erfolg davon ist, daß alle Äußerungen der Frauen, alle Erscheinungen und Objektivierungen ihres Wesens nicht als allgemein menschlich, sondern zugleich als spezifisch weiblich empfunden werden, gegenüber den als rein sachlich charakterisiert empfundenen Wesensäußerungen des Mannes. Alle historischen Machtverhältnisse, die diesen letzteren die Prärogative des objektiv Bestimmten, in sachlicher Absolutheit den Geschlechtsgegensatz Dominierenden, weil von ihm nicht Berührten, gegeben haben, vollstrecken damit nur in den Ordnungen der Zeit den inneren charakterologischen Unterschied, den das Verhältnis des Geschlechtsmomentes zur Wesenstotalität bei Männern und Frauen aufweist. So sehen wir das Schicksal der einzelnen Frau typischerweise – natürlich unter Ablenkung wie Bereicherung durch vieles Dazukommende – im wesentlichen dadurch bestimmt, daß sie eben Frau ist; wozu das entsprechende beim Manne keineswegs der Fall ist. Die wichtigsten Momente im Leben der Frau, sowohl die subjektiv wie die objektiv wichtigsten, pflegen solche zu sein, in denen ihr Weibtum die Hauptsache, der eigentliche Gegenstand des Erlebnisses oder wenigstens der Träger des im übrigen individuell oder sachlich bestimmten Geschehnisses ist.

Bleibe es indes dahingestellt, in welchem Maße und welchem gegenseitigen Verhältnis historisch bedingte Entwicklungen und Notwendigkeiten aus den tiefsten Strukturunterschieden heraus zusammenwirkten, um das männliche Prinzip über sich selbst hinaus in das objektiv Allgemeine zu führen, das weibliche in dem einheitlichen Sein des Weibtums zu halten; dieser Unterschied, wie auch zu deuten, findet sozusagen seinen logischen Ausdruck in der viel größeren Schwierigkeit, das typisch männliche Wesen als das weibliche begrifflich festzulegen, zu definieren. Das allgemein Menschliche, von dem die geschlechtliche Spezialität ein Sonderfall sein soll, ist mit dem männlichen derart solidarisch, daß keine spezifische Differenz gegen dieses an ihm angegeben werden kann: das schlechthin Allgemeine läßt sich nicht definieren. Führt man dennoch gewisse Züge als schlechthin männliche an, so überzeugt ein genaueres Hinsehen, daß damit immer nur Differenzen gegen spezifisch weibliche Züge gemeint sind. Diese aber haben ihr Wesen nicht entsprechend in dem bloßen Gegensatz gegen die männlichen, sondern werden mehr als ein für sich Seiendes, für sich Bestimmtes empfunden, als eine besondere, keineswegs nur durch einen Gegensatz zu fixierende Art des Menschentums. Die alte Meinung, von der Schicht brutaler und ignoranter Selbstüberschätzung bis zu der der sublimsten philosophischen Spekulation reichend: daß nur der Mann der eigentliche Mensch sei – findet in dieser größere Leichtigkeit, das Wesen der Frau als das des Mannes zu definieren, sein begriffliches Pendant. Daher es denn auch unzählige Frauenpsychologien, aber kaum eine Männerpsychologie gibt. Es ist ohne weiteres begreiflich, daß dieses Verhältnis der Definitionsmöglichkeiten sich umkehrt, sobald es sich statt um den Geschlechtstypus um Individuen handelt: den einzelnen Mann kann man im großen und ganzen besser beschreiben als die einzelne Frau. Das liegt nicht nur daran, daß die ganze sprachliche Begriffsbildung unserer Kultur, wegen der sozialen Prärogative des Mannes, auf die männliche Färbung seelischer Vorgänge eingestellt ist. Das Genus Frau ist zwar wichtig genug, um bestimmende Begriffe zu fordern; aber auf ihre Individualisierungen hat sich die Sprachschöpfung nicht eingelassen, und die feinen Nuancen, auf die es hier ankäme, versagen ebenso oft für die psychologische Schilderung der einzelnen Frauen, wie sie diesen selbst fehlen, um sich den Männern ganz verständlich zu machen; mit dem Bilde eines Mannes verglichen, hat man deshalb im ganzen eine Frau mehr in der Anschauung als im Begriff, und dies ist einer der Gründe, wenngleich ein negativer, aus denen die Frau schon von Natur dem Kunstwerk verwandt erscheint. Aber dies gehört zu der Oberflächenschicht der Erscheinungen. Tiefer liegt ein anderer Zusammenhang: die individuelle Frau ist eben deshalb schwerer zu definieren als der individuelle Mann, weil sie als Genus leichter zu definieren ist. Wo schon der allgemeine Begriff als etwas Besonderes, differentiell Bestimmtes empfunden wird, da ist die Individualisiertheit gewissermaßen in das Generelle hineingezogen und hat sich an ihm erschöpft, so daß für die weitere Individualisierung nicht mehr recht Raum und Interesse übrigbleibt. Deshalb gehören in diesen Zusammenhang die Phänomene eines tiefsten Wesenszuges der Frau: daß das Generelle bei ihr viel mehr als beim Mann in der Form des persönlich Individuellen lebt. In der typisch vollendeten Frau wird vieles ganz Gattungsmäßige, eigentlich Unpersönliche, zu etwas völlig Persönlichem, so innerlich erzeugt, als träte es hier zum ersten Male aus dem Einzigkeitspunkt der Persönlichkeit heraus in die Welt. Gewiß gibt es nichts Generelleres als erotische Beziehungen, und während der Mann sie auch unzählige Male so fühlt und behandelt, scheinen sie für die Frau das spezifisch persönliche Schicksal zu sein, nicht ein Gattungsereignis, das sich an ihr abspielt, sondern ihre innerlich eigenste Produktivität. Nicht anders in ihrem Verhältnis zu ihrem Kinde, vor und nach seiner Geburt, diesem typischsten aller Verhältnisse, das so tief in das Untermenschliche hinabreicht. Für die Frau aber ereignet es sich in der Wurzelschicht der Seele, dieses völlig Unpersönliche, das sie zum bloßen Durchgangspunkt in der Entwicklung der Gattung macht, wächst aus dem Zentrum, in dem alle Energien ihres Wesens sich zu ihrer Persönlichkeit zusammengefunden haben. Und endlich: die Sitte, die nichts ist als die Lebensform des sozialen Kreises, das Verhalten, das dieser um seiner Selbsterhaltung willen zum Gesetz geprägt hat, scheint aus dem eigensten Instinkt ihrer Natur zu quellen. Sie »strebt nach Sitte«, die die Bewegung des Mannes oft hindert; dem Wesen der Frau aber liegt sie an wie eine Haut, die Freiheit, die für den Mann tausendfach außerhalb der Sitte liegt, findet sie (alle singulären Ausnahmen dieses Typischen und Historischen zugegeben) *in* ihr; denn Freiheit heißt doch wohl, daß das Gesetz unseres Tuns der Ausdruck unserer eigenen Natur ist. Aus diesen Inkarnationen des Allgemeinen im Persönlichen ist ohne weiteres begreiflich, daß dieses Wesen zwar in seiner Typik bestimmt werden kann, daß dagegen sein Persönliches sich als solches leicht der Definition entzieht. Wo dagegen das Generelle eines Wesens so schlechthin generell ist wie beim Manne – so daß seine männliche Besonderheit als solche zum historischen Synonym der menschlichen Allgemeinheit wird, – da ist die Bestimmung seiner als einer Individualität eher und schärfer zu treffen, es ist mehr Platz für sie vorhanden. So ist es leichter, die Frau zu definieren als den Mann; aber schwerer, eine Frau zu definieren als einen Mann. Und auch dies hat sich als ein Ausdruck der grundlegenden Konfiguration enthüllt, die diesen Fall in einen unendlich viel weiter ausgreifenden Typus der menschlichen Geistigkeit überhaupt einstellt: daß aus der Relativität oder gegenseitigen Bestimmtheit, in der das männliche und das weibliche Wesen sich darbietet, das erstere in die Kategorie des Absoluten aufrückt und so seinerseits die ganze Relativität beherrscht, von der es selbst ein Glied ist.

Diese, der männlichen überall entgegengesetzte Grundstruktur: daß die persönliche Beschaffenheit der Frau enger an das Generelle ihres Typus gebunden ist, daß dafür aber dieser Typus selbst etwas Individuelleres innerhalb des allgemein Menschlichen ist – diese Grundstruktur, an den Besonderheiten der Definition des Weiblichen ihren logischen Ausdruck findend, gewinnt einen künstlerischen an einem dramatischen Phänomen. In den typischen und am höchsten geschätzten Frauenrollen: Desdemona, Kordelia, Gretchen (und dasselbe würde gegebenenfalls für Ottilie gelten) ist der Schauspielerin vielmehr für die Ausgestaltung der Rolle, für die Realisierung eines individuellen Maßes von Reiz und Bedeutsamkeit der Figur überlassen, als in Männerrollen der Fall ist. Dem liegt der Instinkt des Dichters zugrunde, daß es für die Frau mehr auf die Darbietung ihres Seins in seiner Ganzheit als auf seine Entfaltung in einzelnen, die Persönlichkeit individuell festlegenden Äußerungen ankommt. Das, was der Dichter jede dieser Frauen wirklich sagen läßt, was also ihr Wesen zu dokumentieren scheint, ist gar nicht sehr wichtig, sie ist die in sich geschlossene, undifferenzerte Seele, die sich an den einfachsten, unpersönlichsten Äußerungen ebenso, ja besser geben kann als in sachlich bedeutsamen, weil sie sich überhaupt nicht in ihnen gibt, sondern dies nur die zufälligen Gelegenheiten sind, bei denen sie ihr immer gleiches, in Äußerungen überhaupt nicht aufgehendes Sein darstellt. Dieses Sein kann die Rolle nicht unmittelbar vorzeichnen, es kann nicht so fixiert sein, wie der Charakter eines Mannes es durch seine Äußerungen ist, weil er sich vielmehr in solchen expliziert, in ihnen aufgeht. Darum ist in jenen immer als eminent »weiblich« empfundenen Rollen das vom Dichter Gegebene ein relativ Geringes gegenüber dem von der Schauspielerin selbst zu Bildenden. Die

Ausgleichung, die ein Ausschwingen in gar zu extrem willkürliche Individualisiertheit der Auffassung einschränkt, liegt hier in dem unerläßlichen Festhalten an dem Typus Frau, daran, daß das darzustellende Sein eben in seiner Wurzel und seiner Ganzheit ein weibliches Sein ist – eine Bestimmung, die in das Gesamtphänomen soweit hinaufreicht und seine Latitüde so umgrenzt, wie es für die Männlichkeit gar keine Analogie findet.

Ich habe oben darauf hingedeutet, daß die Verabsolutierung der einen Seite einer Korrelation über deren zweiseitigem Ganzen in der Regel nicht auf jene beschränkt bleibt, sondern daß verschiedene Parteiungen bald die eine, bald die andere, verschiedene Standpunkte sowohl die eine wie die andere mit dem Akzent des Absoluten auszustatten pflegen. Die eigentümliche Stellung des Geistes zu den Weltinhalten charakterisiert sich damit, daß jedes Absolute irgendwie als ein Relatives, d. h. aus der Beziehung zu einem anderen sein Wesen Bestimmendes, begriffen werden, jedes Relative aber sich über seine Relation hinweg in ein Fürsichsein und Absolutes erheben kann. So nimmt, nach allem bisherigen, das männliche Prinzip, nun aber auch das weibliche seine Stellung jenseits der Relativität, die auf den ersten Blick beiden erst ihren Sinn gibt, nimmt sie nicht nur, wie in der früheren Skizzierung, in der Selbstgenügsamkeit des Weiblichen als solchen und unter Gleichgültigkeit gegen seine Relation zur Männlichkeit, sondern in einem positiven Jenseits des menschlichen Differenziertheitkomplexes, der Männliches und Weibliches umfaßt. Wenn der Mann insoweit über der geschlechtlichen Gegensätzlichkeit steht, als die objektiven Normen selbst männlich sind (was der Erscheinung nach oft nur eine historische Vergewaltigung, in seiner Tiefe aber in der Struktur des männlichen Geistes präformiert ist), so steht die Frau jenseits ihrer, weil sie ihrem Sein nach unmittelbar in und von der Quelle lebt, aus der beide Seiten des Gegensatzes fließen. Wie der Mann aus jenem Zusammenhang heraus mehr ist als männlich, so ist die Frau mehr als weiblich, weil sie die allgemeine, die Geschlechter substantiell oder genetisch zusammenfassende Grundlage darstellt, weil sie die Mutter ist. Wie das Absolute dort sich als übergeschlechtlich Objektives erhebt, das männlich ist, so hier als übergeschlechtlich Fundamentales, das weiblich ist. Wie das Tun und Werden dort den Dualismus vorzeichnet, in dessen Form der Mensch über sich selbst hinausgeht, so das Sein hier die Einheit, in deren Form der Mensch gewissermaßen unter sich selbst hinuntergeht in die ungeschiedene Möglichkeit aller Entwicklungen. Aber die Mutterschaft ist auch hier nur Erscheinung oder Symbol eines absoluten Weiblichen, von dem das Männliche und das Weibliche im Relationssinne erst getragen wird und dessen hiermit angedeuteter Sinn sich aus jener ersten, in sich selbst beschlossenen Bedeutung des Weiblichen gleichsam durch eine metaphysische Befruchtung entwickelt. Durch die ganze Geistesgeschichte zieht sich, fern von jeder Beweisbarkeit, aber als Ahnung, Gefühl, Spekulation, eine metaphysische Voraussetzung: daß der Mensch, je tiefer er sich in das eigene Sein versenkt, je reiner er dies in sich zu Worte kommen läßt, um so näher dem Dasein überhaupt, der Welteinheit überhaupt steht, um so vollkommener dies in sich zum Ausdruck bringt. Nicht nur die Mystik aller Zeiten lebt von dieser Überzeugung, sondern in den soviel klareren und untereinander so entgegengesetzten Weltbildern Kants und Schleiermachers, Goethes und Schopenhauers wirkt sie, offener oder verschwiegener, in den mannigfaltigsten Abwandlungen. Das eigenartig mystische Gefühl, durch das jederzeit eine typische Attitüde den Frauen gegenüber charakterisiert ist, findet vielleicht eben hierin einen ausdrückbaren Grund: in dem dunklen Bewußtsein, daß diese Wesen fester, vollständiger, einheitlicher in ihrem Sein stehen als der Mann, daß alle Unruhe des Werdens und des Tuns und des Außereinanders der Dinge, ebenso wie des Lebens den substantiellen Grund ihres Seins weniger berührt, weniger in sich einzieht, daß sie in der letzten Instanz ihres eigenen Wesens unerschütterlicher und tiefer eingesenkt ruhen – und daß ihnen eben durch dies und in ebendiesem Maße der Grund der Dinge überhaupt, die verborgene unbenennbare Einheit des Lebens, der Natur, der Welt der eigene Wurzelgrund ist: je tiefer ein Wesen in seinem eigenen, unzerlegten, in die Mannigfaltigkeit nicht aufgestiegenen Sein lebt, um so tiefer reicht es damit in die Identität alles Seins hinunter, erlebt in unmittelbarer Einheit das eigene Sein als das Sein überhaupt. Daß die Frau ihrem echtesten Wesen nach – soweit es also nicht durch historische Vergewaltigungen und Verschiebungen, durch Einflüsse, die ihr aus der *Relation* der Geschlechter kommen, abgelenkt ist – mehr als der Mann aus ihrem eigenen Grunde herauslebt, wäre bedeutungslos, wenn dieser Grund nicht zugleich irgendwie der Grund der Dinge wäre. Die Verbindung zwischen beidem liegt in der Mütterlichkeit; aber mit dieser wird doch nur in der Form der Zeit und des an Materie gebundenen Lebens auseinandergelegt, was eine letzte metaphysische Einheit ist. Nur gleichsam einen anderen Umriß erhält derselbe Inhalt, wenn statt des metaphysischen Begriffes des Seins der mehr psychologische oder, wenn man will, formale des Geschlossenseins der Existenz eingeführt wird. Der Mann empfindet wohl im allgemeinen aus der Dualistik seines Wesens heraus die Frau, so oft er selbst, die Kultur und das Schicksal sie auch in eine ebensolche hineinreißen mag, als das geschlossene Wesen; d. h., als ein solches, dessen einzelne Wesensteile nicht gegeneinander Partei bilden, sondern in denen die unter allem einzelnen bestehende, nicht weiter benennbare Seinseinheit sich als unmittelbar enger assoziativer Zusammenhang des Seelischen äußert. Und nun ist das Merkwürdige, daß gerade die Geschlossenheit eines Daseins in sich eine stärkste, symbolische oder metaphysische Anweisung auf die Welttotalität außerhalb seiner oder deren Elemente es selbst ist, enthält.

Im absoluten Sinne besteht freilich nur eine einzige wirkliche Geschlossenheit, eben die der Welttotalität. Nur innerhalb des Ganzen des Daseins gibt es kein Element, das für seine Herkunft oder seine Hinkunft auf einen anderen Komplex hinweisen müßte – denn einen anderen als die Gesamtheit der Dinge überhaupt gibt es ja nicht. Dieses logisch Notwendige, daß diese Gesamtheit eben nur eine sein kann, sprechen wir in der Voraussetzung unseres Weltbildes aus: daß in ihm jedes Element mit jedem in irgendeiner, irgendwie vermittelten Beziehung und Wechselwirkung steht. Eben darum sind die Erscheinungen in dem Maße, in dem sie sich der Geschlossenheit in sich nähern, Sinnbilder der Daseinstotalität oder stehen in einem besonderen, durch die relative Gleichheit der Form getragenen Verhältnis zu ihr. Dies ist die erste und prinzipielle Symbolik jedes Kunstwerkes: dadurch daß seine Teile ein in sich zurücklaufendes Ganzes bilden, – was sie ersichtlich auch in den Künsten zeitlichen Ablaufes tun –, daß seine Selbstgenügsamkeit alles Verflochtensein in die Existenz außerhalb seiner ablehnt, daß es sozusagen allein auf der Welt ist – dadurch wiederholt es die Form des Weltganzen. Das auf vielfache Weise Ausgedrückte: daß in jedem Kunstwerk irgendwie das ganze Dasein enthalten wäre, kann doch wohl nicht auf den Inhalt beider gehen, sondern nur auf die Form des Ganzseins, der Geschlossenheit, die jedes Element nur innerhalb dieses Ganzen seinen Sinn und sein Sichauswirken finden läßt. Sonst greift jeder einzelne Abschnitt der Natur, der Geschichte, des Menschenwerks über seine Grenzen hinaus, er verrät überall die Kräfte, die schaffend und erhaltend von anderswoher in ihn einströmen und weist auf alles Nächste hin, auf das er seine Kräfte ausströmen läßt. Aus diesem Befangensein in einem unabsehlichen Zusammenhang löst sich das Kunstwerk – das als bloßes Stück der äußeren Realität natürlich wie jedes andere den Beziehungen mit allen andern unterliegt – seinem inneren Sinne nach heraus und offenbart so innerhalb seines, anschaulichen oder ideellen Rahmens seine Analogie mit dem Ganzen jenes kosmischen Zusammenhanges. Die zweite Erscheinung, deren tiefe Beziehung zu der Welttotalität von der Tatsache ihres Insichgeschlossenseins und also ihrer Analogie zu dieser getragen wird, ist die menschliche Seele. Sosehr Reize von außen zur Bildung ihrer Inhalte anregen, sosehr ihre Bewegungen als unsere Handlungen nach außen treten mögen – als Seele ist sie eine Enklave in der Welt und die Erscheinungen in ihr sind als seelische von allem außerhalb ihrer brückenlos geschieden. Alle Elemente ihres vergangenen und gleichsam in ihr aufgespeicherten Lebens stehen in unaufhörlicher gegenseitiger Beeinflussung und Umordnung; die Einheit der Persönlichkeit offenbart sich an dem Material des seelischen Lebens, indem dieses sich in die Form der Geschlossenheit, des undurchbrechlich wirksamen Zusammenhanges von allem mit allem fügt. Und wiederum ist es diese Form ihrer Existenz, was die Seele von je als einen Spiegel des Universums, als im tiefsten metaphysischen Zusammenhang ihres Seins mit dem der Welttotalität, empfinden ließ.

Diese Gesamtform der Seelenhaftigkeit überhaupt aber umfaßt eine Stufenfolge seelischer Existenzen, in denen die innere Geschlossenheit in einem engeren und nun relativen Sinne ganz verschiedene Grade zeigen kann. Wir sprechen von gespaltenen, von dualistischen, von zusammenhangslosen Seelen im Gegensatz zu den geschlossenen, auch wenn innerhalb einer anderen Betrachtungsschicht, an anderen Gegensätzen gemessen, die Seele in jedem Fall ein in sich geschlossenes Gebilde ist. So vergleichsweise also gesprochen, erscheint die Frau als das in sich geschlossene Wesen, unbeschadet dessen, daß sie das hingebendere Wesen ist; denn einerseits ist die Hingebung selbst eines ihrer zu enger Einheitlichkeit verbundenen Wesenselemente, andererseits ist es ein durchgehendes Gefühl, daß auch die vollkommenste Hingabe einer Frau ein heimliches Sichselbstgehören und Insichgeschlossensein ihrer Seele nicht auflöste; sie setzt zwar auch dieses in den Tausch ein, aber es öffnet sich nicht zu dem andern hin, sondern, obgleich ihm zu eigen geworden, beharrt es unentwurzelt in seinem seelischen Grunde. Ähnlich wie das Kunstwerk in der undurchbrechlichen Begrenztheit durch seinen Rahmen sich von der vielfältigen Zerstreutheit der Dinge scheidet, so stellt die Frau eine Einheit dem Manne gegenüber dar, der in die Vielheit des zersplitterten Lebens verflochten ist. Es ist zwar zunächst nur die Äußerlichkeit der Sitte, die ihr die weit ausholenden Bewegungen, die aggressiven Worte, das rücksichtslose Aussichheraustreten von jeher verbietet; darum ist sogar der Wortschatz sittsamer Frauen geringer als der der Männer, indem sie sich nicht nur der zweideutigen oder derberen Worte enthalten, sondern auch der heftigeren, stark ausladenden, aller, die ein einseitig entschiedenes Heraustreten der Persönlichkeit aus ihrer ruhigen, nichts verratenden Gleichgewichtslage in ein Extrem anzeigen. Allein *daß* dieses Vermeiden aller zentrifugalen Äußerungen, diese Zusammengehaltenheit des ganzen Seins die Form ihrer Sitte wurde, dies ist der historische Ausdruck für jene Wesensgeschlossenheit, die alle psychologischen Einzelzustände als ein Tieferes und Allgemeineres fundiert. Und darum gibt diese Daseinsform dem weiblichen Wesen die dunkel empfundene, die wunderlichsten Reaktionen veranlassende Beziehung zu dem Ganzen des Seins. Wie das Kunstwerk und wie die Seele, obgleich Teile der Welttotalität, doch durch ihre Geschlossenheit wie Gegenstücke zu ihr sind und damit auf ein nicht aussprechbares Metaphysisches unter ihnen hinweisen, das diese Gleichheit der Form trägt, so wird es auch diese Geschlossenheitsform des weiblichen Wesens sein, die von jeher einen Hauch von kosmischer Symbolik über die Frau gelegt hat – als hätte sie über alle greifbaren Einzelheiten hinweg eine Beziehung zu dem Grund und dem Ganzen der Dinge überhaupt. Neben aller Verachtung und Mißhandlung der Frauen bricht doch durch die ganze Kulturreihe, von den Primitiven an, das Gefühl hervor, daß sie noch etwas anderes wären als bloß Frauen, d. h. als bloße Korrelativwesen zu den Männern; indem sie dies zwar sind, hätten sie doch zugleich aus sich selbst Beziehungen zu den geheimen Mächten, als Sibyllen und Hexen, als Wesen, durch die hin ein Segen oder ein Fluch aus dem sonst unberührbaren Schoß der Dinge käme, und die man mystisch zu verehren, vorsichtig zu vermeiden oder wie Dämonen zu verfluchen hätte. All diese Brutalitäten oder poetischen Verklärungen gehen in ihrem letzten Grunde nicht von irgendeiner einzelnen Eigenschaft oder einem einzelnen Tun aus; obgleich sie zweifellos sämtlich auf ein tiefstes einheitliches Motiv zurückgehen, will es nicht gelingen, ein derartiges, singulär benennbares historisch aufzufinden. Es scheint vielmehr darin zu liegen, daß man ein Wesen, das so tief in seinem undifferenzierten Sein ruht, so wenig »aus sich heraustritt« – eben in einer besonderen Nähe, in einer Art Identitätsverhältnis zu dem Sein überhaupt empfand, mag man dies nun als den Urgrund der Natur oder als das übernatürlich Mystische oder als das Metyphysische im reinen Sinne bezeichnen. Nach unseren bestehenden Denkgewohnheiten – wie asymptotisch oder symbolisch sie sich auch zur Wirklichkeit verhalten – müssen wir das Vielspältige, Bewegte, Einseitige von einer gleichsam ruhenden Einheit fundamentieren lassen, einer Einheit, die im männlichen Wesen von jenen dualistischen und differenziellen Lebensformen und Bewährungen sozusagen aufgesogen ist, im weiblichen aber als dessen fühlbare Substanz weiterbesteht. Und dieses Sein der Persönlichkeit, unberührt von allem Werden und Vergehen ihrer Einzeläußerungen, die es bei dem Manne in sich eingezogen und aufgelöst haben, scheint uns in einer nicht weiter bezeichenbaren Weise in die Einheit des Seins überhaupt eingesenkt oder von ihr nicht gelöst zu sein, und als wiederholte die Frau mit jeder Mutterschaft den Prozeß, der aus dem dunklen ungeschiedenen Grunde des Daseins die Einseitigkeit und Bewegtheit des individuellen Gebildes abspaltete und heraushöbe.

So kann man sagen: je mehr und tiefer eine Frau in diesem, dem absoluten Sinne Frau ist, desto weniger ist sie in dem relativen, dem auf den Mann differenziell bezüglichen Sinne Frau; und dasselbe, nur als Paradoxe ausdrückbare Verhältnis gilt für den Mann; wenn es sein spezifisch Männliches ist, über dem gleichsam einreihigen subjektiven Leben an der Welt des Objektiven und Normativen zu bauen, von der aus gesehen die ganze männlich-weibliche Geschiedenheit etwas prinzipiell Zufälliges ist, so ist er gerade um so weniger Mann (im Sinne dieser sexuellen Relativität) je mehr er Mann im Sinne jener auf das Absolute gehenden, durchaus männlich eigenartigen Leistung ist. Das Besondere, das jedem der Geschlechter im absoluten Sinne zukommt, ist je ein in einem besonderen Sinne Allgemeines; das Allgemeine als Abstraktes, das hinter den Einzelheiten liegt, und das Allgemeine als substanziell Einheitliches, das vor den Einzelheiten liegt. Ich bin durchaus nicht geneigt, die Fülle des Lebens in eine symmetrische Systematik einzusperren. Will man aber für das hier erstrebte Bild der lebendigen Wirklichkeit zunächst einmal die anatomische Struktur gewinnen (und Skelette zeigen eben jene schematische Symmetrie und erst die physiologischen Prozesse heben diese in das Spiel des unendlich komplizierten, in keine einfache Gleichteilung mehr zu fassenden Lebens) – so scheint die Relation der Geschlechter, durch die sie sich gegenseitig ihre Eigenart gewähren, von diesem doppelten Absoluten umgeben; auf der einen Seite steht das Männliche als Absolutes, das mehr als Männliches ist, das die Objektivität, die um den Preis des Dualismus gewonnene normative Höhe über aller Subjektivität und aller Gegensätzlichkeit bedeutet – auf der anderen das Weibliche als Absolutes, das mehr als Weibliches ist, das die Einheit des menschlichen Wesens, gleichsam noch vor der Trennung in Subjekt und Objekt, in substanzieller, ruhender Geschlossenheit trägt.

Fragment über die Liebe

(Aus dem Nachlaß)

Zwischen dem Ich und dem Du erhebt sich für das menschliche Bewußtsein der erste seiner Konflikte und die erste seiner Vereinheitlichungen. Die zeitliche Priorität dieses Verhältnisses hatte die Folge, daß es weiterhin als das sozusagen absolute Material galt, an dem sich unsere Entscheidungen und Wertungen, Recht und Unrecht unserer Praxis und der Ansprüche an uns in letzter Instanz vollziehen: mit der Alternative von Egoismus und Altruismus, die sich allerdings in unzähligen Modifikationen und Mitteln, Verkleidungen und Folgen ergehen, erschöpfte sich schließlich jegliche Intention unseres Verhaltens. Auch wo dieses unter objektive Ideale gestellt wurde: von Plato, Thomas v. Aquino, von Kant und dem Sozialismus galt als das innere Gegenprinzip mehr oder weniger deutlich bezeichnet der Egoismus, während die unmittelbare konkrete Forderung – wenn auch nicht die abstrakte – immer ein Du, ein persönliches oder ein überindividuelles zum Inhalt hat. Abgesehen nun davon, daß die eudämonistische Ebene, in der als inhaltgebender, die Entscheidung zwischen Egoismus und Altruismus sich nach der allgemeinen Meinung vollzieht, keineswegs alle Dimensionen, nach denen diese Begriffe sich strecken können, einschließt – ist selbst der vollste ihnen zuzusprechende Umfang nicht fähig, unsere tatsächlichen letzten Motivierungen zutreffend auszudrücken. Nur erwähnt sei das außerhalb unseres jetzigen Weges gelegene Argument: daß unser Wille unzählige Male auf objektive Formungen des Seins geht, darauf daß ein Zustand, ein Ereignis, eine Qualität der Dinge einfach da sein soll, ohne im geringsten nach dem Erfolge zu fragen, den die Verwirklichtheit dieses Wollens für ein Ich oder ein Du hat. Dieses schlechthin objektive Wollen jenseits alles Ich und Du und ihres unversöhnten oder versöhnten Dualismus scheint mir eine unleugbare und gerade spezifisch menschliche Tatsache zu sein. Und wie diese gleichsam oberhalb, liegt eine andere unterhalb jenes Dualismus: das rein triebhafte Verhalten. Wenn wir es egoistisch nennen, daß jemand seinen Trieben hemmungslos folgt, so heben wir sein Verhalten schon über seine eigene Sphäre hinaus in eine andere, in der eine altruistische Forderung erhoben wird; indem es dieser freilich nicht genügt, erscheint es egoistisch, was es an sich so wenig ist, wie das Wachstum der Pflanze oder der Fall des Steines, die beide ihren rein eigenen Gesetzen folgen, egoistisch heißen kann. Egoismus bedeutet zu Recht immer ein teleologisches Gerichtetsein – auf irgendeine Reaktion des Ich – und um eine Handlung egoistisch zu nennen, setzen wir stillschweigend ein solches voraus, dem sich doch gerade das Wesen des Triebes entzieht; kann doch der Inhalt eines solchen ohne weiteres auf das Wohl eines Du, auf die Zerstörung des Ich, auf etwas teleologisch völlig Sinnloses gehen. Denn daß Triebe durchaus nur dem Subjekt nützliche Anpassungen bedeuten, ist nicht einmal in physiologischer, geschweige denn in psychologischer Hinsicht zutreffend.

Hat man an diesen einfachen Fällen die mögliche Unabhängigkeit unseres Handelns von jener Alternative eingesehen, so wird es auch gelingen, sich in das kompliziertere, aber ihre Schärfe nicht weniger auflösende Verhältnis hineinzudenken, in dem sich das Handeln »aus Liebe« bewegt. Nennt man im reinen Sinne altruistisch ein Handeln zum Besten einer ganz gleichgültigen oder einer unsympathischen ja feindseligen Person, so kann man das Handeln aus Liebe nicht gut ebenso bezeichnen; zu eng ist der eigene Trieb, die eigene Befriedigung darein verwebt, um sein Telos einfach in das Du zu setzen. Aber darum trifft doch der Egoismusbegriff noch nicht darauf zu; dies würde, abgesehen von aller Selbstlosigkeit im materialen Inhalt solchen Tuns, seinem Adel und Wert nicht entsprechen. Auch ist es endlich seiner tiefsten Quelle nach ein zu einheitliches und ungebrochenes, um als eine gleichsame mechanische Mischung beider Motivierungen zu gelten. So bleibt nur das eine, die Motivierung durch Liebe für eine eigene und primäre, von jener üblichen Reduktion nicht berührte anzusehen. Daß die Frage nach dieser letzteren hier falsch gestellt ist, geht gerade daraus hervor, daß eine rationalistische Psychologie das Handeln aus Liebe mit scheinbar gleichem Recht als ein altruistisches inthronisieren wie als ein im Grund egoistisches deklassieren kann. – Dazu kommt, daß das Verhältnis vom Zweck und Trieb hier ein ganz besondres ist. Wenn ich irgendeines Menschen Wünsche erfülle, weil ich sie für recht und billig halte, so ist die Ausübung dieser Gerechtigkeit mein Endzweck, seine Verwirklichung mein allein entscheidendes Motiv. Tue ich eben dasselbe, weil ich den Menschen liebe, so ist zwar dessen herbeizuführender Zustand, dem Phänomen nach, mein Endzweck; allein dieser ist nicht mein eigentliches Mo-

tiv, sondern das ist meine Liebe, deren triebhafte Kraft sich erst –
aber sozusagen ganz von selbst – in dieses Telos umsetzt. Überall
sonst ist unser Handeln, ob immer seine Begründung ein positives
Wertzeichen trägt, von seinem letzten Motiv durch einen gewissen
Abstand getrennt, den die Liebe nicht kennt. Denn dies ist nun das
unterschiedlich Entscheidende: das die Liebe zu einem Menschen,
als das sozusagen allgemeine Motiv zu einer bestimmten Handlung
sich mit deren Inhalt solidarischer verbindet, ihn unmittelbarer
durchblutet als es bei jeder anderen Motivierung (außer vielleicht
dem Haß) der Fall ist. Man kommt gewissermaßen von weiter her,
wenn man jemanden aus Moral oder innerer Widerstandslosigkeit,
aus Religion oder sozialer Solidarität heraus eine Wohltat erweist
als wenn es aus Liebe geschieht. Der Charakter der Wohltat mit ihrer Spannung zwischen dem Ich und dem Du tritt hier überhaupt
nicht in gleicher Schärfe hervor, denn das Ich hat sich über diesen
Hiatus hinweg an das Du herangefühlt, der eigene Lebenswille
fließt zu abstandloser Anschmiegung an den anderen, ohne einer
Brücke zu bedürfen, die ebenso trennt wie sie verbindet. Dennoch
ist das Bewegende hierbei ein anderes, als die metyphysische Einheit aller Wesen überhaupt, aus der etwa Schopenhauer Wohltat
und Opfer herleitet. Das eben ist doch das Wunder der Liebe, daß
sie das Fürsichsein des Ich wie des Du nicht aufhebt, ja es zur Bedingung macht, unter der jene Aufhebung der Distanz, des egoistischen Rückkehrens des Lebenswillens auf sich selbst erfolgt. Dies
ist etwas völlig Irrationales, der Logik sonst gültiger Kategorien
sich Entziehendes. Daß Schopenhauer diese Aufhebung durch die
transzendente Wesenseinheit erklären will, ist ein Rationalismus,
mit dem sich das später noch zu erörternde Unverständnis Schopenhauers für das Wesen der Liebe zuerst offenbart. Die nachträgliche Betrachtung von jenen Kategorien aus kann das Handeln aus
Liebe freilich auf die Korrelation von Egoismus und Altruismus,
ebenso wie von Trieb und Teleologie verteilen. Seine innerlich eigentliche Natur wird damit aber ebenso verkannt, wie wenn man
die Sehnsucht des Liebenden nach körperlicher Verschmelzung mit
der Geliebten einfach als »Geschlechtstrieb« deklassiert.

Von der anderen Dimension her, das eigentlich Triebhafte enger in
das Teleologische verflechtend, hat man die Liebe in ihrem spezifisch erotischen Sinn und das ihr entsprechende Verhalten aus den
beiden Quellflüssen Sinnlichkeit und Gemüt zusammenströmen
lassen. Aber auch dieser Dualismus der Elemente verfehlt die ent-

scheidende Einheit; diese bleibt ersichtlich ein bloßes Wort, wenn man nur zu sagen weiß, Sinnlichkeit und Gemüt bildeten eben in der Liebe eine Einheit. Denn es müßte doch die Kraft bezeichnet werden, die diese beiden so verschiedenartigen seelischen Elemente in sich oder aneinander bindet; dann aber läge das Wesen der Liebe in dieser Kraft, die von dem einen wie von dem anderen Element unterschieden ist und wäre nicht aus einem Teil des einen und des anderen mechanisch zusammenzusetzen – wie eben der Grundirrtum all solcher Versuche ihr mechanistischer Charakter ist, der aus vorbestehenden Elementen kombinieren will, was als innerlich Einheitliches dem Leben entsteigt. Viel eher wäre deshalb anzunehmen, daß die sinnliche und die gemütshafte Betätigung als zwei Auswirkungen dieser Einheit an der Oberfläche des Bewußtseins oder bei ihrem Zusammenschlagen mit der Mannigfaltigkeit des Natürlichen und Gegebenen entstehen; gleichsam prismatische Zerlegungen, die unsere innere Organisation an der einheitlich erotischen Tatsache vornimmt. Denn wie unserem Intellekt unzählige Male das verstehende Eingreifen einer Einheit versagt ist, so daß er sie aus einer Ahnung, Forderung oder Intuition heraus in mehrere Elemente zerlegen und sie erst durch deren Zusammenschluß als »synthetische Einheit« wiedergewinnen muß – so scheint auch unsere Gefühlsrealität oft etwas Einheitliches, innerlich Ungebrochenes zu sein, das sich aber, sobald es an die Oberfläche unseres in jedem Sinn praktischen, vielfältig ausgebreiteten Lebens tritt, in eine Mehrheit von Einzelgefühlen auseinanderlegt. Halten wir dabei dennoch an seiner Einheit fest, so erblicken wir sie in einem Zusammenwirken, Sich-Ergänzen, Ineinanderwachsen dieser differenzierten Elemente. Das ist nicht jene verstandesmäßige Zerlegung (obgleich es das *auch* sein kann) sondern erlebte Gefühlsentwicklung. Die Vielheit der Gefühle, die sich dem geglaubten Gott gegenüber auftun, die oft divergenten Empfindungen, mit denen wir auf ein Kunstwerk reagieren, die sonderbare »Mischung« der Gefühle, die ein uns begegnendes Individuum oft in uns aufruft, das gefühlsmäßige Ineinander und Durcheinander innerer Regungen, die sich bei einer Totalwertung des eigenen Ich einstellen – alles dies möchte ich für schon sekundäre Erscheinungen halten, Zerfällungen eines in sich selbst ganz einheitlichen Verhaltens, subjektiven Gerichtetseins. Es ist schließlich ein Wortstreit, ob man die innere Tatsächlichkeit, die in diesem Gefühlsphänomen jeweils *eine* ist, *ein* Schicksal, *ein* Getroffensein,

ein Aktus – ob man sie selbst schon Gefühl nennen oder als ein un-bezeichenbares, unterbewußtes Sein und Verhalten hinnehmen will. Mir scheint das erstere berechtigt zu sein, ich sehe nicht ein, weshalb man für die Spaltung, deren Produkte uns als Gefühle gegeben sind, einen generell von diesen verschiedenen Grundvorgang voraussetzen sollte. Ein Phänomen dieser Art nun scheint vorzuliegen, wo man die erotische Beziehung als die Synthese einer an sich sinnlichen und einer an sich gemütshaften versteht. Das Zusammen beider in der Bewußtseinsfläche des Erlebens repräsentiert dann die Einheit, von der sie ausgegangen sind, das an sich gar nicht zwiespältige innere So-Sein, das wir eben Liebe nennen.

Ich verfolge diese Beziehungen hier nicht weiter, wo es nur die Widerlegung der Möglichkeit galt, die Liebe aus einer Mehrzahl von Faktoren, deren keiner eben Liebe ist, gleichsam zusammenzusetzen. Besteht sie einmal, so mögen Elemente der verschiedensten Art an sie wachsen und mag deshalb ein vielgliedriges Gesamtphänomen sich unter Führung ihres Namens darbieten. Sie selbst aber ist ein auf diese Weise nicht zu zerlegender, durch keine Kooperation anderer Elemente verständlich zu machender seelischer Akt. Und die Verschiedenartigkeit der vielen Erscheinungen, die die Sprache auf ihren Begriff tauft, spricht nicht gegen ihre fundamentale Einheit, sondern zeigt im Gegenteil, daß eine solche vorhanden sein muß. Denn höchst unwahrscheinlicherweise würde eine Tatsache, zu deren bloßem Zustandekommen schon ein Element auf das Eintreten eines anderen warten muß, den immer gleichen Kern einer so unabsehlichen Fülle fortwährend wechselnder Vorgänge bilden. Die Liebe zu Gott und die zum Vaterland, die christliche Nächstenliebe und die zwischen Mann und Weib, die Liebe zum Freunde und die rationell-praktische des humanitären Ideals sind schon mannigfaltig genug; allein noch weiterhin spricht man mit Recht von der Liebe zu unbelebten Dingen, nicht nur zu Idealen oder Lebensstilen, sondern auch zu Landschaften und Gebrauchsgegenständen und Kunstwerken. Wenn ich die Landschaft von Florenz »liebe«, so ist damit noch nicht gesagt, daß ich in ihr wirklich dauernd leben möchte, aber auch nicht, daß ich sie ästhetisch bewundere. Vielleicht ist beides der Fall; aber weder das sozusagen praktische subjektive Genießen ihrer, noch das objektive Werturteil über sie sind, getrennt oder zusammenwirkend, für das eigentümliche innere Verhalten einzusetzen, das ich mit dem Ausdruck der Liebe für sie bezeichne. Es erscheint sogar als das

Geheimnis der sexuellen Erotik, daß man selbst den *Körper* des anderen in diesem Sinne *liebt*, nicht nur »begehrt« und nicht nur ästhetisch schaut. Ein Begehren und ein Schätzen mag sich mit ihr *verbinden*, allein verglichen mit ihrer Haltung gegenüber dem Objekt tritt nicht nur das erstere, sondern genau angesehen, auch das zweite dem Objekt »zu nahe«. Das eine geht auf eine Machtübung, das andere auf einen Machtspruch über dieses, von welchem beidem die Liebe sich fernhält. Gerade die Liebe zu dem nicht selbst Beseelten mag die mit nichts anderem vergleichbare und deshalb aus nichts anderem zusammensetzbare Beziehung des Subjekts zu einem Objekt, die wir Liebe nennen, zu besonderer Reinheit klären. Hier erkennen wir sie in ihrer völligen Gelöstheit von allem Praktischen, allem Theoretischen, allen Sachwertsurteilen (denn nichts hindert, daß wir auch das sachlich ganz Indifferente ja Minderwertige »lieben«). Hier erkennen wir, wie sie aus völlig irrationalen Lebenstiefen aufsteigt ohne auf irgendeine Förderung oder Schädigung dieses Lebens hinzielen zu müssen. Hier erkennen wir sie als eine reine Zuständlichkeit oder Bewegtheit des Subjekts, die doch eine Kategorie ist, in die der Sachgehalt des Objekts gefaßt wird: vermöge dieser transzendentalen Unvergleichbarkeit steht der geliebte Gegenstand in formaler Nebenordnung mit dem erkannten Gegenstand, dem geglaubten Gegenstand, dem beurteilten Gegenstand. Ihn liebend vollziehen wir eine Ausgestaltung des Grundverhältnisses zwischen Seele und Welt: daß die Seele zwar an ihr Zentrum gebunden bleibt – woran sie ihre Grenze wie ihre Größe besitzt, daß aber diese Immanenz nun doch die Form ist, mit der sie transzendent wird, die Inhalte der Welt zu erfassen, in sich einzubeziehen vermag. Wäre sie nicht in sich, so könnte sie sich nicht außer sich begeben; welcher unvermeidlich temporale Ausdruck jedoch kein scheidendes Nacheinander, sondern die fundamental einheitliche Lebensbestimmtheit bezeichnet. Hersehend aber von dem Subjekt-Objekt-Begriff offenbart die Liebe am stärksten die seelische Immanenz der Welterfassung. Denn wenn wir erkennen, wie wenn wir werten, fühlen wir uns bindend umfaßt von einem Etwas, das wir als Norm, Maß, Geltung nur sehr unvollkommen und herabziehend benennen, das schlechthin jenseits von Subjekt und Objekt steht. Wenn wir aber lieben, und zwar insbesondere einen Gegenstand der nicht wie alles Menschlich-Beseelte eine latente Intention auf Geliebtwerden in sich trägt, so spüren wir eine entschiedene Freiheit in Auswahl, Art und Maß der subjektiven Betätigung. Dennoch, auch hier ist es der *Gegenstand*, den wir mit dieser Betätigung formen, die Bewegung des Gefühls hat die Form der Ellipse, in deren einem Brennpunkt das Objekt steht, wenn sie auch als ganze in der Immanenz des Gefühles beschlossen bleibt. Und so mag man auch an diesem äußersten Punkt, an dem die Eigenbedeutung des Gegenstandes sich dem Grenzwert Null nähert, ja ihn eigentlich erreicht hat, dennoch jenes umgreifende Etwas spüren, das jenseits des gegensätzlichen Außereinander von Seele und Welt ist, aber selbst in dem Grenzfall der Liebe noch diese zu einem Weltverhältnis der Seele macht.

Daß die Liebe zu den großen Gestaltungskategorien des Daseienden gehört, wird durch gewisse seelische Tatsächlichkeiten wie durch gewisse theoretische Vorstellungsweisen gleichwertig verschleiert. Es ist gar keine Frage, daß der Liebesaffekt unzählige Male das als objektiv anzuerkennende Bild seines Gegenstandes verschiebt und fälscht, und insofern allerdings allgemein als »gestaltend« anerkannt wird; ersichtlich aber in einer Weise, die den anderen geistigen Formkräften nicht als koordiniert gelten kann. Denn was geht hier eigentlich vor? Theoretische Faktoren haben ein – der Voraussetzung nach – »wahres« Bild des geliebten Menschen zustande gebracht. Zu diesem erst tritt, gewissermaßen nachträglich, der erotische Faktor hinzu, gewisse Seiten steigernd, andere wegschiebend, das Ganze umfärbend. Es wird hier also nur ein bestehendes Bild in seiner qualitativen Bestimmtheit abgeändert, ohne daß seine theoretische Ebene verlassen und ein kategorial neues Gebilde geschaffen würde. Diese Modifikationen, die die schon entstandene Liebe an der objektiv richtigen Vorstellung anbringt, haben nichts mit der primären Schöpfung zu tun, die den geliebten Menschen als solchen hinstellt. Der Mensch, den ich anschaue und erkenne, der Mensch, den ich fürchte oder den ich verehre, der Mensch, den das Kunstwerk geformt hat, ist jeweils ein besonderes Gebilde, und wenn wir nur den verstandesmäßig erkannten Menschen als ihn, wie er »in Wirklichkeit ist« anerkennen, alle jene Modi aber nur als mannigfaltige Lagen, in die wir diese umgeänderte Wirklichkeit innerlich einstellen, so ist dies nur dem Bedeutungsübergewicht zu danken, das gerade das intellektuelle Bild für unser praktisches Handeln besitzt. Tatsächlich sind alle diese Kategorien ihrem Sinne nach, gleichviel wann oder unter welchen Umständen sie wirksam werden, koordiniert. Und zu ihnen gehört die Liebe, insofern sie ihren Gegenstand als ein völlig genuines Gebilde schafft. Äußerlich und der zeitlichen Ordnung nach muß natürlich der Mensch erst da sein und gewußt werden, ehe er geliebt wird. Damit ist aber nicht mit diesem schon Bestehenden, der als solcher auch ungeändert bliebe, etwas vorgenommen, sondern es ist in dem Subjekt eine ganz neue Grundkategorie schöpferisch geworden. Mit demselben Recht, mit dem der andere »meine Vorstellung« ist, mit eben dem ist er »meine Liebe«; er ist nicht ein invariables Element, das, wie in alle möglichen Konfigurationen, so auch in die des Geliebtwerdens einginge oder dem die Liebe gewissermaßen noch angehängt würde, sondern ein originäres einheitliches Gebilde, das vorher nicht bestand. Man denke nur an den religiösen Fall: der Gott, der geliebt wird, ist eben dadurch ein anderer, als er bei Identität aller ihm sonst und an sich zugesprochener Eigenschaften wäre, wenn er nicht geliebt würde. Selbst wenn er um bestimmter Eigenschaften oder Bewirkungen willen geliebt wird, so stehen diese »Gründe« der Liebe doch in einer ganz anderen Schicht als die Liebe selbst, und sie werden, zugleich mit dem Ganzen seines Wesens einer ganz neuen Kategorie einempfunden, sobald die Liebe nun wirklich eintritt, gegenüber derjenigen, die sie bei etwaigem Ausbleiben unserer Liebe einnehmen, selbst wenn sie in beiden Fällen gleichmäßig »geglaubt« werden. Allein eben dieser Begründung bedarf es gar nicht. Ausdrücklich verkündet Eckhart, wir dürften Gott nicht um dieser oder jener besonderen Qualität oder Veranlassung willen lieben, sondern ausschließlich, weil er eben Er sei. Unzweideutig offenbart dies die Liebe als eine unbegründete primäre Kategorie. Und eben dies ist sie, indem sie ihren Gegenstand in seinem ganzen und letzten Wesen bestimmt, indem sie ihn als diesen, vorher nicht bestehenden schafft. Wie ich selbst als Liebender ein anderer *bin* als vorher – denn nicht diese oder jene meiner »Seiten« oder Energien liebt, sondern der ganze Mensch – was noch nicht eine sichtbare Änderung aller sonstigen *Äußerungen* zu bedeuten braucht –, so ist auch der Geliebte als solcher ein anderes Wesen, aus einem anderen Apriori aufsteigend als der erkannte oder der gefürchtete, der gleichgültige oder der verehrte Mensch. So erst ist die Liebe absolut mit ihrem Gegenstand verbunden und nicht bloß assoziiert: der Gegenstand der Liebe in seiner ganzen kategorischen Bedeutung ist nicht vor ihr da, sondern erst durch sie. Daraus erst wird ganz klar, daß die Liebe, und erweiternd das ganze Verhalten des Liebenden als solchen, etwas schlechthin Einheitliches, aus anderen, sonst bestehenden Elementen nicht Zusammensetzbares ist.

Als ganz vergebens also erscheinen die Versuche, die Liebe als ein sekundäres Gebilde in dem Sinne anzusehen, daß sie sich gewissermaßen als die Resultante aus anderen, primären seelischen Faktoren motivierte. Allein sie gehört einer zu hohen Stufe menschlicher Wesensentwicklung an, als daß wir sie in derselben zeitlichen und genetischen Schicht einordnen könnten wie das Atmen und die Ernährung oder auch den Geschlechtstrieb. Auch können wir uns nicht auf den naheliegenden Ausweg retten: ihrem metaphysischen Sinn, ihrer zeitlosen Bedeutung nach gehöre sie zwar in die erste oder letzte Ordnung der Werte und Ideen, ihre menschliche oder psychologische Realisierung aber weise sie auf eine späte Stufe einer kontinuierlich langen vielgliedrigen Entwicklungsreihe des Lebens. Mit dieser gegenseitigen Fremdheit ihrer Bedeutungen oder Reagierungen können wir uns nicht zufrieden geben. Denn das Problem ihres Dualismus wird damit anerkannt und auf einen reinlichen Ausdruck gebracht, aber nicht gelöst; an diesem Punkt mit ihm abzuschließen, hieße an seiner Lösbarkeit verzweifeln.

Ich komme noch einmal auf den allgemeinsten Begriff der Liebe zurück, der über ihr sexuelles Erscheinen hinaus nicht nur das von Mensch zu Mensch überhaupt Gehende, sondern auch das allen möglichen Weltinhalten Geltende einbegreift. Es scheint mir von äußerstem Belang, das Lieben als eine immanente, ich möchte sagen formale Funktion seelischen Lebens anzuerkennen, auch sie freilich auf eine von der Welt herkommende Anregung aktualisiert, über die Träger dieser Anregung aber nichts von vornherein bestimmend. Mit der umfassenden Einheit des Lebens ist dies Gefühl vollständiger verbunden als viele, vielleicht als die meisten anderen. Die Mehrzahl unserer Gefühle von Lust und Schmerz, von Verehrung und Verachtung, von Furcht und Interessiertheit erheben sich und leben in weiterer Entferung von dem Punkt, an dem die Strömungen des subjektiven Lebens sich vereinen, oder richtiger: an dem, als Zentrum, sie entspringen. Auch wo wir einen unbelebten Gegenstand »lieben«, statt ihn als nützlich, angenehm oder schön zu bezeichnen, meinen wir eine zentrale, wenn auch recht verschieden starke Empfindung, die er in uns auslöst, während jene Wertungen mehr peripherischen Reaktionen entsprechen. Das Bestehen von Interessiertheiten, Empfindungen, inneren Verflechtungen neben einem Liebesgefühl drückt man, glaube ich, im letzten Grunde nicht richtig als Differenzierung von Seelenprovinzen aus; ich meine vielmehr, daß die Liebe unter allen Umständen eine Funktion der relativ undifferenzierten Ganzheit des Lebens ist und jene Fälle nur ein geringeres *Intensitätsmaß* ihrer anzeigen. Liebe ist immer eine sozusagen aus der Selbstgenügsamkeit des Innern sich erzeugende Dynamik, die durch ihr äußeres Objekt wohl aus dem latenten in den aktuellen Zustand übergeführt, aber nicht im genauen Sinn hervorgerufen werden kann; die Seele hat sie als eine letzte Tatsache oder hat sie nicht, wir können nicht hinter sie auf irgendein äußeres oder inneres Movens zurückgehen, das mehr als gleichsam ihre Gelegenheitsursache wäre. Dies ist der tiefste Grund, aus dem es ganz sinnlos ist, sie auf irgendeinen Rechtstitel hin zu fordern. Ich bin mir sogar nicht sicher, ob ihre Aktualisierung immer von einem Objekt abhängt, ob nicht das, was man Sehnsucht oder Bedürfnis nach Liebe nennt, das dumpfe gegenstandslose Drängen besonders der Jugend nach irgend etwas, was man lieben könnte – ob das nicht schon Liebe ist, die sich nur noch in sich selbst bewegt, gewissermaßen ein Leergang der Liebe. Man wird wohl überhaupt den Trieb zu einem Verhalten als die Gefühlsseite des schon beginnenden Verhaltens selbst ansehen können; daß wir uns zu einer Aktion »getrieben« fühlen, bedeutet, daß die Aktion innerlich schon angesetzt hat und ihr Vollbringen nichts anderes ist, als die Weiterentwicklung dieser ersten Innervationen: wo wir trotz des gefühlten Triebes nicht zur Handlung fortschreiten, reicht entweder die Energie von vornherein zu nichts weiterem als diesen ersten Gliedern der Aktionsweise, oder diese wird durch Gegenkräfte gekreuzt, ehe ihre, dem Bewußtsein bereits kundgegebenen Anfangsglieder sich bis zu dem sichtbaren Tun fortsetzen konnten. Auch die reale Möglichkeit, die apriorische Angelegenheit der Verhaltensform, die Liebe heißt, wird unter Umständen ein Anfangstadium ihrer Wirklichkeit aufleben lassen und als ein dunkles, allgemeines Gefühl zum Bewußtsein bringen, noch bevor die hinzutretende Anregung durch ein bestimmtes Objekt sie zu vollendeter Auswirkung führt. Daß aber dieses objektlose, gleichsam immer wieder in sich zurückgebogene Drängen vorkommt, ein rein innerlich erzeugter Vorklang der Liebe, der doch schon ein Klang ihrer ist – das ist ein entschiedenstes Zeugnis für das rein innerlich zentrale Wesen des Liebesereignisses, das durch eine unklare Vorstellungsweise häufig verdeckt wird; als wäre sie eine Art von außen kommenden Ergriffen- oder Vergewaltigtwerdens (als welches sie übrigens in einer subjektiven oder metaphysischen Schicht auch auftreten kann), der sein zutreffendstes Symbol im »Liebestrank« finde, statt eines So-Seins, einer bestimmten Modifikation und eines Von-sich-aus-Gerichtetseins des Lebens als solchen; als käme sie von ihrem Objekt her; während sie in Wirklichkeit zu ihm hingeht.

Aber dieser von innen her bestimmte Typus und Rhythmus der Lebensdynamik als welcher die Liebe sich darstellt – so daß der Mensch liebend ist, wie er von sich aus gut oder böse, aufgeregt oder nachdenklich ist –, hat seine Polarität. Denn Liebe ist dasjenige Gefühl, das – abgesehen von religiösen Gefühlen – enger und unbedingter als irgend ein anderes an seinen Gegenstand geknüpft ist. Der Zugespitztheit, mit der sie sich aus dem Subjekt erhebt, entspricht die gleiche, mit der sie sich auf das Objekt richtet. Das Entscheidende ist, daß sich keine Instanz allgemeiner Art dazwischen schiebt. Wenn ich jemanden verehre, so wird das durch die gewissermaßen allgemeine Eigenschaft der Verehrungswürdigkeit vermittelt, die mitsamt ihrer besonderen Ausgestaltung dauernd dem Bilde dieses Menschen, solange ich ihn eben verehre, einhaftet. So ist dem Menschen, den ich fürchte, seine Furchtbarkeit und ihre Veranlassung eingewebt, ja sogar den Menschen, den ich hasse, wird in den allermeisten Fällen, die Ursache dieses Hasses in meiner Vorstellung nicht verlassen – einer der Unterschiede zwischen Liebe und Haß, die ihre triviale Formangleichung dementieren.[1] Und trotz der Eckhartschen Mahnung wird das seelische Gesamtverhältnis zu Gott wohl beinahe durchgehends an seine Eigenschaften: Güte und Gerechtigkeit, Väterlichkeit und Macht geheftet – sonst hätte es jener Mahnung nicht bedurft. Der Liebe aber ist es eigen, die vermittelnde, immer relativ allgemeine Qualität ihres Gegenstandes, die etwa die Liebe zu ihm entstehen ließ, aus der einmal entstandenen auszuschalten. Sie steht dann als eine unmittelbar und zentral auf diesen Gegenstand gerichtete Intention da und zeigt ihr echtes und unvergleichliches Wesen gerade in den Fällen, wo sie sogar den unzweideutigen Fortfall ihres Entstehungsgrundes überlebt. Nur wo es wirklich sich um *reine* Liebe zu Gott handelt, trifft die Eckhartsche Formel zu – aber sie trifft für alle Liebe zu, weil diese alle *Beschaffenheiten* des Geliebten, die ihr den Ursprung gaben, hinter sich gelassen hat. Die ekstatischen Ausdrücke der Liebenden: daß der Geliebte ihm »die ganze Welt sei«, daß es »außer ihm nichts gäbe« und ähnliches bedeuten nur diese, ins Positive gewandte Exklusivität der Liebe, mit der sie, ein ganz und gar subjektives Ereignis, nun gerade ihren Gegenstand genau und vermittlungslos umschließt. Soweit ich sehe, gibt es kein anderes Gefühl, mit dem die absolute Innerlichkeit des Subjekts sich so rein zu der Absolutheit seines Gegenstandes hinlebte, indem der terminus a quo und der terminus ad quem sich, bei unüberwindlichem Gegenüber, so unbedingt *einer* Strömung fügten, die an keiner Stelle durch eine Zwischeninstanz verbreitert wird – gleichviel ob etwa solche ursprünglich die Strömung leitete, und etwa akzidentell noch einen verbindenden Nebenkanal unterhält.

Diese Konstellation, unzählige Grade zwischen Flüchtigkeit und höchster Intensität einschließend, wird in formaler Gleichheit einer Frau wie einem Ding, einer Idee wie einem Freunde, dem Vaterland wie einem Gott gegenüber erlebt. Dies muß zunächst feststehen, wenn man ihre engere Bedeutung, die auf dem Boden der Sexualität sich erhebende, strukturell klären will. Die Leichtherzigkeit, mit der die Alltagsmeinung den Geschlechtstrieb und die Liebe verbindet, errichtet vielleicht eine der trügerischsten Brücken innerhalb der an solchen Bauwerken überreichen psychologischen Landschaft. Indem sie noch in die, sich als wissenschaftlich gebende Psychologie hineinreicht, möchte man oft genug glauben, daß diese letztere in die Hände von Schlächtergesellen geraten ist. Andererseits darf selbstverständlich die Beziehung nicht einfach abgewiesen werden.

Unsere geschlechtliche Bewegtheit verläuft in zwei Bedeutungsschichten. Hinter dem unmittelbar subjektiven Getriebenwerden und Begehren, Vollziehen und Lustempfinden steht, als Erfolg alles dieses, die Fortpflanzung der Art. An der Kontinuität des sich übertragenden Keimplasmas entlang fließt das Leben seinen unabsehlichen Weg, durch alle jene Stadien hindurch oder von ihnen von Punkt zu Punkt getragen. So unzulänglich und in kleinmenschlicher Symbolik befangen der Begriff von Zweck und Mittel gegenüber dem geheimnisvollen Vollzuge des Lebens sein mag, so müssen wir sie doch als Mittel bezeichnen, deren sich das Leben zum Zweck der Gattungserhaltung bedient, indem es die Erreichung dieses Zweckes nicht mehr einem Mechanismus (im weiteren Sinne des Wortes) sondern seelischer Vermittlungen anvertraut. Daß sich aus ihnen in sprungloser Entwicklung auch Liebe erhebt, ist nicht zu bezweifeln. Denn weder kann das typische Zusammen-fallen der Epoche des Geschlechtstriebes mit der des Liebeserwachens ein bloßer Zufall sein, noch wäre andernfalls die leidenschaftliche (wenn auch nicht ausnahmslose) Ablehnung jeder anderen Geschlechtsbeziehung als zu dem Geliebten und die ebenso leidenschaftliche Sehnsucht nach eben dieser begreiflich. Hier muß ein genetischer, kein nur assoziativer Zusammenhang bestehen. Der Trieb, nach seinem generellen wie seinem hedonistischen Sinn zunächst auf das andere Geschlecht als solches gerichtet, scheint in dem Maße, in dem seine Träger sich differenzierten, auch seinen Gegenstand immer mehr individualisiert zu haben bis zur Singularisierung hin. Nun wird zwar der Trieb keineswegs schon allein durch seine Individualisiertheit zur Liebe; jene kann einerseits hedonistisches Raffinement sein, andererseits ein vital-teleologischer Instinkt für den geeigneten Partner zur Erzeugung der besten Kinder. Allein unzweifelhaft schafft sie eine formale Disposition und sozusagen den Rahmen für jene Ausschließlichkeit, die das Wesen der Liebe selbst dann bildet, wenn ihr Subjekt sie einer Vielzahl von Gegenständen zuwendet. Mir ist kein Zweifel, daß innerhalb dessen, was man ganz allgemein die »Anziehung der Geschlechter« nennt, das erste Faktum, oder wenn man will, die Vorform der Liebe sich bildet. Das Leben metamorphosiert sich auch in dieses Gebilde, treibt seine Strömung auch bis zu dieser Welle empor, so frei deren Spitze auch aufrage. Sieht man den Lebensprozeß überhaupt als eine Anordnung von Mitteln an, die dem Zweck: Leben – dienen, und achtet man auf die einfach tatsächliche Bedeutung der Liebe für die Fortpflanzung der Gattung, so ist auch sie eines der Mittel, die das Leben für sich und aus sich bereitet.

Dennoch: in dem Augenblick, in dem dies erreicht ist, in dem die natürliche Entwicklung Liebe geworden ist, damit die Liebe wieder natürliche Entwicklung werde – in eben diesem verwandelt sich das Bild; sobald die Liebe in diesem gattungsmäßig-teleologischen Sinn dasteht, ist sie auch schon etwas anderes, diesem Status Jenseitiges. Sie ist zwar immer noch ein Leben, aber von der besonderen Art, daß die eigentliche Dynamik, der natürlich abrollende Prozeß des Lebens nun um ihretwillen da ist, daß sie einen Sinn und ein Definitivum bedeutet, das sich jener Teleologie vollkommen entzieht, ja – insoweit die Verbindung mit ihr weiterbesteht – sie eigentlich umdreht: der Liebende empfindet, daß das Leben jetzt der Liebe zu dienen hat, sozusagen dazu da ist, um ihr zu ihrem Bestande seine Kraft zu leihen. Das triebhafte Leben erzeugt in sich Höhepunkte, mit denen es seine andere Ordnung berührt, und die ihm im Moment dieser Berührung gewissermaßen entrissen werden, um nun aus eigenem Recht, um des eigenen Sinnes willen zu existieren. Auch hier gilt Goethes Wort, daß alles in seiner Art Vollkommene über seine Art hinausgeht. Dem Leben, dem immer in irgendeinem Sinne zeugenden ist es eigen, mehr Leben hervorzubringen, ein Mehr-Leben zu sein; aber auch auf der Stufe des Seelischen etwas hervorzubringen, was mehr als Leben ist, ein *Mehr-als-Leben* zu sein. Nun setzt es Gebilde aus sich heraus, erkenntnishafte wie religiöse, künstlerische wie soziale, technische wie normative, die einen Überschuß über den bloßen Lebensprozeß und das, was ihm dient, darstellen. Indem sie je eine eigene, ihrem Sachgehalt entsprechende Logik und Wertsystematik ausbilden und zu Gebieten, die in ihren Grenzen autonom sind, werden, bieten sie sich dem Leben wieder als Inhalte dar, bereichernd und steigernd, oft aber auch als Erstarrtheiten, an denen seine eigene Richtung und Rhythmik sich staut und ablenkt, Sackgassen, in denen es sich totläuft. Solche Zufälligkeit, bis zum Widerspruch, die diese als »ideell« zu bezeichnenden Reihen gegen das Leben zeigen, das sie doch wieder in sich realisiert – hat ihre tiefste Problematik darin, daß sie schließlich doch als ganze aus dem Leben stammten und von ihm umfaßt werden. Denn jene Reihen entsteigen dem Leben selbst, es ist sein eigenstes Wesen, sich selbst zu überschreiten, das aus sich zu schaffen, was nicht mehr es selbst ist, seinem Verlauf und seiner Gesetzlichkeit schöpferisch sein Anderes gegenüberzustellen. Diese Transzendenz, diese Beziehung – als Produktion, Berührung, Korrelation, Harmonie und Kampf – des Geistes zu dem ihm Jenseitigen, die doch die Form seines inneren Lebens selbst ist – diese an der Tatsache des Selbstbewußtseins, des Sich-selbst-zum-Objekt-Machens des Subjekts am einfachsten offenbart, erscheint mir als die Urtatsache des Lebens, soweit es Geist ist, des Geistes, soweit er Leben ist. Und sie ist nicht nur da gegeben, wo die geistigen Inhalte zu idealler Festigkeit auskristallisiert sind; sondern noch vor Erreichung dieses Aggregatzustandes kann das Leben, enger in sich selbst verbleibend, Schichten aus sich, über sich erwachsen lassen, in die seine spezifisch naturhafte, lebenszweckmäßige Strömung nicht mehr einrinnt. In einer solchen Schicht scheint mir die Liebe zu wohnen, psychologisch in einer kontinuierlich vermittelten, schwebenden Abgehobenheit von dem treibenden Leben und von seinem metaphysischen Sinn mitumgriffen, ihrer Intention, Eigengesetzlichkeit, Selbstentwicklung nach aber ihm so transzendent, wie die objektiv logische Erkenntnis dem seelischen Vorstellen oder wie die ästhetische Wertmäßigkeit des Kunstwerks den psychologischen Bewegtheiten, mit denen es geschaffen oder genossen wird. Die Inhaltlichkeit der Liebe in diesem reinen Sie-selbst-Sein positiver zu bestimmen, als mit dem vorherigen Versuch, ihre Zusammengesetztheit aus andersartigen Elementen abzuweisen, ist vielleicht eine unlösbare Aufgabe. Die Abgrenzung gegen die Schicht, in der das – geschlechtlich geleitete – Leben läuft, ist auch deshalb so schwer, weil ja die Liebe aus ihrer eigenen Schicht die »Sinnlichkeit« keineswegs verbannt. Zu der öfters gehörten Behauptung, Erotik und Sinnlichkeit schlössen einander aus, kann ich keinen Grund sehen. Was sich in Wirklichkeit ausschließt, ist Liebe und *isolierte* Sinnlichkeit, Selbstzwecksetzung des sinnlichen Genusses. Denn damit wird freilich einerseits die Einheit zerspaltet, die das Sein des Subjekts färbt, insoweit es liebt, andererseits die Individualität der Richtung, mit der die Liebe jeweils ihren und schlechthin nur ihren Gegenstand ergreift, zurückgebildet zugunsten einer ganz unindividuellen Lust, deren Gegenstand prinzipiell beliebig vertretbar ist; auch zeigt dieser sich, da die Vertretbarkeit immer das Wesen eines *Mittels* ist, damit als das bloße Mittel zur Erreichung eines solipsistischen Zweckes – was wohl unbestrittenerweise als der schroffste Gegensatz der *Liebe* zu diesem Gegenstand gelten kann. Und diesen Widerspruch trägt nicht nur der Verbrauch des vorgeblich geliebten Menschen als eines Mittels, sondern der Einbruch der teleologischen Kategorie überhaupt in das Gebiet der Liebe. All jenen transvitalen Reichen ist es gewissermaßen Siegel und Königswort, daß sie von der ganzen Zweck-Mittel-Verknüpfung freibleiben. Wie Schopenhauers Ausdruck, daß die Kunst »überall am Ziele ist« nichts anderes besagt, so gilt dies auch für die Liebe. Mag sie auch etwas wünschen oder begehren, sie fängt dies, solange sie rein in sich ist, nie in die Technik von Zweck und Mittel ein, der alle nur sich selbst nachgehende Sinnlichkeit verhaftet bleibt. Dagegen scheint es durchaus – und die physiologischen Dokumente sprechen dafür –, daß die Sinnlichkeit wie alle anderen, ursprünglich dem bloßen Leben verwurzelten Elemente, über die Schwelle der echten Liebe mit hinübergenommen werde; oder von der zuvor berührten Seite her gesehen, daß in der Breite der einheitlichen erotischen Strömung auch diese Ader mitfließe, von den anderen nur nachträglich durch die vereinzelnde Begrifflichkeit aber nicht in der Lebenswirklichkeit selbst gesondert. Bezeichnet man als »erotische Natur« eine solche, bei der einerseits die Metamorphose der Lebensenergie in die selbstgenügsame, dem bloßen Leben transzendente Schicht der Liebe vollständig vollzogen, diese Schicht aber nun ihrerseits von der ganzen, stauungslos einströmenden Lebensdynamik vitalisiert und durchblutet ist – so gibt es ebenso ganz unsinnliche wie sehr sinnliche erotische Naturen. Die Verschiedenheiten dieser physisch-psychischen Mitgift individualisieren die Erotik, ohne die grundsätzliche Gleichheit ihrer Lebensentscheidung anzutasten.

Was sie aber freilich gänzlich von sich ablehnt, ist das Gattungsinteresse an der Fortpflanzung. Wie der liebende Mensch als liebender sich von aller eigentlichen Zweckbeziehung gelöst hat, von der hedonistischen und egoistischen, ja wie auch die moralische und altruistische sich nur an seinen Zustand heften *kann*, der schlechthin ein seiender kein handelnder ist[2] – so ist ihm auch die gattungsmäßige Zweckbeziehung fremd. Er ist kein Durchgangspunkt, sondern ein Endpunkt, oder richtiger, sein Sein und Sich-Fühlen steht überhaupt jenseits von Weg und Endpunkt, von Mittel-Sein und Zum-Mittel-Machen, wie der religiöse Glaubensgehalt und das Kunstwerk; nur daß bei diesen die Geformtheit zum Dauergebilde den Abstand von der Lebensteleologie deutlicher macht als er es für die Liebe ist. Dies vielleicht läßt den Oberton des Tragischen klingen, der von jedem großen Liebenden und von jeder großen Liebe herweht, von der letzteren um so wahrnehmbarer, je reiner sie sich von dem rationalen Lebensverlauf gelöst hat, um so unvermeidlicher, wo sich die Liebe zu diesem wieder zurückbiegt und mit ihm mischt wie in der Ehe. Die Tragödie Romeos und Julias ist mit dem *Maß* ihrer Liebe gegeben: für diese Dimension ihrer hat die empirische Welt keinen Platz. Da sie aber doch aus dieser gekommen ist und ihre reale Entwicklung in deren Bedingtheiten verflechten muß, so ist sie von vornherein mit tödlichem Widerspruch behaftet. Wenn Tragik nicht einfach das Zusammenstoßen entgegengesetzter Kräfte oder Ideen, Wollungen oder Gefordertheiten bedeutet, sondern vielmehr dieses, daß, was ein Leben zerstört, aus einer letzten Notwendigkeit dieses Lebens selbst gewachsen ist, daß der tragische »Widerspruch gegen die Welt« im letzten Grunde ein Selbstwiderspruch ist – so sind alle Bewohner jener Schicht »Idee« damit behaftet. Nicht das gibt dem Überweltlichen oder Gegenweltlichen seinen tragischen Zug, daß die Welt es nicht vertragen kann, es bekämpft und vielleicht vernichtet – dies wäre nur traurig oder empörend; sondern daß es – als Idee und Träger der Idee – die Kraft seines Entstehens und Bestehens aus eben dieser Welt gesogen hat, in der es keinen Platz findet.

Und das ist der Grund jenes tragischen Zuges an der reinen, der Lebensströmung entwundenen Erotik: daß sie doch aus gerade dieser Strömung entstanden ist, daß deren eigenstes Gesetz sich erfüllt, indem sie ihr anderes, das ihr Fremde ja Gegensätzliche erzeugt. Die zeitlose Schönheit der Aphrodite erhebt sich aus dem vergehenden verwehenden Schaum des bewegten Meeres. Das restlos zeugende, restlos gebärende Leben, das die Anziehung der Geschlechter als Vermittlung zwischen je zwei seiner Wellenkämme gesetzt hat, erfährt nun jene gewaltige Achsendrehung, durch die diese Anziehung Liebe wird, d. h. in das Reich des Lebensgleichgültigen, gegen alle Zeugung und Vermittlung Fremden sich hebt. Gleichviel ob dies von der Idee gerechtfertigt wird oder die Idee rechtfertigt; gleichviel ob die Liebe die Verbindung nach rückwärts wieder aufnimmt und als Realität die hervorgehobene Bedeutung für die Fortpflanzung gewinnt – ihrem eigenen Sinne nach weiß sie von diesem Interesse nichts, sie ist und bleibt die Zuständlichkeit des Subjekts, die in unerklärlicher, nur erlebbarer Weise um ein anderes Subjekt herum wächst, die ihre Zentralität schlechthin in sich selbst findet, nicht in Erhaltung und Entwicklung der Gattung und nicht in einem zu erzeugenden Dritten. Aber aus diesem gattungsmäßigen Leben ist sie doch gekommen und irgend etwas von Selbstwiderspruch, Selbstzerstörung umwittert die Liebe, sobald sie sich als ideeller Eigenbestand in Sinngetrenntheit von ihm abgespalten hat. Der tragische Schatten fällt über die Liebe nicht aus ihr selbst heraus, sondern das Gattungsleben wirft ihn. Aus seinen eigenen Kräften und um deren zweckmäßiger Entfaltung willen drängt es aufwärts zum Erblühen der Liebe; aber in dem Augenblick, in dem die Liebe sich öffnet, sendet sie ihren Duft aufwärts in eine Region der Freiheit, jenseits aller Wurzelhaftung. Freilich steht keine Tragödie mit Zerstörung und tödlichem Ausgang in Frage. Aber der Widerspruch: daß neben oder über dem Leben, das allumfassend sein will, ein ihm Fremdes steht, gelöst von seiner schaffenden Strömung, Seligkeit und Unseligkeit aus eigenem Samen ziehend, daß aber eben dieses aus einem tiefsten Wollen oder Müssen, oder richtiger vielleicht: Sollen dieses Lebens selbst kommt, daß diese Entfremdung von ihm seine eigene letzte Heimlichkeit ist – diese, wenn auch nicht aggressive Verneinung des Lebens, die Selbstverneinung ist, läßt die leise tragische Musik vor der Tür der Liebe klingen. Vielleicht hat die Liebe schon in ihrer reinen Selbstheit eine Tragik, weil ein Widerspruch besteht zwischen dem unablösbaren Innerbleiben des Gefühls in ihrem Träger und dem Umfassen des anderen, dem Insicheinziehen und Verschmelzenwollen, in dem Prozesse zwischen dem Ich und dem Du, den selbst diese letzte Instanz nicht vor fortwährender Wiederaufnahme bewahren kann. Hier aber ist von der anderen Tragik die Rede, die vom gattungsmäßigen Leben her die Liebe anschattet: mit ihr hat dieses Leben sich selbst transzendiert, hat aus seinen eigenen Kräften die Untreue gegen sich geboren, eine Schicht aufgetrieben, die von seinem kosmisch-metaphysischen Sinn noch umgriffen sein mag, weil diesem nach Leben eben Mehr »als« Leben ist, in der es aber doch von seinem Gesetze Mehr-Leben zu sein abgefallen ist. –

Höchst kompliziert und feinmaschig sind die mannigfaltigen Verhältnisse, zu denen sich in der Liebe Individualistik und Gattungsleben verweben. Nur daß keineswegs die Komplikation allenthalben im Erlebnis selbst liegt; dieses vielmehr ist oft genug ganz einfarbig und in sich biegungsfrei, und nur die reflektierende Nachzeichnung, für die unsere Begriffe nicht hinreichend vorgebildet sind, setzt es aus vielfach gebrochenen, gegeneinander laufenden, nur partiell verflochtenen Elementen zusammen. Daß die Eigenstruktur der Begriffe sich gegen ihre Zerlegung in hinreichend kleine Stücke wehrt, um diese kontinuierlich aneinander zu schmiegen und so wenigstens ein symbolisch deckendes Gegenbild der Erlebniseinheit herzustellen – ist mindestens zum Teil der Nichtbeachtung des erotischen Problems seitens der Philosophie zuzuschreiben. Die Erörterungen im Phaidros und Symposion und die sehr einseitigen Reflexionen Schopenhauers sind, von gelegentlichen Einzelheiten abgesehen, alles, was die großen Denker zu diesem Problem beigesteuert haben. Infolgedessen sind auch die überhaupt brauchbaren Begriffe starr, undifferenziert und ohne rechte Einstellungsmöglichkeit geblieben. Unter dieser Bedingtheit also gesprochen, scheint mir an dem Individualismus der Liebe noch einmal eine entscheidende Bestimmung ihrer sich abzuzeichnen. Ich stelle das damit Gemeinte an zwei Goetheschen Liebes-paaren dar.

Daß Faust und Gretchen weithin als erotischer Idealtypus gelten, ist ein Beweis wie selten die Vorstellung von Liebe sich über deren rein generellen Charakter erhebt. Zweifellos ist das Erlebnis als Ganzes für Faust durch die unvergleichliche Individualität seines inneren Fatums bestimmt und sein äußeres Sich-Ereignen ist innerhalb dieser seelisch metaphysischen Entwicklung ein bloßes Symbol. Aber gerade weil es nur eine bestimmte Funktion innerhalb eines unermeßlichen Verlaufs zu erfüllen hat, ist es in sich selbst, als erotisches Geschehen, völlig unindividuellen Wesens. Gretchen liebt Faust gar nicht als Individualität, sondern als den geistigen, schlechthin überragenden und dominierenden Mann. Es ist eines der tausendfach vorkommenden Verhältnisse, in denen ein Mädchen niederer Bildungsstufe von edlerer Naturanlage, erfüllt von einer dumpfen, vielleicht unbewußten Sehnsucht einer höheren Welt, von der in ihre Umgebung kein Strahl dringt, einem Mann zum Opfer fällt, der aus jener Welt zu ihr herabsteigend, ungeahnte Erfüllungen bringt, und sie mit deren Sonnen blendet, an die ihre Augen nicht angepaßt sind. Hier ist ein Widerstand sowenig möglich wie für die Erdentöchter gegen Zeus, und wie deshalb ein solcher Mann beliebig viele solcher Mädchen verführen kann, so ist auch die Hingabe des Mädchens hier gar nicht an die Sonderart des Mannes, sondern nur an seinen Typus geknüpft. Das Spezifische der Persönlichkeit Faust kennt Gretchen nicht, ahnt es wohl nicht einmal, jedenfalls liebt sie es nicht. Wo sie in ihren Monologen von ihm spricht, geschieht es in merkwürdig unindividuellen Worten: er ist ihr »so ein Mann«. Daß ihr dieses generelle Bild dennoch die ganze Intensität ihrer Empfindung und den Einsatz ihrer ganzen Existenz wert ist, gründet sich darin, daß Frauen überhaupt das Generelle – das geschlechtliche Leben als Ganzes, das Verhältnis zum Kinde, die Tätigkeits- und Empfindungsbezirke von Haus und Familie – leicht zum ganz individuellen Erlebnis wird. Ihre scheinbare oder wirkliche größere Gefühlstiefe bedeutet oft, daß sie dasjenige, was der Mann nur als etwas Allgemeines, Typisches aufnimmt, zu einem rein individuellen Schicksal und auf den letzten Persönlichkeitspunkt zuspitzen.

Für Faust selbst ist das Erlebnis schlechthin Abenteuer. Seiner Natur entsprechend, deren Einheit aus den polaren Elementen der Reflexion und der leichten Erschütterbarkeit zusammenwächst, vertieft es sich freilich und verstrickt ihn in sich; aber der Charakter des Abenteuers bleibt. Und der Bestimmung, gleichsam eine schematisch vorgezeichnete Stelle seines Lebensprogramms auszufüllen, entspricht die ziemlich oberflächliche Art, in der er ihr Wesen auffaßt. Das typisch männliche Verhalten: in der Beziehung zu der Frau im letzten Grunde nur an sich, aber nicht an die Frau zu denken – auch wenn er sich ihretwegen totschießt und gerade dann ganz besonders –, hat hier freilich jene tiefere Rechtfertigung, daß das Erlebnis nur Symbol, nur unumgängliche Station seiner großen Reise ist; aber das ändert nicht, sondern verdeutlicht nur die Tatsache, daß er in seinen immanent erotischen Charakter Gretchen nur als generelles Wesen aufnimmt. Es ist »die Begier nach ihrem süßen *Leib*« die ihn zu ihr treibt, und die darum nicht weniger individualitätsfremd ist, weil Leib hier eine überanatomische Bedeutung haben mag. Er gibt kein Zeichen, daß er das zutiefst eigene ihrer Leidenschaft: deren großen, ohne viel Worte und Bewußtsein geübten *Heroismus* überhaupt empfindet. Alles Ergreifende und Bezaubernde dieser Erotik verdeckt es schließlich nur notdürftig, daß jeder gerade an dem Individuellsten des anderen vorbei liebt. Ich möchte das Unbeweisbare vermuten, daß Goethe dies später selbst empfunden und mit Gretchens verklärter Wiedereinführung dem Verhältnis eine transzendente Tiefe erst nachträglich unterbaut hat, es gleichsam per subsequens matrimonium coeleste metaphysisch legitimiert hat. Aber jenes ursprüngliche Wesen seiner ändert sich dadurch gar nicht, sondern es wird im Gegenteil noch mehr betont. Denn das nun Wirksame an ihr ist das *Ewig*-Weibliche, d. h. doch das zeitlos schlechthin überindividuell Weibliche. Auch diese letzte Erhöhung des Verhältnisses; die doch seine letzte Vertieftheit bedeutet, ist nur die Metaphysierung seines Wesens als eines gänzlich Generellen – das darum aber keineswegs dem ciserotischen Gattungsleben eingefügt bleibt, sondern sich im Bezirk echter Liebe heimatberechtigt erweist.

Allein damit ist es doch noch nicht, was man die absolute Liebe nennen darf; sie entspricht dieser Bezeichnung erst, sobald alles Gattungsmäßige – das keineswegs etwa das bloß Sinnliche ist, sondern wie in Gretchens Liebe auf geistige und allgemeine menschliche Bedeutung gehen kann – hinweggeläutert ist und das Gefühl ausschließlich der unersetzbaren Persönlichkeit als solcher gilt. Dies ist nun für die Beziehung zwischen Eduard und Ottilie entscheidend, dem vollen Gegensatz zu Faust und Gretchen. Für diese letzteren ist, was das Wesen ihrer Liebe angeht, Vertretbarkeit keineswegs undenklich, so sehr Gretchen gemäß jener weiblichen Gefühlsindividualisation des Gattungsmäßigen, ihre Leidenschaft unablösbar an diesen einzigen Vertreter der im Grunde entscheidenden nichtindividuellen Werte heftet. Bei Eduard und Ottilie aber hat Goethe den Eindruck erzielt – wie in keiner anderen seiner Liebesschilderungen –, daß jede Vertretbarkeit hier a priori, im reinsten Sinne dieser Bestimmung ausgeschlossen ist. (Für Charlotte und den Hauptmann gilt dies freilich auch, wie Goethe durch die Einreihung unter den gleichen Begriff der Wahlverwandtschaften ankündigt; nur gilt es in niederem *Grade*, wiederum in sehr interessanter Weise zeigend, daß die im Wesen unbedingt geschiedenen Arten der Liebe den jeweils mannigfaltigsten Maßen Raum geben.) Hier erst ist die Leidenschaft ganz und gar durch das Fatum der Individualität bestimmt. Gewiß setzt sie das Gattungsgesetz der Geschlechterteilung voraus, Eduard und Ottilie müssen Mann und Weib sein. Für die so absolute Liebe ist die Sexualität als Gesamtfärbung des Individuums wirksam, nicht aber als herausabstrahierte Selbständigkeit; ihr als dem bloß Generellen gilt kein Herzschlag des einen oder des anderen. An der absoluten Individualität bricht sich, in dem erotischen wie in anderen Fällen, die Kontinuität, die von dem Gattungsleben nicht abzutrennen ist. Für Faust ist Gretchen zunächst einmal ein Mädchen überhaupt, ein Exemplar von jedem Weibe, da er in jedem Helenen zu sehen bestimmt ist und dazu nun mit so gesteigerten Eigenschaften eines solchen ausgestattet, daß die Schwelle der erotischen Erregung überschritten wird: Genus plus differentia specifica. Eduards Leidenschaft aber gilt der absoluten Individualität Ottilie, die freilich ganz und gar weiblich ist, in der aber jene ideelle Trennungslinie völlig verlöscht ist, so daß es unmöglich wird, diese Leidenschaft etwa durch die Basis des Generellen hindurch einer anderen Spezifität zuzuleiten. Diese allein lieben sich, weil es in den Sternen geschrieben steht, während Faust und Gretchen sich nur lieben, weil sie sich begegnet sind. Nichts versinnbildlicht den Unterschied besser als die Jenseitsahnungen, die jedes dieser Schicksale beschließen. Gretchen ist *Una* poenitentiana, eine Strahlung jenes hier wirksamen Ewig-Weiblichen, das Symbol eines ganz überindividuellen Mysteriums. Eduard und Ottiliens aber harrt der »freundliche Augenblick, wenn sie dereinst wieder zusammen erwachen«. Alle ewige Zukunft beschränkt sich auf sie beide und auf ihr »Zusammen«, ohne daß ein Daneben und Darüber aufkäme, dessen himmlische Strahlung die Umrisse ihrer absoluten Individualitäten verschwimmen ließe.

Das also meine ich die absolute Liebe nennen zu dürfen, in der die Ausschaltung alles Gattungsmäßigen und der apriorische Ausschluß aller Vertretbarkeit des Individuums nur zwei Ausdrücke eben desselben Verhaltens sind; der reine Begriff der Liebe, die Streckung des einen Subjekts zum anderen, die allem Gattungsleben entrissen ist und als schlechthin individuelles Gefühl ganz innerhalb des Subjekts verbleibt – gewinnt hier ihre seltene rückstandslose Verwirklichung. Ich konnte darum die Sicherheit, mit der sie jede Vertauschung indiskuktabel macht, nur als eine apriorische bezeichnen. Sie sollte nicht mit den Fällen verwechselt werden, wo, *nachdem* einmal die Wahl getroffen ist und die mögliche Beziehung zu dem ganzen Geschlecht sich auf ein einziges Individuum zusammengezogen hat, nun von keinem anderen mehr die Rede sein kann. Hier ist die Exklusivität a posteriori, sie gilt für die Zukunft, während sie dort ideell auch für die Vergangenheit gilt. Es gibt wundervolle Lieben, die ganz das *Phänomen* der absoluten bieten, aber doch nur in jenem Sinn empirisch sind und sich zu der absoluten verhalten, wie die Endlosigkeit der Zeit zur Zeitlosigkeit, die sich ja sozusagen praktisch auch nicht unterscheiden.

Wie die Liebe von Eduard und Ottilie die Geschlechtsunterschiedenheit voraussetzt – die freilich nur die alles durchdringende Färbung der Gesamtindividualität, des alleinigen Subjekts und Objekts dieser Liebe, ist und nur für nachträgliche, irreale Abstraktion ein Sonderelement in ihr bildet –, so setzt sich die echteste Liebe, auch in ihrer Steigerung zur absoluten, durchaus nicht gegen die einlaßbegehrende Sinnlichkeit und ihre gattungserhaltenden Folgen zur Wehr, sowenig wie überhaupt gegen eine Bestimmung, die der Persönlichkeit in ihrem Zentrum anhaftet; nur daß sie sich ihrem Sinn nach gegen das Gattungsleben und seine Zwecke als objektive Tatsachen einfach wie gegen ein Fremdes und Gleichgültiges verhält. Ich habe des tragischen Zuges gedacht, der sich als Auflehnung ihrer unleugbar gattungsmäßigen Genesis dagegen fühlbar macht; und vielleicht handelt es sich dabei nicht nur um die Genesis, sondern um das bleibende *Fundament* der Erotik. Denn der Gegensatz, mit dem ich ihr Wesen zu bestimmen suchte, hat seinen Radikalismus nur als Prinzip oder Idee; aber weder in der phylogenetischen noch in der ontogenetischen Wirklichkeit ist es ein historisch einmaliger Riß, ja ob er in der Erscheinungswelt überhaupt je absolut geschieht, steht dahin. Fortwährend vielmehr erhebt sich in diesem Lebensbezirk die echte transvitale Liebe aus dem Gattungsleben und dem gattungsgemäßen Leben, fragmentarischer oder vollkommener, bald als bloße Sehnsucht, bald als rasch zurücksinkende Erhebung, bald mit relativ beständigem Kompromiß oder Mischung des Biologischen mit dem rein Erotischen, bald mit unruhiger Wechselherrschaft der Parteien.

Immerhin bedeutet der einmal aufgetauchte Widerspruch zwischen ihnen nicht nur jene Tragik, sondern auch eine ganz reale Gefahr für das Gattungsleben. Denn indem mit steigender Entwicklung der Erotik das reine Individuum, d. h. das zentrale oder totale Subjekt eingesetzt und gefordert wird, sind zwar die biologisch gattungsmäßigen Bestimmungen wie gesagt nicht ausgeschaltet, aber für die isolierende Betrachtung sind sie jetzt nur ein Faktor neben vielen anderen, die eine Individualität zu synthetisieren scheinen, und unter denen die dem unmittelbaren Gattungsleben fernstehenden – begreiflich, wenn auch vielleicht nur vorübergehend – die bewußteste Betonung erhalten. Das aber kann bedenkliche Folgen für die Arterhaltung haben. Solange das Interesse dieser das Sein, wenn auch nicht das Bewußtsein des Menschen beherrscht, kann man die Liebe mindestens der Frau, als den Instinkt oder den Fahnenträger des Instinkts für den Vater des bestmöglichen Kindes ansehen. Hier liegt die biologische Rechtfertigung der Liebesheirat. Sie bedarf einer solchen nicht, insoweit das Menschenmaterial als wenig differenziert vorausgesetzt wird. Innerhalb eines solchen ist es für die Qualität der Nachkommenschaft ziemlich einerlei, welches Paar sich zusammentut. Das Interesse an dieser Qualität wird ersichtlich erst praktisch, wo die Persönlichkeiten stark individualisiert sind, womit die Gattenwahl von jenem Gesichtspunkt aus überhaupt erst richtig oder falsch werden kann. Gesetzt nun, eine Zwangsinstitution gestatte die Zusammenführung der jeweils geeignetsten Exemplare – so fehlt uns bekanntlich jede Möglichkeit, an hochdifferenzierten, hochkomplizierten Wesen dieses Geeignetsein irgendwie sicher herauszuerkennen, wozu in der Tierzüchtung freilich der Blick des Kenners völlig ausreicht. Die gattungsmäßige Zweckmäßigkeit hat hier statt begründeten Wissens nur den Instinkt zur Verfügung, dem in seiner Bewußtseinsform als individuell erotische Zuneigung die Auswahl des biologisch geeigneten Partners anvertraut und zugetraut werden mag. Der Volksglaube an die besondere Trefflichkeit der »Kinder der Liebe« kann zur Grundlage nur dies haben: daß Liebe eben da entsteht, wo die elterlichen Individualitäten dazu determiniert sind, miteinander das beste Kind zu erzeugen. Unsere Ausführung, nach der die Liebe als solche sich der Lebensströmung der Gattungszweckmäßigkeit entreißt, um ein eigenzentriertes So-Sein des Subjekts auszumachen, widerspricht an und für sich dem nicht. Denn die Genesis der Liebe lag in jener Strömung, die sie nur transzendierte, um ihre Selbstheit zu gewinnen, und ohne weiteres nimmt sie über diese Grenze Inhalte und Färbungen, Impulse und Werte mit, die in ihrer Vitalform gewachsen sind und jetzt nur in neuer Tonart und Zentralität wiedergeboren werden, wie die Naturanschauung der Dinge im Kunstwerk. Aber von eben dieser subjektiven Zentralität droht eine Abbiegung der herübergeretteten Gattungszweckmäßigkeit in dem Maße, in dem die Liebe auch ihren Sinn aus dem ganzen Kosmos der Persönlichkeit zieht und dieser einerseits reicher an mannigfaltigen Elementen, andererseits individualisierter und sozusagen eigenwilliger wird. Denn nun speist sich die neue, eigentliche Liebe auch noch aus all den Elementen außerhalb der gattungsmäßig vitalen, und diese anderen können sehr wohl in ihrer Richtung und ihrem Charakter die übermächtigen werden. Die Empirie scheint dies als tatsächlich zu erweisen. Wenigstens in unseren höheren Ständen ist zu beobachten, daß die Liebe der Frauen, in geringerem Grade auch die der Männer, sich mehr und mehr, allerdings noch keineswegs durchgehend, an die *geistigen* Eigenschaften des Partners heftet, immer weniger mit dem Instinkt für dessen biologische Tüchtigkeit solidarisch ist: Unscheinbar beginnend, tausendfach gekreuzt und aufgehoben, wird mit dieser Entwicklung eine der ungeheuersten Wandlungen eingeleitet: ihr Fortschreiten beraubt uns des einzigen Index für die biologische Richtigkeit der Zeugungen, die Liebesehe verliert ihren biologischen Wert! Mit diesem vitalen Widerspruch würde die Tragik der erotischen Tatsache sich gewissermaßen einen Körper bilden. Die Verselbständigung der Liebe gegenüber dem Leben, das sie für seine »Zwecke« erzeugte, ihr Gesammeltsein in der Zuständlichkeit ihres Trägers, ihre Ausbreitung auf dessen überbiologische Energien, ihr Absolutwerden mit der Unauswechselbarkeit seiner Individualität – alles dies verknüpfte sich zunächst nur mit der *Gleichgültigkeit* der Liebe gegen die Teleologie des gattungsmäßigen Lebens; es bestätigt die Formel des Lebens:

das ihm Transzendente mit dessen absoluter Eigenwirklichkeit, Eigengesetzlichkeit hervorzutreiben, nach dem Gesetz, das dieses Leben nicht nur in seiner eigenen Ebene weiter, sondern in die darübergelegene Dimension führt. Nun aber droht die bloße Gleichgültigkeit sich zu positiver Gegnerschaft zu entwickeln; jene Bestimmungen der Liebe scheinen ihr allmählich den Sinn und Segen zu rauben, mit der sie sich selbst aus ihrer transvitalen Autonomie noch in das Leben zurückerstreckt hatte. Vollzöge sich diese Entwicklung immer weiter, so erschiene es immer klarer als das Schicksal des Lebens: die Brücken, die es für seine Wege gebaut hat, hinter sich abzubrechen und dieses Abbrechen selbst als seine innerste Notwendigkeit, als die letzte Vollstreckung seines Gesetzes der Selbst-Transzendenz anzuerkennen.

Exkurs über den platonischen und den modernen Eros

Der einzige der großen Philosophen, der sich die Frage nach dem seelischen schicksalsmäßigen und metaphysischen Sinn der Erotik gestellt und aus letzten Tiefen heraus beantwortet hat, ist Plato. Denn Schopenhauer, den man neben ihm allein nennen könnte, hat nicht eigentlich nach dem Wesen der Liebe, sondern der Sexualität gefragt. Plato aber sah, daß die Liebe eine absolute Lebensmacht ist, und daß ein Erkenntnisweg deshalb durch sie hindurch zu den letzten idealen und metaphysischen Potenzen führen müsse. – Freilich sind die Kurven und die Endpunkte dieses Weges andere, als die vom modernen Menschen begangenen – auch wenn sein Ausgangspunkt, die unmittelbare subjektive Tatsache des Liebesgefühls nicht den gleichen Wandel erfahren hätte. Um so entscheidender aber zeichnet ihre philosophische Deutung den Unterschied zwischen den letzten Absichten des griechischen, in Plato aufgegipfelten Geistes und denen, die das Gesetz des modernen Geistes vorschreibt.

Der Grieche schaut sein Weltbild gemäß der Idee des *Seins*, des einheitlichen wirklichen Kosmos, dessen in sich geschlossene Plastik er als göttlich verehrte. Auch wo sein Denken ihn auf die Weltprinzipien der Bewegtheit, der Relativität des Dualismus führte, bestimmte doch das feste, allbefassende, selbstgenügsame und anschauliche Sein die letzte Form und die letzte Sehnsucht seiner geistigen Weltgestaltung. Seit dann das Christentum die Bedeutung der Menschenseele ins Unendliche gesteigert und alle Daseinswerte in dem einen persönlichen Gott gesammelt hat, der der Welt gegenübersteht – seitdem ist die feste Abgerundetheit des Kosmos zerrissen, der in jedem Teile als einfach daseiender wertvoll und göttlich war. Das Dasein ist zwischen den beiden Polen: die Seele und Gott ausgespannt oder eigentlich von ihnen eingesogen, und die Gottesvorstellung brauchte nur im Lauf der Jahrhunderte ihre ursprüngliche Macht zu verlieren, damit die Seele sozusagen allein übrigbliebe; was dann im modernen Idealismus, für den die Welt nur als Vorstellung innerhalb eines sie anzeigenden Bewußtseins besteht, reinste Aussprache gewinnt. Daß so die Seele eine ursprüngliche Produktivität besitzt, liegt dem theoretischen Bewußtsein des *Griechen* fern – so unermeßlich produktiv auch ihre Wirklichkeit war. Dazu war dies Denken zu sehr dem lebendigen Sein des *Kosmos* verhaftet, in dessen Einheit die Seele wuchs, zu unbedingt lebten sie an der anschaulichen Festigkeit des Objekts, um dem Subjekt ein unabhängiges Schöpfertum zuzutrauen. Dies ist die unterste Schicht der Züge, aus denen sich die Charakteristik der platonischen Ethik gegenüber der modernen entwickelt.

Wenn nun – wie es für Plato selbstverständlich ist – die *Schönheit* eines Menschen uns veranlaßt ihn zu lieben – zunächst seine körperliche, dann aber etwas schüchterner zugegeben auch die seelische –, so ist es, weil er in uns die Erinnerung an die einst geschaute Idee der Schönheit, an das Urbild des Schönen überhaupt wachruft, zu dem wir von unserer Präexistenz hienieden eine ewige Sehnsucht tragen. Die Schönheit, von allen Ideen die einzig sichtbare, führt die Idee überhaupt in das Irdische hinüber, die Liebe führt auf der gleichen Straße das Irdische zur Idee hinauf. Hier sind, wie in einem Brennpunkt alle Züge gesammelt, die uns das Besondere des Platonischen Geisteswesens auszumachen schienen.

Zunächst das Eingestelltsein des Blicks auf die feste skulpturhafte Substanz. Für uns ist das Schön-Sein eine Eigenschaft des Menschen, eine Relation der Teile seiner Erscheinung, vielleicht eine symbolische Auswirkung seines innerlichen Lebens, vielleicht sogar nur die Reaktion, die er im Bewußtsein des Anschauenden aufruft. Für Plato muß sie selbst ein *Gegenstand* sein, sie muß wie eine Substanz angeschaut werden können, um Wirklichkeit und Weltbedeutung zu haben. Und da sie an dem empirischen Menschen so

nicht besteht, so muß die Seele sie eben *zuvor* in solchem plasti-
schen, greifbar seienden Eigenbestand geschaut haben; der schöne
Mensch ist nur die empirisch notwendige Vermittlung, um die Erinnerung daran aufzurufen. Der *dynamische* vitale Charakter des
modernen Lebensgefühls, und daß es sich uns als eine Art der *Le-
bensbewegtheit* darstellt, bei aller Beharrung und Treue doch in
dem stetigen Fluß aufgegangen und ihrer immer neu sich gebären-
den Rhythmik folgsam – dies widerstreitet dem auf die Substanz
und ihre Umrißewigkeit gerichteten Sinn der Griechen.

Dies hängt ersichtlich mit dem hervorgehobenen Unterschied des
griechischen gegen das moderne Denken zusammen: daß jenes ein
viel geringeres Bewußtsein von der Produktivität der Seele enthält.
Denn Seele, wie wir sie fassen, heißt: ein fortwährendes Schöpfertum üben. Der Grieche muß sich sozusagen, mit all seiner tatsächlichen Geistesmacht und Selbständigkeit immer an etwas *halten*.
Der seelische Gehalt stellt sich dem Griechen dar als von einem Daseienden her bezogen, nicht von der Seele selbstschöpferisch erzeugt. Und so ist ihm die Liebe kein freier Akt der Seele, zu dem sie
zwar von außen angeregt wird, der aber unberechenbar und uner-
zwingbar nur aus ihrer innersten Stimmung und Kraft erstünde,
sondern sie ist eine Art logischer Notwendigkeit, die jene Schau-
ung der reinen Schönheit ihr auferlegt, sobald deren einstmaliges
Gegebensein ihr beim Anblick einer irdischen Erscheinung wieder
auftaucht. Darum ist es immer nur der Anblick der Schönheit, der
Liebe erzeugt, und der bedeutsame *umgekehrte* Fall entgeht ihm,
der das Geheimnis der Liebe in einer viel tieferen Schicht erfaßt:
daß wir denjenigen schön finden, den wir lieben – und der freilich
nur durch eine Spontaneität, ein schöpferisches Selbstleben des
Liebesaffekts, denkbar ist.

Alle Heftigkeit der Liebesleidenschaft, die sich in der Schilderung
Platos malt, gilt dem Unpersönlichen der Idee. Es ist als ob diese
Deutung auf ein höchstes Vernunftmäßiges, auf die Idee, die das
Gegenbild unserer rationalen Begriffe und durch sie zugängig ist,
das Irrationale der Leidenschaft rechtfertigen sollte. Das Entscheidende, von der modernen Empfindung geschiedene ist, daß die
erotischen Strahlen das geliebte Individuum nur passieren, ihren
Brennpunkt oberhalb seiner haben. Während für uns die Liebe nur
zwischen Menschen vermittelt, verlegt er auch, wo sie dies tut,
eben das vermittelnde Moment aus ihnen heraus in die Beziehung
zum *Überindividuellen*. Das letzte Ziel ist das Erblicken der

Schönheit selbst, die Liebe ist nur der Gehilfe, der συνεργς dazu. Und darum kann Plato weiter lehren, daß der vollendete Erotiker an keiner individuellen Schönheit halt mache, sondern in der einen die gleiche Schönheit erkenne wie in dem zweiten und jedem anderen und daß es deshalb sklavenhaft und töricht sei, das Gefühl an einen einzelnen schönen Menschen zu binden; in das »große Meer der Schönheit« wird er seine Liebe ergießen. Ihm liegt fern, was uns als die definitive Höhe der Liebe erscheint: daß sie gerade nur diesem unvertauschbaren Wesen gilt, daß auch, wo äußere Schönheit sie entzündet, es gerade nur diese individuelle Geformtheit ihrer ist, und daß wenn sie dies einmal getan eine objektiv gleich große uns nicht zugleich erotisch berührt. Für uns ist die *Schönheit* der Individualität und die *Individualität* der Schönheit eine untrennbare Wirkungseinheit, und was uns am tiefsten von Plato trennt, ist, daß ihm Individualität und Schönheit ablösbar sind und gerade die Liebe den Trennungsschnitt zwischen ihnen führt; daß sie die Schönheit ergreift und die Individualität draußen läßt.

Diese negative Bedeutung der Individualität ist das definitiv Scheidende zwischen der platonischen und der modernen Erotik. Auf sie führen alle die großen Motive hin, die sich Platos Liebeslehre unterbauen, von ihr zweigen alle Bestimmungen ab, die dieser Lehre ihre Färbung geben. Unter ihnen steht obenan das für uns erstaunlichste: daß für diese Liebe die Gegenseitigkeit gar kein entscheidendes, innerlich wesentliches Element ist. Die Idee, der die Liebe eigentlich gilt, liebt nicht wieder und so auch nicht ihr irdischer Repräsentant, an dem die Liebe die erste Station macht. Das einzigartige Wertverhältnis, das sich aus Liebe und Gegenliebe baut, kommt für Plato nicht in Betracht. Der griechische Eros ist ein Habenwollen, freilich auch in dem edleren Sinne, an dem Geliebten ein Gefäß für ideale Belehrung und sittlich höher bildende Kultivierung zu haben. Darum kann ihm die Liebe der mittlere Zustand zwischen Haben und Nicht-Haben sein; folgerichtigerweise müßte sie also mit dem Haben erlöschen. Wollten wir aber seiner Fixierung der Liebe vor dem Haben die Deutung geben, daß ihm das »Haben« als ein unerreichbares, wie im Unendlichen liegendes Ziel erschien, so wäre das irrig. Indem der modernen Liebe das eigentliche Ziel die Gegenliebe ist, der alles andere nur als Sekundäres und Akzidentelles folgt, hat erst sie erkannt – d. h. es ist die Folge der Erkenntnis –, daß in dem anderen etwas Ungewinnbares ist, daß die Absolutheit des individuellen Ich eine Mauer zwischen

Mensch und Mensch aufrichtet, die selbst der leidenschaftlichste Wille beider nicht niederlegen kann, und die alles eigentliche »Haben«, das mehr sein will als Tatsache und Bewußtsein des Wiedergeliebt-Werdens, zu einer Illusion macht.

Endlich offenbart sich jene eigentümliche Indifferenz zwischen dem Ich und dem, was über das Ich hinausreicht unverkennlich, an Platos Deutung der Liebe als Begehren nach Unsterblichkeit. Es ist die Sehnsucht des reifgewordenen Menschen zu zeugen –, ein göttlicher Akt, mit dem der Sterbliche sich Unsterblichkeit erwirbt. Nichts anderes als diese Leidenschaft, über den Tod hinaus zu dauern, sei die Liebe zu unseren Kindern. Nichts anderes jene »Erziehung« des geliebten Jünglings, durch die wir ihn zu dem höheren Wesen emporformen, das nun im tiefsten Sinne unser mit ihm erzeugter Nachkomme ist, unser eigenes Weiterleben, unser eigenes fortzeugendes Reifen. Und wenn Plato zuvor die liebende Anbetung des Schönen damit rechtfertigt, daß er sie nach der einen Ewigkeitsdimension sich strecken läßt, nach der zeitlosen Idee der Schönheit – so nun nach der anderen, nach dem eigenen Fortleben in der Erinnerung und Höherentwicklung der Menschen. Der abgeklärte etwas abstrakte Charakter der früheren Begründung wird hier auf einmal von einer Strömung persönlichsten Lebens durchblutet. Jetzt verlassen wir uns nicht selbst, wenn die Liebe zum Schönen uns fortreißt, sondern über die Schwelle unseres zeitbegrenzten Lebens nehmen wir uns selbst mit. Aber so wenig hier wie dort erkennt er die Liebe zum Individuum als Urphänomen an; auch dieser Affekt macht nicht Halt an dem Individuum, dessen Schönheit ihn entzündete. Denn während dieses dort nur die Richtung anzeigte, in die unser letztes Streben geht, ist es hier das Gefäß, in dem unsere besten Kräfte sich sammeln, um zur Frucht entwickelt, den Weg der Unsterblichkeit zu gehen.

Man hat viel von der Mystik in Platos Visionen der Erotik gesprochen. Das tiefste Mysterium *unseres* Weltbildes aber, die Individualität – diese nicht zu analysierende, aus nichts anderem herzuleitende, unter keinen höheren Begriff zu bringende Einheit, hineingesetzt in eine sonst unendlich zerlegbare, berechenbare, unter allgemeinen Gesetzen stehende Welt –, diese Individualität gilt uns als der eigentliche Brennpunkt der Liebe, die freilich gerade damit in die dunkelste Problematik unseres Weltbegriffs verflochten wird, und gerade sie wird von Plato sozusagen übersprungen. Weil seinem rationalen Denken die Individualität als etwas Unsubstantielles Allzuflüchtiges erschien, alle an sie gehefteten Innenereignisse als freischwebende Willkür, meinte er der Liebe nur durch gänzliche Enthebung aus jener Sphäre genug zu tun, durch das was *uns* gerade als *Verflüchtigung* der Liebe in ein Allgemeines erscheint. Dennoch: dem letzten Fundament seines Instinkts sind auch wir nicht untreu geworden. Was dem modernen, in die konkrete Individualität verwurzelten Liebesbegriff von Plato vererbt ist, ist das Gefühl: in der Liebe lebe etwas Geheimnisvolles jenseits der zufälligen individuellen Existenz und Begegnung, jenseits des sinnlich aktuellen Begehrens, jenseits auch der bloßen Gemütsbeziehung. Auch wir spüren in der Liebe eine metaphysische, irgendwie zeitlose Bedeutung – nur daß wir uns nicht auf die einfache Art des plastisch substantialistisch denkenden Griechen mit ihr dadurch abfinden können, daß wir sie in einem Jenseits ihres unmittelbaren Erlebnisses lokalisieren. Es meldet sich vielmehr auch hier das große Problem des modernen Geistes: für alles das, was dem Sinne nach über die Gegebenheit der Lebensphänomene hinausgeht, in ihnen selbst den Platz zu finden, statt es in ein auch *räumliches* Außerhalb zu verlegen. Keine *Synthese* des Endlichen und des Unendlichen, sondern gewachsene Einheit des Lebens. Das Leben enthüllt das, was mehr als Leben ist. In jenem Überindividuellen lag – das verkennen wir nicht – ein Wert, eine Erlösung, ein Halt, worauf wir keineswegs verzichten. Wie uns im Sittlichen das »individuelle Gesetz« vorschwebt, die strenge Normierung des individuellen Verhaltens, das wir doch nicht mehr in einem abstrakt allgemeinen Imperativ können einfangen lassen – so muß es auch etwas wie ein individuelles Gesetz der Erotik geben; in der unvergleichlichen Beziehung unvergleichlicher Individuen liegt eine Bedeutung, die ganz auf sie beschränkt ist und doch ihr Oberflächenphänomen überragt – nicht von einer allgemeinen Idee der Schönheit, des Wertes, der Liebens-Würdigkeit dominiert oder gerechtfertigt, sondern eben nur von der Idee dieser individuellen Existenzen und ihrer Vollendetheit.

*

Ich hatte darauf aufmerksam gemacht, einen wie weiten Begriff der Weltbeziehung des Ich der Begriff der Liebe deckt. Das Wesen auch der spezifischen Erotik wird dadurch geklärt, daß Gefühle, die doch sicher nicht aus zufälligem Mißverständnis oder Mißbrauch den Namen Liebe tragen, sich auf unzählige Gebiete jenseits aller Geschlechtlichkeit erstrecken. Daß die Liebe, vom generativen Leben zwar erzeugt, doch in dem Augenblick ihres reinen Sie-selbst-Werdens in eine neue gegen jenes Leben gleichgültige Kategorie aufsteigt, ist um so überzeugender, wenn sie sich in dieser Kategorie mit anderen »Lieben« zusammenfindet, die anderen Inhalt, anderen Ursprung haben. Und diese Überzeugung wird nicht herabgesetzt, sondern gestärkt, wenn die *formale* Entwicklung sich der der sexuellen parallel zeigt. Auch hier können wir in vielen Fällen verfolgen, daß Ursächlichkeiten und Zweckmäßigkeiten des primären, biologisch, egoistisch, sozialreligiös, bestimmten Lebens Gefühlsverhältnisse liebender Art erzeugen, die aber in der Strömung dieses Lebens nicht befangen bleiben, sondern sich in jenes transvitale Reich erheben, das man im weitesten, nicht theoretischen Sinne das ideelle nennen kann. Diese Erhebung ist identisch damit: daß das Ereignis aus einem zweckmäßigen, aktionsverwebten irgendwie äußeren zu jener innerzentralen Zuständigkeit des Subjekts wird, die eigentlich erst Liebe heißen kann. Zwei Erscheinungsgruppen sind hier von der weitgreifendsten Wichtigkeit, die ich nach ihren sichtbarsten Zuspitzungen als allgemeine Menschenliebe und als christliche Liebe bezeichne.

Was man sich typischerweise als allgemeine Menschenliebe vorstellt, ist dadurch bestimmt, daß das Liebesgefühl sich nicht mehr auf ein Individuum wegen seines individuellen So-Seins richtet. Nun geht es ja, als Erotik, freilich niemals auf diese und jene einzelne Eigenschaft des Geliebten; eine solche bildet allenfalls die Bewußtseinsvermittlung für das Verhältnis zum Totalbild des Menschen, dem eigentlichen Gegenstand der Erotik, das sich jeder Festlegung auf benennbare Eigenschaften entzieht. Aber gerade, indem die Basierung auf diese abgelehnt wird, erweist sich der Individualismus der Liebe; denn jede »Eigenschaft« ist etwas Allgemeines, sie kann an beliebig vielen Subjekten haften: erst jenseits aller Eigenschaften aber, in einer mit ihnen selbst nicht gegebenen Verknüpfung ihrer liegt jenes wahrhaft individuelle, unauflösbar einheitliche Totalbild, dem die Liebe gilt. Nun aber steht eine Liebe in Frage, die von dieser individuellen Einzigkeit wegsieht, die aber andererseits ihre Richtung doch daher empfängt, daß sie allem gilt, was Menschenantlitz trägt. Sie ist etwas anderes als der kosmische Eros, der Liebespantheismus, die All-Liebe, die sich von einem Subjekt aus wie in geschlossener Masse durch die Welt ergießt, weil hier das Apriori das *Leben* der Persönlichkeit ist, und deshalb so ununterbrochen wie dieses selbst: diese geht auf Gott und den Wurm, den Stern und die Pflanze, auf alles Wirkliche, bloß weil es überhaupt wirklich, d. h. ein Gegenstand eben dieses Subjekts ist. Diese pausenlose Liebe äußert sich entweder als ein weicher allgemeiner Lyrismus der Stimmung oder als eine religiöse Hingebung an alle Dinge, weil sie von Gott oder von der Natur sind, oder als eine eigentlich rationale Konsequenz, die mehr Gedanke und Forderung als Gefühlserlebnis ist – und sie nimmt natürlich immer die Menschen in ihren grenzenlosen Bezirk hinein. Aber die »allgemeine Menschenliebe« ist anderen Wesens, ist nicht ein Teil einer umfassenderen absoluten, sondern erfüllt nur das besondere Verhältnis, das gerade von Menschen zu Menschen als solchen besteht, und dies pflegt mit einer gewissen Exklusivität zu geschehen, die ihre Träger jener pantheistischen Liebe fernerstellt. Es scheint ziemlich zweifellos, daß die allgemeine Menschenliebe, gerade als Liebesaffekt in der Regel etwas recht Kühles ist und etwas vom abstrakten Charakter all der Allgemeinheiten hat, die das 18. Jahrhundert zu Wertbegriffen schuf: der allgemeinen Menschenrechte, des allgemeinen Pflichtgesetzes der Kantischen Ethik, der allgemein-menschlichen Religionsidee des Deismus. In dieser Form geht die allgemeine Menschenliebe eigentlich auf das Abstraktum Mensch und indem sie erst auf dem Umweg über dieses dem konkreten einzelnen gilt, hat sie dann oft schon so viel Wärme eingebüßt, daß sie wenig mehr als eine Einschränkung des homo homini lupus besagt. Dennoch liegt, auch in dieser Abgeschwächtheit ein Phänomen der echten Liebe vor, die sich, wie auch die große Erotik, einem ursprünglichen bloßen Lebenszusammenhang entrafft hat.

Denn mir ist kein Zweifel, daß die allgemeine Menschenliebe ihr Fundament oder ihre Vorform in jenen freundlichen, oft schon wirklich liebevollen Gesinnungen hat, die sich innerhalb der praktisch-sozialen Beziehungen, enger wie weiter Art, unvermeidlich erheben. Unvermeidlich deshalb, weil ein solcher Zusammenhalt durch keinerlei Nützlichkeitserwägungen, keinerlei äußeren Zwang, keinerlei Moral in Bestand und Lebensfunktion erhalten werden könnte, wenn sich nicht noch soziale Gefühle – daß man einander wohlwill und *gern* verbunden ist – zwischen den Beziehungsfäden verbreiteten, die von jenen rationalen Mächten gewebt sind. Wenn das homo homini lupus wirklich gälte – was man freilich nicht aus gutmütig-moralischem Optimismus ablehnen sollte –, so würde es ganz einfach niemand seelisch aushalten, mit Menschen, gegen die er die entsprechende Gesinnung hat, dauernd und eng zusammenzuleben. Wie das bloße Recht, noch so spezialisiert und rigoros angewendet, niemals eine Gesellschaft zusammenhalten könnte, wenn es nicht durch sittliche freiwillige Akte der Güte und der Anständigkeit, der Friedfertigkeit und des guten Willens ergänzt würde, so würden selbst diese Unerzwingbarkeiten, mit dem Rechte zusammen, noch immer keine mögliche Gesellschaft ergeben, wenn sie nicht weiterhin jene gefühlsmäßigen Geneigtheiten, jenes Liebevolle und Liebenswürdige neben sich hätten, ohne das die soziologische Nähe und Enge, das fortwährende Einanderberühren etwas ganz Unerträgliches wäre. Die freundnachbarlichen Gefühle, so wenig Illusionen man sich über ihre Zuverlässigkeit, Ausbreitung und Tiefe machen mag, sind doch ein unentbehrlicher Kitt jeder Gruppe, weniger vielleicht im positiv verbindenden Sinne, als eben in dem: daß ohne sie ein sozialisierter Zustand, namentlich bei schon differenzierten Persönlichkeiten zur Hölle werden müßte. Freundliche und herzliche Gesinnungen zwischen Menschen in räumlich naher Beziehung pflegen doch nicht die Ursache dieser Beziehung zu sein; sondern umgekehrt, aus dieser um irgendwelcher Ursachen gestifteten, geht die Gesinnung erst hervor. Und zwar nicht, wie es aus einer gar nichts erklärenden Plattheit heißt, aus der »Gewöhnung« des Zusammenlebens; es würde vielmehr zu dem dauernden Zusammenleben und gerade zu der Gewöhnung daran gar nicht kommen, wenn sich nicht relativ bald zwischen den Parteien, als eine Art organischer Schutzmaßregel gegen die Schwierigkeiten und Reibungen des Zusammenlebens, innerhalb seiner jene lindernde Gesinnung ausbildete. Wenn also die Formen und Kraftrichtungen der Gesellschaften überhaupt als Notwendigkeiten eines zweckmäßigen Lebensprozesses entstehen, so gehören diese liebevollen oder liebeartigen Gefühle der gleichen sozialteleologischen Genesis zu. Sie sind in die Praxis des sozialen Lebens verflochten, wie die primären Geschlechtstriebe in die Praxis des sexuellen Lebens. Und wie sich aus dem letzteren Affekt durch eine totale Drehung des Sinnes die echte Liebe erhebt, so scheint die allgemeine Menschenliebe sich jenen gesellschaftlich-vitalen Empfindungen zu verdanken – natürlich nicht in mechanischer Parallelität mit dem individualistisch erotischen Phänomen, sondern mit sehr entschiedenen

Modifikationen und Herabstimmungen, aber in der gleichen prinzipiellen Form. Es wäre die banalste Assoziationspsychologie, die allgemeine Menschenliebe als bloße allmähliche Erweiterung jener Elemente des gesellschaftlichen Lebens zu deuten. Sie hat vielmehr, in ihrer reinen Gestalt, die Brücke zu aller Teleologie hinter sich abgebrochen, sie ist ein reines praxisfremdes In-sich-Schwingen des Gefühls, das natürlich wieder in das Leben zurückbezogen werden und sich in Handlungen äußern kann, eine immanente Gestimmtheit des Subjekts, nicht aber gegen ein bestimmtes anderes oder viele bestimmte andere, sondern gegen den Typus Mensch überhaupt, wo immer er sich im Individuum verwirklicht.[3] Es besteht eine tief gelegene, formal seelische Funktion, die man nur als Abstraktion bezeichnen kann: die Konzentrierung oder Kanalisierung einer Bewußtseinsenergie auf gewisse Elemente ihres jeweiligen Objekts, dessen andere Elemente zwar mit jenen eine *sachliche* Einheit bilden, jetzt aber von dem Bewußtseinsstrahl nicht getroffen werden, und zwar nicht aus dem Zufall des Nicht-Bemerktwerdens, sondern weil die seelische Energie nur zu jenen ersten eine Affinität hat, vermöge deren sie aus ihnen eine neue sachliche Einheit formt, die nun die Ganzheit des Objekts vertritt. Diese Funktion kann in allen möglichen Bezirken der Intellektualität, wie der religiösen Ergriffenheit, des Gefühls wie der Gestaltungskraft wirksam werden. Gelegentlich mag sie auch innerhalb des jetzt fraglichen Gefühls den intellektualistischen Charakter zeigen, aber das bedeutet eine Verblasenheit und Unechtheit des Gefühls; in seiner Reinheit ist es in dieser Abstraktionsform durchaus ein Gebilde sui generis. Daß es nicht auf besondere Individuen, sondern auf alle Individuen gerichtet ist, ist der klarste Hinweis auf seine Gelöstheit von praktisch vitaler Verknüpfung und sein Wesen als reiner Zuständlichkeit des Subjekts. Ohne Sozialität und deren Gefühlsbedingtheiten aber wäre es wahrscheinlich so wenig entstanden, wie die Erotik ohne Sexualität. Das innerhalb des sozialen Lebens schon übersingulär gewordene Gefühl hebt sich nun ganz und gar in das Subjekt hinein und strömt von ihm wie von einer ersten Quelle wieder aus, während es in jener Vorform nur eine Welle war, die der Lebensstrom der Gesellschaft in seiner Kontinuität gehoben und wieder in sich zurückgenommen hatte. Daß diese Metamorphose in eine Gestimmtheit des Subjekts, die aber innerhalb seiner sozusagen völlig diffus und deshalb unbegrenzter Betätigung gewärtig ist – daß diese sich keineswegs häufig und auch historisch sehr spät den sozialen Vorformen entringt, ist so wenig ein Beweis gegen diesen Zusammenhang, wie es gegen unsere Deutung der Liebe spricht, daß auch sie vielleicht spät und jedenfalls selten zu dem reinen Gewinn ihrer selbst aus ihrer sexuell vitalen Vorform heraus gelangt. So flächenhaft und lichtschwach diese Liebe zu jedem Menschen überhaupt erscheinen mag, verglichen mit der erotischen, so lebt doch auch sie von der gleichen prinzipiellen Wendung: ihre sozialen Vorformen sind dienend, mittelhaft gegenüber der Zentralität des soziologischen Lebens; wo dagegen allgemeine Menschenliebe gefühlhaft, seinshaft echt ist, ist sie der Mitte des Subjekts einwohnend, ein sich selbst tragender, selbstgenügsamer Wert, keinem Zweck, der ihn entspringen ließe, verhaftet, sondern nun erst von sich aus einen warmen und sanften Glanz stetig aus sich entlassend.

Was dem Gefühl der allgemeinen Menschenliebe den Abstraktionscharakter gibt, ist die Ausschaltung der individuellen Differenzen ihrer Gegenstände. Indem dies ersichtlich schon bei der sozialen Liebe in gewissem Maße stattfindet, setzt die allgemeine Menschenliebe es bis ins Unbedingte fort – was sie dadurch erreichen kann, daß der Affekt sich aus der Lebensverknüpftheit zurückzieht, nicht mehr in individuellen Realitäten seinen Ansatzpunkt findet, sondern sich in jener eigentümlichen Einheit von subjektiver Zentralität und Idee bewegt, die auch das Wesen der eigentlich erotischen Liebe ausmachte und sich nun in der »Allgemeinheit«, Ununterschiedlichkeit ihrer Gegenstände nach außen projiziert.

Gegenüber diesem abstraktiven Wesen der allgemeinen Menschenliebe ist das, was man christliche Liebe nennt, ein verwandtes und doch zugleich entschieden differenziertes Phänomen. Denn mit ihr wird der einzelne Mensch nicht um dessentwillen geliebt, was ihm mit allen anderen gemeinsam ist und was deshalb sein Besonderes und Persönliches prinzipiell außer acht läßt oder es nur deshalb mit einschließt, weil es nun einmal mit seinem Allgemeinen in Personalunion steht. Die christliche Liebe aber bezieht gerade den *ganzen* Menschen in sich ein. Sie hat das Eigentümliche, daß sie sich zwar auf jeden Menschen schlechthin richtet, aber ganz gleichgültig dagegen ist, ob der eine etwas mit dem anderen Gemeinsames hat oder nicht; sie liebt ihn eben so, wie er ist, von der Peripherie bis zum Zentrum. Das Bezeichnendste ist vielleicht, daß die allgemeine Menschenliebe zwar auch dem Sünder gilt, aber eigentlich *trotzdem* er ein Sünder ist, und nur, weil er schließlich doch auch ein Mensch ist. Die christliche Liebe aber umfängt den Sünder, und gerade als diesen Sünder, wenn nicht mit größerer Liebe als den Normalen, so doch jedenfalls ohne jenes »Trotzdem«. Das Unvergleichliche der Liebe, die man nach ihrer historischen Situation die christliche nennen muß – obgleich diese entscheidende Struktur ihrer mehr aus der Deutung gewisser Äußerungen von Jesus und aus der Psychologie ihrer Praxis als aus dogmatischer oder literarischer Festgelegtheit erhellt –, liegt in diesem Verhältnis zum Individualitätsprinzip: daß sie dem einzelnen gilt, *als ob* sie seiner ganzen und persönlichen Beschaffenheit gelte, sich in ihn, als diesen besonderen versenkt, und daß dennoch die, vergleichliche oder unvergleichliche Individualität des anderen keineswegs ihr Motiv ist. Das Eigentümliche dieser Struktur ist, daß sich die Alternative des Bestimmungsgrundes: Individualität oder Allgemeinheit, als unzulänglich zeigt. Es ist ein prinzipielles, stimmungsmäßiges Umfassen *aller* Individualitäten, das doch nicht durch den Allgemeinheitsbegriff hindurchgeleitet wird. Dies geschieht nur da, wo die christliche Liebe sich auf den Glaubensgenossen beschränkt. Dies aber scheint mir nicht der Sinn ihrer letzten Tiefe zu sein. Wenn Franziskus auch die Vögel und Fische liebt, so ist das freilich ein Hinausschwingen seiner schlechthin liebenden, lieben müssenden Natur, aber doch in der Richtung, die mit der christlichen Stimmung gegeben war und nur dem Grade oder der Weite nach deren sonst gegebene Energie überwachsend. Das Entscheidende des Christentums ist eben, daß es die Seele a priori als liebende bestimmt, so daß sie dadurch all-liebend sein muß – wenn die Dynamik hier auch nicht über das Menschheitsall hinaus zu reichen pflegt.

Gewiß kann niemand vom Christentum her eine erotische Natur werden, wenn er es nicht von sich aus ist. Es bleibt der Unterschied, daß in der erotischen Natur, dem von seinem ursprünglichen Wesensgrunde her liebenden Menschen, die Liebe dem Rhythmus und den Fluktuationen des Lebensprozesses folgt, also mit all ihrer kontinuierlichen Erstreckung und ihrer Bestimmungskraft für alle möglichen Beziehungen zu anderen Menschen, eben doch prinzipiell keine *Gleichmäßigkeit* dieser Beziehungen involviert, keine Empfindung, die gegen den Einfluß der individuellen Beschaffenheiten von vornherein immun wäre. Auch die im vollkommensten Sinne erotische Natur zeigt – weil es sich bei ihr eben um ein Leben in seiner nur sich selbst gehorchenden, nur von innen bestimmten Intention handelt – die Akzentverschiedenheiten, das Auf und Ab, das Übermechanische und in gewissem Sinne Willkürliche, das überhaupt das Wesen des Lebens als solchen gegenüber all den Bestimmtheiten ausmacht, die es irgendwie von außen erfahren kann, von irgendwelchen Potenzen, die so wenig sie selbst etwa Begriffe sind, doch als Begriffe, als für sich bestehende Einheiten ausgedrückt werden können. Wo das Leben von einer solchen hergeleitet ist, kann es von ihr aus eine Uniformität seiner Momente erwerben, der gegenüber sein natürliches Sich-Gestalten etwas Zufälliges hat, eine Gesetzmäßigkeit zwar, aber keine Regelmäßigkeit. Damit wird nun das eigentümliche Wesen der christlichen Liebe gegenüber den beiden anderen Formen klar, die sich prinzipiell gleichfalls auf alles, was Menschenantlitz trägt, erstrecken: der allgemeinen Menschenliebe, die von der christlichen unterschieden, nur das Typische des Menschen als Menschen erfaßt und die Ganzheit der differenziellen Person draußen läßt oder wenigstens nur auf diesem Umweg einschließt – und der erotischen Natur, die zwar gegen eine solche Allgemeinheit ganz gleichgültig ist, und wie die christliche, die Individualität ganz in ihre Sphäre zieht, aber doch mit Mannigfaltigkeiten von Betonung und Intensität. Denn sie stammt ganz unmittelbar aus dem primären, selbst individuellen Leben, dessen rhythmischen und arhythmischen Lauf sie begleitet, während die christliche Liebe von einer lebensjenseitigen Idee beherrscht ist: von der gemeinsamen Gotteskindschaft, oder von dem Gebot Jesu, oder von der Liebe zu Gott, deren Akzidens oder Vertretung sie ist. Darum kann sie, gerade ihrem Prinzip nach, nicht den Unterschied zwischen den Menschen machen, den das Leben macht, und sich zwar auf die vollen Individualitäten der Menschen beziehen, aber auf deren Unterschiede keinen Unterschied ihrer Liebesakte selbst gründen.

Noch von zwei anderen Seiten her wird diese eigentümliche Undifferenziertheit der christlichen Liebe gestützt. Sie knüpft sich an den absoluten Wert der Menschenseele. Ich weiß sehr wohl, daß sich gegen diese absolutistische Deutung der »Gleichheit vor Gott«, einwenden läßt: weder von Jesus selbst noch von den Autoritäten des Christentums würden die Unterschiede der Seelen in ethischer Werthinsicht übersehen, die Gleichheit ihres metaphysischen Wertes werde durch die Lehre von der Gnadenwahl unmittelbar dementiert, und selbst in der ewigen Seligkeit hebe die Abstufung von den großen Heiligen abwärts die Absolutheit des Wertes durchaus auf, da diese keine solche Relativität zulassen würde. Dennoch bin ich überzeugt, daß all diese Unterschiede sozusagen nicht bis auf den Grund gehen, sondern sich auf der Basis eines vorausgesetzten absoluten Wertes erheben. Die Gnadenwahl bedeutet ja gerade die Gleichgültigkeit gegen *jeden* Selbstwert des Menschen, sie setzt die göttliche Willkür, die erst ihrerseits den Wert erteilt, über jeden solchen relativen oder absoluten und fällt deshalb als Entscheidungsgrund hier von vornherein fort. Positiv nun: die *ewigen* Höllenstrafen können – dies leuchtet wohl unmittelbar ein – sittlich religiös überhaupt nur auf die Negierung oder Pervertierung eines *absoluten* Wertes gegründet sein. Und weshalb ein solcher sich an verschiedenen Wesen nicht in verschiedenen Graden zeigen soll, kann ich nicht einsehen, da sonst ja auch die verschiedene Intensität der extensiv gleich absoluten Höllenstrafen unverständlich wäre. Wenn Gold als wirtschaftlich absoluter Wert gelten könnte, so gibt es doch größere oder kleinere, mehr oder weniger legierte Goldstücke, deren jedes als einheitliches Wertquantum wirkt und doch den absoluten Wert sich mannigfaltig graduieren läßt – wie der seelisch absolute Wert auf den Stufen des Paradieses graduiert wird. Auch ist nicht denkbar, daß Gott die Liebe zu *allen* Menschen geboten haben sollte, wenn die Abstufung des Wertes von dem höchsten positiven zu den tiefsten negativen nicht einen *überall* vorhandenen absoluten Wertkern unberührt ließe. Und die bloße *Möglichkeit,* zu der Realisierung der höchsten Wertstufe aufzusteigen, bedeutet einen selbst schon absoluten metaphysischen Wert der Seele, gleichviel zu welcher relativen Erscheinung sie ihn psychologisch ausgestalte. So gewiß auch Höhe und Tiefe, Güte und Bosheit, Stumpfsinn und Erleuchtung für alle möglichen Interessen des Christentums belangreich sind – gerade in Hinsicht der, einem jeden zu gewährenden Liebe sind sie es nicht. Diese allgemeine und gleichmäßige Forderung wäre als solche nicht begreiflich, wenn sie sich auf eine Wertstruktur richten sollte, die von jener Relativität bestimmt ist; sie kann sich nur auf einen Wert der Seele schlechthin richten, der ein in sich absoluter ist. Freilich steht hiermit die Liebe, da sie noch immer eine ratio für sich anführen kann, noch nicht auf ihrer höchsten Stufe. Diese wäre erst erreicht, wenn auch jener letzte Fundamentalwert und damit jede Qualität, die sie rechtfertigte, verschwunden, wenn das

Niedrige, Böse, Stumpfe das definitive Wesen irgendwelcher Menschen wäre, ohne daß noch ein Wertstrahl ausgespart bliebe – und die Liebe nun dennoch einträte. Nun erst wäre sie wirklich causa sui, nun erst würde um der Liebe willen geliebt, nicht mehr um eines außerhalb ihrer gelegenen Grundes willen. Es würde die christliche Liebe, wenn auch in ihrer eigenen Richtung über sich selbst fortschreiten. Auch dies aber, daß sie es nicht tut, daß sie an einem geglaubten absoluten Wert der Seele als dem apriorischen Zielpunkt der Liebesbewegung haftet – dieser Glaube, der freilich tief religiös ist, wie der an den absoluten Wert des Daseins überhaupt, selbst wenn die »Welt« verrucht, elend und gegengöttlich wäre –, reicht aus, um der Undifferenziertheit der christlichen Liebe den positiven Stützpunkt zu geben. Denn nun ist es begründet, daß sie sich um personale Differenzen, die nur etwas Relatives gegenüber jener Absolutheit sein können, nicht kümmert. Damit aber stellt sich diese Liebe eben jenseits des Lebens, das unvermeidlich in Relativitäten und Abwägungen von Art und Wert der Menschen und in differenziellen Reaktionen unseres Empfindens und Handelns gemäß diesen Abwägungen verläuft.

Ein dritter Hinweis endlich auf das gleiche Ergebnis, kommt von dem Verhalten des Liebenden selbst her. Dieses Verhalten folgt einem Typus, dessen Form besonders deutlich in Kants Ethik ausgeprägt ist. Kant empfand mit voller Entschiedenheit die prinzipielle gegenseitige Fremdheit ja Heterogenität der beiden Elemente der sittlichen Welt: der Freiheit und des Gesetzes – und brachte sie zur Einheit, indem er erklärte, die Erfüllung des Gesetzes sei die eigentliche Freiheit. Entsprechend verfährt das Christentum mit dem Problem zweier religiöser Forderungen, deren Richtungen nebeneinander oder gegeneinander laufen: das individuelle Heil der Seele und der Liebe. Es rettet sich vor ihrem Dualismus, indem es bestimmt: die Liebe ist der Weg zum Heil. Auch vom Motiv der Heilsgewinnung aus gesehen haben aber die Gegenstände der Liebesakte keine Differenzen, die um ihrer eigenen Bedeutung willen eine Differenzierung dieser Akte beanspruchen könnten. Freilich entgeht die christliche Liebe dadurch, daß sie die Individualität ihres Gegenstandes ganz durchdringt und sich ihr hingibt – obgleich die *Unterschiedlichkeit* dieser Individualität sie nicht berührt –, den bedenklichen Folgen der Tatsache: Daß in der Gleichgültigkeit von Wert und Würde des Gegenstandes für den Liebesakt als solchen eine gewisse Verächtlichkeit dieses Gegenstandes liegt. Es ist dies eine übersteigernde Pointierung des Zuges aller Liebe, daß sie etwas Unverdientes ist. Selbst gegen gleiche Gegenliebe kann sie nicht einfach aufgerechnet werden, so daß kein unbeglichener Rest bliebe, sie gehört zu den nicht quantitativ bestimmbaren, also prinzipiell nicht zu »verdienenden« Werten, weshalb sie ja auch eigentlich nicht »beansprucht« werden kann, sondern unter allen Umständen, auch wo höchste Darbietungen und Gegenwerte sie aufzwingen und ein Recht auf sie zu geben scheinen, doch immer noch Geschenk und Gnade bleibt. Alles Unverdiente aber, das uns von einem persönlichen Wesen kommt, auch wenn es Glück und Gnade ist, drückt irgendwie herab; und wenn es nur dem Bettelstolz als Demütigung erscheinen mag, so empfindet doch auch der freier und größer Denkende ihm gegenüber Demut, von der der Empfang jeder großen Liebe ein Element enthält. Aber auch der »Gnade« kann man mehr oder weniger »würdig« sein. Und daß für die christliche Liebe eben als Liebe dieser Unterschied nicht besteht – obgleich sie ihn in andere Wertungsreihen einstellen mag –, könnte leicht zu einem Gefühl der Demütigung führen, insbesondere, wenn das Unverdiente nicht einmal Gnadenwahl ist, sondern jedes Wesen gleichmäßig trifft. Nur das für diese Form der Liebe bestehende Interesse für die volle Individualität ihres Gegenstandes vermag dieses Gefühl hintanzuhalten. Die Fremdheit gegen die Form des Lebens als solchen aber bleibt auch hier noch bestehen, wo das personale Motiv: das eigene Heil vermittels der Liebe zu gewinnen, die christliche Liebe besonders nahe an das Leben mit seinen natürlichen primären Antrieben heranrückt. Denn diese Antriebe, je weniger in sie Ideen oder Normen lenkend eingreifen, folgen durchaus den Zufälligkeiten der inneren Entwicklung oder der äußeren Anstöße. So gesetzlich das Leben des Ich in sich sein mag, so sehr all seinen Äußerungen eine gemeinsame Farbe durch seinen beharrenden Grundcharakter kommen mag, so ist doch – und gerade dann, wenn es der nur in ihm selbst liegenden Einheit untertan ist – sein Verhältnis zur Welt außer ihm ein gewissermaßen zufälliges, ganz differentes, bald an diesen, bald an jenen Punkt als Ziel seiner Impulsivitäten rührend.

Das religiöse Leben überhaupt führt zweifellos schon von sich aus an die Liebesstimmung heran, wenn auch in den mannigfaltigsten Stufen und Weisen. Schon weil die Idee jeglichen göttlichen Wesens einen Brennpunkt darstellt, in dem die Existenzstrahlen vieler Individuen neben dem des einzelnen Gläubigen zusammenlaufen.

Ich kenne keine Religion, die nicht irgend etwas von metaphysischer, ritueller oder praktischer Solidarität und altruistischer Aufforderung, wenn auch nur innerhalb eines ganz engen Kreises, einschlösse, ja vielfach ist sie geradezu der Ausdruck oder die Hypostasierung für die Einheitlichkeit einer Gruppe. Je mehr sie als unmittelbare Lebendigkeit auftritt, desto entschiedener werden interindividuelle Folgen von ihr so verlaufen, als ob sie von Liebe zu den von ihr designierten Glaubensgenossen bestimmt wären – auch wenn dem tatsächlich andere Motive zugrunde liegen. Wenn ihr Wesen sich, statt in eine bestimmte Art, das Leben zu führen, mehr in ein Dogma verlegt, so wird dieser Erfolg zweifelhafter. Denn mit dem Dogma vollendet sich die Enthebung der Religion aus der Sphäre des Lebens in die der Idee. Das christliche Dogma aber hat die Liebe in sich aufgenommen, und sie eben damit in diese zweite Sphäre gehoben, wo sie eben als »christliche Liebe« jene besondere Form der All-Erstreckung zeigen kann, mit der sie uns ihre Fremdheit gegen den Eigenrhythmus des Lebens als solchen verrät. Insofern das Christentum als unspezifisches religiöses Leben angesehen wird, führt es nur bis zur Schwelle der Liebe, wie das sexuelle Leben es auf seinem Gebiete tut; sie ist so lange nur latent in ihm, ein Akzidens der allgemeinen Gerichtetheit des religiösen Lebens. Nun aber bewirkt das Christentum die große Achsendrehung: nun ist umgekehrt die Liebe ein letzter zentraler Punkt – womit sie eigentlich erst »Liebe« wird – zu dessen Realisierung das Leben mit seinen religiösen Energien aufgerufen wird. Nachträglich kann sie natürlich auf das Leben zurückwirken, darein aufgenommen werden. Sie bleibt dann aber eben ein aufgenommener Inhalt aus einer Sphäre eigener Geltung stammend, nicht aus dem Leben selbst, das von sich aus über die ihr eigentümliche Form gar nicht verfügt. So ist zwar die Vorform der Liebe ein Element oder Produkt des religiösen Lebens, wie sie eines des biologischen Lebens ist, aber indem sie wirklich christliche Liebe und Bestandteil des Dogmas wird, transzendiert sie auch diesen Modus oder Bezirk der Lebendigkeit; von ihm wieder aufgenommen, verrät sie ihre transvitale Eigenheit darin, daß sie sich den auswählenden und individualistischen Bestimmungen, den Unterbrochenheiten, Begrenzungen und Beeinflußbarkeiten des Lebens als solchen, auch des religiösen, enthebt.

Daß sich an den Begattungstrieb, der nur der Fortpflanzung des Lebens dient, die Liebe schloß, die nach diesem gar nicht fragt – das ist eine ungeheure Erlösung vom Leben. Wie die Kunst es ist, sobald sie sich über das Natürliche erhebt, das Religiöse, sobald es von Furcht und Hoffnung frei wird.

Die Liebe, die etwas ganz Selbständiges, Transvitales geworden ist, an der sich die Abkehr vom Leben und dem Dienst an ihm vollzogen hat, wird in der erotischen Natur wieder zu einem Leben, wie in dem Künstler die überteleologisch gewordene Kunst.

Gerade wenn man von erotischer *Natur* spricht, kann es sich nur um eine Art von *Leben* handeln. Gerade das *Leben* eines solchen Menschen, mit seiner inneren Teleologie, seiner Kraftbewährung, seinem Rhythmus, ist hier von dem bestimmt, was sich vom Leben befreit hat, es ist in ihm wieder Leben geworden. – Darum konnte der hl. Franziskus eine erotische Natur sein.

In der erotischen Natur hat sich die Liebe am vollständigsten vom Zeugungszweck emanzipiert – und das Entscheidende, in die Tiefe der Lebens-Metaphysik Hinabreichende ist es, daß dies eben nicht Abstraktion, sondern Natur ist.

In der erotischen Natur ist die Liebe Selbstzweck – weder daß sie der Fortpflanzung dient, noch daß sie dem Genuß dient, ist ihr entscheidend.

Erotische Natur? Eine, bei der die Liebe das Apriori der inneren Beziehung zu anderen ist? Das Apriori bedeutet ja auch nicht, daß es auf jeden Stoff angewendet wird. Wir denken tausendfach nicht kausal (richtiger- und ungesagterweise) und dennoch ist die Kausalität a priori. Denn nur *wenn* wir so denken, denken wir richtig und bringen die theoretische Welt so einheitlich zusammen wie sie sein soll. So liebt zwar die erotische Natur nicht immer und nicht jeden, aber nur insoweit sie es tut, bringt sie sich ganz zusammen, erfüllt sie ihren objektiven Lebenssinn.

Verhält sich die erotische Natur zu dem gewöhnlichen Liebenden, wie die schöne Seele zu dem bloß Moralischen?

Die erotische Natur als Grenzfall: Liebe muß tatsächlich vom ganzen Menschen auf den ganzen Menschen gehen. Denn das rein Sinnliche wie das rein Geistige der Person steht jenseits der Individualität, bei beiden wäre der Ersatz durch beliebig viel einzelne möglich.

Die erotische Natur ist vielleicht die, für die Nehmen und Geben eines sind, die gibt indem sie nimmt, nimmt indem sie gibt.

In der erotischen Natur ist die Beziehung zum anderen eine oder die Form ihrer immanenten Existenz – wie das räumliche Außereinander die Form der an sich unräumlichen Anschauung ist. Das dem Begriff nach der Seele Transzendente ist ihr metaphysisch oder erkenntnistheoretisch immanent. Der nicht erotische Mensch liebt eben nach außen hin – bei dem erotischen ist dies Außen eine innere Funktion.

Ist eine erotische Natur eine solche, bei der die Liebe eine Produktivität des Wesens ist, nicht nur die Reaktion auf einen Reiz? In der Jugend, in der wir nur überhaupt lieben wollen und müssen, sind wir entweder alle erotische Naturen (aber das Vorübergehen dieser Epoche beweist, daß dies nicht individueller, sondern nur genereller Natur ist) oder man kann das Anschießen der sinnlichen Impulse, auch wenn sie rein innerlich entstehen, dennoch als einen »Reiz« ansehen, der dem eigentlichen Zentrum der Seele äußerlich ist und sich nur der Distanz nach von dem Reiz durch ein schönes Mädchen unterscheidet.

Eine erotische Natur ist in jedem Fall eine solche, die in jedem Augenblick weiß, wozu sie lebt – auch wenn dieses Wozu sich nicht realisiert.

Was der erotische Mensch jedenfalls nicht ist: ein sparsamer Haushalter, ein differenzierter Berufsmensch, ein Hypochonder.

Der Opern-Don Juan ist nur physiologisch getrieben, mit der Nuance, daß er dem Trieb nur an immer wechselnden Frauen genugtun kann, der einzelnen sofort überdrüssig ist. Nur scheinbar Individualismus, nur scheinbar Widerspruch gegen das rein Generelle des Triebes. Denn es bedeutet gerade, daß nicht die Individualität der Frau ihn anzieht, die sich gerade erst nach der ersten sensuellen, und also generellen Befriedigung entfaltet, sondern nur die formale Tatsache der Abwechslung. Es ist begreiflich, daß diese gerade da als Reiz nötig ist, wo die Motivierung rein generell ist.

Verschieden davon noch der Typus, wo weder der Trieb als terminus a quo, noch die Lustgier nach dem suprême moment das Motivierende ist, sondern der Reiz der Verführung als solcher. Teils sadistischer Machtwille, teils Vordatieren des Reizes auf eine Vorstufe, was noch nicht mit der einfachen Antizipation zusammenfällt, sich vielmehr von der Beziehung zu dem physischen Definitivum ganz getrennt halten kann.

Der höchste Typus des Don Juan, der freilich nicht bis zu 1003 geht, besteht da, wo ein ungemessen starker, vielleicht das Absolute der Persönlichkeit bildender genereller Trieb sich nur und sogleich in einer individuellen Leidenschaft verwirklicht, an ihr seine alleinige Form findet. (Analogie zu Schleiermachers individualistischer Metaphysik.)

Es gibt Naturen, die in gewissem Sinne erotisch sind, aber im Sinn, der durch eine Achsendrehung zustandekommt: die durchaus geliebt sein wollen, immer und von jedem, aber nicht nur sich im einzelnen Fall nicht dagegen einsetzen, sondern überhaupt nicht liebende Menschen sind. Die Erotik ihrer Natur, die zweifellos da ist, äußert sich nur in diesem Habenwollen der Liebe. Dabei sind sie keineswegs passivistische Naturen, sondern das Geliebt-Werden-Wollen ist eine leidenschaftliche Aktivität, für die sie alles mögliche einsetzen. Sie wollen nicht geliebt werden, weil sie selbst lieben, sondern überhaupt aus keinem »Weil«. Es ist das Urphänomen ihrer Natur.

Vielleicht daß die erotische Natur dem Allgemeinen gegenüber die Empfindung hat, die in anderen nur durch Individualität ausgelöst wird.

Für die erotische Natur wird das nur einem Individuum gegenüber (ja eigentlich nur *einem* Individuum gegenüber) mögliche Gefühlsverhältnis zum allgemein durchgehenden (wenn auch in verschiedenen Maßen) – ohne aber in pantheistische Verneinung der Individualität zu fallen.

Die erotische Natur ist nicht notwendig pantheistisch. Im Gegenteil, die pantheistische Lieblosigkeit gegen das Individuum als solches kann ihr nicht sympathisch sein. Viel eher ist die Schleiermachersche Philosophie ihr Ausdruck. Sie hat tatsächlich die liebende Gesinnung gegen jeden, nicht weil er der allgemeine Mensch ist, oder weil der Weg zum Ganzen und Absoluten über ihn führt, sondern sie macht an ihm Halt, sozusagen, als ob es in diesem Augenblick nichts in der Welt außer diesem gäbe; auch diese Empfindungsweise kann ja sehr verschiedene Grade haben. Sie ist der Typus der Seelen, die verzeihen, nicht weil sie verstehen, sondern obgleich sie verstehen. Sie liebt nicht alle, sondern jeden, sie hat die feinste Beziehung zum einzelnen als solchen, der einzelne ist ihr nicht aus irgendeinem Grunde, der außerhalb seiner liegt, liebenswert.

Bei der erotischen Natur ist die Liebe keine Relation zu einem anderen, sondern in sich beschlossene Absolutheit ihres Seins. Die Liebe, die sich vom Dienst des Lebens befreit hat, wird hier wieder zum Leben – zu einem Leben auf höherer Stufe. Darum kann sie sich zu beliebigen Relationen entfalten. Ich habe erotische Naturen gekannt, die einen einzigen Menschen geliebt haben, vorher gar nicht wußten, was Liebe war und nun die Absolutheit ihres erotischen Daseins in diese eine Relation hineinlegten, ohne daß eine Schwankung auch nur denkbar gewesen wäre. Und andere, bei denen ihr Wesen in eine All-Liebe aufging, wie eine immer erneute Atmosphäre aus ihnen um sie aufstieg und jeden, der in ihre Nähe kam einschloß. So kann die religiöse Natur ebenso monotheistisch wie pantheistisch oder polytheistisch sein. Das letztere vielleicht am schwierigsten, weil zwischen den einzelnen Punkten, auf die sich die Intention richtet, sozusagen leere Strecken bleiben.

Das Phänomen der erotischen Natur ist der Pol einer ideellen Skala, die vom Individuellsten zum Allgemeinsten führt. Auf der einen Seite steht die singuläre Liebe zu der einen Person, weil sie diese bestimmte ist, das Entstehen und Bestehen der Liebesfunktion an diesem einen Inhalt. Zwischen dem Allgemeinen und dem Individuellen des Vorgangs existiert hier keine psychologische oder ideelle Scheidung, das Subjekt kennt das Wesen der Liebe oder »die Liebe überhaupt« ausschließlich als diese individuelle Liebe, die von ihrer Wurzel her ausschließlich durch dieses Objekt hervorgerufen ist. Die zweite Stufe ist es, wenn sozusagen das andere Geschlecht als ganzes an die Stelle jener einen, die Liebe aufrufenden Individualität tritt. Es gibt Männer, die die Frau als solche lieben, das weibliche Wesen überhaupt. Hier sind noch die beiden Typen unterschieden: manche Männer lieben sozusagen *alle* Frauen, die Summe der einzelnen, wobei eventuell also die Individualität einer jeden als solche und besonders geliebt werden kann: andere lieben das weibliche Prinzip, die höhere oder tiefere (abstrakte oder organische) Einheit jenseits der einzelnen und ihrer Summe; hier gilt die Liebe der einzelnen oft in dem Maße, in dem sie dieses Prinzip vollständig und intensiv darstellt. Zur äußersten Allgemeinheit indes steigt das erotische Verhalten auf, indem seine Voraussetzungen exklusiv in das Subjekt hineinrücken. Dieser Mensch ist von sich aus so beschaffen daß er lieben muß. Das bedeutet für sein ganzes Wesen eine Färbung und Tendenz, die sich an seinem Verhältnis zum anderen Geschlecht vielleicht am stärksten und deutlichsten entfalten wird, aber auf dieses gar nicht beschränkt bleiben kann. Die erotische Stimmung ist für eine solche Natur eben das Apriori, wodurch allein die erotische Form oder das erotische Element für ihre gesamten Äußerungen als allgemein und notwendig bestimmt wird. Es ist durchaus nicht erforderlich, daß dieses Apriori immer eine ungemischte Erscheinung oder gar etwa eine sexuelle ergäbe. Die Sexualität ist eines seiner Betätigungsgebiete, aber wie alle anderen ein relativ zufälliges, äußerliches, als Material gegebenes. Das Verhalten zu jedem beliebigen Menschen oder zu Gott, zur Natur oder zum Schicksal wird nicht weniger durch die erotische Anlage bestimmt oder mitbestimmt. Nur Maß und Art dieser Bestimmung hängt von der Individualität des Objekts ab, in absolutem Gegensatz zu dem ersten Typ, in relativem zu dem zweiten.

Die prinzipielle Frage ist allerdings: geht alle Erotik von der Sexualität als ihrer Quelle und bleibenden Substanz aus, oder ist die Erotik eine primäre, selbständige Beschaffenheit der Seele? Schon die einfache Tatsache, daß es überhaupt Liebe gibt, die weder inhaltlich noch genetisch mit Sexualität zu tun hat, spricht für das letztere. –

Die einer Natur einwohnende Erotik kann sich ebenso in Verbitterung, Pessimismus, Welthaß umsetzen, wie die Liebe zu einem einzelnen Menschen in Haß umschlagen kann, der dann etwas ganz anderes ist, als ein auf anderer Basis entsprungener.

Es gibt erotische Naturen, die nicht sexuell sind. Vielleicht Jesus, vielleicht Spinoza – der so erotisch war, daß er sogar daraufhin, daß er die Dinge *begriff*, sie zu lieben behauptete. Freilich tritt die Erotik meistens in der Form der Sexualität auf, so daß die meisten Menschen keine andere kennen und dadurch die ekelhaften Verwechslungen entstehen – die einem die Vorstellung erwecken könnten, die Psychologie sei in die Hände von Schlächtergesellen übergegangen –, daß die Glut religiöser Mystiker für mittelbare Sexualität gehalten wird, während sie unmittelbare Erotik ist. An dem Begriff der Erotik wird am klarsten, was ich über die Liebe (selbst im sexuellen Sinn) gesagt habe: daß sie ein solipsistischer Zustand ist, ein Sein des Subjekts, das erst sekundär mit dem Gegenstand, dem Leben zu tun hat. Die erotische Natur *ist* eben erotisch, auch wenn sie niemanden liebt, wie der starke Mensch stark ist, auch wenn ihm keine Aufgaben gestellt werden.

Die Sinnlichkeit ist an sich das Generelle und insofern der eigentliche Gegensatz zur Liebe. Die Stufe, auf der auch die höheren Menschen jetzt vielfach angelangt sind, ist ein Nebeneinander von beiden, das ziemlich unorganisch, uneinheitlich ist; das eine wirkt als ein *Zusatz* zum anderen. Problem: die wirklich durchdringende Individualisierung der Sinnlichkeit, und zwar eine solche, die durch die Liebe bewirkt wird. Es kann auch eine geben, die nur Sache einer allgemein geistigen Differenzierung, ja Raffiniertheit ist. Aber diese ist doch nicht prinzipiell dem *einen* Gegenstand verhaftet, sie kann sich mit einem Wechsel des Geschmacks oder überhaupt der Faktoren, die diese Verfeinerung bestimmten, auch einem anderen Gegenstand zuwenden. Erst wenn sie durch die Liebe geschieht, ist die Individualisierung wirklich definitiv und in der Sache selbst begründet.

In dem sexuellen Akt schon Liebe zu sehen, ist zwar ein sehr edler Optimismus, ein ideales Bemühen, das Niedrige zu adeln – aber völlig verkehrt. Das Leben stammt nicht aus der Liebe, sondern die Liebe aus dem Leben. Deshalb ist sie, sobald sie selbständig geworden ist, auch unfruchtbar. Sie kann von sich aus nicht das Leben erreichen, dies muß noch von vornherein in ihr sein.

In dem hochzusammengesetzten Organismus übernimmt ein Teil der Zellen arbeitsteilig das Fortpflanzungsgeschäft, das früher die einzelne Zelle als ganze ausübte. Diese Arbeitsteilung, die bei dem nur sexuell erregten Menschen auch seelisch besteht, wird in der Liebe wieder rückläufig: der ganze Mensch liebt. Bei dem höher kultivierten Menschen findet diese Rückläufigkeit sowieso statt; seine sexuelle bzw. erotische Reizbarkeit beschränkt sich, aktiv wie passiv, keineswegs auf den spezifisch sexuellen Bezirk, sondern erstreckt sich eigentlich auf den ganzen Körper. Bei der erotischen Natur auf die ganze Seele.

Der Geschlechtsakt enthält in seiner naturhaften Primitivität den Trieb und den Zweck entweder gleichzeitig oder in Indifferenz. Das Tier fühlt sich getrieben und dient damit dem Gattungszweck. Die menschliche Ausbildung legt den teleologischen und den impulsiven Charakter des Aktes auseinander, indem es ihn freilich mit ganz anderen Inhalten erfüllt. Der Mensch kann ihn um des Vergnügens willen suchen, ohne daß der Trieb eine Rolle spielt oder nur eine solche, wie es als Bedingung der allein entscheidenden Lustbegier erforderlich ist. Die Teleologie der Gattung ist hier zwar gleichfalls radikal verschwunden, aber eine subjektive ist an ihre Stelle getreten, die dem Akt nicht minder den reinen Charakter des Mittels zum Zweck gibt. Andererseits drängt die rein seelisch-erotische Leidenschaft zu der körperlichen Vereinigung – wobei zwar der generelle Trieb, wie latent er sonst auch sei, vorausgesetzt werden muß, während jede auf Zeugung gehende Teleologie völlig verschwunden ist – ebenso wie jene genußsuchende. Es ist freilich Trieb, aber als solcher nur die ins physische sich fortsetzende Konsequenz der rein individuellen Erotik, von dem Gattungszweck wie von jedem Zweck überhaupt emanzipiert. Hier gilt nicht die banale Genealogie: der Geschlechtstrieb ist die Basis der Liebe – sondern umgekehrt!

»Die ausgebildete normale Sexualität ist die Verengerung und Zuspitzung einer in früherem Stadium des Individuums durch den ganzen Körper und Nervensystem verbreiteten Triebhaftigkeit. Diese nimmt erst mit solcher Zuspitzung auf die Genitalorgane den Charakter der Sexualität an.«[4] Eine erotische Natur scheint mir nun eine solche zu sein, bei der die ganze Triebenergie und Triebverzweigung den erotischen Charakter schon annimmt, *be-*

vor sie noch die sonst dazu erforderliche Verengerung erfahren hat.

In zwei Fällen ist der Kuß symbolisch: in der Freundschaft und in der reinen Sinnlichkeit. Dort symbolisiert er die geistig-gemütliche Beziehung, hier das sexuelle Definitivum. Der Kuß der Liebe aber symbolisiert nichts, es ist die Sache selbst – wie die Musik, die alles was sie bedeutet, unmittelbar *ist*.

Die Liebe als Suchen, Versuchen. Wir suchen den anderen in uns, in unserem eigenen Gefühl. Dieses Suchen heißt Liebe. Wir lieben ihn nicht erst und dann suchen wir ihn.

Vermöge der Liebe findet der Mann den Weg von dem ganzen weiblichen Geschlecht zu der einen Frau, die Frau den Weg durch den einen Mann zu dem männlichen Prinzip überhaupt. Dort ist es Verdichtung, hier Erweiterung.

Wie generell die Liebe des Mannes und der Frau sich unterscheiden, zeigt sich vielleicht am deutlichsten, ja krassesten, an den völlig entgegengesetzten Empfindungen und Beurteilungen, die wir einerseits an die Liebe des jungen Mädchens zu dem sehr viel älteren Manne, andererseits an die des jungen Mannes zu der sehr viel älteren Frau knüpfen.

Die metaphysische Erotik: durch die Welt hindurch die Frau zu lieben und durch die Frau hindurch die Welt.

Daß die Liebe das Ewige im Individuum sucht, mag sein – aber sie kann ebenso das Individuum im Ewigen suchen, kann ebensogut die Wesensrichtung des Menschen auf das Absolute und Überindividuelle zusammenziehen in das Definitivum einer individuellen Erscheinung und des Verhältnisses zu ihr.

Plato liebt das Allgemeine im Individuum, wir das Individuum als solches. Aber gehört diese Alternative zwischen Allgemeinem und Individuellem nicht zu den Alternativen, jenseits deren es ein Drittes gibt? Zeigt dies nicht vielleicht gerade die Liebe? Ist dieses Dritte nicht oft etwas, was nur *sein*, nur erlebt werden kann und muß, und sobald es intellektuell erfaßt werden soll, in die Alternative übergeht, deren Unzulänglichkeit wir fühlen aber eben logisch nicht überwinden können?

Gegenüber dem unmittelbaren Sein des einfach Lebendigen, das von sich aus kosmisch verwurzelt ist, gegenüber auch dem Gegenstück dazu, der Plotinischen Ekstase – ist das Wissen ein Fernstellen, ein Distanzsetzen zwischen Subjekt und Objekt, wie die Mystiker es auch abschätzen. Vielleicht aber ist es doch der Versuch, diese schon geschehene Spaltung zu überwinden, vielleicht auch der *eine* Akt, der die Spaltung überwindet, indem er sie schafft, sie schafft, indem er sie überwindet. Allein der Getrenntheit bleibt das Übergewicht über die Versöhnung, die Herstellung der metaphysischen Einheit von Subjekt und Objekt ist auf diesem Weg nicht zu erreichen, es bleibt ein unendlicher Prozeß. So mag es sich mit der Liebe verhalten. Ich spüre unterhalb ihrer ein Verhältnis der Seelen – »Verhältnis« ist schon ein dualistisch fälschender Ausdruck –, eine Zwei-Einheit, eine Absolutheit des Zusammenseins, Zusammenwerdens, welches nicht Liebe ist. Diese ist schon Fernstellung, Gegenüber, Vorausgesetztheit des Fürsichseins – und zugleich der Versuch, dies zu überwinden. Das kann nicht gelingen; hat das Bewußtsein erst einmal von jenem »Verhältnis« Besitz ergriffen, so macht es dieses wirklich zu einem Verhältnis, bringt es in seine eigene antithetische Form. Gelänge die Bemühung, so würde eben die Liebe nicht mehr bestehen, sondern jenes andere; gerade wie die mystische Einheit mit der Seinstotalität eben nicht mehr Erkennen ist. – Plotin: die Einheit mit Gott in der Ekstase dauert nur kurz, weil der Mensch in seiner Schwachheit fürchtet, Gott nicht zu besitzen, wenn er ihn sich nicht als Objekt gegenüberstellt; und damit gerade verschwindet er. Mit dem Gegenüber der Liebe, durch das sie freilich erst empirische Liebe wird, entsteht ihre Problematik und ihr Widerspruch. Es liegt ihr etwas zugrunde, aus dem sich das Zweiheitliche erst entwickelt.

Gerade wenn man zu Zweien ist, ist man allein: denn dann ist man eben getrennt, ist »gegenüber«, ist der andere. Und wenn man zur Einheit verschmolzen ist, ist man wieder allein: denn nun ist nichts mehr da, was die Einsamkeit des Nur-Eins-Sein aufheben könnte. Da man nun aber in der Liebe nicht einsam ist – so kann sie in diesem logischen Dualismus nicht aufgehen. Auch nicht dadurch, daß man seine Seiten durch eine Kontinuität verbindet, wie es Plato versuchte: sie den Weg vom Nichthaben zum Haben zu nennen, also von dem zu Zweien sein, zum Einssein (wie es das Symposion ja auch deutet). Diese bloße Vermittlung zwischen den Polen, deren keiner Liebe ist, stellt sich nicht entschieden genug jenseits ihrer. – Entsprechend im religiösen Verhältnis: es bedeutet weder von Gott getrennt, ihm dualistisch gegenüber zu sein, noch mit ihm zur Einheit verschmolzen zu sein.

Insofern ist die Liebe die reinste Tragik: sie entzündet sich nur an der Individualität und zerbricht an der Unüberwindlichkeit der Individualität.

Es gehört zu unseren tiefsten Schwierigkeiten und Verhängnissen, daß wir die Intensität eines augenblicklichen Zustandes zum Bestimmungsgrund dafür werden lassen, auf eine wie lange künftige Dauer wir eine Verfassung oder ein Verhältnis anlegen. Wir haben gar keinen anderen, denn jede rationale Überlegung, welche Dauer denn die richtige wäre, kann als objektives Kriterium nur ihre logische Form bieten und muß als ihre materiale Voraussetzung, die allein den materialen Entschluß ermöglicht, eben jene momentane Zuständlichkeit – das einzige worüber wir verfügen – annehmen. Wir haben keine Formel, die mit objektiver Genauigkeit die Intensität des Jetzt auf die Extensität der Zukunft zu projizieren gestattete. Und vor allem: wie wir künftig sein werden, hängt überhaupt nicht eindeutig von jener Intensität ab; zwei Entwicklungsreihen von durchaus verschiedenen Kurven können an einem Punkt die genau gleich große Intensität zeigen. Ob dieser Punkt der echte Repräsentant unseres Entwicklungsgesetzes überhaupt ist oder nicht ist – darüber haben wir nur selten ein richtiges Urteil.

Ein subjektiver Reflex verleiht der Ehe einen eudämonistischen Erfolg, den die freie Liebe nicht besitzen kann: daß jeder Augenblick die ganze Zukunft in sich schließt, daß kein Ereignis isoliert, sondern ein Durchgangspunkt im Leben dieses Sozialindividuums zu Zweien ist, dessen weitere Entwicklungen latent in ihm liegen, von ihm mitbestimmt werden. Diese Antizipation einer unabsehbar sicheren Zukunft, die in jedem Glücksaugenblick einer monogamen Ehe liegt, bewirkt eine unvergleichliche Erweiterung, Erhöhung und Vertiefung des Gefühls. – Ähnlich im Religiösen: das Kind Gottes empfindet jeden Augenblick des Lebens nur als Durchgangspunkt zu einer unendlichen seligen Zukunft, die latent in ihm liegt und die es psychologisch antizipiert. – Kontinuität des Lebens, die die Liebe und die Religiosität schafft.

Man möchte nach einigen Symptomen schließen, daß der Differenzierungsprozeß der modernen Kultur die *Dauerqualität* der Liebe von ihren obigen Materialitäten lösen, dieser eine von jenen immer unabhängigere Existenz gewährend wird.

Die Vorschläge, die Ehe durch freie Liebe zu ersetzen, entsprechen der Tendenz des Futurismus, der jetzigen religiösen Mystik usw. im Wandel der Kulturformen. Die alte Form ist ausgelebt, die neue noch nicht geschaffen, so glaubt man im formlosen den angemessenen Ausdruck für das drängende Leben zu haben. Aber es bleibt derselbe Widerspruch wie im Expressionismus. –
  Freilich auch hier das tragische Grundphänomen: daß das Leben sich eine Form schafft, die ihm zwar unentbehrlich ist, aber schon durch die Tatsache, daß sie Form ist, gegen die Bewegtheit wie gegen die Individualität des Lebens feindselig ist.

Unleugbar besteht zwischen der Erotik und der Formfestigkeit der Monogamie ein Widerspruch, der sich nur durch glücklichen Zufall versöhnt. Tragisch wird er dadurch, daß die Erotik dennoch tatsächlich auf sie hindrängt. Es gehört zu seinen Symptomen, daß die Liebe sehr häufig durch den Gegensatz der Naturen erzeugt wird, die gute Durchführung der Ehe aber in hohem Maße von ihrer Ähnlichkeit abhängt. Die Familienähnlichkeit hat schon ihren guten Sinn als Bedingung der Familienmöglichkeit. Und zwischen Mann und Frau muß schließlich auch eine Familienähnlichkeit bestehen. Sind die Gegensätze, die ursprünglich das Anziehende und Verbindende waren, so stark, daß sie dies hindern, so gehts mit der Ehe nicht.

Die Liebe ist eine Bindung der Seele, gerade wie die Sittlichkeit; die Seele gehört nicht mehr in dem gleichen Maße sich selbst, ist nicht mehr ebenso frei, wie sie es war, als sie noch nicht liebte. Die ideale Aufgabe ist nun genau wie gegenüber der Sittlichkeit: die Beschränkung der Freiheit ist als die höhere Freiheit zu fühlen, dasjenige, was dem Ich als ein Forderndes und Bestimmendes von außen kommt, als eine Erweiterung des Ich zu begreifen. Gewiß, wir müssen die Worte nachsprechen, die uns der sittliche Imperativ und die uns die Liebe soufflieren; aber wir selbst sind die Dichter, die das von jenen Vorgesprochene verfaßt haben. Es gibt nur zwei Arten, die Freiheit und die Beschränkung der Freiheit als *eines* zu fühlen: entweder muß das imperativisch Vorgezeichnete aus dem Ich entsprungen oder das Ich aus jenem entsprungen sein. Entweder ist unser Ich das eigentlich produktive und autonome und kommt in Sittlichkeit und Liebe zu seinem vollsten Ausdruck, ihre Forderungen sind die idealen Formen seiner selbst, die es nur noch mit seiner Realität zu erfüllen hat; oder sie gehören einem metaphysischen Reiche an, dessen Ausstrahlung oder vielleicht nur dessen Metöke unser Ich ist.

Ein wirklich freier Geist ist nur der Liebende. Denn nur er tritt jeder Erscheinung mit derjenigen Fähigkeit und Neigung zur Aufnahme, zu Beurteilung aus ihr selbst, zu vollem Empfinden aller ihrer Werte gegenüber, die durch kein Vorangegangenes oder sonst schon Feststehendes eingeschränkt wird. Der Skeptiker, der kritische Geist, der theoretisch Vorurteilslose verhält sich anders. Ich habe immer bemerkt, daß diese Typen aus Angst vor Unfreiheit jene, wirklich von allem draußen unabhängige Aufnahme der Erscheinung, zu der immer eine Hingebung an sie gehört, nicht vollziehen. Der liebende Mensch ist der, der sich in dem inneren Verhältnis zum anderen nicht hindern läßt – wie es im Praktischen nur an einem Gewaltmenschen zu beobachten ist. Der Haß ist nicht ganz ebenso frei gegenüber den positiven Werten der anderen, wie die Liebe es gegenüber seinen negativen ist.

Die Kategorie des Nehmens und Gebens innerhalb der *Erotik* ist außerordentlich roh und unzutreffend. Sie gehört zu der mechanistisch-logischen Vorstellungsweise, die aus dem nachträglichen Verhältnis erstarrter, aus dem Lebenszusammenhang gelöster Elemente das zusammensetzen will, was unmittelbar einheitliche Strömung des Lebens selbst ist. Da wird dann die Einheit, in der sich Zustände bieten aus der Zusammensetzung eines aktiven und eines passiven Elementes hergeleitet, die Güter der Liebe werden aus dem lebendigen Prozeß der Liebe entfernt und zu etwas Substantiellem gemacht, das man nicht *ist*, sondern hat. Wie man »Vorstellungen« hat, die in Verhältnissen oder im Gleichgewicht stehen, oder wie Lust und Unlust gegeneinander balanciert werden.

Unglückliche Liebe im gewöhnlichen Sprachgebrauch ein ganz schiefer Ausdruck. Nicht erwiderte Liebe macht den Liebenden unglücklich, aber in ihr selbst liegt kein Unglück. »Unglücklich« ist die Liebe, wenn sie sich an einen Gegenstand wendet, den man ihrer unwert weiß, gegen den sich Reserven, Gleichgültigkeit, ja Abneigung neben der Liebe ja vielleicht in den tieferen Schichten unterhalb ihrer richten. Da liegt das Unglück wirklich im Liebesereignis, während es bei Unerwidertheit doch nur etwas Akzidentelles ist, das bei ebenderselben Liebe auch anders sein könnte und vielleicht morgen anders sein wird.

Rohe Oberflächlichkeit der Begriffsbildung: unglückliche Liebe – unerwiderte Liebe! Es gibt unerwiderte Liebe, bei der wir glücklich sind und erwiderte, die uns elend macht. Aber jene Synonymität beruht darauf, daß man das Wesen der Liebe im Erstreben gewisser Äußerlichkeiten (sozialer oder physiologischer) sieht, deren Erreichung uns »glücklich macht« und die allerdings nur der erwiderten Liebe zufallen.

Irrige Identifizierung der »glücklichen Liebe« mit der erwiderten. »Glück haben« ist noch nicht »glücklich sein«.

Die Gleichgültigkeit der Gegenliebe bei Plato besteht doch zum Teil noch bei Shakespeare. Teils ganz unmittelbar, indem der Verliebte den Gegenstand seiner Liebe heiraten will und damit glücklich wäre, auch wenn es ganz evident ist, daß von einer Liebe derselben zu ihm keine Rede ist; so will in »Was ihr wollt« der Herzog Olivia, diese Cesario heiraten und bestehen darauf, obgleich sie wissen, daß sie nicht geliebt werden. Teils liegt es mittelbar in der überraschenden Schnelligkeit, mit der der Gegenstand der Liebe kreiert und gewechselt wird und mit der diese sich begnügt, so klar es auch ist, daß hier gar keine irgend fundierte oder dauernde Liebe sein *kann*. Nur in Romeo und Julia hat er davon überzeugen können. Über die Stufe des »ἔρως« ist auch Shakespeare, wenigstens in den Lustspielen, nicht hinausgekommen.

Schopenhauers Wille ist trotz seiner Gründung im metaphysischen Wesen des Subjekts doch durch den terminus ad quem bestimmt. Diesem Willen ist eigen, sich auf ein ihm äußeres Objekt zu richten, und darauf ruhen auch alle metaphysischen und pessimistischen Folgerungen Schopenhauers. Nun gibt es aber noch einen anderen Willen, der nicht begehrt, der nicht auf ein Haben geht und seine Befriedigung als Wille nicht von der Welt her erwartet: der Tatwille, der Wunsch, sich zu äußern, zu betätigen, zu bewähren. Dem entsprechen zwei Möglichkeiten der Liebe. Die eine will etwas von dem geliebten Gegenstand, will ihn in irgendeinem Sinne »haben«; ihr Sinn und ihre Entwicklung ist durchaus von der Erwartung und dem Eintreffen der Antwort vom Objekt her abhängig. Die andere liebt eben schlechthin, sie ist eine ganz subjektive – deshalb keiner Reaktion seitens des Objekts bedürftige – Funktion. Das »Wenn ich Dich liebe, was geht's Dich an«, ist nicht ganz in diesem Sinn. Denn dies ist ein Verzicht, eine Bescheidenheit, eine Hemmung des Begehrens. Die Liebe aber, die nur lieben will, braucht nicht zu verzichten, weil sie von vornherein nicht begehrt. Die christliche Liebe ist einigermaßen so angelegt.

An der christlichen Nächstenliebe ist dies das Unsympathische, daß sie sich eigentlich immer nur um die *Not* des Nächsten kümmert, sich nur als Impuls zur Hilfe darstellt, durch die Not erst eigentlich hervorgerufen wird. Sie kommt nicht aus der Fülle und dem seligen Überschwang, der auch den Reichen beschenkt, und geht nicht auf Fülle und Überschwang, sondern auf notdürftiges Helfen. Und doch sollte Liebe diese beiden Strömungen haben – wie die Religion aus dem Zuwenig und dem Zuviel des Lebens kommt.

Daß die christliche Liebe wesentlich auf Helfenwollen geht, durch das Leiden des anderen aktualisiert wird: dies zieht sie in das Generelle hinein. Dem tiefsten, ganz individuellen Leiden kann kein anderer abhelfen, nur dem allgemeinen: Not, Krankheit, Verlassenheit kann man Hilfe bringen. Der Inhalt dieser Liebestendenz ist ebenso generell wie ihr religiöses Fundament.

Der »Geliebte« ist ein ganz besonderes Problem, das strenggenommen mit der Liebe gar nichts zu tun hat. Die Liebe ist eben nur im Liebenden, der seelische Zustand des Geliebten aber ist in *seiner* Seele, in der sich nach der Voraussetzung nichts von Liebe findet. Die Art dieses Zustands hängt ganz von dem ab, was an Beschaffenheit und Reaktionsweise in seiner Seele besteht. Sobald die erfahrene Liebe in ihm selbst Liebe hervorruft, ist er nun ein

Liebender und das Problem fällt insoweit fort. – Freilich gibt die Sonderart der auf diese Weise entstandenen Liebe ein besonderes Problem auf, ebenso das Phänomen der erwiderten Liebe, das Zusammen von Lieben und Geliebtwerden.

Geliebtwerden ist nur dann eine reine Passivität, wenn das Objekt der Liebe entweder überhaupt nichts von ihr erfährt oder keinerlei Reaktion (auch keine ablehnende) an sie wendet. Ist dies aber der Fall, dann ist wieder der sprachliche Ausdruck nicht ganz passend. Geprügeltwerden ist zwar auch eine Passivität, aber eine sehr entschiedene positive Bestimmung des Geprügelten, es hat seinen Sinn in seiner Reaktion, wenn diese sich auch ganz in ihm vollzieht. Eine solche aber muß auch im Geliebtwerden liegen, wenn es überhaupt etwas auf sein Objekt irgendwie Bezügliches bezeichnen soll. Sonst hat es überhaupt nichts mit ihm zu tun und die Bezeichnung Passivität sagt schon zuviel.

Sehr ungeklärt scheint mir der Begriff zu sein, daß man den geliebten Menschen »begehrt«. Der eine begehrt nur seine Gegenwart, der zweite das Bewußtsein der Gegenliebe, der dritte die Möglichkeit, sich für ihn aufzuopfern, der vierte einen Kuß, der fünfte die körperliche Hingabe. Aber die Grundfrage: begehren wir den eigenen, durch diese Gelegenheiten hervorgerufenen eudämonistischen Zustand oder wollen wir, daß dieses statthabe, gewissermaßen objektiv, wie wir auch wollen, daß Werte realisiert werden, die uns persönlich gar nichts angehen, wobei dann unsere subjektive Reaktion etwas Sekundäres und Akzidentelles wäre?
  Eine besondere Unklarheit wird dadurch hervorgerufen, daß wir bei dem Geschlechtsakt das generelle, rein physisch bedingte Lustgefühl in einer gewissen Selbständigkeit und inneren Sonderung gegenüber der individuellen Persönlichkeit und dem Verhältnis zu ihr zu erleben scheinen. Insoweit dies der Fall ist, ist der ganze Prozeß ein solipsistischer. Das rein Generelle der sexuellen Erotik ist rein egoistisch; und nur insofern wäre dies zu modifizieren, als das ego, als individuelles, in diesem Falle ebenso erloschen ist, wie das Du.

Begehren des Verschiedenen ein verschiedenes Begehren. Ebenso Besitzen des Verschiedenen ein verschiedenes Besitzen.

Die Gnade, die in jeder empfangenen Liebe lebt, ist freilich keine vom Liebenden willentlich erwiesene aber auch nicht nur Gunst des Schicksals überhaupt, das einem dieses Glück zugewandt habe. Diese ist es freilich auch, zugleich aber kommt sie doch von dem Liebenden, aus einer letzten Schicht oder Ganzheit des Persönlichen, die seines Willens gar nicht bedarf und ihm gar nicht zugängig ist. Wo Wille ist, ist schon keine absolute Freiheit mehr, da ist noch irgend etwas zu überwinden (sonst bedürfte es des Willens nicht), da ist eine spezifische Energie der Seele wirksam, nicht die einheitliche Kraft ihrer Gesamtwurzel.

Wie das göttliche Erhalten der Welt eine fortwährende Schöpfung ist, so ist das Erhalten der Liebe eines anderen ein fortwährendes Neugewinnen ihrer – und das Erhalten der eigenen Liebe ein fortwährendes Neuschaffen ihrer.

Der große Gegensatz, der die Welt als Seele und die Seele als Welt bestimmt: Sein und Werden – offenbart sich auch an der Liebe. Neben den Menschen, denen die Liebe ein Seiendes, ein Beharrendes, ein Ein-für-alle-Mal ist, stehen die anderen, für die sie dauernd *wird*, eine rastlose Entwicklung, ein Anders-Werden, Neu-Erwerben; nicht nur »Freiheit wie das Leben« verdient sich nur der, der täglich sie erobern muß, sondern auch Liebe.

Die Liebe zum Leben, die nicht das Leben begehrt – ist die zeitlose. Aller Wille hat etwas Zeitliches, er spannt sich zwischen dem Jetzt und dem Dann. Die Liebe, die nichts *will*, hat alle Getrenntheit der Zeitmomente in sich gesammelt. Ein solches Gefühl muß Spinoza gehabt haben – nur daß es für ihn der Gesamtheit des Seins galt. Damit aber wird der Gegenstand der Liebe doch dem Ich zu fern gestellt (darum amor intellectualis, der Gedanke greift beliebig weit aus), nur durch den Pantheismus zusammengebracht. Daß Gott uns nicht wiederliebt, ist die Begehrungslosigkeit. – Meine Liebe zum Leben: da ist die Liebe eben ein *Lebensvorgang* selbst, das Gefühl schließt alles ein, weil alles vom Leben getragen ist, was in mir ist. In dieser Liebe kehrt das Leben in sich zurück, wie Gott in Spinozas amor Dei in sich zurückkehrt.

Anmerkungen

1   Liebe und Haß als genaue Gegenstücke anzusehen, als brauche man jedes nur mit dem umgekehrten Vorzeichen zu setzen, um das andere zu haben – ist ein völliger Irrtum, nur dadurch veranlaßt, daß einige äußerlich praktische Folgen des einen als unmittelbares Gegenteil von denen des anderen erscheinen. Allein auch diese Erscheinung ist kaum genau. Ich wünsche dem einen Glück, dem anderen Leiden; die Gegenwart des einen beglückt mich, an der des anderen leide ich. Aber Glück und Leiden sind keine logischen Gegensätze. Auch daß Liebe relativ oft in Haß umschlägt, beweist nichts für die logische Korrelation. Das Gegenteil der Liebe ist Nicht-Liebe, d. h. Gleichgültigkeit. Tritt statt deren Haß ein, so sind ganz neue positive Ursachen dazu erforderlich, die etwa sekundär nun tatsächlich mit der Liebe in Verbindung stehen, z. B. das Aneinander-Gekettetsein, das Leiden daran, daß man sich getäuscht hat oder sich hat täuschen lassen, der Kummer über verlorene Glückschancen usw.

2   Die Verbindung, bis zur Einheit hingetrieben, von Liebe und Moral ist genauso sekundär ja brüchig wie die von Religion und Moral. Gewiß ist auch Sittlichkeit eine »Idee«, über die Zweckverknüpfungen des Lebens zu einem reinen Selbstzweck-Sein gehoben, das nun umgekehrt alles Leben in seinen Dienst stellt. Allein gerade darum geht es nicht an, die in der gleichen Kategorie stehende Religion durch die Moral zu legitimieren, oder diese durch jene – denn darauf laufen doch schließlich die Versuche ihrer Verbindung hinaus. Wenn für Kant »der Mensch unter moralischen Gesetzen« nicht nur der Endzweck der empirisch menschlichen Existenz, sondern sogar des Weltalls überhaupt ist, so daß die Religion zum bloßen Anhängsel, genau betrachtet zu einem Mittel der Moral wird, so ist dies wohl nur eine Fälschung des autonomen, von sich selbst aus absoluten Wesens der Religion. Es verkennt nicht nur die, was mir scheint unleugbare psychologische Tatsache, daß es entschieden religiöse Menschen von zweifelhafter Moral und tiefsittliche Menschen ohne auffindbare religiöse Impulse gibt, sondern es ist einer Umdrehung des Sachverhalts nicht fern. Denn bei all jener Übervitalität der Idee Sittlichkeit ist sie doch in ihrer Genesis und ihrer Ausübung den Bewegtheiten des Lebens, den Zwecken und Interessen der historisch-empirischen Individuen und Gruppen näher, von ihnen erfüllter, als die Religion es ist. Ihre Gleichstellung als souveräne Idee verhindert ihre gegenseitige Substituierung. Will man sie aber doch vergleichen und verbinden, so übersehe man nicht die Differenz, die die engere teleologische Verflochtenheit des sittlichen Verhaltens gerade dem religiösen gegenüber mit sich bringt. Inhaltlich wie formal ist die Verbindung verfehlt, die die eine von der anderen abhängig machte, sei es als ratio essendi, sei es als ratio cognoscendi. Analog steht es mit Liebe und Moral. Es gibt Naturen von

hohem ethischem Rang, denen Liebe nicht nur in diesem oder jenem Sinn, sondern in jedem fremd ist; und erotische Naturen, die das Wesen des Sittlichen nicht einmal verstehen, andere, die es zwar verstehen, aber sich dadurch überhaupt nicht motivieren lassen.

3 Die Liebe zum »Menschen« als Idee, zur Gattung als einem über den Individuen stehender Wert ist wieder etwas ganz anderes und der Menschenliebe psychologisch oft ganz unvereinigt. Nietzsche hat die Liebe zum Menschen in diesem Sinn in leidenschaftlichstem Maß besessen und gepredigt, die allgemeine Menschenliebe aber in seiner Lehre und wahrscheinlich auch in seinem persönlichen Gefühl völlig abgewiesen.

4 Jung, *Versuch einer Darstellung der psychoanalytischen Theorie bzw. der Erotik*, 39/40.

Nachweise

1. »Zur Psychologie der Frauen«, in: *Zeitschrift für Völkerpsychologie und Sprachwissenschaft*, 20/1890, S. 6–46.

2. anonym: »Einiges über die Prostitution in Gegenwart und Zukunft«, in: *Die Neue Zeit*, 10/1891–1892, 1. Bd., Heft 17 (13. Januar 1892), S. 517–525.

3. »Ein Jubiläum der Frauenbewegung«, in: *Nationalzeitung*, Nr. 662, Sonntagsbeilage Nr. 48 vom 27. November 1892.

4. »Die Verwandtenehe«, in: *Vossische Zeitung*, Sonntagsbeilage, Nr. 22–23 vom 3. und 10. Juni 1894.

5. »Der Militarismus und die Stellung der Frauen«, in: *Vossische Zeitung*, Sonntagsbeilage, Nr. 42–43 vom 21. und 28. Oktober 1894.

6. »Zur Soziologie der Familie«, in: *Vossische Zeitung*, Sonntagsbeilage, Nr. 26–27 vom 30. Juni und 7. Juli 1895.

7. »Der Frauenkongreß und die Sozialdemokratie«, in: *Die Zukunft*, 17/1896 (Nr. 2 vom 10. Oktober 1896), S. 80–84.

8. »Die Rolle des Geldes in den Beziehungen der Geschlechter. Fragment aus einer ›Philosophie des Geldes‹«, in: *Die Zeit*, 14/1898 (Nr. 172–174 vom 15., 22., 29. Januar 1898), S. 38–40, 53–54, 69–71.

9. anonym: »Frauenstudium an der Berliner Universität« (Leserbrief), in: *Vossische Zeitung*, vom 21. Dezember 1899.

10. »Weibliche Kultur«, in: *Neue Deutsche Rundschau*, 13/1902, 1. Bd. (Heft 5 vom Mai 1902), S. 504–515.

11. »Bruchstücke aus einer Psychologie der Frauen«, in: *Der Tag* vom 9. Juli 1904.

12. anonym: S.: »Fragmente aus einer Philosophie der Liebe«, in: *Jugend*, 12/1907, 1. Bd., S. 242–244.

13. »Psychologie der Koketterie«, in: *Der Tag* vom 11. und 12. Mai 1909.

14. »Das Relative und das Absolute im Geschlechterproblem«, in: *Frauen-Zukunft*, 2/1911, 1. Bd. (Heft 3–4 von Juni und Juli 1911), S. 157–172, 253–265.

15. »Fragment über die Liebe«. Aus dem Nachlaß Georg Simmels, in: *Logos*, 10/1921–1922, S. 1–54.

edition suhrkamp. Neue Folge